U0114307

曾經歲月

李偉宗 著

跨20世紀中至21世紀初，
跨台灣、美國、中國、亞太，
人生旅途，事業生涯，心思意念，靈路歷程

目錄

黃碧端 序

「文青」的生命史

　　黃碧端女士曾任國立中山大學外文系系主任、美國威斯康辛大學榮譽研究員、國家兩廳院副主任、國立暨南大學外文系創系主任、教育部高教司的司長、國立暨南大學的人文學院院長、國立台南藝術大學校長、行政院文建會主任委員、總統府國策顧問、國立中正文化中心藝術總監、教育部政務次長、中華民國筆會會長等。有幸承蒙黃碧端女士賜序，非常感激。

　　偉宗的《曾經歲月》可以說是一個六〇年代「文青」的生命史。

　　認識偉宗已經是五十多年前的事，當時剛從台大電機系畢業的偉宗就是個文青，我剛要進台大。我們因為文章都發表在當時的《中央副刊》版面上而有些聯繫。隨後偉宗服完兵役出國念書，彼此也就失去了音信。

　　沒有想到的是，四十多年後，有一天我忽然接到了偉宗輾轉捎來的電子信——他退了休，開始找尋散在各處的失聯老友，而且用他的電機專長架了一個網站，替一些朋友們把網路上找到的平生資料整理建檔。我當時正要從台南藝術大學的的校長職務卸任退休，偉宗把他搜集到跟我相關的資訊編成的網站，送給我作為退休禮物。說實話，這對任何人都該是一個喜出望外的禮物，即使幾年後臉書問世，也具備了為個人保存網上資料的功能，但偉宗這個經過分門別類、現在依然有時增補新訊息的網頁，仍常是我想不起某些資料時的救星！

　　不久之後，偉宗跟太太菊齡在他們到世界各地遨遊途中回到臺灣，我們在台北終於又相見，那是 2006 年，也是我第一次看到溫婉可親的菊齡，沒想到數年後菊齡因心血管疾病猝逝，那一面也成了最後一面。

　　可是除此以外，漫長的歲月中，我只約略知道偉宗退休前一直在他的電機領域工作，其餘是空白的。從那時到現在，又已經十多年過去，最近忽然收到偉宗的信，說他要出書，希望我給他寫一個序。快六十年的老友，我當然樂於應命。而因為要寫序，我有機會先讀了他的新書內容，除了填充了我不知道的，偉宗的生命經歷，我也更感覺到，這不止

是「一本書」而已，它是一本非常誠懇的生命史。

　　所以會是「生命史」，是因為偉宗這個文青，隨時都在為自己作紀錄。他求學的時候的老師、校長，他的父母、手足，他出國念書、旅行的見聞，他對同學、同事、朋友，甚至偶然遇到的小人物……的觀察和感想。他其實不是在創作而是在紀錄，一個勤快、誠懇、文字簡潔樸實而又有自己風格的紀錄者。他紀錄的時代和生命，我們這一輩很多人都多少有類似經驗，但少有人這麼鉅細靡遺，這麼不矯飾不做作地紀錄。

　　偉宗的文字平實誠懇，但自有魅力，也時時顯現巧思。但是最難得的是，他這麼真摯地把生命中的許多細節許多想法如實寫下來。我們雖然不像上一代飽經戰亂，但是我們的生命的曲折，也是我們的下一代所難以了解，甚至相當陌生的。如果年輕一代也有機會看看偉宗這本《曾經歲月》，可以補足很多歷史課本難以觸及的時代悲歡。

　　書中我特別覺得，他所寫菊齡的母親在 1981 年回到大陸去探親的一系列文章，可以說是非常珍貴的史料。那個時間點中國剛從慘烈的文革走出來，仍極度貧困，也仍在相當高壓的管制下。透過老太太的見聞，偉宗清楚地作了後文革第一時間的庶民紀錄。那時台灣的人還不能赴大陸，回去的都是從海外，但回去的人少有能像黃老太太那樣，花相當長的時間，實地住在不同地區的親人家中，體會他們的生活和思想，不帶成見也不矯飾，甚至於也不強作同情地留下紀錄，……這系列是《曾經歲月》全書最長的篇章，偉宗也在幾十年後，大陸又經過天翻地覆的改革，從當年一窮二白的落後，銳變成富強進步、全世界一方面刮目相看，二方面開始警戒、甚至產生敵意的國家。這樣的快速而強烈的對比，是幾千年的人類歷史當中都不曾發生的，偉宗對於當時的記述，在幾十年後一一注明前後的對比。這幾乎有一點寫史的存心了。

　　我相信，《曾經歲月》值得很多同代人從閱讀中看見自己走過的路，也值得很多年輕一代，從中讀到他／她們的長輩如何從離亂艱困的上一代，苦樂交織地走出自己的人生，交棒給下一代。

黃碧端 序

張孟晉 序

用心，觸動人心

　　張孟晉（Steven Tiong）先生是馬來西亞的拿督（拿督是馬來西亞對有地位和崇高名望者尊稱，也是終身榮譽身份），是著名華人領袖、企業家、主內弟兄。我與他在 Facebook（臉書）上結識，曾於數年前拿督來南加州時在 Irvine（爾灣）三和海鮮餐廳與他和夫人有一面之緣，並不斷在臉書上欣賞他分享智言，對他心存敬意。拿督 張孟晉任神飛航天環球商務有限公司執行總裁、北京神飛航天應用技術研究院國際事業部總執行長、美國加州大學（亞太）執行董事、世界直銷（亞太）研究中心直銷管理專家、馬來西亞講師協會會務顧問、曾任中國 500 強民營企業集團子公司執行總裁等（尚有其他諸多頭銜就不全列於此了）。有幸承蒙張孟晉 拿督賜序，非常感激。特註：拿督 張孟晉先生於 2021 年 10 月 16 日病逝於馬來西亞，神佑其在天之靈。

　　2019 年 10 月 18 日 有幸與偉宗兄於美國洛杉磯爾灣相聚，並獲贈著作《三載魚雁》，一本以愛為名所寫下的生命記憶。

　　偉宗兄孝悌友愛、念情有義、細膩謙卑、溫文儒雅、對生活充滿著熱忱，對未來歡喜盼望；於原生家庭、於親人友情、於公於私、於己於人的哲理、上半生的精神、下半生的精采、都在此書中展露無遺，再三咀嚼，回味無窮。

　　「你在世界日報上的文章，從開始我們都看過了。」這是偉宗兄母親大人在信函中寫的一段話。我反覆看了幾遍，那是滿滿父母的愛與肯定，令人感動萬分。

　　閱讀此書，時而眼眶帶淚，時而滿心喜悅，時而捧腹大笑，時而盼望期許，更多時是不捨將已疲憊的眼睛合上。用心經營生命的人，所寫下的生活點滴，總是那麼的觸動人心。

　　慢活樂活、活在當下、活出價值、榮神益人，這是從偉宗兄身上所汲取的養分，豐潤了愚 的人生。

　　人的一生以書寫的方式記錄下來，並讓兒孫後代持為念記，為勸戒，參閱遷善，活出美好，那是多有意義的一件事。

　　再次感謝偉宗兄邀請寫序，這是愚 無上的榮幸。

馬來西亞拿督 張孟晉

李偉宗 自序

跌宕人生

　　此書以一系列或長或短的文章描述我從幼至長人生歲月中的人、事、物：跨 20 世紀中至 21 世紀初，跨台灣、美國、中國、亞太，涵括人生旅程，事業生涯，心思意念，靈路歷程。

　　我是平凡人，但有幸遇到一些非凡人、歷經一些非凡事。

　　小學時遇到非凡的竹師附小高梓校長和一起長大的蔣木。

　　中學時遇到非凡的新竹中學辛志平校長和葉榮嘉同學。

　　初二時遇到非凡的杜華神父和張志宏神父。

　　大二上時遇到非凡的老同室老朋友 Pastor Don Baron（柏大恩牧師）和經歷非凡的那冬。

　　大三下暑假經歷非凡的成功嶺三個月預備軍官基本二等兵軍事訓練。

　　大四畢業後暑假經歷非凡的岡山空軍通訊學校三個月預備軍官電子雷達專業訓練、經歷之後九個月機場跑道旁導航雷達車少尉預備軍官電子官兵役。

　　出國留學前經歷非凡的刻骨銘心之戀、兩年多太平洋分隔的生離、重逢、結合。

　　出國最初兩年中經歷非凡的求學、求職艱苦奮鬥。

　　從平凡菜鳥工程師開始事業生涯中渡過大部分平凡歲月中歷經為數不少非凡的人事物。

　　數十年事業生涯中有一段四年多非凡的間隙，歷經來來往往、反反復復、屢挫屢試、不斷奮鬥於創業，並經歷數年人生谷底。

　　然後是數年艱苦創業過程，包括兩個自創科技公司、兩個以配角抬轎者身份助友創業科技公司。

　　曾經歲月中經歷數十年對神的追尋，經歷神數次救我、護我、保存我，經歷非凡的決志信主、受洗重生，經歷神赦免諸罪，經歷勤勉靈修、祈盼永生。

2016 年 6 月 11 日，三兄弟 合 攝 於 Royal Princess 遊輪（地中海遊輪之旅），從左至右：燦宗三弟，耀宗二弟，作者。

2018 年 2 月 8 日， 三兄 弟 合 攝 於 Sapphire Princess 遊輪（新加坡－馬來西亞－印尼－泰國－越南遊輪之旅），從左至右：燦宗三弟，作者，耀宗二弟。

曾經歲月

2018年2月11日，三兄弟合攝於印尼峇里島（新加坡－馬來西亞－印尼－泰國－越南遊輪之旅），從左至右：耀宗二弟，燦宗三弟，作者。

李偉宗 自序

以上是我的自序。

以下是我邀請兩位弟弟（李耀宗，李燦宗）為我寫的短序。

我們三兄弟各有專長恩賜，互相尊敬友愛。

時代的時光囊

　　耀宗二弟於 1973 年以數學碩士學位畢業於 University of Michigan（位於 Ann Arbor 的密西根大學），1969 年以數學學士學位畢業於台灣輔仁大學，1963 至 1965 隸業於台灣大學電機系。耀宗弟的事業生涯：1973 年至 2005 年在聯合國從事於同聲傳譯（Simultaneous Interpreter）工作。耀宗弟也翻譯了數十本書，大多數是從中文翻譯至英文。他是我心目中的翻譯大師（maestro）。耀宗喜研語言（languages），包括英文、法文、西班牙文。

　　先父（李若瑗先生，字「子玉」）本著天然的好奇和細膩的觀察，以他的流暢的文筆以日記形式詳實紀錄了他們那個動盪時代他周圍發生的點點滴滴，留下他們那個時代的一個時光囊。

　　本書作者，我的哥哥李偉宗，從少年時期即展現了那種對人事物和感情的敏感性並將感受鋪陳於紙上的天賦。

　　他的文章多次刊登在報紙副刊上。

　　和先父一樣，他幾十年如一日地將他對他的時代他周圍的人事物的觀察和感受以海明威式的簡練文筆記述下來，給我們留下了他和我們生活的時代的一鱗半爪。

（二弟 耀宗寫於 2021 年 8 月 7 日在美國紐約）

李燦宗 序

造物與創造的交響曲

　　燦宗三弟於 1976 年以化學博士學位畢業於 California Institute of Technology（Caltech，加州理工學院），1970 年以化學學士學位畢業於台灣大學，1976 年至 1978 年在 Yale University（耶魯大學）的 Department of Molecular Biophysics and Biochemistry（分子生物物理生物化學系）從事於 Post-doc（博士後）的學習和工作，1978 年至 1980 年在 UCLA（加州大學洛杉磯分校）的 Molecular Biology Institute（分子生物學院）從事於 Post-doc（博士後）的學習和工作。燦宗弟於 1980 年開始了畢生的生物化學界的事業生涯。他是我們三兄弟當中學位最高的。

　　父親在世時是個會計師，同時也是個喜歡忠實、詳盡地記錄下周遭發生的大小事情和他自己的感受、感想的人。

　　顯然作者－我的大哥－得到了父親美好的傳承，如今得以匯集過去六十載的諸多寫作，成此一書－至為寶貴的「曾經歲月」。

　　作者出生於 40 年代初期的中國－尚處於數十年內、外戰亂中的中國、積弱近百年的中國。

　　父親的日記反映出個人和整個國家民族頻臨存亡危機的迷茫、苦難和不屈不撓的奮鬥；大哥的「曾經歲月」忠實地反映了一段與父親所處年代相對之下表面比較平靜但實則醞釀著巨大變化的世代。

　　這些故事發生在你我所熟悉的台灣、美國和大陸三地；文筆通俗、優美，像一部錄影機一樣將讀者立刻帶入、置身於故事之中－可以看到人的容貌、聽到人的聲音、感受到人的情感。

　　讀者會發現一種美－像是李白的早發白帝城、像是荷馬的史詩、像是貝多芬的交響樂－一種造物者和受造者諧和的互動的美。

　　　　　　（三弟 燦宗寫於 2021 年 8 月 7 日在美國加州聖地亞哥）

憶竹師附小

1948 年中國內戰時，我父親因任職的西安母公司欲在台灣設立分公司而派他去台灣，他因此乘太平輪先抵台灣。

我母親隨後攜我們三兄弟（我六歲、耀宗弟三歲、燦宗弟三月大）乘飛機從西安起飛經漢口抵上海，停留上海短期後搭輪船於黃浦江畔駛往台灣基隆港。

我們從基隆至台北。全家五口寄居台北短期後遷新竹，與新竹結下長久緣。

我們未去台灣仍在西安時，父親任職西安中南火柴公司掌管財務相關職責。我們住中南火柴公司員工宿舍，數十家宿舍房宅圍繞舍區大院，我們家距大院大門最遠，位於大院右後角落。

母親在我很小時就送我去西安城內小學從幼稚園讀至一年級。我們家搬新竹後為配合一般孩童入學年齡，我在家附近的竹師附小重讀小學一年級。

我一至二年級班導師蔡江波老師離竹師附小後轉任某鄉下小學校長。我三年級時班導師換成張鳳鳴老師直至小學畢業。

附小校史中，竹師附小與高梓女士無法分開。慈祥尊嚴的高梓校長孕育下，竹師附小多年中栽培造就不少棟樑才。

我親身體驗高校長領導下竹師附小提供廣泛周全整體教育而非僅強調讀書。四育兼顧是那時代竹師附小教育目標。

某年竹師附小對外開放歡迎各界人士來校參觀，學校師生之前做很多準備工作。高梓校長妹妹高棪女士花很多時間功夫教導學生跳山地舞，大家一而再再而三不斷排演。全校學生雖辛苦，但當天在家長和參訪者注目下，大家以喜悅興奮驕傲心情表演群體山地歌舞。我至今仍略記那

次表演的歌調舞姿，孩子們年幼時曾依記憶表演那段山地歌舞博他們一笑。

高校長為發展學生待人接物能力，要每班挑出代表負責迎賓擔任嚮導。我當時便曾帶家長參觀教室。

- 2 -

竹師附小那時很著重體育和其他課外活動。我竹師附小六年學業成績維持前幾名，仍參加一些課外活動。

那時音樂老師楊兆禎先生指導下竹師附小有個僅有大鼓、小鼓、口琴等樂器的小樂隊（數十年前只有這些簡單樂器），女孩子吹琴，男孩子打鼓，我打大鼓。

小樂隊在課外活動時演練。每晨升旗禮黃昏降旗禮唱國歌時，我們小樂隊站於所有班級隊伍前伴奏。每逢節慶，全校師生依班級次序排隊步行至中山堂參加慶典。小樂隊走在學校隊伍前，我敲大鼓帶領大家步伐一致前行。

高梓校長引導下，潘高兩位體育教師花不少時間培養孩子們對體育的興趣。體育上較有潛力的孩子們花些課餘時間在操場運動，有可能納入竹師附小校隊接受訓練，有機會在新竹縣運動會上耀武揚威。

我們同年級有四班：英勇里、公正里、互助里、和平里（我在和平里）。和平里參加校隊的有張清文和我。記得某次縣運會，我們兩位都代表學校參加200和400公尺接力賽跑。那次400公尺接力賽，我跑最後一棒。當棒子交給我時，竹師附小落後新竹國小少許。我跑至終點時奮力追過為竹師附小爭得第一。同學們歡呼聲和「健兒們！健兒們！」啦啦隊歌聲頓時響起，我至今猶憶那一刻的勝利快感。

每次賽後，潘高兩位體育老師殷切吩咐選手們需塗抹松節油於腿上、需穿外套以免受涼影響後續比賽。校隊孩子們雖辛苦，卻享受較特殊待遇和榮耀，遮陽帳篷下吃學校特備午餐飯盒、喝冰冷黑松汽水等。我們勝利時獲師生歡呼，失敗時感沮喪失望。

　　我雖參加校隊，每日課外活動後仍需上課，有時難免偶爾遲到幾分鐘。我曾因遲到被張班導師打手心。張老師那根木棍打在十一、二歲孩子手上既疼且熱。

　　我雖較少被打，卻同情較多被打的同學。某次某同學額頭不慎被老師打流出血。同學們因此畏懼張老師，不易對他生溫暖感覺。男孩子們覺得張老師特喜某些女生而很少打女生手心。男孩子或因較頑皮較常被打。

　　我對張老師雖無特別溫暖回憶，但仍應感謝他某些方面嚴格教導。我如今能說通順國語（普通話）、能寫通順文章都應感謝歸功他國語課教學有方。

　　講標準京片子張老師畢業北平師範大學。他教我們國語課時，一而再再而三教我們練習改正造句，注意詞句修飾美化。

　　我畢業竹師附小考入新竹中學後，張老師要我把從前造句練習簿給他做為日後教學材料。

　　張老師給我參加國語演講比賽機會。但因他個性使然，我對他始終未能生出溫適感。

　　教我們算術趙增祥老師與張鳳鳴老師是教職員宿舍同房。趙老師個性與張老師成強烈對比。我記憶中趙老師很慈祥，很少嚴厲責罰我們，也喜歡我鼓勵我。相較下，張老師或也喜歡我願鼓勵我，但我如今較記他打學生的棍子、不苟言笑的面容、略帶嘲諷的話語。年幼時印象無形中影響我長大後待人接物態度，盡可能對人表達溫暖關懷。

　　竹師附小雖強調智德體群四育兼顧教育目標，但我們六年級時也無例外參加夜間補習。當時升學主義現實和教師生活清苦產生了可能傷及兒童身心的夜間補習。此刻回想，高梓校長當時對夜間補習可能也持反對立場，但因現實時勢所趨無可奈何。好在我們那群孩子似都還能以閑逸心情輕鬆態度苦中作樂於夜間補習。

　　那時白天課和晚上課間有晚餐時間，我覺得能吃到外包的熱騰騰飯

盒是賞心樂事。夜間第一堂課與第二堂課間休息時間，頑皮男孩子們常喜探險於黑暗低年級教室和漆黑校園，有時也惡作劇嚇唬膽較小女孩子們。

某段時期中學校晚上常停電。每逢教室停電熄燈，大家燃起蠟燭繼續上課，或埋首苦幹於模擬考試。我今日需帶眼鏡不知與當年夜間補習有否關係。我不知當時若無夜間補習，今日是否有更佳成就。

我腦海呈現畫面：月光下小小身影，沉重書包掛於肩膀，沿無路燈田邊小路漫步回家。那是我嗎？

-5-

那時新竹師範學校學生每年一段時期來竹師附小（新竹師範學校附屬小學）當實習老師，坐教室後面輪流扮演老師角色實習當老師教育小學生。

小學生與實習老師（其實他們自己仍是大孩子）經過一段時間相處後培養出友情。每逢週末假日，孩子們自動自發成群結隊去新竹師範學校宿舍探訪老師們。

我清楚記得當時有位名叫陳碧雲女實習老師派至我們和平里實習。我與她自然產生溫馨師生情誼。我曾邀她到我們家，介紹她與父母親相識。她是苗栗縣頭份鎮客家人。我畢業竹師附小後，我們師生仍時有書信往來，她有時來新竹我家。

有一事我至今仍不明其因：每當實習老師結束實習行將離去時，全班孩子們中午聚於教室哭泣。此情此景每年必發生，是否因小學生與實習老師相處甚佳不忍分離？或因不被班導師打手心日子就將結束？實在不知。另有趣事：每逢寒流來襲，孩子們玩「擠油渣」遊戲。不論男女同學，大家拼命擠成一團於教室角落，擠得從原先感覺寒冷到後來全身發熱流汗。我至今猶憶那種不可思議難以解釋的場面。

1954 年 7 月，我畢業竹師附小，離開永恆敬慕景仰的高梓校長。我進入新竹中學初中部後回竹師附小母校看望。高梓校長見到我和其他同學時能立刻叫出我們名字。她是多麼令人懷念的親切溫暖長者啊。

950 年代初，同學們與兩位實習老師合影（後左為陳碧雲）。

2008 年 11 月 21 日，附小校友兼岐山公司玩伴重聚台北。

我們小學作文課有時寫〈我的志願〉一類文章。1954年竹師附小畢業考國語試題作文題便是〈我的志願〉。我至今猶憶當時寫道：「我要做工程師」。我如今已退休多年，畢生從事電腦電子相關事業。（見我的〈從菜鳥工程師開始〉一文。）

竹師附小六年歲月中，我五年級某天下午清掃教室時打了此生第一次架。對手是錢奕虎，場合是班教室。錢奕虎那天不斷說我「愛女生」，他不停重複說那三字惹我生氣，便與他打起來，互相推扯扭打。結果我鼻子猛撞課桌受傷流血。聽說錢奕虎後入台灣空軍官校成為飛將軍。

我讀竹師附小那些風雨飄搖國共內戰後不安穩時際，軍隊有時入駐學校。我猶憶曾在旁邊觀察他們，見他們捧著鋁碗以生紅辣椒配白米飯吃飯。

大凡有駐軍時，軍方常在晚上校園內搭起白色帆布銀幕播放露天電影。我們小學生也混入觀眾與大家共同觀賞多半是美軍留下的戰爭宣傳片。我那時年幼無知，覺得電影還不錯，如今想起覺得真是吃飽飯沒事幹。

我記得某次軍隊入駐學校，我們照常上課下課、也照常參與課外活動。某日下午，我目睹一幕兩位同學吵架景況，至今仍存腦際。兩位小學生從操場一路吵到教室前水泥廣場。我至今不知他們為何事吵。兩位中一位我已記不得是誰，另一位則是極有個性、成長後從事電機工程教育、出版幾本書的作家張系國。

張系國小我一屆，與我一樣先後入新竹中學和台灣大學電機系。1980年代後期至1990年代初期數年中某日，我在洛杉磯 Torrance 市我辦公室內與他有一面緣，偶爾電子郵件連繫。

若我記憶無誤，著名文學人李歐梵應也畢業竹師附小。他應是早我三屆學長。我猶憶那時他家在我家附近中華路旁。他畢業竹師附小後也先後讀新竹中學和台灣大學。

竹師附小歲月中，我認識蔣木和她家人。蔣木三十五歲時罹患腺性肺癌離世。我曾寫〈蔣木仍在〉一文追思蔣木，此文1982年1月刊載於美國《世界日報》副刊。（見我重寫的〈蔣木仍在〉一文。）

竹師附小歲月中，我父親任職新竹市火車站南邊中華路旁岐山調味品化學公司工廠。我們這群公司同事孩子們，包括我自己、耀宗弟、燦宗弟、周希誠（綽號毛頭）、續永昌、續永雄、白維喜、白維禎、彭昭明、彭昭英等（無法列出所有玩伴），大家課餘或週末去工廠空地、倉庫、堆物區等處玩耍。

2008 年 11 月，我旅遊日本關東關西後飛往台灣停留短期。我趁那時機邀請部分兒時玩伴重聚於台北一家餐廳。我們數十年後終能重逢歡聚共飲互話前此人生。那機會得來不易，大家一起渡過難忘台北夜。

那時我們同一年級有四班：公正里、英勇里、互助里、和平里。英勇里有位名叫陳棠華同學，畢業竹師附小後入縣立新竹一中。我與他中學雖非同校，卻與他和其他幾位同學於初二後暑假隨杜華神父在日月潭畔水社國民小學渡過一星期美好時光。從那後，我此生再未見他面。

2006 年 10 月 20 日，我突收陳棠華寄給我一封電子郵件（摘錄如下）：

「*Bill 偉宗兄，*

Here is a hello from a friend from way back.

My name is 陳棠華（*Chen Tang Hua*）*of* 英勇里（*Ying Yong Li*）*and my older sister is* 陳棣華（*Chen Di Hua*）*of* 公正里（*Gong Zheng Li*）. *In early October 2004, I participated in the class reunion of* 公正里 *in Taipei. Through the reunion and the ensuing activities, I got reconnected with Robert Li（*李重寶*）. Enjoyed reading all the emails and some of the articles.*

Been meaning to write to you for quite some time, yet never did it. Finally, this morning I had a chance to visit your website and am very delighted to see all the old and new pictures. Since you are doing such a wonderful job in connecting people and sharing pictures, I thought I would contribute a few of my own and also hope we can reconnect with more old classmates and friends.

I was particularly moved by your writing on 蔣木（見我的〈蔣木仍在〉一文）. 蔣木 *was two years senior to me in Chemistry Department in NTU. When I entered NTU in 1961 she was the Class Representative and coordinated the New Comer Welcoming party for our class. Your description of her fits exactly of my memory of her. Her brother* 蔣 林 *was one year junior to us. It was sad to learn of her passing away yet am happy to know that she was loved and is missed by so many.*

The world is indeed very small. In late 2004 one of my colleagues, 王愈進（Yugen Wang）, *mentioned in passing about his uncle writing an article about his teaching career in Taiwan. It turned out that Yugen's uncle was one and the same as* 王以熾 *who wrote the article〈憶竹師附小與高梓校長王以熾〉.*

Finally, I am very much envious of the full lives my old schoolmates have been and are still enjoying.

I particularly love the article John CW Chou's writing on〈325 Senior Executive Club 成立十週年感言〉. *325 is such a wonderful concept that I shall hold it dear to my heart and put it to practice daily.*

T.H. Chen, Ph.D.

Chairman & CEO

ATL -Amperex Technology Limited」

2006 年 10 月至 2010 年 10 月四年中，我與陳棠華經由電子郵件曾連繫過。2010 年 2 月 14 日，我收到他最後一封 email：「*Bill: I received a very good gift from a good friend and would like to share it with you and all our friends. TH*」。

我那時經常旅遊全球各地，每次都累積很多電子郵件，因數量太多難免有遺失或忽略的信件。我一年後才讀到棠華一年前所發 email，那時他已不在人世。

2010 年 12 月，幾位竹師附小同學告知陳棠華遽然去世。他當初讀台大化學系時與劉兆玄是同班同學也是好友。他突然辭世前，他所創鋰電池公司（ATL － Amperex Technology Limited）擁有數千名員工。他成

2010 年 2 月 14 日，Tang-Hua Chen（陳棠華）
電子郵件中所附〈100 福〉影像。

就非凡，但卻驟然往生。

他去世後，我終將他 email 中所附 100 Blessings（100 福）的影像置於我網站並加特註：「This is a belated posting of his email and attached 100 Blessings（100 福 ），from a wonderful gentleman and friend and schoolmate, Tang-Hua Chen（陳棠華），almost one year ago. God bless him in his everlasting resting place.」

- 8 -

2005 年 2 月 17 日，美國《世界日報》〈上下古今〉欄登出竹師附小同班同學李重寶寫的〈竹師附小的回憶〉一文。我讀此文後經世界日報社協助得與數十年未見李重寶連繫上。

我也趁機在我網站上設立「Reminiscences of Zhu-Shi-Fu-Xiao」（憶竹師附小）特別網頁，藉此連繫眾多竹師附小校友，也藉此與同學分享來自各方的資訊，包括照片、視頻、文章等。

我經此網頁與許多竹師附小同學朋友連繫上，包括也是竹師附小校友的著名女作家愛亞。2006 年 9 月 22 日，我收到愛亞一封電子郵件：

　　「偉宗：千言萬語。

　　我一直以為我多情，念念不忘曾給我太多值得回憶的童年，尤其竹師附小，我一再地將她寫入我的文章及我的書，但，看到你們的網站我才知道我是第二名，你們對附小的愛與思念比我有甚多多！套一句台灣流行過的話：『叫你們第一名！』

　　謝謝代我寫信給郝飛小姐，兒時我見過她，高梓校長喪禮時也見到，但已印象模糊，順便說一下：高校長喪禮時我親手插了一大盆白色的鮮花，配了很美麗的籃子並以白緞帶寫了悼詞，要說這些是因為我並未具我私人

的名字，我以『竹師附小歷屆畢業生敬輓』署名，所以當然包括你，當然應告訴你，既使已是大約八年的間距了！那花籃極美，悼詞我自認寫得很好，知道台灣的殯儀館會將之當垃圾處理掉，所以喪禮後我想帶回家追念校長，但找了很久未找到，後來發現花籃隨靈柩上了靈車，想來校長家屬都明白附小在校長心中的地位。

今天急趕了一篇稿，累壞！信也暫寫到此。　　　　　　愛亞（李丌）」

-9-

十數年來，無論南加州、台灣、其他地區，竹師附小同學朋友曾多次重聚（reunion），每次聚會參與者或多或少。這些聚會在我網站上都有跡可循，因那些年我盡可能將竹師附小相關照片、視頻、音樂、歌唱、文章等置於我「亞太世紀」網站（AAAPOE website）與大家共享，也獲不少正面迴響。

美國南加州，我們有李偉宗（我自己）、李重寶、李三寶（兩兄弟）、蘇義珍、呂肇慶等。家住台北常往德州探親的郭鳳蘭同學某次來南加州，大家約好聚於呂肇慶家享用美食、圍餐桌合唱老歌。

2006 年 8 月 11 日，竹師附小校友（蘇義珍、李偉宗、李重寶、李三寶）首次重聚於南加州 Cerritos 市的迦南美食（Canaan Restaurant）（老闆是基督徒）。

2006 年 10 月 7 日，我與周宗武重聚於他台北家。他談到他創的「325 Senior Executive Club」（簡稱「325 SEC」）。他於 2005 年 12 月 20 日〈325 Senior Executive Club 成立十週年感言〉中說：「……我們 325 Club 是在經營我們人生的第 3 個 25 年，……此在人生的第 3 個 25 年，你是否考慮做你一生中最想要做的事！謝謝醫藥的進步，你也許還有 20-30 年來完成你的『後半生』的願望呢！」

2006 年 11 月，旅居奧地利（Austria）維也納（Vienna）的王玉麒去台灣旅遊，周宗武、李重寶、當時仍健在的陳棠華恰好同時都在台灣。他們約女作家愛亞女士相聚台北一家餐廳和周宗武台北家。據他們陳述，那是一次愉悅的聚會。王玉麒雖畢業民富國小非竹師附小校友，但他與竹師附小有深厚關係，是李重寶和陳棠華年幼時玩伴好友。我們視他為

榮譽校友。

　　2009 年 1 月 28 日，周宗武和夫人從加拿大 Vancouver 飛來南加州。我邀請蘇義珍、李重寶、李三寶、呂肇慶等同學到我家和附近小魏川菜餐館與周宗武和夫人相聚。晚餐後再回我家續聚，周宗武和蘇義珍兩位老同學在樓下家庭間默契合唱美好老歌，大家相聚相談甚歡。

　　我與住美國東部 Maryland 州錢明剛數十年未見，但 2013 年 4 月 28 日終得重聚於北加州 Millbrae 市。明剛與他夫人朱以敏（也是我乾妹妹）後遷居北加州，與兩公子住很近。

　　同樣也住 Maryland 州李定楨 2011 年 3 月飛來南加州，我們特別舉行一次竹師附小與新竹中學「聯合同學會」聚餐。一位竹師附小學妹安排中天電視台派攝影師來聚會餐廳拍視頻，我們上了中天電視南加州地方新聞。

　　除上述幾次重聚外，我們尚有不少次其他重聚，篇幅有限就不逐一列舉了。

　　仍有不少老同學們未曾見面，如張清文、陳森汝、莊文雄、夏旦娃（夏旦娃已過世，但我在南加州聚會時見過她妹妹夏麗華。）、趙春山、王璜（周宗武 2016 年 5 月 26 日安排一次台北聚會，我剛好在台北終重逢數十年未見的王璜。）、陳環環、吳郁雄、蘇麗華、張婉珍、張婉妙、吳世勳（我雖未見過吳世勳，但與他在 Facebook 和 Line 上連繫。）等。

　　其實我已忘記其他一些同學名字，我們或可經 Facebook（臉書）等社交媒體或 Google 尋找他們。

　　我們小時一塊成長於竹師附小，數十年後能再相聚實屬珍貴不易。讓我們珍惜寶貴的緣份和美麗的黃昏歲月吧。

2006 年 8 月 11 日，竹師附小校友首次
重聚於南加州 Cerritos 市。
（從左至右）蘇義珍、作者、李重寶、
李三寶。

2006 年 10 月 7 日，作者和周
宗武重聚於周宗武台北家。

2006 年 11 月 3 日，竹師附小校友
重聚台灣台北：（從左至右）王玉
騏（榮譽校友）、周宗武、愛亞、
李重寶、陳棠華。

2011 年 3 月 7 日，南加州 La Palma 市，竹師附小與新竹中學聯合同學會。

1959 年竹師附小同學會（畢業 5 年後，就讀高中）（其一）。

憶竹師附小

1959 年竹師附小同學會（畢業 5 年後，就讀高中）（其二）。

959 年竹師附小同學會（畢業 5 年後，就讀高中）（其三）。

1959 年竹師附小同學會（畢業 5 年後，就讀高中）（其四）。

1950 年代初，竹師附小同學遠足。

2 年 11 月，竹師附小和平里 5 年級旅行台灣新北投。

1950 年代初，竹師附小同學遠足獅頭山。

憶新竹中學

新竹中學（簡稱竹中）座落於新竹市東山路底十八尖山下。

站學校大門口右側校園，朝海望去，左新竹縣立一中，右省立新竹商業職業學校，再右交通大學。

新竹公園與動物園附近東山路，沿此路朝十八尖山走去至新竹中學校門口。

站校門口居高臨下朝東山路望去，見道旁兩側樹木矗立，路左房舍，路右稻田。此是數十年前我讀新竹中學時景象。

我畢業竹師附小後考入新竹中學初中部。那是我在台灣參與第一次和最後一次入學考試。我之後從新竹中學初中部保送入新竹中學高中部，再之後從新竹中學高中部保送至台灣大學電機系。此文懷念六年新竹中學時光包括初中三年和高中三年。

我無法將竹師附小與高梓校長分開，也無法將新竹中學與辛志平校長分開。她（高梓校長）與他（辛志平校長）都是我和其他同學無法忘懷人物。

如竹師附小，新竹中學也培植眾多濟濟人才。許多新竹中學畢業生留學海外立德、立功、立言、創業於異邦，也有許多畢業生根留台灣立德、立功、立言、創業於本土。許多學兄、同學、學弟承先啟後達致事業成功人生巔峰。

新竹中學畢業生都知竹中除輸出優質學生外有三特點：其一每位學生需學會游泳通過游泳考試後才能畢業，其二每位學生冬天需參與越野賽跑，其三竹中優秀合唱團傳統。

夏天體育課都在新竹縣立游泳池上。

冬晨升旗儀式後，學生們結隊繞操場慢跑。全世界（特別美國）曾盛行慢跑晨跑。辛志平校長數十年前就深知慢跑優點。我數十年來慢跑、晨跑、快走習慣受新竹中學辛志平校長影響。

已過世辛校長（1912 年至 1985 年）在眾多學子成長過程中有不可磨滅深厚影響。竹中畢業生無不永恆懷念帶眼鏡操廣東鄉音的辛志平校

長。

如高梓校長在竹師附小強調，新竹中學辛志平校長也格外強調智、德、體、群四育兼重教育宗旨。

- 2 -

我畢業竹師附小考入新竹中學初中一年級後分配至楊榮祥老師擔任班導師的初一乙班。我們是新學生，楊老師是新老師。楊老師畢業台灣師範大學（簡稱師大）生物系後，服一年預備軍官（簡稱預官）役，然後回母校新竹中學擔任中學教師。

我猶憶師生初見情景：學生們那天在操場上依身高排成三行。我剛入初一時是班裡身高最矮者之一，但三年後初中畢業時卻是班裡最高者之一。

同學們那晨首遇，互不相識，無法選班長。楊老師繞視學生後指派我為第一任班長，讓我站於班隊伍右前端。我在新竹中學六年中曾多次以民主方式被同學選為班長。

楊榮祥老師給我印象是：敢負他人不敢負責任，敢講他人不敢講話，敢不依陳舊老套做事。楊老師積極鼓勵激發學生們自動、自發、自主、合群、朝氣精神。

那時每班需有班名、代號、班旗。同學們經民主方式辯論、討論、舉手投票後決定以「朝氣」為班名，其後三年稱為朝氣班。

響亮朝氣班名帶給同學們團體性驕傲自豪。朝氣班獨特班風與其他班確有不同。

主修生物教學於師範大學的楊榮祥老師教我們初一博物課。具有科學背景生物學專長的他教課時儘量在黑板以圖解方式講解，增進學生對所教主題的瞭解，使博物課充滿吸力興趣而非枯燥無味。我記得那時喜在博物課時寫筆記。

楊老師有時教到某階段，叫大家收起課本筆記本離教室，爬上校後十八尖山。我們一面爬山、一面聽楊老師解釋沿途所見岩石、植物、蝴蝶種屬等。

我們有時在山頂亭上玩遊戲表演歌舞，有時沿亭旁滿布野花、雜草、

林木的陡峭山坡攀爬下去探險。

　　那是難忘美好時光。我們朝氣班決定命名山頂亭為「朝氣亭」。圍繞朝氣亭的青春氣息和歡樂氣氛激發同學學習熱誠創作靈感。多少歌聲發自十八尖山朝氣亭。

　　我們從朝氣亭居高臨下近觀竹中（新竹中學）和竹商（新竹商職）校舍操場，遠眺碧藍海影、海邊機場閃閃銀翼、山海間房舍、工廠、烟囱、林木、田野等紅黃藍綠相雜多彩型態。我們有時在十八尖山巔舉起綠底白鴿傲然飄揚山風中的朝氣班旗。

- 3 -

　　我們初中一年級春假時遊覽陽明山、北投、台北動物園等地。

　　楊榮祥老師在那次旅行中表現不凡領導力。一般春假旅行僅出去遊玩一下，但我們朝氣班春假旅行充分表現週詳行前計畫和旅途中分工合作。

　　楊老師將同學分成幾組，每組賦與特定工作。我們計劃旅行歸來後初一乙班全體同學分工合作以團隊精神出版雜誌性質《朝氣刊》，記錄旅途所見、所聞、所感、所思。

　　我們春假旅途秀麗山水間不忘遊樂中持續學習，地質形態、岩石結構、動植物種屬學名、沿途觀感等記入隨身攜帶筆記本。

　　旅歸後，每組同學花部分課餘時間利用文字、圖畫、幽默方式描述所負責某段旅程特色和相關學習心得。我們終於出版油印的《朝氣刊》。

　　朝氣刊雖無特別了不起內容，但它誕生過程歷經集體創作，參與其事同學都感與有榮焉成就感滿足感。

　　遊樂中不忘學習的教育方式比死讀強記更有功效。我們在楊老師領導影響下在創造力好奇心各方面都獲激勵增強。

1960 年代，楊榮祥老師初為人師照片。

1955 年 7 月 15 日，初一乙班團體照：我們暫別楊榮祥老師（他被徵召服一年軍役）。
前排：（左 5）辛志平校長，（左 6）楊榮祥老師。
二排：（右 1）作者。

1955 年代，新竹中學初中時
同學們郊遊。

- 4 -

楊榮祥老師擔任初一乙班導師一年後接軍
方臨時召集令徵調去軍中擔任支援駐台美軍顧
問團翻譯官。

楊老師暫離，師大專攻體育謝淵泉老師從我
初中二年級開始當我們班導師。

楊老師服一年兵役後重返新竹中學擔任高
中高一甲班導師。

我初三畢業後保送入新竹中
學高中部，楊榮祥老師剛巧又成
為我們高一甲班導師。

那時，竹中高一甲班雖已非
初中朝氣班，但楊老師領導下高
一甲班在校內各種活動比賽都名
列前茅，幾乎是戰無不勝攻無不
克常勝班。

導師領導和學生組成都不可
或缺不無相關。楊老師初一乙朝

1958 年 7 月 4 日，新竹中學高一甲班團體照，
前排從左至右：（左 2）陳博光，（左 3）作者，
（左 4）葉榮嘉，（左 6）楊榮祥老師。

1958 年，幾位同學與楊榮祥老師攝於十八尖山頂朝氣亭。

1957 年 11 月，新竹中學高一甲班獅頭山腳踏車之旅。

氣班教我們初中博物，高一甲班教我們高中生物。

我高二後再未受教楊老師。雖如此，楊榮祥老師在心中印象永不滅。

楊老師不用老師威嚴卻如大哥朋友般對待學生。他任初一乙班導師時，我們課餘週末去他家玩，在他樓上小屋聊天、遊戲、打撲克牌、聽他拉小提琴等。

楊老師多年練拉小提琴導致他左下巴稍顯突出。我曾在新竹市中山堂聽他和樂友合奏小提琴協奏曲。

楊老師音樂造詣使他成為當時新竹中學樂隊指導人。我一生有不少憾事，其一便是當年未能加入新竹中學樂隊學奏樂器。

-5-

我高一後暑假，高一甲班同學們與楊老師在竹中後山（十八尖山）下樹林中露營數日。

我們高一升高二需重編班，大家未必能續當同班同學，露營目的是分離前紀念性相聚。

我們白天到處奔跑遊戲，攀爬長滿相思樹林蕨類植物十八尖山，樹

1958 年代，葉榮嘉與作者攝於竹師附小。

林中防空壕旁生火煮飯炒菜，新竹縣立游泳池游泳戲水。

我們夜裡揚首觀天聽楊老師講述滿怖浩瀚夜空閃爍星座，徹夜帳篷內油燈旁傾心相談。那時正值青春成長歲月，所談不外對女孩傾慕。我們讀無女生和尚學校，對女生有可望不可及困擾，對人生有疑惑不解。

我晚上篷帳外小便時見反射帳棚上昏黃油燈光影，黑暗中深吸清涼夜氣，舉首望滿天星斗穹蒼，感到無比清明舒暢。

我猶憶當夜帳棚內陳朝欽和葉榮嘉兩位同窗好友，相互間溫暖清純無邪友情。

- 6 -

朝欽家位於新竹市西門街旁，我家位於中華路旁，兩家較近，常相往來。

朝欽父親早逝，母親辛苦拉拔孩子們長大。朝欽那時花不少時間助重擔下掙扎的母親，校園生活較缺他身影。朝欽珍惜竹中日子，喜讀書，自幼立志讀大學出國進修。

2012 年 1 月 12 日中午，我們那屆竹中同學在台北市芝山捷運站旁強強滾涮涮鍋餐廳舉行同學會聚餐。我終在那場合重逢數十年未見陳朝欽。

陳朝欽竹中畢業後讀四年海洋大學漁業系，畢業後任職美商泛大西洋航運公司渡兩年航運生涯。他 1969 年入原屬美援機構後改制為政府機關農復會（中國農村復興委員會）。朝欽後從農復會轉至農業委員會，再

1958 年代，葉榮嘉與作者攝於竹師附小。

後轉至漁業部門。朝欽 30 多年職業生涯成就貢獻可敬。

　　他多次出國研究、進修、開會。他 1972 年去日本東海區水產研究所研究，1976 年去美國 NOAA 地球資源衛星觀測中心研究，數次出席國際海洋會議（如 APEC 海洋會議）。

　　朝欽 1979 年如願以償獲公家保送出國留學，1980 年獲美國密西根大學天然資源學院研究所（School of Natural Resources, University of Michigan）碩士學位，主攻人造衛星應用於漁場探勘。

　　朝欽 1983 年在海洋學院兼任講師後升副教授，1988 年授課高雄海專，1986 年通過公務人員甲等特種考試獲優等榮譽。

　　我欣慰得知朝欽數十年如此優秀建樹並以他為榮。

　　家庭方面，朝欽與溫柔賢淑妻子育兩兒，一家五口（包括當時仍在母親）和諧美滿。朝欽兩子都學醫，老大行醫台灣，哥倫比亞大學（Columbia University）博士老二畢業哥大後任職 New Jersey 州 Roche Pharmacy 藥廠。

　　朝欽在新竹中學同學會記念刊中寫道：「……我是個基督徒，我真心感謝我的天父上帝，這一路來的帶領、引導。……退休後，我自認身體還算健壯，家母已 90 多了，需人陪伴。而社會之老人問題於此時正趨惡化，所以我決定投入老人的服務當起義工，在天主教聖若瑟失智老人基金會失智老人養護中心暨萬華區老人服務中心從事志願服務工作。陪伴失智長輩是特別需要有耐心、愛心，我在這裡深深領悟到『施比受更有福』的道理。我相信，生命經歷苦難的琢磨，將更顯堅韌。世上沒有永遠不變的情勢，只要有一個明天就有無窮的希望，我憑藉這信念，走過近 3/4 世紀，而未來的我仍將本著這信念繼續走完人生。」

　　我讀此文能不為老同學、年少時好友、主內弟兄感到驕傲？

　　我 2017 年 11 月 14 日拜訪楊榮祥老師後去四維路旁小學母校竹師附小看看，然後右轉至西門街。如神跡般不可能情況下巧遇朝欽和他夫人於他新竹老家旁，與他和夫人合影一幀，未料那次不期而遇竟是我此生見他最後一面。

　　朝欽 2019 年 8 月突因中風過世，我聞此事非常傷感。

7

葉榮嘉讀新竹中學時，他父親務農，他們當時家境不好。我曾去過頭前溪南岸新竹市他家農舍。我至今猶憶那天刮颱風，我們兩人農舍內望落雨紛紛灰暗天空，聽淅瀝雨聲偶來雷聲。榮嘉與我隨興所至談東南西北論古今中外。頭前溪河水高漲那颱風天至今仍存腦際。當時僅十來歲青春少年我如今雙鬢灰白。

1958 年代，葉榮嘉與作者攝於新竹中學。

葉榮嘉畢業新竹中學後考入成功大學建築系，畢業成大後創立經營建築設計公司。台灣從貧困境況邁向經濟奇蹟過程中，榮嘉建築事業逐漸成長茁壯終致飛黃騰達。

我在美國數十年未連繫葉榮嘉。1984年底，我回台灣參加近代工程技術討論會，終重逢榮嘉於他北投豪宅。

1958 年代，作者、葉榮嘉、張吉正（從左至右），攝於新竹車站之南鐵道。

1984 年那冬夜，榮嘉北投豪宅令我目瞪口呆。我進門首先入目是室內游泳池，進地下室見天然熱泉直接抽自地下的溫泉池，樓上寬大客廳可同時容納 30 餘位來賓開會。

我猶憶榮嘉說：「大門外面路邊溫泉溪裡熱泉水是可以直接用來煮熟生蛋的。」

豪宅顯示他事業成功。我告別時回想數十年前頭前溪畔簡陋農舍與他渡風吹雨打颱風日。

1989 年 2 月，榮嘉飛來美國洛杉磯探望他讀南加州大學大兒子，那是畢業後二度重逢。

1960 年代初期，三位新竹中學同學郊外出遊。
從左至右：女士 1、女士 2、曾常揚、作者、陳朝欽。

我後於七年時光創業新竹科學園區附近新竹市和竹北市，先後創立兩家科技公司，其一新竹，其二竹北。我後以抬轎方式協助 XEROX 公司老同事老朋友先後創兩家新成立無線電相關科技公司。

葉榮嘉當時近新竹清草湖開發「國家藝術園區」房產計畫。我那時住竹北市，曾拜訪他辦公室。他請我至新竹市北大路旁小吃店吃可口道地新竹小吃，後又至冰果店喝著名木瓜牛奶。

葉榮嘉在國家藝術園區設立雙語小學，為紀念他父親葉清山命名學校「清山雙語學校」。我於學校開幕那天代表我創環佳科技公司送兩盆景至清山雙語學校為賀禮。

我見竹中學長李遠哲和當時新竹市長蔡仁堅於開幕儀式會場，也見章孝嚴（蔣孝嚴）贈榮嘉祝賀字畫。

2017 年 11 月 14 日，我在新竹市西門街旁他老家前巧遇陳朝欽和他夫人（萬沒料到那次不期而遇竟是我此生見他最後一面）。

新竹中學老同學老朋友陳朝欽全家福照片。

1984 年 12 月，我與葉榮嘉首次重聚於他北投豪宅。

1989 年 2 月 15 日，我與葉榮嘉在洛杉磯中國城二度重聚。從左至右：葉榮嘉母親、葉榮嘉、作者。

　　葉榮嘉與章孝嚴是竹中高三己同班同學。我讀新竹中學那些年代中從未聽過有關章孝嚴故事，多年後從媒體得知章孝嚴章孝慈孿生兄弟。同學們 2011 年籌備 50 週年同學會時，我才知蔣孝嚴是同屆同學。

　　我們那屆同學真是人才濟濟臥虎藏龍，葉榮嘉成就格外突出。他曾扮演重要角色於新竹中學校友會。葉榮嘉除建築業成就外也是台灣著名收藏家，經葉榮嘉財團法人葉氏勤益基金會贊助過藝術家包括楊英風等大師。

　　葉榮嘉聽我說欣賞陳文茜，那天請我吃小吃時問我：「你願不願意

見見陳文茜？」我說：「當然願意。」但此事不了了之。

8

我畢業新竹中學進入台灣大學後與楊榮祥老師失聯。

數十年空白期於 1980 年代最初五年中某日（已忘何年何月何日，但確有其事）暫時終止，我與蘇義珍和鄭蓉正兩同學在南加州橘郡（Orange County）一家中國餐館與當時攻讀博士於 Nebraska 大學楊老師重逢一次。那後又是長久空白期，直至 2012 年 1 月。

2010 年 12 月 10 日至 12 日，籌備半年多新竹中學 1960 班 50 週年同學會在母校舉行。如此大事我未能參加，因妻子菊齡早於數月前已付款訂歐洲 Adriatic Sea 旅遊，時間與同學會相衝。

我遺憾未參加同學會，但經由同學所拍照片視頻看到大部分活動，也看到老師同學面孔。我將所有照片視頻置於我亞太世紀網站（AAAPOE website）憶竹中（Hsinchu High School Reminisced）特別網頁，與同學老師分享。

2012 年 1 月我為台灣領導人選舉回台灣停三週，其中三天觀光 Bali 島。

2012 年 1 月 11 日晨，我乘台灣高速鐵路火車去新竹，下車竹北市高鐵站，再乘計程車去新竹市青草湖畔環境優美楊榮祥老師家。

數十年空白期後首次重逢，我很高興見到依然風度翩翩 80 歲楊老師與他夫人楊師母。樓下客廳相談後，楊老師帶我乘電梯去二樓書房參觀。

我在雅淨書房內看到中華民國科學教育學會於 2009 年 12 月 16 日頒給楊老師終身成就獎，其上內容：「楊榮祥先生致力於科學教育之研究與推廣，成就卓著，榮獲 100 年度終身成就獎……」。

楊老師讓我看另一項 East Asian Association for Science Education 的 President Masakata Ogawa 於 2009 年 10 月 22 日頒給楊老師（Professor Jong-Hsiang Yang）EASE Distinguished Research Award 獎。

楊老師笑說他有兩座 EASE 獎牌，原因是其一有錯字，即 East Asian 錯打成 Ease Asian。楊老師捨不得扔掉有錯字獎牌將兩獎牌都放書架。

我與楊老師續談小時與他相處往事。他說那時較年輕喜歡玩，對待

學生如小老弟。

　　當我問及他弟弟楊榮宗時，楊老師臉色稍轉嚴肅，提起他弟弟楊榮宗當初是台灣大學海洋研究所所長，某次為台灣電力公司核四廠從事海洋污染海底勘測事件中不幸意外過世，年僅 52 歲。我來楊老師家前完全不知此事，無心提楊榮宗引起他談此傷感往事，很覺不好意思。

　　我向楊老師告別，他送我至社區邊緣，我們互相揮手道別。

　　我回美國後將拜望楊老師時拍的照片視頻置於我亞太世紀網站「憶竹中」網頁與所有同學老師分享。

- 9 -

　　我讀新竹中學時另一位對我影響較深者是我初二乙班國文老師朱守亮先生。我不能夠忘懷守亮老師原因是：除課本外，朱老師從博覽群書蒐集諸多相關資料（如中國文字來源、趣聞、掌故等。）於課堂補充學生們知識，朱老師教導下原本似較枯燥國文課變得有趣有吸力。我上國文課時喜寫筆記於課本書頁邊緣和筆記本，視筆記和課本同等重要。

　　如其他傑出老師，朱守亮老師與學生們不僅有課堂師生關係，課外也與學生培養親切友情。有時課餘，我和幾位同學至老師宿舍，與他聊天南地北，觀賞書架群書。我那時覺得老師喜歡買書博覽群書。

　　朱老師提起讀師範大學時當家庭教師賺學費生活費往事。我後從他寫書中得知他買書錢都賺於當家教。

　　我畢業新竹中學後與朱守亮老師失聯，數十年空白期終止於 2012 年 1 月。

　　2010 年中我旅遊大陸回美國後收到竹中同學發起 50 週年回校同學會資訊。我在亞太世紀網站建立「憶竹中」特別網頁，連繫同學老師，分享資訊、照片、視頻、文章等。

　　那段時期同學間常有電子郵件往來。那家替同學會安排環島旅遊旅行社將同學會相關資訊郵寄無電腦電子郵件同學老師。

　　2010 年 9 月 17 日，我突收朱守亮老師寄給我 50 多年來首次來信。我喜出望外立刻從美國加州打國際長途電話給台北木柵守亮師，我撥三次才與老師通上話，我們談很久才掛斷。

數日後我收到朱守亮老師寄來《回首來時路》自傳。我讓妻子菊齡先讀，我後再讀。我讀遍書中所有文字看過所有照片後寫讀後感，將此文置於「憶竹中」網頁與同學老師分享。此讀後感後也登載於新竹中學校友會第38期（2011年2月）會刊。

我那後續打幾次越洋電話與朱守亮老師暢談。

2011年中，朱守亮老師新書《心靈深處》（上、中、

2011年1月11日，我在新竹市青草湖畔楊榮祥老師家與楊榮祥老師重聚。

下三冊）出版。朱老師工作於微軟（Microsoft）公司次子朱允誠將此三冊PDF電子檔案以電子郵件附件寄給我。我隨即將它們置於「憶竹中」網頁與大家分享。

2011年中至年底半年中，我除打幾次越洋電話給朱老師外，也曾間接經朱老師女兒朱萸電子郵件（因朱老師無自己電子郵件）與朱老師連繫。我2011年底寄朱萸請她轉朱老師信中提起將於2012年1月回台灣三週，至時一定拜望朱守亮老師。

2011年1月10日，台北市木柵指南宮附近朱守亮老師家：我與朱守亮老師重聚。

2012年1月10日晨，我乘台北捷運去木柵，再乘計程車至指南宮山下。我步行上山時未看清老師家門牌號碼錯過他家，不停走至指南宮。

我用手機分別打電話給朱萸和朱師母問清楚他們家

2005 年 7 月，朱守亮老師全家福照片。

位置後下山往回走，總算找到朱老師「亦圃齋」家。

半世紀後重逢，我很高興見到當時 86 歲朱老師，也首次見到朱師母。老師身體仍硬朗，那時仍每日游泳 1,000 公尺。

老師、師母帶我繞「亦圃齋」庭院參觀，老師說院中眾多花草植物都是他親手栽植。我見到他們家會盪鞦韆友善母狗 Lulu。

我們師生坐朱老師書房傾心相談。老師指出書架上他寫的幾本有關中國古文學書，從書櫃取出他讀師範大學時所寫幾十本筆記。

我坐書房靠牆沙發向老師提起：我前此將有關老師資訊置於「憶竹中」網頁與大家分享，也將老師《心靈深處》三冊（他次子朱允誠寄給我的 PDF 電子檔案）置於「憶竹中」網頁，使竹中同學老師能在世界任何角落閱讀朱守亮老師所寫《心靈深處》。

朱老師聽此話後略帶哽咽說：「現在最重要的是我希望親朋好友們都知道我的狀況，我過得好好的，請他們放心。」

朱守亮老師《回首來時路》書中有如下片段：「……五十多年來，先後在新竹中學、北二女中、政治大學、韓國成均館大學、東吳大學等校專任；淡江大學、文化學院、空中行政專校等校兼任。初中、高中、專科、大學、研究院；男校、女校、國內、國外、不同的學校；年齡、性別、動機、目的、志趣、理念有別；甚而風土習尚、文化背景也不盡相同。……」

朱守亮老師的自傳：《回首來時路》。

以上簡歷概述朱守亮老師志在教育生涯完整和無所不包。朱守亮老師始於貧困，歷經艱苦流亡學生讀書歲月，不懈努力軍中，勤奮深造大學研究院，終達成他志在教育人生目標。

對竹中初中二年級我而言，能在守亮師初出道時就親聆教誨深感驕傲心生敬愛。

我在「亦圃齋」大門外與朱老師互相揮手互道珍重後沿指南宮山徑階梯往下走去。

我在《回首來時路》讀後感最後一段寫道：「讀完守亮師的回首來時路，從書首至書尾，我看到一位我所敬愛、神所護祐、出生貧困、艱苦流亡、力爭上游、永不放棄、有情有義、徹底誠實、在教育界具有深廣經歷的性情中人。全書無一絲不實、無一絲矯飾。我很驕傲曾被朱守亮老師教過。」

- 10 -

新竹中學老師中有位較特殊老師，就是已辭世多年張忠棟老師。

張忠棟是我高二乙班導師，也教我們歷史。我與身高頗矮張忠棟老師僅相處一年，我記憶較深的是他曾請我將他寫的一些文章謄至方格稿紙。從那後，我與他無任何連繫。我留學工作美國多年中曾在報章雜誌偶讀有關他的消息。

我後在《臺灣歷史辭典》讀到如下有關他資訊：

「張忠棟：年代：1933-01-01 至 1999-06-11；字元恢，曾使用『何言』為筆名。漢口市人，出生於江蘇無錫。1973 年美國密西根州立大學哲學博士。

從 1963 年 12 月起，張忠棟開始任教於臺灣大學歷史系，直至 1993 年提前退休為止，為該系奉獻了 30 年的生命（並曾任中央研究院美國文化研究所（今歐美研究所）合聘研究員）。同年 10 月，系務會議通過推舉他為臺灣大學名譽教授。

其學術生涯，最初以美國史、中美關係史為重心，自 1970 年代末期轉向現代中國、臺灣自由主義人物的研究領域，成果豐碩。

隨著臺灣外在局勢的變動，在國家多事的局面下，自我期許能善盡『大學教授的言責』，開始執筆為文，大量發表政論，鞭策臺灣走向民主化、自由化的理想前景。

晚年雖身罹肝癌絕症，仍持續參加各種政治社會活動。1991 年張忠棟膺任第二屆國民大會民進黨籍全國不分區代表，1996 年卸任。1997 年 7

月因不滿民進黨與國民黨合作修憲，又宣布退出民進黨。

　　張忠棟為自由主義者翹望以待的理想生活世界，得以挺立在真實並且可以碰觸得到的土地上，身體力行，是當代臺灣自由主義知識分子的代表人物之一。」

　　此外《台灣大百科全書》中也有如下有關張忠棟描述：

　　「張忠棟（西元 1933～1999 年）字元恢，筆名何言，湖北省漢口市人。求學先後就讀過臺灣省立台南二中、國立臺灣大學歷史系學、碩士、美國密西根州立大學歷史學碩、博士。

　　民國 52 年（西元 1963 年）起進入臺灣大學歷史系擔任講師，並被派往美國進修西洋史。取得博士學位返台後除仍在台大任教外，並受聘中央研究院美國文化研究所（現歐美研究所）擔任合聘研究員。

　　張忠棟的學術生涯最初以美國史、中美關係史為主，後來以研究現代中國與臺灣自由主義人物為其學術專長，起初他的自由主義中又帶有民族主義的色彩。他非常關心時政，當他在美國時，尼克森訪問中國，他曾寫出『奮起圖強』寄回臺灣發表，其中提出：『國家處境艱難，外交日趨孤立，大家應挺身而出，力挽狂瀾』。他希望大學教授都能勇敢的走出來，而不是一味關在學術的象牙塔裡。他在自由主義學者中特別推崇胡適、殷海光、雷震等人，這些人是他在建構其自由主義與民族主義的重要思想資源。但他的思想也非一成不變，他的文章一方面凸顯西化傾向的自由主義者，對強調回歸鄉土是否可能造成保守派勢力轉強的疑慮，另一方面抱持著『民族主義』的色彩，對於鄉土走向何方持有一定保留的態度。

　　但隨著臺灣政治社會的發展，張忠棟的自由主義色彩越趨濃厚，相對的民族主義的色彩漸轉淡。逐漸地他開始關心黨外的事務，他特別推崇費希平立委能與黨外人士打成一片又獲得民眾支持，在無形中化解省籍間的隔閡。民國 75 年（西元 1986 年）參與調查台大政治系學生李文忠退學事件和送別林正杰市議員餐會。民國 78 年（西元 1989 年）參加一場海外華人座談會中提出：『我們恐怕應該要跳出中國統一的圈子』，告別統一的意識型態。

隔年他幫忙因主張台獨、爭取百分之百言論自由而自焚的鄭南榕遺孀葉菊蘭競選立法委員。同時也將對內追求民主，與對外爭取獨立做整體性的思考。民國79年（西元1990年）他參加臺灣教授協會，與學生組成『制憲聯盟』，舉辦一系列的活動，並在活動的最後一天宣布退出國民黨，同年加入民進黨，並當選第二屆民進黨不分區國民大會代表。隔年加入『外省人臺灣獨立協進會』。

　　其後民進黨主席許信良與國民黨合作通過一些很有爭議的憲法條文，引起張忠棟的不滿，因此宣布退出民進黨。他始終秉持自己的理想不為利誘，也展現他身為一位自由主義學者的風骨。

　　張忠棟於民國88年（西元1999年）病逝於台大醫院。他的生平著作有《大學教授的言責》、《鄉土、民族、國家》、《政治批評與知識份子》、《胡適五論》、《自由主義人物》、《一年一年又一年》等書。」

　　上列兩文中都未提他曾在新竹中學教書，我猜想或許他認為新竹中學教學經歷在他人生中並不重要。

　　至於他生前政治主張政治生涯，我不贊同也不置評。我僅記得久遠前曾幫他謄寫文章至方格稿紙。

-11-

　　新竹中學老師事業上最成功應是謝淵泉老師，他是我初二乙至初三乙班導師，也教我們體育。

　　我仍記得身體健康壯碩謝老師娶了當時管理竹中圖書館女士為妻，就是謝師母。淵泉老師在他〈菜鳥老師報到〉一文中描述初入教育界時情況：

　　「大學東部畢業旅行到花師（現花蓮師院）觀摩教學，就有一種意願到那豐沛活力、山麓水湄的大自然環境去服務。當時，人謂外烟塵介的偏僻『後山』，卻讓我找到了情感的寄託處。

　　畢業前我自願申請花師為服務學校，卻因辛校長去函花師要人，硬把我叫回母校省竹中。這是五十年前久遠的故事了。至今花蓮當時那純樸、勤勉與天奮鬥的社會生態環境，仍然揮不出腦中那遙遠的記憶中。它牢牢地栓住了我，鎖住了我的心。

一年義務預官軍訓畢，新學年要開始，從小學為伴的老楊（即楊榮祥老師）再應召將去當翻譯官。我到母校報到首日，他懇託我能接繼他的導班，希冀知其心者能繼承以『愛』灌溉育人理念的他的班級的導師。校長破例肯允，讓本以操場為教室與屋頂教室絕緣的我創例在母校擔任老楊的班——初二乙班的班導師。

臨走別敘，老楊留下記載班生每個人日常觀察心得記要一冊，使我未臨門已知每一個學生的特徵，優劣點及嗜好性癖等。對於如何運籌而隨各人資賦何去何從輔導的標竿。

早些時期怪哉邏輯到處皆是，見怪而不怪。校長當時的開闊思達，破除許多靈性的幼苗惟有課堂老師可灌溉，這些心田只有他們才有辦法耕耘的成見。校長德智體三育並進理念加之群育的教育思想及對我個人的寄託，與老楊的敬業精神，盪漾於我心。他（即楊榮祥老師）不愧為我叫他綽號 *Tai-Sho*（大將）。

做個老師不僅獲得工作，還要經營耕耘才是老師，我終於懂了。我踏出當老師的第一步。」

謝老師上文描述初為人師心路歷程。

與其他竹中老師們一樣，我與謝淵泉老師也有數十年失聯空白期。

經 2010 年中同學們籌備竹中 50 週年同學會機緣，我重新連繫謝淵泉老師。謝老師收到我寄給大家有關在網站上設立「憶竹中」特別網頁電子郵件後，寫電子郵件給我，信中簡述他一生經歷。

謝老師離新竹中學後輾轉去美國求學深造。他 1977 年應台灣教育部邀請回台參加一次研討會後，離 Penn State 大學和教育界，改行從商，進入嶄新 Business 領域。

謝老師那前毫無商業經驗，憑死拼奮鬥精神逐漸獲得商業相關知識經驗。

1990 年，謝老師應邀加入東京 Mitsubishi Shoji Group 分公司，擔任 Standing Member of Managing Board of Directors。九年任期中謝老師參與投資西非 Cameroon 共和國森林開發計畫，曾投資數百萬美金於佔地七萬五千公頃非洲處女林地。

謝淵泉老師在其他幾封電子郵件中提起他在新竹中學教書時曾與杜華神父相熟。我初中時與其他同學到杜華神父那裏學英文和聽天主教義。謝老師1956年經張志宏神父和華語學院白神父介紹認識杜華神父。

謝老師1959年至1969年出國前那些年中夜間課餘時間工作於杜華神父督策的天主教工青會。他那時白天屬於新竹中學，晚上屬於工青會。謝老師寫道：「當時，我是過著另類的修士生活也不誇口。」

經謝老師向辛志平校長介紹並由白神父做中介，杜華神父開始兼任英文老師，包括教我們初二乙班英文。

我們初二後暑假中隨杜神父和張神父去日月潭一週。（見我的〈憶杜華神父〉一文。）我從2010年中謝老師寫給我電子郵件中得知他當初數次從頭至尾參與籌劃兩位神父帶領幾組不同學生前往日月潭。

古老歲月中，謝老師、杜神父、白神父、張神父幾乎每日見面。張神父每週二晚去謝老師宿舍講道。謝老師那時白天在華語學院教授台語，晚上與杜華神父見面處理工青會相關事宜。

- 12 -

另一位難忘的新竹中學老師是教我們數學的彭商育老師。

我在〈蔣木仍在〉一文中有如下文字：「我畢業於新竹中學高中三年級時需填寫保送大學志願單，那時不知該選何系。我見蔣家都學化學，便填第一志願台大化學系，第二志願台大電機系。我遞志願單給學校前，母親帶我往訪湖南同鄉新竹中學數學老師彭商育先生。彭老師見我志願單後，認為電機工程較適合我，建議我改第一志願為台大電機系，此選擇決定我畢生從事電子電腦事業生涯。（見我的〈蔣木仍在〉一文。）

上述可知彭商育老師對我個人事業生涯有他所不知的極大影響。

我數十年中與彭商育老師毫無連繫，直至1993年8月21日（星期六）晚上七點半。

何啟垠、陳國雄、廖恒俊、盧昌平等四位新竹中學校友發起那日在Lincoln Plaza Hotel舉辦新竹中學校友聚餐會歡迎彭商育老師蒞臨洛杉磯。我那次活動中見到彭商育老師和許多先後期竹中同學。

我曾於2011年或2012年打越洋電話給彭老師，但他電話中已完全

不記得我。

彭商育老師於 2014 年 9 月 21 日辭世，享 96 歲高壽。

- 13 -

還有一位竹中老師是教我高三英文的湯廷池老師。

2010 年中，我打越洋電話與他相談。湯老師因喪愛妻久未能跳出思妻哀痛，因此未能參加 2010 年 12 月舉行的 50 週年同學會。

他電話中提起當年教我英文時見我那時性情內向鼓勵我參加英文演講比賽之類活動。我告訴湯老師說經過數十年歷練我已成為非常外向的人，能隨時隨地與陌生人交談交友。湯老師聽後似感驚訝。

同學老師們殷切盼望湯老師能儘快走出思念亡妻之痛。（此事談何容易。2014 年 9 月 10 日，我妻子菊齡在 47 年結婚紀念日因血栓阻塞左腦突過世。我親身體驗難忍錐心之痛。）

湯廷池老師於 2020 年 9 月 21 日過世。

- 14 -

我雖未參加 2010 年 12 月 10 日至 12 日舉行於新竹中學母校竹中 1960 年班 50 週年返校同學會，但我 2012 年初返台後，於 1 月 12 日在台北市捷運芝山站旁強強滾涮涮鍋餐廳與數十年未見竹中老同學重聚。我將那次難得聚會中所拍照片視頻置於我「憶竹中」網頁與大家分享。

2010 年中同學們開始籌備 50 週年同學會以來，我經「亞太世紀」網站「憶竹中」網頁將同學老師連接一起並分享大家寄來的照片、視頻、文章、資訊等。我也在 50 週年同學會前後打不少長途越洋電話問候同學老師。

籌備同學會同學們那時尋得 196 位同學和 17 位老師的聯絡資訊，也得知 200 多位同窗中 28 位已往生。（後又有其他一些同學老師相繼離世。）

新竹中學人才濟濟臥虎藏龍。每領域都有竹中人扮演重要角色，無論科技界、醫學界、醫藥界、學術界、建築界、政經界、服務界、商業界，

無不皆然。不但同學如此老師亦然。這是我 2010 年 12 月 50 週年同學會前後與同學老師互動中所得結論。

- 15 -

當年（1960 年）新竹中學畢業紀念冊印有不少同學老師照片。

紀念冊中我們高三乙班那頁左下角有兩張小照片，其一校舍鳥瞰，其二老謹。

右手執稻草帽老謹站腳踏車棚旁。老謹是竹中校工，無親無故以校為家退役榮民。我那時常向他打招呼，有時與他聊天。離鄉背井流浪他鄉善良忠厚老謹不由不讓人生同情心。

身為高三乙班長我高三畢業前有責籌劃高三乙班畢業紀念冊照片和通訊錄。我在校園前高年級教室兩層樓屋頂上拍攝以十八尖山為背景近山低年級校舍，也找到腳踏車棚旁老謹替他留影一幀。如今老謹何在？

長滿相思林和多種蕨類植物的十八尖山（東山）有美好回憶：山頂朝氣亭、山下軍訓靶場、我曾與當時未婚妻（妻子菊齡）攜手散步的山

2012 年 1 月 12 日，台北捷運芝山站旁強強滾涮涮鍋餐廳，竹中老同學重聚同學會。

2010年12月12日，新竹中學母校校園，新竹中學13屆50週年返校同學會團體照。

下小徑。

　　我離竹中多年後出國留學前曾帶菊齡爬東山，在省立竹中和縣立竹一中之間東山下指一片相思林向她敘述多年前往事：我那時僅初中學生。

　　某晨，大群師生湧向相思樹林，我也莫名其妙隨往。大家赫然驚見中年男子屍體懸掛相思樹上。他臉色呈現青綠黑紫，屍身微微飄動於山風中。那幕恐怖情景使我失眠整整一星期。

- 16 -

　　新竹中學第十三屆畢業典禮程序單印有如下校歌：「美哉吾校，矗立塹上，巍巍黌舍，莽莽廣場，莘莘學子，來自四方，鍛鍊體魄，氣宇軒昂，砥立德智，蔚為國光，三育並進，毋怠毋荒。」

　　程序單也有紅字印出畢業典禮程序如下：「一，典禮開始；……；二十，唱校歌；……二十二，畢業生退場……。」

　　新竹中學就如此成為我人生書中曾有的一頁。

憶杜華神父

我成長於台灣新竹風城歲月中與杜華神父（Father Louis J. Dowd）有一段相識相處緣份。

我初識杜華神父是他兼任新竹中學初中部英文教師教我們初二乙班英文課那學期。

杜神父教我們英文一段時間後，我與幾位同學每週數晚前往新竹市中山路旁一棟標示「天主教教義研究處，Training Center for Religion Teachers」三層樓房，內有杜神父與其他幾位神父和修士的宿舍、辦公室、教室、會議室等。

杜神父教我們英文，也教我們天主教義。他有時播放電影，我記得看過影片中有一部 Spencer Tracy 和 Mickey Rooney

天主教教義研究處，Training Center for Religion Teachers（新竹市中山路）。
照片中穿白色上衣者就是杜華神父，站於白色吉普車前。

於 1938 年合演的 Boys Town，我很喜歡那部電影。他有時與我們同玩 Bingo 遊戲。類此課外活動對我們初中學生相當有吸引力。

每逢如此黃昏，我晚餐後沿新竹小街小巷步行去杜神父那裡。我記憶中那棟樓房一樓是閱覽室和秘書辦公室，二樓有小聖堂、教室、會議室，三樓是幾位神父和修士臥室。（《杜華神父紀念集》紀念書內一張照片中有穿著白色上衣杜神父、白色吉普車、三樓上方「升記」字樣、二樓與一樓間「TRAINING CENTER FOR RELIGION TEACHERS」和「天主教教義研究處」兩片招牌。）

我受杜華神父影響漸常去天主教會。我背熟多數重要經文，如天主經、聖母經、赦罪經等。我也加入杜神父組成的聖母會，成員多半是十幾來歲中學生，宗旨之一是將天主福音傳給年齡更小兒童們。

每週一次聖母會舉行於二樓聖堂兼會議室。杜華神父引導我們做長時間崇拜，每人雙膝跪地，手執玫瑰經唸珠串，手觸一粒粒唸珠、口誦一段段經文，週而復始重複觸珠唸禱直至觸完所有唸珠唸完所有經文。我那時因長時跪地導致右膝發腫疼痛。

經過一段時期教義吸取和薰陶後，我偶在家附近中華路旁修女們主持的天主堂向包括我小弟三毛在內的較年幼兒童講道，真所謂少年（僅是初中生的我）向兒童（小學生）講天主道理。

- 2 -

當時竹師附小附近西門街旁有天主教苦修修女院。我曾帶小弟三毛拜訪院內苦修的保拉姆姆。我記憶中苦修院會客處有一堵牆，牆中有類似屏風間隔物使我們無法見她但能聽她。

她問我們姓名、年齡、何校讀書等。我們雖未能見她身影，但能聽她親切溫柔聲音，我們知她是中國修女而非洋修女。

我們告別時，保拉姆姆說依苦修院規定她可看十歲以下孩子。她知小弟三毛符合規定，吩咐三毛站屏風前。她移除某障礙物後說看到小弟，向他說些鼓勵話。我至今猶憶那幕特殊初中時人生經歷。（2015 年 2 月 16 日，天主教朋友黃智才安排我們去深坑隱修院（Carmelite Order）拜訪李保拉姆姆（Sister Paula）。那是我人生第一次見到她，但第二次聽到她。見照片於下。）

- 3 -

某日，杜華神父帶我們去竹東山上五指峯探視原住民山地教區。

杜神父親自駕駛白色吉普車，我們七、八位初中學生坐於車後棚下兩排椅子。車內漾溢我們年少的歌聲和歡呼聲。

我們抵達五指峯後，大家肚子餓了，吃神父已準備好的三明治當午餐。

2015年2月16日，深坑，深坑隱修院。（從左至右）黃智才、
李保拉姆姆、作者。
那是我人生第一次見到她，但第二次聽到她。

　　山地教區教堂座落於山溪旁山崖上。少年我們無比興奮沿陡峭山坡
向下攀爬至山溪旁，手觸清澄冰冷溪水，眼望橫跨山溪輕搖於山風中的
繩木輕橋。

　　我猶憶在溪畔用英語講了一句俏皮話引起杜華神父發笑，至於講何
話卻早已忘記，但使他發笑確有其事。

　　我們在山區小天主堂簡陋小室裡與原住民山地同胞同樂、唱歌、表
演。

　　我們停留山上大半天後，杜華神父帶我們乘原車返新竹。

- 4 -

　　另一日，杜神父駕教會白色吉普車載我們去竹東參加朝拜聖母雕像
的教會活動。

　　活動結束，中午時間，我們走上某街旁某家附餐廳二樓去吃午餐並
睡午覺。我猶憶當時感覺（我當時直覺）我們似乎進入一家附餐廳的妓
女戶。

　　杜神父當然不可能刻意帶我們去那種地方，僅臨時找可吃飯和休息
之處，並未事先調查過那所在的性質。

　　此事仍歷歷在目，我如今回想頗覺有趣。

　我初中二年級後那暑假，來自紐約的杜華神父和來自舊金山的張志宏神父（Father Donovan）帶我們這群初中學生乘教會白色吉普車駛向南投縣日月潭。

　年少的我初抵日月潭時驚怔於秀麗湖光山色。我畢生經歷中有類似感覺的是 1966 年仲夏我初抵 Arizona 州大峽谷，初睹其偉大壯麗谷景時第一眼震撼感。（見我的〈秋遊大峽谷 1966〉一文。）我經過數十年人生歷練看過無數次美景佳色後，此種特別強烈感已漸淡化。

　我們在涵碧樓旁湖畔乘遊艇橫跨湖面抵對岸原住民山胞聚居的水社，安頓於湖濱水社國民學校最左端教室。

　從湖畔木製碼頭至山下水社國校有條小街，街兩旁有兜售紀念物品各類小店。站校門口朝湖望去，小街左邊最靠近學校這端有家餐廳，店主是篤信天主教原住民山地同胞。

　我們在日月潭一星期中，每日三餐都在那家餐廳吃。我至今未忘那新鮮、釣於潭水、麵裏油煎、連刺帶骨吃的酥軟小魚。每次餐前，杜華神父帶領大家做感恩謝飯短禱。

　日月潭美麗湖，時而雲飄碧空、時而烏雲滿布、水色煙漫、雷響電閃、大雨傾盆。不可測天候帶興奮給少年我們。

　張志宏神父每晨獨自一人泛舟日月潭湖面，游泳於冷冽湖水與大自然融為一體。

　那星期中某日，我們清晨即起集合出發，爬上水社國校後高山。

　我們出發時，天氣晴朗。我們沿彎曲羊腸小道向上攀登。我們駐足於山林中山溪旁，脫鞋襪浸足於澄清溪水，撩起啜飲略帶甜味生鮮溪水。回想那景，我聯想山溪水必能釀出特佳啤酒。

　行行復行行，我們終抵近山頂蠅亂飛的原住民山地同胞部落。數十年前那時代，那部落是偏遠落後區，但卻有教會蹤影，可見傳教士如何盡心竭力傳佈天主基督福音。

　中午時，我們吃山胞們準備以竹筍為主要食材午餐。餐後，我們在大房廳內與原住民天主教友們連誼互動。

　我與初二乙同班同學吳松雄面對面坐地上雙手互繞雙腿互纏模仿行

1955 年暑假日月潭旅（其一）：我們清晨集合水社國校教室前準備上山：杜華神父（左）、作者（右起第5位）、李增壽（右起第6位）、吳松雄（右起第4位）、李重寶（左起第7位）、戴琦（左起第6位）、陳棠華（右）。

1955 年暑假日月潭旅（其二）：我們清晨集合水社國校教室前準備上山，張志宏神父（左起第2位）、李重寶（左）、陳棠華（左起第6位）、作者（右起第2位）、李增壽（右起第3位）。

1955 年暑假日月潭旅（其三）：我與吳松雄表演於山上原住民區，杜華神父（右）、張志宏神父（右2）、作者（前左）、吳松雄（前右）。

1955 年暑假日月潭旅（其四）：我們午後雨中加速下山，陳棠華（前）。

　　動小舟。此表演照片中可見杜神父和張神父坐靠窗椅子。

　　我們完成拜訪下山時，台灣中部亞熱帶午後豪大雨傾盆而下，大家加快腳步下山。因山雨路滑，一位林姓同學（我初二乙同班同學林毅夫）突不慎滑跤，跌斷左臂骨。此事難免影響持續數日歡樂氣氛。

當天一同上山同學包括竹師附小同學李重寶和陳棠華等，及新竹中學初中同學吳松雄和李增壽等。

- 6 -

那天午後大雨使我們變成落湯雞。我當晚在大家共用巨型蚊帳內輾轉不能成眠，雨後濕冷湖邊夜氣襲入教室，我因此受寒感冒。

次日，我發燒、流鼻涕、肌肉酸疼。張神父那天計劃先回新竹，杜神父託他順便送我回新竹。

我隨張神父先乘公車再乘火車抵台中市。張神父與前已約好其他兩位美國籍神父相晤於台中火車站。

我們在台中鐵路飯店吃飯前，我依前此日月潭畔養成習慣合起雙手做飯前謝飯短禱，引起兩位神父注意，我感覺不好意思而臉紅。

我猶憶當時點青菜豆腐湯，病中覺其滋味佳美。午餐後，張志宏神父帶我乘火車回新竹。

那是我永難忘懷年少時日月潭之旅。

我多年後搜到如下資訊於網路：張志宏神父曾在台灣創立耕莘青年寫作會，提供青年學子學習翻譯和寫作園地，並藉此與青年們接觸，傳播撒種天主教福音。

張神父帶領寫作會僅五年時光就撒手歸天。1971 年 2 月 15 日，張志宏神父在一次冬令活動中帶一群青年翻山越嶺行走於花蓮太魯閣長春祠附近時，一輛運貨卡車經過他身旁，車尾木材碰觸他背囊，不幸猛然撞他下懸崖。

我雖多年後才知此不幸事件，但仍感極大震撼，因他就是多年前帶初中二年級我從日月潭回新竹那位張志宏神父。

- 7 -

我人生軌跡與杜華神父人生軌跡在我初二、初三、高一那些年代中有所交集。其後，因我父母親擔心教會活動影響學業而阻止我去教會，因此漸失聯杜神父。

雖僅數年交集，杜華神父已留永恆印象於我心，撒下信仰種子，影

響往後數十年尋覓神。

就如此，我走我人生路，杜神父走他人生路。但數十年中，我不曾忘卻他當年形影。

1981 年 5 月，我寫〈風城憶〉一文於數日中連載於美國《世界日報》副刊，文中包括對杜華神父懷舊和憶往。

2004 年 11 月，我從數十年電腦電子事業生涯退休，帶妻子菊齡環遊世界，也開始做自己喜做事，包括建立並設計亞太世紀網站（AAAPOE website），置入許多內容，包括我的文章，其一便是〈風城憶〉。

2010 年 1 月 21 日，我突收一封附照片電子郵件，信中說：「您好！李先生：昨日在偶然的機會中，拜讀了您的〈風城憶〉，備感親切！因我是您附小的小學弟，我也是杜華的學生，我也是保拉姆姆的小兄弟（教會的說法，我也如此稱她為姐姐）……。好多好多少年時的影像，昨日一直在我的腦際盤旋湧現……。正巧日前，我們還在討論：今年五月是杜華離開我們 20 週年了，我們想召集些老朋友們在新竹小聚。不知您這篇文章的部分內容能否與大家分享？同時農曆年前，我會去看望保拉拜早年，我會將這篇文章的內容告訴她。您能在隨信所附的照片中認識及提供一些影中人的姓名嗎？我是黃智才，可能多年前在中山路的教義中心於晚上的聖母會聚會當中，或許我們曾經遇見過，當時我還在附小就讀。」

我因此連繫上曾與杜華神父有數十年深厚關係黃智才先生。

2010 年 1 月至 4 月，黃智才又寄給我如下附照片訊息：「……謝謝您的連結網頁。這是當時的我，這張照片是我第一次到台北，在台大的椰林大道上拍的。我是初中生……」；「……十年前的我（當時已與杜華一起安排各類的學生活動）。照片是在石頭英文簽字旁所拍，身旁是小余（叔謀），背後站立的是戴琦，石頭另一邊，其他的人與你們年歲差太遠，你都不可能認識。……」

2010 年 4 月 23 日，我又收到黃智才附照片電子信件：「大家好。寄送二十年前出刊的《紀念集》裡面的部分文章。

1. 費濟時主教與杜華是老伙伴，從揚州一直到新竹，由青年一直到老年……，由他來介紹杜華最為恰當。

2.景耀山神父在杜華最後的十年中幾乎與他生活在一起，會院中除了美籍神父以外，就是這位中國學者神父了。

3.郎雄對他稱為麥片牛奶神父的回憶（這是郎雄在成為影帝後所寫的文稿），另外還有郎雄所寫的〈是他〉一文……我們的大師兄（這是杜華的老友們對於郎雄影帝的稱呼）在十年前的感恩活動時已經略為呈現疲憊之態，但他仍然專程南下新竹，全日全程陪伴我們這些小老弟們，這應該也是他在動手術後最後一次參加公眾活動。」

郎雄（在某一段時期當中被稱為是台灣的「影帝」）的〈是他〉一文如下：

「是他——指引一個叛逆的青少年，回歸於慈母教會。

是他——站在我的病床前，以牛肉汁麥片，一瓢一瓢地餵我。

是他——當我挫敗時，調理我的身心，使我能再接再厲。

是他——帶領著我，把『愛』送給最小的兄弟。

是他——教導我將我的一生，用來光榮我們的天主。

是他——每次說再見時，總是大呼，郎雄！拼命！拼命！為我們的主：耶穌拼命！

是他——在我失去記憶時，還能輕喚我的名字。郎雄！拼命！拼命！我哭了……我的恩人，我的嚴師，我的慈父。

是他——

是他——」

影帝郎雄另寫〈郎雄最好的朋友:牛奶麥片神父〉一文紀念杜華神父，摘錄如下（原文刊載於 1999 年 11 月 14 日中國時報）：

「他（杜華神父）都叫我阿三阿三，因為我的本名叫做郎益三。算一算，認識杜華神父已經是 56 年前的事了，那一年，我才 13 歲。

13 歲才初一囉！我記得那時是戰亂時期，大家都在逃難，而我一個小蘿蔔頭，流浪到揚州，如果不是杜華神父的照顧，真不知道今天的阿三在哪裡？

杜華神父的心中充滿了疼惜和愛，為了我們這些中國孩子，他付出了一生。我永遠都會記得，有一次我生病時，他坐在我的床邊照顧我，就這樣一口一口的餵我吃牛奶麥片。那時我張大了眼睛看著這位黃頭髮的外國

叔叔，我不知道為什麼他對我那麼好，我也不知道是什麼樣的愛，讓他像爸爸疼孩子一樣，擔心我的病。我只知道，那碗牛奶麥片的味道，到現在閉起眼睛來，都還嚐得到。

　　杜華神父當然也有嚴肅的一面，特別是對我們這些孩子。皮嘛！大人打仗，我們照樣皮，照樣玩囉！我記得有一次，我騎壞了腳踏車，很怕被罵，就推著車子東躲西藏，不敢讓杜華神父知道。當然囉！最後還是紙包不住火，被發現了。那一次我看到杜華神父嚴肅的一面，他很認真的對我說：『自己做的事情要自己負責，不要躲，更不要說謊、騙人。』奇怪的是，這些簡單的道理從他的口中說出來，竟然顯得那麼的認真和重要。

　　戰爭是無情的，揚州的少年阿三，萬萬沒有想到，到台灣以後，竟然有一天會再見到杜華神父。那是從另外一位神父的口中才知道，杜華神父住在新竹，我一聽心裡好激動，年輕時的記憶向海一樣「轟」地衝上腦門，就這樣台灣的新竹成為我生命中的第二個揚州。後來，不管怎麼樣，只要經過新竹，我一定會回去看看他。當然，特別是自己又惹麻煩的時候。印象最深的一次是，那年我 30 歲，失戀了，真是很痛苦很痛苦。在去新竹的火車上，心，像火在燒一樣的苦，我當時真想跳火車死了算了。我覺得新竹，好遠，好遠，我忍著不讓自己提早下車，才又找到神父。他聽我訴苦，陪我聊天，看電影，還拿了很多糖果給我吃。我 30 幾歲了，他卻看我仍然像個小孩，他陪我安靜的反省，他讓我生命沒有提早下車。

　　杜華神父在晚年的時候，得了老年癡呆症，傻了。好幾次我去看他，淚就一直掉。記得最後一次看到他時，他連手都舉不起了，卻用力拉著我說：『阿三，要為自己拼命，讓自己發光，要為基督拼命，讓別人也發光。』杜華神父，他做了我 56 年最好的朋友。」

　　2010 年 4 月 27 日，我收到黃智才另一封電子信件：「……20 年前出刊的《紀念集》及 10 年前出版的《緬懷杜華》一書。那二本紀念書冊大部分都是有關『北大路青年中心』的記錄，也紀錄了當時新竹地區的生活狀況。這兩冊所記錄的不僅是老杜的生命史，也是你我的生命歷程……，例如早期的殯葬、日月潭的舢舨、杜華的學生們，及杜華與明潭的毛王爺

成為好友。當時青年學子們的戶外活動都不是現代都市裡小孩們所能想像得到的……。這也是我們所料想不到的意外。這兩冊中珍藏了一些與杜華神父相關的陳舊的歷史。……」

其後不久，我收到黃智才寄來的《Fr. Louis J. Dowd S.J. 1911~1990》（杜華神父 1911~1990）和《緬懷杜華》兩本紀念書冊，我自己留一份，其餘我轉給竹師附小老同學老朋友李重寶。

- 8 -

我得此二書，如獲至寶，立刻回寫電子郵件感謝黃智才。

我從那時起花很多時間精力將兩書每頁都拍照留檔，並將兩書以網頁方式完整呈現於我的亞太世紀網站（AAAPOE website）與大家分享。

2012 年 9 月初，我又花很多功夫將兩書所有相關電子檔案合併成兩個 PDF 檔案電子書，置於網站與全球更多人分享。當我完成此事時感覺相當滿意成就感。

2012 年 9 月 15 日至 10 月 18 日間 33 天時光中，我們乘遊輪從 Alaska 經北太平洋至日本、海參崴、上海、天津、北京等地，並旅遊各地。我在此時期中讀遍此兩本 PDF 電子書，重溫杜華神父奉獻自己給天主、台灣、新竹的可敬一生。

- 9 -

黃智才寄給我書冊中有一篇郭芳贊先生（天亞社台灣特派員，資深國際新聞工作者）在〈杜華的福音〉一篇演講文中以「獨子的奉獻：父母把獨子奉獻給天主」為題陳述杜華神父一生如下：

「*在紐約州的勞徹斯特城（Rochester, New York），1911 年 01 月 25 日，一位姓杜（Dowd）天主教家庭裡誕生了一名男嬰，被取名為路易斯 Louis，為家中獨子，童年時期顯露著開朗而頑皮個性，還有語言的天才，青年時期，他做過雜誌推銷員，業績驚人。*

1931 年英俊高大的路易斯正逢青春年華，畢業於阿奎那中學後，就跑

到西部的加州進入耶穌會，開始學習過著終生獨身的修道生涯。父母雖然不願捨得獨子的離別，卻懷著堅強的信德勇敢地接納，把最好的禮品奉獻給天主。

1937 年，日本軍隊已經席捲了中國大陸的東北和北部，盧溝橋響起炮聲，路易斯聽到天主的召叫——要他去中國，就自動地向耶穌會提出要求被派往中國。在北京學習中文時，老師給他中文取名為『杜華』，表明要他從此一生一世為『華』人，不必返回美國。

杜修士學習國語兩年，學得標準而流行的『京片』語言，再被派到上海的金科中學，不久再以流利的方言和學生談笑風生。

1941 年起杜修士在徐家匯攻讀神學，1944 年日本侵華戰爭漸入尾聲，抗日戰爭勝利前刻，33 歲的杜修士從惠濟良主教的手中領受鐸品，成為杜華神父。

共產黨佔領後，杜華神父在上海徐家匯……完成神學和最後的靈修訓練後，杜華神父被派駐加州耶穌會的新傳教區—江蘇省揚州城，擔任震旦中學的老師，教授英文等課程，他認為可以在中國大陸福傳工作上大展宏圖。……這位熱愛中國的杜華神父就……離開中國大陸。

杜華神父就利用這段時期先後在馬尼拉，美國聖路易市工作研習，仍舊未放棄到中國的使命。1954 年，43 歲的杜華神父搭船到了還在農業社會時期的台灣，先學會閩南語後，耶穌會派他到新竹市，當時新竹市還沒有天主教堂，他在中山路租借整層樓房，開始用閩南語在新竹市街道傳道。他發揮推銷本領，開著小貨車在大街小巷裡用擴音器，告訴新竹市民天主教進城了。　.

青少年的導師：

迎合社會的需求：先是學生，後是職工青年。

提供適時的『糧食』：補習教育，培育領袖才華。

杜華神父志在青年工作，為了接近年青人，在新竹一所縣立中學教了幾年英文（李偉宗後記：杜華神父開始的時候教當時省立新竹中學的我們初一乙班。）。從美國募款所得，在中正路興建了兩層樓的大廈，取名為

類思青年中心，大理石地板每週打臘清潔明亮，現代化的抽水馬桶廁所，在當時學子們更是高級享受。二樓有大約二十個床鋪的學生宿舍和浴室、自修室、圖書室等，設備齊全。同時開設初中學生的補習班，以英文和數學為主，頗受到當時中學生歡迎，每逢暑期更是爆滿，因有郊遊、露營、游泳、球類運動、晚會、電影欣賞等課外活動。

補習班課程裡排有天主教道理課，杜華神父的深入淺出而幽默的講解，加上當時頗稀奇的幻燈片和彩色掛圖配合，使中學生紛紛接受天主教信仰。

接著，杜華神父再組織聖母會，舉辦夏令營，作為培育未來青年領袖的搖籃。他的風趣、真誠很受人們歡迎，大家以『阿督仔』稱呼他。

不過，當時新竹民風保守未開，受洗的中學生都曾經歷與家人的『人神交戰』掙扎，在經過杜華神父的調解，家長們也都頓然開朗地接納事實，結果證明受洗學生都有良好行為，更熱愛家庭，導致有些父母也跟著聽道理後受洗信主。

1960 年代，杜華神父眼見台灣由農業社會轉變為工業社會，新竹地區開始出現不少工廠，許多十幾歲的青少年為了減輕家庭負擔，紛紛單身踏入工廠，工廠大多是勞力密集產業，設備欠周全情形下，老闆無力為工人著想，杜華神父一面未能放下長久奠定基礎的學生牧靈工作，也一面在青年中心開始增加照顧職工青年和職工領袖的培訓，成為新竹市為職工青年謀求利益的第一人。

經過耶穌會長上的允許，杜華神父於是在北大路建了『新竹天主教社會服務中心』大樓，成為當時新竹市職工青年之家，杜華神父就揮別了青年中心的學生工作，開始全心致力職工青年的牧靈。1965 年起積極推動成立『儲蓄互助社』，和響應當時省主席所推行——客廳即工廠，設立『若瑟職工手工藝廠』幫助工人就業，提倡家庭副業，以改善職工青年的生活。

在新竹市開始福傳後，杜華神父最可貴的，就是工作餘暇一直都在照顧一時迷途而入獄受刑的青少年。杜華神父每週固定兩次會到新竹勵德補校（少年監獄），探望受刑青少年，替他們排難、解惑。1970 年元月，更應新竹少年監獄之聘，擔任該處的『榮譽教誨師』，完全以愛心、熱忱、

精神的慰藉，在輕鬆談笑中收潛移默化的效果。

此外，杜華神父在各地推動社會公益，慈善活動，1974 年成立『新竹救急會』以『服務和愛心』關懷殘障、病患和無法依靠的老人，1987 年被推薦為全國好人好事代表。

杜華神父從青年到老年，一直在做青少年的福傳工作，卻在晚年得了阿耳滋海默症，天主讓他開始失去記憶，也減少老人痛苦的折磨，不過曾經受到他照顧的中學生和職工青年，甚至服刑出獄的更生人，一群群地都經常來探望並感恩地回報，如同杜華神父的一群群子女。1990 年 05 月 04 日，杜華神父在中國這塊土地上服務五十三年後安逝於輔仁大學頤福園，終於蒙主恩召，自台灣飛奔天鄉。

子女的定義：子女成群：

杜華神父的父母一定未料想到，他們奉獻了唯一的獨子給天主，上主卻賜給他們在中國和台灣有一大群子女，即使唯一獨子離世二十載了，這群子女們仍舊在紀念著，懷念著杜華神父，證明獻給天主自己最美好而唯一的禮品，上主一定回給百倍償報。杜華神父的子女才是天主眼中的真正子女，更是杜華神父的父母的後代子孫。

由點至面：

由兒子開始擴大到家庭，由學生擴及老師，由員工影響老闆：

受過杜華神父熏陶的中學生也好，職工青年也好，受刑出獄的更生人也好，年紀大了，如今回憶起來，發現『老杜』真是有怪招多多。

記得當時，我要受洗時，杜神父神不知鬼不覺地跑到我家裡去見我的母親，跟她報告她的兒子要領洗成為天主教徒。我母親不反對後，老杜竟『加碼地』脫口而出問我母親是否可以聽道理？來自佛國——泰國的母親當然推辭說，她要照顧一群兒女未有時間去教堂聽道理，老杜更絕妙地『出招』說，他請傳教員到家裡來向她講道，我母親只好隨口答應了，一年後她也領洗了，再一年我哥哥也領洗了。

還有，在青年中心也好，在社會服務中心也好，老杜福傳對象不僅是學生，更是把來上課的老師作為最佳服務的目標，只要看到有希望的優良老師就不停地續聘，三、二年下來這位老師不受洗才怪呢！

同樣地，老杜對職工青年服務也是如此，不僅是要職工獲得信仰，更是要讓老闆也能加入天主家庭，所以，老杜很喜歡去職工青年的工廠或商店『坐坐』，『洋神父』來坐多了，鄰里居民都認識了，當然逐漸不會排斥天主教了，有些老闆當然偶而也跟著員工一起來社會服務中心參加晚會活動等，逐漸接近天主啦！

　　從『杜氏招』裡，我們從事社工服務者可以明白，服務對象不僅是個人而已，而且還要包括對象的週遭民眾或親友，提供最完善而適時的服務，再引導接近天主家庭裡，當然遲早天主會帶領他們進入基督羊棧裡。

播種式耕耘：

　　勤奮播種──收穫在天主不必在我；專心專業──不要三心二意：

　　從類思青年中心或社會服務中心『畢業』的『杜家學徒』們最懂得的『杜家寶貝』，就是杜華神父大作──『播種』一書，書中每一課都有三步驟：聖經故事──要理──定志(具體實踐辦法)，但是未有『結果』的報告。明顯地，老杜就是要告訴我們，在從事福傳使命工作上，只有不停地辛勤耕耘，『別問何時收穫』，因為只有天主是收割者。聖經上耶穌講了有多少個比喻都會讓我們去明白，祂才是收割者。

　　所以，從杜華神父在新竹從事牧靈工作長達近三十六年，從俗人眼中似乎『一敗塗地』，類思青年中心不見了，社會服務中心也似乎今不如昔般熱鬧。其實，再看看今日天主教會內或是社會裡的『至潔老友』，那個不是豐碩結果，影響著他們的生活週遭親友或同事呢？因為，老杜一直告誡這群杜家『孩子』們，不要做轟轟烈烈的大事，而是使用自己專長和專才默默地為人服務，如同每日澆花一般，做個老杜『大傻瓜』裡的『小傻瓜』，才是天主所愛，而非三心二意地左盼右等做大事，到底一事無成。所以，從事福傳的志工若要學習老杜精神，就要先明白自己的專長和專才，全心全力地發揮來服務民眾，不分老幼婦弱，才能悅樂天主；若是看到他人表現獲得讚揚而去模仿，再看到另人長處也要去學，終究只學得三分而事倍功半，賠了夫人又折兵，當然不是天意。」

　　郭芳贊先生講述杜華神父一生寫照彌補了我對杜華神父畢身成就所

知的不足。

數十年前日月潭之旅中，每晨游泳於湖水的張志宏神父（Father Donovan）也如杜華神父一樣奉獻畢生給台灣。

1971 年 2 月 15 日，他在花蓮太魯閣長春祠附近被卡車衝撞，墜入懸崖下大理石谷底。他被撞瞬間心中閃過何種思緒啊？

我搜索到一首紀念他的詩於網路，轉載如下：

「*獻詩：*

懷念張志宏神父～一九七一年二月十五日

引用《葡萄美酒香醇時》紀念文集

朱廣平 (朱廣平為耕莘青年寫作會第一任秘書)

我回到耕莘的聖堂裡，

十字架下，彷彿看見了張神父。

慈藹、親切、誠懇，

黑邊鏡框下的藍寶石，

閃著永恆的謙遜與鼓勵。

神父！我感謝您！

神父！我想念您！

舊金山是您的出生地。

十八歲時，毅然獻身了耶穌會，

犧牲、執著、樂觀，

英姿煥發二十五歲的您，

遠離家鄉，為我國盡心盡力。

神父！您愛中國！

神父！中國愛您！

民國五十五年的夏季，

您創寫作班，啟發了多少新筆？

立德、立功、立言，

大專同學的熱情與活力，

也泉湧般被您疏導向山地。
神父！您感化了我們！
神父！我們追隨您！
十年前今日的立霧溪，
嗚咽著只有天主能解的哀泣。
為人、忘我、捨己，
半盲者分擔健行隊的行李
被木材車擊落下谷底。
神父！聖人靜山息，
神父！典範長思憶。

（一九八一年二月十五日於耕莘）」

　　我也在網路上讀到作家司馬中原寫
的〈一個神父之死　獻給青年們〉一文，轉載如下：

　　「張神父的眼疾早已嚴重到近盲的程度，他兩耳重聽已非一天了；雖說他年過半百，並不稱老，但以一個半聾半瞎的殘軀，撐持著繼續在中國（意指現今的中華民國台灣）服務，實在全靠他那股潛藏在胸臆間的精神力量。

　　前年夏天，我在講習會授課後，和他閒談，談到他眼睛的狀況。當時的情形是：我笑說：『您為青年們辛勞這多年，也該退休了。在中國有句俗話：落葉歸根。您不想回到童年生長的舊金山去，專心療病，安度餘年？』

　　神父他誠懇的笑了起來，指著地面說：『我的家就在這裡，我喜歡這個地方，這些人』。去年他從美國回來，告訴我，說是眼睛開刀的治癒率和變成全盲的比例是一半一半，早開刀和晚開刀一樣，所以他沒有立即動手術。『好些事情等著做。』他說：『我只好用這雙壞眼，等到實在不能用了，再去碰那一半復明的機會。』

　　張志宏神父在冬令活動中，親自率領著一個徒步旅行隊去翻山越嶺，歸向大自然的懷抱，也正是他等著做的事情之一！那夜，在夜宿天祥山莊。是神父在人世間的最後一個夜晚。

　　第二天早上起身趕往花蓮，走至長春祠附近，一輛載運木材的貨卡疾

駛而過，突出於車尾的木材在轉彎時碰上他的背囊，一股巨大的力量把他推擁著，飛下深陡的懸崖，落進了大理石的峽谷。張神父沒有立即死亡，他醒來只說了一句話：『很抱歉，我不能帶領你們回去了……』神父逝世於民國六十年二月十五日。」

- 11 -

杜華神父畢生成就和對台灣和新竹貢獻非初中時年幼我所能預知，但我很驕傲曾被他教導影響。

那與我僅相處數日於日月潭而帶我從日月潭回新竹的張志宏神父，雖對我人生無直接影響，但他生前不凡成就和無私奉獻讓我心生敬愛。

願上帝天主永恆保佑杜華神父和張志宏神父在天國真善靈魂，阿們。

蔣木仍在

我 1981 年底寫此文於南加州，1982 年 1 月 14 至 15 兩日刊載於美國《世界日報》副刊。我數十年後重新改寫此文，原先基本內容無改變。文中可見我靈命上幼稚，因雖不斷尋覓神，我多年後才真正歸主成為基督徒。

-1-

蔣木已不在人世。我偶爾想到她的名字音容，總覺此事非真。

1977 年某秋日，我飛往德州達拉斯（Dallas）XEROX（全錄）分公司出差前打電話問候紐約父母親。母親說：「蔣木死了，肺癌。」

飛機上、旅館中、會議室內，灰藍雲霧籠罩我心。

蔣木與我同年出生，去逝時僅 35 歲。常聽人說人生 70 方始，那 35 歲該如何說。

她從不抽菸，肺癌卻奪去蘊藏無限希望的年輕生命，奪去蔣媽媽、蔣伯伯心疼愛女，奪去鍾哥哥愛妻，奪去玫玫、蘭蘭慈母，奪去我青梅竹馬、一塊長大的朋友。

數十年前，我們家住台灣風城新竹。父親當時在一家生意鼎盛調味品化學公司擔任財務文書職務，母親平日理家之餘喜歡走動家附近交朋友。

當時中國內戰後共產黨佔據大陸建立新中國，許多人離鄉背井逃離大陸。他們相遇台灣，若稍有同鄉關係，尤其鄉土較近或姓氏相同者，便互以親族相認。胡季寬舅舅、舅媽、李棻叔、友雲姑、胡遠應大姊、胡遠志二姐等都是母親交來的朋友，雖非真正血緣親戚，卻有親戚情誼。

蔣木家與我家很近，我家在中華路東邊巷內，她家在中華路西邊巷內，相距僅數百公尺。父親工作的調味品化學公司工廠位於中華路西邊朝南不遠處。

蔣家搬新竹後某日，蔣媽媽走在中華路上想熟悉附近環境。她南行至調味品化學公司辦公室時聽有人外省口音交談，好奇步入，巧遇工廠負責化學工程的田伯伯、白伯伯。

她問他們：「我們剛搬來新竹，不熟悉這裡環境。我家有兩個孩子，不知道這附近有沒有甚麼好學校讓他們讀？」他們說：「火車道對面有

新竹國民小學，但我們孩子都到稍遠一點竹師附小讀。從我們這裡到竹師附小十分鐘就可走到。」

母親數日後與蔣媽媽相遇相識，開始數十年友情，孩子們間自然也相熟。

蔣木與我同年，在竹師附小卻高我一班。蔣林是蔣木弟弟，與耀宗弟同年、同班。再加上燦宗弟，我們五位，外加父親公司諸多同事子女，一群孩子常一起玩。孩子中，田家樹棠大哥年齡較長，不與我們其他孩子相混。蔣木與我年齡較大，她高我一屆，無形中成孩子頭。

蔣家大門朝南對面有一排日式房屋，再往南是調味品公司北院。蔣家朝北後門外有條小路，路旁有條小溪。我每日上下學竹師附小必經此路，小溪也是我們捉泥鰍帶小鴨游水之處。

蔣木竹師附小時照片。

蔣木北一女讀書時來新竹玩，與我父親和耀宗弟合影於竹師附小。

我們常於課餘或週末玩耍於工廠北院，其內置放運貨大卡車、兼載人貨中型吉普車、貯放化學材料瓶罐、包裝貨品木箱等。

　　院內有不少可藏處，我們玩官兵捉強盜和捉迷藏等遊戲。我們有時尋些破爛物品玩「扮家家酒」、「醫生、護士、病人」等遊戲。

　　我們有時逛中華路柏油路旁人行道。某日我們見一衣衫襤褸中年人坐路邊呻吟，不少行人圍觀。我見他右腹一寸寬生膿彈孔傷口，看來可怕心悸。他是退伍軍人，傷口得自國共戰場。他向四周圍觀人們乞討些錢。

　　我們曾胡跑亂跳於南北縱貫鐵路旁田野間稻草收割後田地上，也曾挖洞引火烤紅薯。某日，蔣木、蔣林、耀弟、我玩耍於火車軌道旁建造中未完成房屋附近。蔣木小便急了來不及回家上廁所。她說要在房屋隱蔽角落小便，厲聲囑咐我們男孩子：「你們不許偷看，偷看的人臉上會長東西。」我們乖乖等在外面。

　　我們有時去竹師附小玩。我某次校門口見彩色鮮豔蝴蝶，撿小石扔向牠，不但未打中卻打破教務室玻窗。窗猛開，一位老師探出頭怒叫：「誰打破的？」我驚慌逃逸。

蔣木北一女讀書時來新竹玩，與耀宗弟合影於竹師附小。

- 2 -

　　清秀蔣木有一雙聰明大眼睛。她用功，功課好。她和弟弟蔣林很親，但頑皮蔣林卻常挨她罵。我當時心中覺得能被她罵是幸福事，但她從未罵過我。我們一直相處很好。我一直服她，因她自幼有一股溫暖氣質，不冷漠，不自私，顧及他人，是溫暖女性。

　　包括我自己家多半家庭或多或少有些大小問題，所謂家家有本難唸經。蔣家比較安祥正常，似無顯著糾紛衝突。

蔣木仍在

蔣伯伯、蔣媽媽都是學化學大學畢業生。他們家在新竹時，蔣伯伯工作於台北國家化學藥品檢驗機構。他之後赴美深造數年，回台後主持某大學化學系教務，後執教輔仁大學化學系。

蔣木是他們家孩子中老大，蔣林是老二。他們家遷至台北後，蔣媽媽生老三蔣森。他們家那時還有奶奶在。他們家或許並無那樣完美，但我認為蔣家是正常好家庭，慈祥溫暖父母親、品質優異兒輩、和祥家庭氣氛令人羨慕。

蔣木畢業竹師附小忠孝里後，蔣家搬至台北，住徐州路旁距蔣伯伯和蔣媽媽工作機構很近處。雖一在新竹一在台北分隔兩地，母親和蔣媽媽藉往返書信互通訊息。蔣媽媽親切信件讓我們得知蔣木在台北第一女中（簡稱北一女）成績一直優秀。

蔣木和蔣林某次從台北來新竹時住於我們家。蔣木那時是初中一年級學生，我是小學六年級學生。我一向喜歡和敬服她的明朗和愉悅的個性，大人們也都喜歡她。我的生性固執的父親對於一般孩子們毫無耐心，嫌他們討厭，唯獨對蔣木不同，每次見到她時就露出了笑容而顯出了難得見到的溫柔。蔣林有時不服氣，認為他偏愛女生。其實父親所偏愛的僅是蔣木一人而已。

他們姐弟倆停留新竹數日後搭車返回台北，分別時我覺得依依不捨。蔣木的離去使我情緒低落，心中感覺若有所失。年幼時的那種離別感與多年後聽聞她去逝時的感覺截然不同。我懷念蔣木那時叫我名字的聲態，對蔣木懷有特殊的溫情。

- 3 -

我入新竹中學初中後，某夏日午後隨同學至新竹和竹北間頭前溪游泳，因河水湍急，我幾乎隨波而去，幸猛力撥水，才抵溪岸，但不免嗆水使少量溪水入肺。

其後我覺胸中不適，父母親帶我去台北檢查，也帶耀宗、燦宗兩弟同往。蔣媽媽陪我們去台大醫院，醫師經 X 光透視診斷為肺浸潤。台北之行使我重逢蔣木和她家人而感高興。

我初中三年，高中三年，六年時光匆逝。六年中，蔣媽媽寫給母親

信帶給我們蔣家消息，信洋溢著真情，讀信如見人。

我們每隔數年去台北一次，有時住雲姑菜叔永和家，有時住台大法商學院附近蔣家，每次受到親切招待。

蔣木努力讀書，北一女中成績優秀。她畢業北一女中後，順利考入台大化學系。蔣家是化學世家：蔣伯伯、蔣媽媽、蔣木、蔣林先後都學化學，蔣森後來也學化學工程（簡稱化工）。蔣林曾開玩笑說：「蔣森是我們蔣家唯一的 black sheep。」蔣木、蔣林、蔣林妻子千千先後得化學博士，蔣森得化工博士。

我畢業於新竹中學高中三年級時需填寫保送大學志願單，那時不知該選何系。我見蔣家都學化學，便填第一志願台大化學系，第二志願台大電機系。我遞志願單給學校前，母親帶我往訪湖南同鄉新竹中學數學老師彭商育先生。彭老師見我志願單後，認為電機工程較適合我，建議我改第一志願為台大電機系，此選擇決定我畢生從事電子電腦事業生涯。

我將入台大那個暑假，為熟悉台大環境，停留台北蔣家數日。

蔣木陪我搭公共汽車至台大校園。我們走遍廣大校區，她指點前後左右說：「……這是文學院，……理學院在那裡，那是森林館，……這是化學系大樓，你知道錢思亮校長是學化學的嗎？……那邊是臨時教室，你大一時有很多課都在那裡上，也有些課是在新生大樓，……這裡是福利社，你要不要喝汽水？……」

大熱天炎陽下，蔣木帶我走至近山小溪旁第七男生宿舍（簡稱男七舍）。她說：「你開學後就住這個宿舍。對了，這就是你的房間。你看，還有不少學生暑假時留在宿舍。」

我們走很多路、轉幾趟車。我跟在蔣木身後，感激她助人熱誠友情溫暖。

我就讀台大數年中，蔣媽媽體諒我獨自一人離新竹北上求學，常邀我到他們家吃飯聊天，沖淡我思家情。我巴不得常去，因沐於蔣媽媽蔣伯伯春風暖陽般溫情，能

1963 年 8 月，蔣木台大照片。

蔣木仍在

見蔣木，能與年幼蔣森小妹談笑逗樂。

　　蔣木四年大學生涯很快過去，以優異成績獲紐約大學獎學金，前往美國留學深造。

　　當時是我大學三年級後暑假，我正在成功嶺上持 M-1 步槍爬滾沙地，未能去松山機場送別蔣木。

　　此次別後，我此生未再見她。生離死別此是一例。我成功嶺月光下值夜班當哨兵時，心中想事情，唯獨不曾想過會與青梅竹馬一塊長大的蔣木將永無再見機會。

　　蔣木曾於美國繁忙課業中抽空寫信給母親，描述她留學生涯，附言：「偉宗將來出國，如果路經這裡，我一定帶他參觀尼加拉大瀑布。」

- 4 -

　　我兩年後來美國南加州，一待數十年。

　　最初數年中，我聞蔣木與鍾哥哥結婚喜訊，得知她（化學博士）與他（物理博士）雙雙任教北卡羅林納大學（University of North Carolina），並獲 tenure，生活事業都得保障。我後又聞他倆生兩位可愛

蔣木和鍾哥哥在美國婚禮照片。

女兒。

　　我先忙學業，後忙婚姻、事業、子女、房產等，荒疏許多親朋戚友，也未聯絡蔣木和她夫婿。甚至他倆曾來西岸聖地亞哥加州大學分部（University of California San Diego）從事實驗研究工作時，我們也未得一見。

　　1977年，母親電話中說：「蔣木死了。」我心想：「這如何可能？」如此才學，如此溫暖氣質，如此好女兒，如此好姊姊，如此好妻子，如此好母親，如此好朋友，如此好女性……。蔣木如何能已過逝？我為何無機會與她重聚共話新竹童年往事？

-5-

　　1982年底至1983年初，我立下幾項新年意願：其一重新開始間斷十數年寫日記習慣，其二重新拾起塵封十數年寫作愛好，其三盡力尋找疏忽多年親朋戚友。人生苦短，友情戚誼難能可貴。

　　事態發展如我所願，我見到十數年未晤菜叔，找到十多年未見台大同學好友鮑敏泰、卞昭廣、黃嵩德等，見到二十多年未見高中同學葉榮嘉，尋到十餘載未見馬利蘭（Maryland）州搬來加州蔣林。

　　我找到蔣林時，他和太太千千暫居號稱「小台北」的蒙特律公園（Monterey Park）。蔣媽媽隨蔣林夫婦、雙胞胎男孩、一隻狗千里迢迢從美國東岸開車至西岸。

　　他們至洛城不久，蔣媽媽飛台北與蔣伯伯團聚，打算待千千尋得工作後再飛來南加州照顧兩位孫兒。

　　那天，當我扶起學校旁公園內頑童推倒的垃圾桶時，見一輛汽車駛來，車內有人向我招手。我走近一看，原來是蔣媽媽、蔣林等一家人。

　　我帶他們至我家門口。十數年未見、當年瘦高的蔣林已發福變壯。他太太千千是女作家潘人木女兒，我首次見她。

　　我見到久別蔣媽媽，感些微心疼。當年福態蔣媽媽變得清瘦許多，臉上也露歲月痕跡。

　　妻子菊齡在廚房忙於準備菜飯包餃子，千千陪她聊天。蔣林看雙胞胎男孩與我女兒心笛、兒子凱翔玩耍。

　　我攜蔣媽媽至後院，兩人坐長桌旁長板凳。她以親切湖北鄉音談女兒蔣木。

　　「森森那年從北一女畢業，直接到伊利諾大學讀書。開學以前，為要得到入學許可，森森需要通過一項考試，因此先住木木家。森森考試時一點都不緊張，因為木木事前已經替她找到各種參考書，幫她溫習。森森考試時，木木耐心在教室外面坐等。森森覺得好像當年她考中學時，媽媽在試場外面坐等她考完一樣。森森考得很好，順利進入伊利諾大學。」

　　「木木得病的時候，曾經吩咐蔣林、蔣森和其他人不要把壞消息通知我和蔣伯伯，因此我們一直都不知道。不久以後，木木有一天打電話來家裡，聲音顯得異常微弱。蔣伯伯放下電話以後，不知何故哭起來，也許他預感事態不對。後來，我們得知她情況似乎好轉，她負責的實驗部門的學生與同仁促她回去上班。木木後來同意我去美國，我就立刻趕辦出國手續。但是她病情突然惡化，腺性肺癌再加上急性肺炎，她很快就過世了。蔣林、蔣森和木木的先生沒有打電話來通知我們，卻通知台北親家。第二天，台北親家打電話來，叫我不必趕去美國了。蔣伯伯聽到消息後便昏倒了。」

　　蔣媽媽談至此，聲顫淚流，盡力控制椎心哀傷。我輕撫她肩，緊握她手臂。蔣媽媽續說：

　　「偉宗啊，不是我偏心，我一向最喜歡木木這孩子。當初在新竹的時候，李伯伯甚麼孩子都不睬，唯獨對蔣木不一樣，見到她就笑嘻嘻。我猜想木木得到這種病，可能與她在實驗室裡不慎接觸放射性物質有關。她當時從事和抗癌藥物相關實驗工作。蔣林認為我不該如此想，他說他們既然進入此行，只好面對和接受所有可能發生的一切。任何一行都有它的危險性。我現在覺得這話也對。」

　　我望蔣媽媽清瘦身影容顏，想起她十數年前福態形像。我深知這些年來，她強忍失女之痛，心中受極深創傷。在我心目中，蔣媽媽有愛心，她溫暖無私體諒他人的氣質內涵，蔣木也有。我一向敬愛蔣媽媽，見她因失蔣木受創身心深感同情，但未說出。

蔣媽媽續說：「木木病重的時候，躺在醫院病房裡設有氧氣帳的病床。後來她連講話都有困難。其他人問她話的時候，叫她用輕微的手式表達是或者不是、對或者不對、可或者不可。她臨去以前用間接方式所表達的意願是：她一切沒有牽掛，但是最關心兩件事，就是兩位年幼的女兒，以及爸媽。鍾先生叫她放心，保證一定會照顧這兩件事。

　　木木去了以後，我來美國幫助鍾先生照顧玫玫和蘭蘭。蔣木雖然是蔣伯伯和我的女兒，鍾先生也是我們的女婿，但是我們覺得他和玫玫和蘭蘭都需要有人照顧，因此我們鼓勵他早日續絃。前些日子他在台灣找到一位學護理的女孩子，人很好，也有愛心，對玫玫和蘭蘭都很好。這使我們放心。他們結婚以後，我們對鍾先生說雖然他答應過蔣木要照顧蔣伯伯和我，但他目前有現在的岳父母，蔣伯伯和我仍然還有蔣林和蔣森，叫他不要掛意我們。鍾先生是一個好人。」

　　蔣媽媽眼睛閃爍慈祥目光，續說：「偉宗啊！當初你媽媽和我都太好強。這些年來，許多事情告訴我，人不要太好強。木木過世以後這些年來，我變成很會原諒人。北卡大之前不久放映一部片名是《永恆的愛》國語片，他們邀請鍾先生和我去看，但是我們實在沒有心情去看。」

　　菊齡和我曾在號稱南加州「小台北」蒙特律公園附近電影院看過《永恆的愛》，片中影星賈思樂飾演男主角從香港赴美留學，他父親是香港辦報作家。此電影改編自其父所寫描述他生前死後真情實事的書。

　　男主角求學北卡大時患得癌症，化療期中病情時好時壞，但他仍努力讀書進修。他母親自港飛美照顧愛子起居。他去世消息傳至香港時，他父親咯血於行文稿紙。

　　此影片感人至深，觀眾頻頻落淚。難怪蔣媽媽和鍾哥哥失去蔣木後不願看此影片，避免觸景傷情。

　　我那次與蔣媽媽對話後不久赴紐約探望病中父親。母親見我時說：「蔣木的丈夫說蔣木是一個完人。」母親又說：「我有時候與蔣媽媽在電話上聊天，蔣媽媽談到蔣木，我們兩人在電話裡會忍不住痛哭流涕。」

-7-

　　光陰似箭，1999 年 1 月，喜歡蔣木我父親去世，蔣伯伯接著也去世。

2006 年 8 月 18 日，喜歡蔣木我母親也去世。

她去世次日，全然不知母親已逝的蔣森和她夫婿突帶蔣媽媽出現耀宗弟紐約小頸市家門前。那晨，蔣媽媽說好久未見李媽媽，想見李媽媽，殊不知李媽媽已於前晚辭世。

蔣媽媽雖仍記得李媽媽，但她患了失智症已數年。多年前曾在我家後院侃侃而談蔣木的蔣媽媽已完全不認識我，當初雙眼充滿慈祥和智慧的蔣媽媽似顯出毫無聚焦茫然。

已不認識我的蔣媽媽突然無預警在耀宗弟客廳開始背誦起三字經：「人之初，性本善。性相近，習相遠……。」她最後加上「冰淇淋」三字作為三字經一部分。當大家聽她說冰淇淋時都笑起來，但我心中卻湧起莫名悲哀。

無窮無盡宇宙中，我們能見、能聞、能感、能觸、能思、能想諸多事物，較之未能見、未能聞、未能感、未能觸、未能思、未能想物界靈界諸多事物，可謂小巫於大巫。

諸事物中，尤其屬靈事物，它們並非不存在，乃是有限的我們未能達到能知其存在的更高境界。如我們能見能觸的物界，靈界也存在善惡間的鬥爭衝突。

「時間」於物界展現無情或慈悲面孔，「永恆」於靈界亦散發無窮引力。「永恆」將發生於「時間」之後或與「時間」各別存於不同境界？

我願相信宇宙中某處存在如此境界：那裡有永恆流生命水的生命河，河旁兩岸有永恆不腐朽永恆不褪色的生命路，生命河與生命路間長滿能生長出永恆生命和永無匱乏生命果的永恆生命樹。那裡有永恆不息平安喜樂。

我願相信，蔣木仍在，就在那裡。她不寂寞，因尚有無數其他善良生靈。

湯姆的打字機

我大學二年級上學期以「綠電」為筆名寫此文，刊登於《中央日報》副刊。我數十年後重新改寫此文，原先基本內容無改變。

-1-

湯姆上課去了，今天下午他有史記課。他是來自美國留學生，在台灣大學修中國通史和史記。每次上史記課時，他隨身帶錄音機錄下教授講授，下課回房收聽複習。他很用功，除教會活動和一般應酬外都在房間讀書。

此信義學舍是基督教信義會真理堂辦的學生宿舍，湯姆和我是同住一房室友。

某日，窗外陰暗不見藍天。我在房間做數學習題。遇難解問題時，我抬頭望天花板或掃視湯姆書架，其上擺放神學、哲學、文學等書籍。書架下置放的棕黃色小皮箱放著湯姆的打字機。

湯姆打字技術高明，閉雙眼也能打字，且速度快。

有人敲門，未經我回應門被打開，門外出現一位西裝筆挺、容貌端正的人。我起立。

「請問這裡是不是有位外國人？」他講話帶江浙口音。

「是啊。」我看他戴眼鏡陌生臉。

「他有一架打字機吧？」他掃視室內。

「是的。」我指書架下面，「就在那裡。」

「他的打字機需要修理，他有沒有關照過你？」

「要修嗎？沒有。他沒有告訴過我。是他要你來的嗎？」

「嗯，他跟我約好了。」

湯姆打字機雖還新，但 L 鍵有些不靈。

我提起打字機交給他。他掏出一張印製精美名片。

「我是和平打字機行的經理，」他遞名片給我，「他回來以後請你通知他一聲。」

「請坐，坐一下吧。」我說。

他已經步出室外。

我說：「再見。」

我回到數學習題，思緒已被搗亂，剛才做一半的題目需從頭再來。希望不再有人來訪。

又有人敲門。我開門，見學舍的黃誠站門外，他濃眉下雙眼顯得有些緊張。

「綠電，你把打字機交給了那個人？」黃誠緊張說。

「嗯，他拿去修理了，」我遞名片給黃誠。

「甚麼，光明打字機。快追他回來，快。」他拖我衝下樓，「兩星期以前他就來過了。……他……快追。」

我們已不知他去何處，未能追上他。從他離我房門口至黃誠衝入僅極短幾分鐘，他剎那間就無踪影。

- 2 -

兩星期前他就來過，那時他自稱麗泰打字機行經理。他擅自推開葉信同學房門，盯看他的打字機，問葉信是否要修打字機。他向葉信說：「我接到一個電話說你要修理打字機，是嗎？」

葉信很懷疑他，他離去後立刻通知其他同學們留意此人。我那時剛好回新竹家，對此事毫不知情。

此人下樓步出大門時被住樓上的黃誠看見。黃誠發現他攜帶的小皮箱屬於湯姆，立刻對同房同學說：「你看，那不是湯姆的打字機嗎？」那人那刻抬頭向上看，加緊腳步出門而去。

那人抬頭上望時表情使黃誠懷疑，緊張衝進我房間。

湯姆那時仍在上課，尚未回房。

「綠電，」黃誠說，「我們騎車子去火車站，一路上注意每一輛計程車。」

「我去吧，」我說，「你晚上還有課。」

大家敬愛的黃誠常用自己時間幫助他人。

我們騎腳踏車急馳人行道。

你想找他嗎？多少人住此大城市，無數街道、小巷和小弄。如小魚

在汪洋中。

黃誠說：「如果他被我撞見，我要揍他一頓。」

黃誠寧願竭力尋找那小魚也不願無所作為。或許我們能偶遇他。

然而我們毫無所獲。

「為什麼我們不去和平打字機行看看？」我說。

我們見到和平打字機行的經理。那張名片確實是他的，但給我那張名片的人卻自稱和平打字機行經理。

誠懇的經理對我們說：「對於此事，我們很感不安。我們願意幫助你們。請告訴我們打字機的號碼，我們會通知所有的同行注意。」

我們謝了經理，走出打字機行，循原路騎回宿舍。那時天已黑，涼風夾細雨吹身。

當他說「我是和平打字機行的經理」時，為何那般自然鎮靜？他為何做此事？他面色紅潤長得稱頭，不像受飢寒窮苦人。

他運氣好遇到如我這般頭腦不清考慮欠周大學生將不屬自己之物毫無防心交給他。

- 3 -

我們回到宿舍，見同學們圍繞湯姆談論。

「嗨，湯姆」我用英語向他說，「我很抱歉，我做了一件錯事。」

湯姆微笑對周圍同學說：「你們該安慰的不是我，而是綠電。」

湯姆的微笑像數小時前的微笑，像昨天的微笑，永遠是那樣自然親切。

「如果我是你，」一位同學說，「也會毫無疑問地把打字機交給那人。」

「兩個星期以前他來的時候，」湯姆說，「他曾經把頭伸進門裡，說一聲哈囉，還向我微笑，並且也看了看我的打字機。可笑的是我也回他一個微笑。」

大家聽後都笑起來。

我們打電話通知警察局外事部。半小時後，幾位穿西裝外事警察來學舍。口才佳的黃誠詳述此事前因後果。他們說願盡力找回湯姆的打字

機。

他們離去後，湯姆笑說，「他們對我這麼客氣。」

我和湯姆回同住的房間。

「我真抱歉，湯姆，」我用英語說，「打字機對你太重要了，現在卻丟了。」

「沒有關係，」湯姆用國語說，「我可以用筆寫。」

「但是那太慢了，」我說，「打字機還在的時候，你的工作速度很快。」

湯姆微笑。湯姆能說帶北京腔的中國話。喜歡中國的他曾專攻中國語言於耶魯大學東方語言學院。

我和湯姆每晨去台大對面飯館吃豆漿油條早餐。每天中午和傍晚，我們去學校正對面餐廳吃包飯。

湯姆拿筷子吃飯已有 5 年時光，若吃西餐反覺不習慣。

我為那天的事還未吃晚餐。

「嗨，綠電，」湯姆說，「我能不能求你一件事。」

「當然，」我看他突轉神秘眼神。

「我能不能陪你去吃飯？」湯姆笑說。

我們兩人哈哈大笑走出了學舍。

那冬

人生初次。我用寫別人故事方式描述極短寒冬數月。

-1-

那年，思宇十八歲，剛入台北台灣大學。

他是來自新竹新鮮人，分配住於近山第七男生宿舍（簡稱七男舍）。「八男舍」就在對面山下，七、八兩舍間是大片田野。

秋去冬來時節，田野除枯稻草梗外無其他植物，是我們寒氣中散步、扔球、胡嚷、亂吼的好所在。

新鮮人日子過得迷迷糊糊。思宇每日騎單車，提沉重書本，追東逐西、奔上跑下、尋南覓北、顧前忘後於散布各處的教室間。

-2-

大一學期結束後暑假到臨，新鮮人學年終結。

思宇回新竹家過暑假前停留於七男舍數日。

某晚，電機系同學阿牟來訪。兩人三更半夜騎腳踏車想至烏來山中瀑布，月光下馬路上見一老婦執杖擊地而行於對面路旁。兩人懷疑她是墳中物，驚駭之餘加速折返宿舍。

幾天後，思宇與其他幾位同學相約騎單車返回新竹渡暑假，台北至新竹花一整天時間。

素常刮強勁秋風的新竹風城卻僅吹微微海風於那個暑期夏日。

思宇暑假中每晨讀書習課，午後爬樹、拉槓、跑步、練身於附近新竹國小操場，晚睡前沉湎於古今中外如紅樓夢、戰爭與和平、約翰克里斯多夫、曾文正公家書集等名籍。

暑假前上學期某日，思宇圖書館內拾得一頂藍色雨帽。他在閱覽室外佈告欄上面釘紙條想欲尋藍色雨帽主人，但無人問津。他暑假騎車回

新竹時順帶雨帽回新竹家。

　　某日清晨，思宇清掃屋前小巷小路時靈感突發，一面掃巷路一面打腹稿，回家後撰寫一篇虛構的〈藍色的雨帽〉小文，內容如下：

　　「他在圖書館內拾得藍色雨帽，貼告示於佈告欄欲尋帽主，約定某日某時相晤傅園池畔歸還雨帽。…… 是日池旁相候，伊人果至。池畔相逢，一見鍾情。男修理工，女專文學。相談甚歡，涉及文哲，並及其他。他放膽對伊人說：『我喜歡妳』伊人聞語含羞轉身而去。他急呼：『妳的雨帽…… 』伊人香影已失，他悵然手中仍持雨帽……。」

　　思宇將此文寄至《中央日報》副刊，數日後居然刊登出來。思宇創作靈感被激勵，興奮之餘躍躍欲試欲寫更多文章（他暑假中再寫〈黑暗的旅程〉和〈藍色的水池〉兩文，也先後登載於《中央日報》副刊）。

- 3 -

　　暑假過後，思宇回台北台灣大學。他此學期離七男舍改住台大校園外新生南路旁信義會真理堂所辦信義學舍 (Lutheran Student House)。

　　信義學舍後面還有真理堂、學生活動中心、團契中心。院中花草樹木整齊美觀。

　　學舍兩層黃色樓內每房住兩人（只有一較大房間住四人），有的房間兩層上下床位，有的房間兩個單人床位。學舍平日關閉大門，外客來訪需按大門外門鈴通告。

　　學舍活動很多：週日禮拜、青年團契、社交聚會、每夜晚禱、郊遊野餐、日落黃昏高山上合唱「祢何其偉大 (How Great Thou Art)」 等。

　　信義學舍內人才濟濟：文、法、工、商、農、醫、數、理，無所不包。

　　大學二年級，思宇已非新鮮人，他在繁忙課業中渡過平靜時光。

- 4 -

　　那時台灣大學有一傳統：每秋某日男生宿舍和女生宿舍於大掃除後舉辦年度學校開放日。

　　那日，平日春光深鎖女生宿舍敞開大門，歡迎校內外訪客前往參觀。滿懷浪漫思緒大學二年級男生思宇覺得那是難能可貴時刻，相約幾位同

學同往，進入傅園旁女生宿舍。

他們一室接一室參觀，每室有其風格特色。女孩子們稍事打扮，面露嬌美笑容。

思宇進入某室，見一位身材修長、皮膚白皙、面帶蒙娜麗莎般微笑、身著大裙和歐式緊身背心、略帶磁性沙啞聲音女孩。思宇與她相談數語，心弦抖動，流連室內悵然不捨離去。

思宇回舍途中聽某同學說那女孩名叫梅芷，外文系新鮮人，哥哥碩康也住信義學舍。

學校開放日後不久，耶誕節將臨。思宇買一賀卡，於其內寫祝賀聖誕、新年快樂、暗示傾慕數語，未簽名未附回函住址寄給梅芷。思宇雖慕伊人，坦然不存指望，平心靜氣面對石沉大海現實。

耶誕節前夕，大多同學外出參加各種多樣活動，學舍內幾乎空無一人。思宇孤獨行走於學舍庭院淒冷寒氣中，仰首眺望蒼天，耳聽遠近傳來耶誕音樂和歌聲，心中感覺寂寞淒涼。

-5-

某日下午，思宇在學舍客廳看書，突聞大門電鈴聲響，跑至大門口，見梅芷清秀身影站門外。

「請問我哥哥碩康在不在？」她問。

「請妳等一下，我去看看。」思宇進學舍，敲碩康房門，無人應。他回到門口向她說：「妳哥哥不在。」

她站於大門外，似欲說話，卻猶豫未說，但終於說：「聖誕卡是不是你寄的？」

思宇驚訝之餘，無言以對。

「我給哥哥看過，」她說，「我們猜是你寄的。」

思宇鼓起勇氣向她說：「可否陪妳回宿舍？」

兩人離學舍，沿校旁新生南路大道走向校門口。

「我……讀過你最近的文章，」她說。

思宇猜想她可能從碩康那兒得知他喜寫作。

思宇說：「可否請妳到對面的冰果店？」

兩人在冰果店喝些飲料。

之後，兩人走出冰果店，緩步走向台大校門口。

思宇在校門口對梅芷說：「我喜歡妳走路的樣子。」

「謝謝你，」她微笑說。

- 6 -

那次相見相談後，思宇腦海不斷湧現梅芷身影，上下課、出入校園、途經女生宿舍時企盼她突然出現眼前。

他晚讀於圖書館，目光不斷四方搜索，企盼尋到她淡淡微笑、修長身影。電子學、電磁學、微分方程式等課本筆記漸趨模糊。此深情種子思宇人生中首遇無可忘懷伊人，誰還管甚麼公式、數目、課業等大二學生應做的事啊。

梅芷偶帶她室友靜怡來信義學舍。思宇因此得機接近梅芷。梅芷、靜怡、碩康、思宇四人漸常相聚。

某日中午，四人同往台北某銀行大餐廳吃午餐，餐後去附近植物園，穿梭園中諸館間參觀展覽。其後暮色已垂，四人散步植物園中。

梅芷靠近思宇，輕聲說：「你讀過《智慧的燈》那本書嗎？」

「讀過，」思宇回答。

「有人說，我像書中的凌淨華。」梅芷悠悠說。

思宇雖未說話，但感覺一股心靈暖流從她流向他。

- 7 -

某週末，思宇邀請梅芷、碩康和其他幾位學舍朋友前往新竹。新竹女中畢業的靜怡家也在新竹。

那日，當梅芷和碩康白天去靜怡家拜訪時，思宇、大恩（思宇在信義學舍室友）、好友超賢（超賢家也在新竹）三人走向東山，再走很長路至一片高原，遠眺中央山脉灰藍色群山。

思宇父母親當晚擺兩桌酒席，佳餚美酒款待諸賓。梅芷、碩康、靜怡、超賢、大恩和其他幾位朋友席間談笑風生，大家盡興，飯飽酒酣。

8

他們回台北後某日相見，梅芷對思宇說：「那天晚上我們在你家，你笑得好開心。」

碩康就讀淡江大學，學期比台大早些結束，寒假也早些開始。

碩康回台南家前夕，對思宇說：「好好照顧她。」

「我會的，」思宇說。

碩康回台南後某黃昏，學舍大門電鈴聲響，思宇下樓開門。

梅芷站於門外說：「我想哥哥。」

「我帶妳散步，」思宇說。

兩人離學舍，穿越校旁新生南路大道，入台大校園旁門，經教室和操場間大路至寬敞台大校園。

台大，美麗台大，自由台大，寬宏台大，甜蜜台大。校園大道兩旁椰林高聳，校鐘暮響。兩人途經圖書館、理學院、文學院，至工學院前，在杜鵑花旁草坪坐下。

他們沉默短時後，思宇鼓起勇氣說：「我可以握妳的手嗎？」

他牽她白皙左手送她回傅園旁女生宿舍。

大學二年級上學期將結束，期末考將來臨。

思宇無法專注課本或久坐圖書館，稍離梅芷幾小時就感無比孤寂。

某晚，思宇去傅園旁女生宿舍，告訴守門人要見梅芷。

他不願等候宿舍門口，便入傅園。思宇突憶暑假時所寫〈藍色的雨帽〉一文。如文中所寫，他走至圓形水池近紀念傅思年鐘樓那端，左腳踏池邊。

梅芷幽幽出現身旁，輕聲說：「想你必在這裡。」

兩人走出傅園，漫步校園中。

「那位歷史系的男孩寫了很多信給我。他的詩文很好，很有才氣，」她幽幽說，「他的左手失去了幾個指頭，是他自己砍掉的，他與父親爭執……。倔強的他。你……為甚麼喜歡我？」

「我喜歡夢幻曲，」他說，「此時此刻，如夢似幻。」

兩人夜空下談很多話。群星閃爍蒼空，突見一流星瞬間劃一光道於

夜空。

「那是好或壞預兆？」思宇心中閃起疑問。

思宇送梅芷回宿舍後在冷冽冬氣中緩步回學舍。

- 10 -

思宇面對期末考冷酷現實，盡力熬過難關，試題能答就答，不能答就放棄。他心中雖感覺隱憂，但已準備好面對一切後果。

思宇從小就未荒疏過課業，但純情初戀幻境中功課對他已暫屬次要。他聳肩自我安慰：「人生無不可彌補事，要來的就來吧。」

某黃昏，思宇溫習功課於房間，聽到學舍大門電鈴聲，下樓開門。

站於門外梅芷說：「明天要考試，心裡慌得很。」

「別慌，我帶妳散散心。」他安慰她。

兩人離學舍，走至台大體育館前操場。

思宇止住梅芷眼淚後送她回傅園旁女生宿舍。

- 11 -

期末考完畢，思宇舒一口氣。他去福利社理頭髮，頭髮燙得油光，臉上刮得明亮。

次晨，思宇和梅芷相約遊碧潭，學舍舍友超賢也攜照相機同往。

梅芷早晨初見思宇時笑說：「不喜歡你頭髮如此整齊。」

她鬆散一番他右前方頭髮，說：「這樣自然下垂，好看多了。」

超賢在碧潭無名英雄墓和公園等處替思宇和梅芷拍攝幾張合照。

- 12 -

梅芷行將回台南家渡寒假前夕，思宇陪她拜訪她親戚。

兩人那晚回校途中，夜色深沉，明日將暫時分別，感覺依依不捨。

次晨，思宇提梅芷行李陪她乘公共汽車至台北火車站。兩人等火車開到，她上車，火車動，他車外揮手，她車內揮手。

數日後，思宇回新竹家。

思宇回家未向父母親提學校和學舍諸事，僅專心盼望著梅芷來信。

「親愛的小弟弟：姐姐好想你。」她的頑皮信帶給他冬寒中些許溫暖。

思宇上個學期成績單終寄到家，他前此已準備面對的現實如暴風雨般來臨。思宇的壞成績引起父親暴怒和母親不悅。激烈衝突後，思宇情緒激動衝出家門。

他大聲怒吼：「我要走到台南去。」

情緒激動，他走在南北縱貫火車道上，腳踏一條條枕木朝南方茫然而行，忘記火車隨時轟然而至的危險。

思宇母親急忙出家門，在他身後火車道上喘氣嘶喊：「回來，回來。」

他被母親說服後離鐵道回家，激情發洩後心情漸趨平靜。

- 13 -

寒假渡過，大學二年級下學期開始。

新學期註冊日，思宇辦完手續後感覺非常憂鬱，步入傅園。

他在傅園水池旁近鐘樓那端，俯首望映於池水中灰色天空。

他突然感覺梅芷幽幽走近身畔。兩人不曾相約，她卻如夢似幻出現他身邊。

藍色憂鬱環繞兩人心中，他們緩步校園。

「我們……還有希望？」思宇輕輕說。

「我……不知道。」梅芷幽然說。

- 14 -

新學期上課首日，梅芷託人約思宇中午在學校對面冰果店相見。

兩人坐於冰果店二樓靠窗老位置。

梅芷開門見山說：「有人說是你說的，說是我害了你，把你上學期的成績弄垮了。」

思宇聽後極端驚訝和委曲辯解說：「誰在造謠生事？是誰說的？我發誓從來沒有向任何人說過這樣的話。我自己挫折自己擔當。」

梅芷蒼白臉上仍露慍怒，幽幽說：「我們之間……已經沒有甚麼了……。」

她掏出皮包內兩人碧潭合照，一張張撕碎。

思宇已惆悵數月的心那刻結凍成冰。

他無奈說：「我……先走了。再見。」

他下樓付錢，沉重走回校園，未再回頭。

數月前那日在校門口，他曾對她說：「我喜歡妳走路的樣子。」

兵

我大學三年級後暑假被徵召去台灣台中成功嶺參加為時三月針對大學生預備軍官所設軍事訓練後寫此短文，刊載於《中央日報》副刊。我數十年後重新改寫此文，原先基本內容無改變。

那天清晨三點，大家靜肅中迅速拆卸帳篷。

連長指揮下，我們整理環境，清除稻草垃圾等穢物。

一切就緒後，連值星官輕聲發令，指揮連中四排一排接一排出發前行。那時天色仍暗。

雖是夏日，山風仍冷。我們夜躺帳篷內，為避免次晨重折軍氈而未蓋於身。帳篷內，我們頭枕背包，一面打哆嗦，一面聽風聲裡間或傳來的衛兵口令聲。

我們開始走路後體內透出熱氣。

連長走最前，副連長和輔導長隨後，我們排繼之。

連長走於前。你望他背影，覺得他是道地軍人。望連長背影，心底湧起敬意。

基本操練時，連長緊繃臉糾正士兵們的錯誤動作。驗槍時，連長嚴格懲罰不照規矩不合規格的士兵。如此嚴肅場合，他是長官，他發令，你依令而行。

操練完後，連長兩手叉腰站於士兵群中，親切與他們談天南地北。那時，你覺得他是朋友。夜寢時，連長巡視營房，見士兵不蓋被者替他蓋上，見士兵蚊帳邊沿未塞入被褥下者替他塞入。那時，你若尚未睡着，覺得他是父親。軍中的連如同是大家庭，連長就是家長。

隊伍前行於黑暗山路。我們入小村落，村民睡夢中，未睡者必聽到刷刷步伐聲。我們昨日下午經過此村時，村童們跟隨隊伍兩旁奔跑，大聲呼喊：「阿兵哥！阿兵哥！」。

我們出村不久，「前方」發生事故，大家迅速臥倒路邊。排長下令射擊，扣板機聲不絕於耳。

那時，一位漂亮姑娘和她母親行走路當中。久不見女人的士兵們不約而同將鋼盔下目光轉去那方向，陸軍官校的排長也不例外。大伙為此

而笑，排長也笑。

「前方」情況解除，大家繼續扛槍前行。

我們尚未走幾步，發現前方路旁插著表示「毒氣地區」綠色旗幟，連長下令帶上防毒面具。我們在「毒氣區」中段又見那姑娘。她掩嘴而笑，大概笑我們突然變成頭戴鋼盔、肩扛步槍的「豬八戒」吧。

村裡昏黃路燈投射我們隊伍的影子於泥濘路上。我們逐漸離開村落，朝山下而行。路面很爛，不時有伙伴腳踩泥濘水灘。

我們以「急行軍」速度迅速前行。隨我們身體動作，鋼盔、刺刀、水壺、步槍發出很有韻律的聲音。那聲音似不斷提醒：「你是兵，陸軍裡面一員。」

那時，遠方中央山脈上有一灣舟似下弦月，稍近下方是一片城市燈海。

眺望閃爍、浮盪、密麻的燈光，我腦內想事情。下面每一點燈光代表三、五個人，他們不同、多樣、複雜的性格，他們深深、淺淺的情感，他們的失望和希望，他們從不同觀點、不同角度對人生的看法。

我選擇某一光點盯之，問自己那光點代表何人？他或她已否睡著？他或她做何夢？他們知否我們在此山上？知否陸軍一個連從事夜間行軍訓練於此山上？

那時，我們隊伍在黎明前黑暗中前行，我感覺驕傲，為我的步槍刺刀感覺驕傲，為我的鋼盔背包感覺驕傲，為我磨破發疼的腳跟感覺驕傲，為我是陸軍一名二等兵感覺驕傲。

一位伙伴被石頭絆倒，身旁戰友扶住他。他絆倒時，槍口擊打至前面兵的鋼盔。清脆的擊打聲將我從沉思喚醒。

天將亮。我們聽到雞鳴。今天是假日。待會兒隊伍回駐地，我打算解散後回新竹家探望雙親。今天必是萬里無雲大好日，我將好好輕鬆一下。

兵之浴

我大學三年級後那暑假被徵召去台灣台中成功嶺參加為時三月針對大學生預備軍官所設基本軍事訓練後以「碧雷」為筆名寫此短文，刊載於《中央日報》副刊。數十年後，我重新改寫此文並將題目從〈浴〉改為〈兵之浴〉，原先基本內容無改變。

我們連以連縱隊方式緩緩前行。

我們未穿草綠色野戰服，未繫子彈帶，未帶鋼盔。我們四周無炮彈開花、無機槍掃射。每人穿白色內衣內褲，捧著盛放牙膏、肥皂、乾淨內衣褲的鋁製面盆。

那時是黃昏，天氣陰沉。雖是夏天，日子較平時暗得快。

剛過境的潑辣颱風損壞了軍事駐地的供水設備。我們已三日未洗澡，在每日需浴的濕熱夏天感到煩膩不適。

那日晚餐後，連長指示下，連值星排長帶領全連弟兄朝附近河流前進。那時雖是夏日，剛過境的颱風導致氣溫降低而使大家覺得稍冷。

我們原以為河水必多，抵達後才知水少，只找到十幾處雨後淤水。我們從岸邊到有水之處需走不短路程，路過無數大磐石和小鵝卵石。

那時天已暗，大家巔跛走往淤水處。涼風夾細雨吹打臉上身上。

值星排長大聲宣告：「願意洗的就洗，不願意的並不勉強。希望你們都洗。你們都是不怕吃苦的年輕人。而且這也是一個難得的機會教育。」

有些人立刻行動，置隨身所帶物於較乾處，脫內衣褲進水，臉盆舀冷水朝身上沖，冷風中發顫大叫一聲，抹肥皂於身，再沖水，再發抖，再叫。

許多人觀望一陣後，見別人能洗才脫衣解褲去洗。

少數人因感冒或體弱僅在旁觀看。

我尋得較乾石塊，置鞋於石上，脫髒衣褲置於鞋上，將鋁製面盆內諸物置於髒衣褲上，將乾淨待換衣褲置於最上面。

我與其他人一樣在冷風細雨中承受含土、油、礦物質冷水的沖激，抹肥皂於身，用鋁盆舀水沖身，沖去肥皂沫和身上污垢。水不乾淨，總比無水好。

那時灰暗蒼茫河景中，近百個赤條條、粗線條男人澆水於身，大聲談話，互開玩笑。倘若你有豐富想像力，面前或許突然模糊陷入濃霧中。濃霧漸淡漸散，如畫美景呈現眼前。

初夏森林，水色澄藍小河，河旁如茵綠草。滿布青石小河，血色鮮艷姑娘們游泳戲水其中。天仙般美麗，她們身材健碩，似銀鈴聲音互訴森林美妙故事，薄衫掛河岸樹枝。

濃霧重現遮去美景美色 。陰霾夜色中，我們灌水於身，發抖，因冷呻吟，豪放笑鬧、大聲談話。

「啊，這是甚麼？」一位矮胖伙伴大叫，「唔，是牛糞。」

大伙們豪放、顫抖大笑。經他一叫，未洗完者似都聞到牛糞氣味。

半小時後，值星排長下令河岸集合。未洗好者加緊洗畢。未洗者和已洗者摸索走去集合地點。大家又冷又興奮。

各班各排清點人數時，大家興奮談論此次大自然懷抱中河之浴。洗過者雖仍因冷發抖都覺驕傲得意。未洗者因失去一次體驗機會而似覺遺憾。

大家感覺除兵器戰術外還需學很多事物才能稱為好兵。

人數到齊後隊伍開始啟動回營房。那時雨變大，我們倒置臉盆於頭權充防雨鋼盔。

泥濘歸途上，百餘人歌聲似欲震裂黑沉天幕。

同居的日子

我畢業於台灣大學後暑假中寫此文，刊載於《台灣日報》副刊。我數十年後重新改寫此文並加入新資訊，原先基本內容無改變。

「……好久不知道您的音訊，想近況不錯吧。現在學校已經開學，……本室的老友只剩我、紀胖和施工程師。阿永已搬出去。新搬入的同學們都很不錯。……我從成功嶺回來以後，比以前更沉默一些。我都在自己的實驗室中讀書，很少回宿舍。……四年級一晃就將過去，不及早充實自己，會後悔的。……又是夜闌人靜的時候，只聽到基隆路上的車馬聲和我的手錶的滴答聲。……我祝福諸位老室友們永遠微笑和愉快。順頌秋安。學弟昌弘草上。」

以上是周昌弘數十年前寫給我的信。昌弘是勤奮好學的台灣大學植物系學生。我仍在校時，他每晚在實驗室讀書做實驗直到午夜後才回宿舍睡覺。

他是我們台大第六男生宿舍 111 室的室長。那時，我們室有八位老室友：昌弘、明剛、宗梓、淳美、敏雄（綽號「紀胖」）、俊彥（綽號「施工程師」）、森永（綽號「阿永」）、我自己。我們八人一起生活兩年，互相少有衝突相處融洽。

我收昌弘此信時，明剛、宗梓、淳美、我都已從台灣大學畢業，服預備軍官兵役。111 室僅剩昌弘、敏雄、俊彥。森永已離宿舍搬至校外租室而居。

我大學四年級上學期底某日，期終考試剛考完，許多來自台灣南部同學們都開始或已經返鄉。那晚，我提議大家吃陽春麵去。阿永、紀胖、紀胖之弟嘉彥、宗梓、淳美、施工程師等都贊成。

我們走出宿舍，經過滿布棕櫚樹的台大校園。我們步行至校門口斜對面新生南路與羅斯福路交接口的麵攤吃牛肉湯汁陽春麵。

那冷夜，我們吃喝熱騰騰陽春麵，覺得很愉快。我們一邊吃麵一邊說笑。吃完麵後，紀胖說：「我們去找昌弘，好嗎？」

昌弘那時雖已考完期終考，但仍留在植物系實驗室處理些瑣碎事。大家都知植物系實驗室不僅昌弘一人而已，還有他的女同學們。紀胖的提議獲得大家熱烈響應。

　　我們幾人浩浩蕩蕩走向實驗室。昌弘很高興見到我們。

　　我們在他實驗室東摸西碰。昌弘熱心介紹說：「這是切片的機器，那是切片的顯微鏡，這十幾個瓶子裡面都裝著做切片用的化學劑。」

　　大家不僅看此類無生命之物，也看正做切片昌弘的女同學們。昌弘眼尖，心知肚明說：「來來來，我為你們介紹。」

　　我們有些害羞地走近女孩子們。

　　以上是在校內與昌弘相關的一些事。

- 2 -

　　紀胖來信說：「……您在岡山而我在台北，一隔幾百公里，您可曾哭得死去活來？……小子（大胖自稱）近來對小妞們特感興趣，時常茶不思、飯不想，整日在夢裡尋小妞。可憐小子這般多情，然則落花有意、流水無情，慘哉。小子的單相思好苦呀。只怪自己缺乏勇氣與耐力。您能貢獻給小子一點勇氣嗎？……在成功嶺當了二等兵下來，胖者仍如斯也，實在有點苦惱。小子也想減肥了，您可有妙方嗎？……101室的乾太太們芳蹤無處尋，大概她們都各有歸宿了。……」

　　101室乾太太們是指我們芳鄰，而「乾太太」一詞無絲毫惡意，僅是年少輕狂的我們對普通的女同學、特別的女朋友、私下傾慕的女孩子開玩笑式的稱呼。

　　自從那年17男生僑生宿舍（簡稱十七男僑舍）變成第八女生宿舍（簡稱八女舍），此大事使我們第六男生宿舍（簡稱六男舍）變得格外朝氣蓬勃、青春盪漾。我們六男舍111室後窗對面，15公尺以外，就是八女舍101室。

　　某日某刻，當我們六男舍111室男生們拿望遠鏡張望對面八女舍101室時，發覺對面那端同時也有望遠鏡朝我們張望過來。大家錯愕幾秒鐘後大笑起來，也隱約聽到從對面傳來鶯燕笑聲。

　　我們靠植病系（植物病蟲害系）朋友王振容同學幫忙，六男舍111

室男生們約了八女舍 101 室女生們在一個春天週日同往觀音山郊遊。

那晨天氣本不錯，但後來變差了。大家興致一直很好。

昌弘和森永先前已將一些易唱、優美的歌曲歌譜油印出來。男孩子們和女孩子們邊走邊依歌譜合唱。

我們至一廟旁樹蔭下，佔據一大石桌，男女相間繞桌而坐。

昌弘切麵包，紀胖和我把果醬肉醬置入兩片麵包間做三明治。淳美在一旁攝影。張小姐、徐小姐、蘇小姐等女士坐於石桌旁閒聊。

胖子和我先分三明治給女孩子們，再給男孩子們。大家細嚼或狼吞三明治。

我們吃完午餐後開始遊戲節目。第一個節目是「被人介紹」：每人在小紙片上寫下對他或她右邊仁兄或賢妹的印象。於是乎「小巧玲瓏」、「賢淑可愛」、「英俊瀟灑」、「標準的賢妻良母型」、「很有智慧的學者」、「我心目中的公主」、「害羞的男孩子」等印象紛紛出現。

大家笑鬧之餘又合唱幾首歌。那首「跑馬溜溜的山上」逗樂一群在旁觀望的初中女孩子們，她們尖聲怪調模仿唱起來。

1963 年，六男舍 111 室與八女舍 101 室郊遊合影留念。

1963 年，六男舍 111 室與八女舍 101 室郊遊合影留念。

我們走上山頂，再回頭下山，抵達淡水河畔。我們乘輪渡抵達對岸，再乘火車返回。

回宿舍後，大家累了。此次郊遊後，我們 111 室便認她們 101 室為「情人室」。

- 3 -

一段時日後考試期間，111 室同學們感覺些許煩悶枯躁，想調劑心境。

某晚八點左右，喜歡搞怪、非常幽默的阿永說：「我們給她們寫一封情書怎樣？」

大家無不贊同，即刻開始起草，集體創作大致如下的情書：「*親愛的 101：妳們近來好嗎？……妳們室內天花板上的那盞燈為何總是關著，使得我們無法看到妳們的芳影？……我們很想吃吃妳們宿舍裡面的飯菜。明天我們把八張盤子和足夠的錢交給妳們，然後妳們把飯菜端出來給我們好嗎？……『八六地峽』（八女舍與六男舍之間 15 公尺左右空地）把妳們和我們阻隔兩方，使妳們和我們分開在兩地相思。……我們來個羽毛球比賽如何？以妳們宿舍的圍牆為中線，好嗎？我們都患了單相思病，該怎麼辦呢？愛妳們的 111 敬上。PS：附上七塊爆米花糖。*」

晚上九點多，阿永和施工程師帶信和糖到八女舍門口，麻煩守門人送入，然後飛快跑回宿舍。我們 111 室內屏息等待 101 室反應。

我們突然聽到 101 室爆發一陣熱烈鶯燕笑聲。我們受到感應也哈哈大笑起來。她們室內天花板上那盞燈也放出光明。這使我們很高興。她們笑聲繼續很久，我們興奮也持續很久，後來竟不顧一切大聲合唱起「沙拉斯甬打，沙拉斯甬打，沙拉斯甬打，累寫寫，……」那首當時相當流行的歌曲。阿永甚至站在他上舖床位朝 101 室望去。沒料到她們居然發現他笑指他，他嚇得掉下床。大家那晚興奮不能入睡。

次日，她們回信：「*111 室的同學們：謝謝你們的來信和那一包好吃的東西。……你們要吃這裡的飯嗎？不怕吃得面黃肌瘦嗎？……你們昨晚那樣子地唱歌，實在令人難以忍受。請你們以後不要這樣子好嗎？……至於你們的病，我們以為最好的藥方就是你們去跳淡水河吧。……*」

此信如一盆冷水澆我們頭上。大家好幾天不快活，覺得出乎意料，覺得 101 室姑娘們似乎缺乏些幽默感。

　　一段冷卻期過後，我們與她們間回復到往常友善連繫。之後，她們中一位女孩子墜入愛河。我們室男孩子們雖嘴上笑說要與那位幸運男孩子（111 室集體情敵）決鬥，但卻仍為她和他祝福。

　　以上是紀胖來信觸起 8 女舍 101 室和 6 男舍 111 室間真實故事。

- 4 -

　　「偉宗兄：上台北已經有兩天了，今天才找到房子。這裡靠近師範大學，女生特別多。您下次來台北時，很歡迎來我這兒住。……這次回台大，好像一切都變了，雖然建築還是一樣。……青春和熱情似乎都已經消失了。老友們都不在此，只有我一個人孤孤單單的。……我不知道這一年將怎樣渡過。我不敢去想，也不願去想。要來的就讓它來，要去的就讓它去吧。……我自成功嶺『下山崗』到現在，生活習慣仍然改不掉，生活仍然是一樣的迷糊。昨天攪奶粉，把鹽當糖放進杯裡，喝了一杯鹹乳，味道還不錯，鹹鹹的，有點酸味。……」

　　以上是森永來信。沒想到樂觀的阿永信中竟透露些許悲觀憂鬱，難道是離群獨居所致？

　　我想到阿永就覺很有意思。他講故事，無論笑話或非笑話都能引起大家笑聲。他有時講些不紅、不橙、不綠、不藍、不靛、不紫的（黃的？）笑話，使大家笑疼肚子。

　　阿永除有時讀些武俠小說外，喜歡聆聽古典音樂。某年夏天，阿永未回南部鹿港家過暑假，留台北當家庭教師。他用所賺家教錢買一架唱機和不少唱片。

　　阿永和我一樣喜歡貝多芬和柴可夫斯基的音樂。表面上看來無憂無慮的阿永卻愛聽貝多芬的〈命運〉和柴可夫斯基的〈悲愴〉。

　　阿永閱讀一些音樂方面書，有比其他人較多音樂方面知識。夏夜，有時阿永和我睡不著覺，相偕到美麗台大校園。我們有時吹口哨吹貝多芬〈田園〉，有時談過去或喜或悲的往事及未來想做的事情。我們在夜之校園直到想睡時才慢步回舍睡覺。

1964 年夏日，台灣大學畢業典禮。

1964 年 夏 日，台
大六男舍 111 室八
位室友合照留念。
（後排從左至右：
紀敏雄，錢明剛，
作者，陳宗梓，吳
淳美。前排從左至
右：陳森永，施俊
彥，周昌弘。）

1964 年夏日，台大六男舍 111 室八
位室友合照留念。
（後排從左至右：錢明剛，陳宗梓，
紀敏雄，作者。前排從左至右：周
昌弘，陳森永，吳淳美，施俊彥。）

1964 年某日，台大六男舍 111 室八位室
111 室合照留念。
（後排從左至右：紀敏雄，作者，錢明剛
陳宗梓，周昌弘。前排從左至右：吳淳美
陳森永，施俊彥。）

0 年代後期某日，Washington DC 附近與錢明剛
聚。（中：錢明剛。右：作者）

2013 年 4 月 28 日，北加州矽谷 Millbrae 市 BART Station
與錢明剛重聚。
（左：作者。右：錢明剛）

2014 年 11 月 15 日，台大 86 週年校慶紀念會，與明剛和以敏重聚。
（從左至右：錢明剛，朱以敏，作者）

同居的日子

111 室內，阿永、昌弘、我較喜古典音樂，施工程師較喜近代音樂。施工程師扭扭舞跳得很棒，我的扭扭舞從他學來。

施工程師和淳美常用英文互開玩笑互吃豆腐。

明剛和宗梓都學純粹科學（明剛學物理，宗梓學地質），都有學者風度。

昌弘也學純粹科學（昌弘學植物），極有恆心毅力。

紀胖和我是「死對頭」，天天不「吵架」就「打架」。胖子肉好吃，揮拳動武時，我吃盡便宜。好在我們非真打實罵，僅好玩而已。

譬如那位農學院美女每晨上課必經五男舍前，紀胖說她是他的「乾太太」，我說她是我的「乾太太」，兩人一言不合假打起來，邊打邊笑。

八位同學如此同居一室共渡兩年時光。

我收到上面幾封信件時，已畢業當預備軍官的明剛那時學兵工，宗梓學當排長，淳美將開始接受軍訓，我在岡山空軍通信學校學雷達準備當空軍電子官。

仍留 111 室的昌弘繼續植物學研究學習，紀大胖仍繼續心理分析病態心理學等學習研究，施工程師繼續土木工程結構測量等學習。阿永留校選修數學和機械方面課程。

6

時光飛越至數十年後 21 世紀第二個十年之始。

111 室同居室友中，明剛（錢明剛）退休前曾任職美國首都華盛頓附近國防工業界大公司（Computer Sciences Corporation）。他台灣大學雖學物理但職業生涯中轉業至軟體或軟件（software）領域。

明剛夫人朱以敏是我當初在台灣時我乾媽陳志偉女士的二女兒，也就是我的乾妹妹。明剛妹妹錢明賽是台灣前行政院院長劉兆玄夫人。

我 1965 年來美國留學後就不曾再見過明剛，直至 1980 年代後期。1987 年至 1989 年間某日（我已忘確切何年何月何日），我某次出差美國東岸時在美國首都華盛頓附近某處見到明剛一次，也同時見到台大同學楊照崑和楊重駿。

那次見面後，我再未見明剛，直至 2013 年 4 月 28 日。我那天在北加州矽谷 Millbrae 市捷運車站見到明剛和他夫人以敏（那是我 48 年後首次見以敏）。我們到附近廣東餐廳吃午餐時相談甚歡，因自數十年前互道珍重後，我們有太多事情可大談特談。

2014 年 11 月 15 日（妻子菊齡過世兩月後），我於台灣大學 86 週年校慶紀念日當天在台大紀念會堂再次見到明剛和以敏，並與他倆拍照留念。

那次後，2015 年 4 月 13 日（妻子菊齡過世半年後），我與明剛和以敏再度會見於北加州 Milpitas 市。

-7-

宗梓（陳宗梓）到北美加拿大深造工作，於 2011 年初退休。

他在地質領域學術界頗有建樹，他的同行曾為尊敬他而用他姓（Chen）命名一種藍色礦石（Chenite，此礦石名內包涵 Chen）。

2015 年 9 月 15 日至 19 日，我旅遊加拿大東部五天。9 月 17 日那天，我在首都渥太華（Ottawa）與 51 年未見的陳宗梓在 Parliament Buildings 前 Centennial Flame 附近重逢並拍照留念。

-8-

昌弘（周昌弘）畢生經歷如下：台灣大學植物學系學士，台大植物學系研究所碩士，加州大學生物科學系植物生態學博士，中央研究院院士（1994 年），中國醫藥大學生態暨演化生物學研究所講座教授兼生命科學院院長。

我在網路上搜尋到台灣中央通訊社有關周昌弘的資訊：「……一草一木皆人生－中國醫藥大學周昌弘院士新書出版了：（中央社訊息服務20171110 17:34:18）對台灣土地有愛的中國醫藥大學周昌弘講座教授新書《一草一木皆人生》出版了。中央研究院周昌弘院士為臺灣植物生態學研究的佼佼者，半世紀以來，在國內以生態學家的專業倡導自然生態保育，早年發起的『淡水紅樹林保護運動』成功奠定了台灣自然保育的基礎，更挺身呼籲停建『南部高速國道』、『八輕國光石化』及反對『核四』等重大環保議題，以行動善盡學者的社會責任，也展現知識分子流

露的風範，被譽為『台灣生態保育之父』。……」

離開台大男六舍 111 室數十年後，我在網路上搜尋到周昌弘的資訊（包括他的電郵住址）。

我寫了數十年後第一封電子郵件給他，想與他重新連繫，但未抱厚望。令我無限驚訝他居然次日就回信。

- 9 -

當初幫我們促成那次六男舍 111 室和八女舍 101 室觀音山郊遊的王振容雖在台灣大學專攻植病（植物病蟲害系），但之後卻扮演重量級角色於電腦界施振榮所創宏碁電腦公司。

2011 年 5 月天下雜誌一篇題為〈冷冷王振堂要燒熱宏碁〉的文章內提到：「……王振容是施振榮的小學同學，也是王振堂的同父異母（續弦）的哥哥，跟隨施振榮快三十年，他目睹宏碁由夢想走向務實。……」

我希望能藉網路（包括如 Facebook 等社交媒體）尋找到其他幾位 111 室的室友們：阿永、施工程師、紀胖、淳美等。

八女舍 101 室女孩子們數十年來音訊全無，相信她們各有傲人成就、美好歸宿。願宇宙永恆者福祐保護每位朋友。

數十年前，王振容在他送給我照片後面寫如下字：
「偉宗學兄：祝前程遠大　王振容　贈」。

2015 年 9 月 17 日，Ottawa, Canada，Parliament Buildings 前 Centennial Flame，與陳宗梓離別 51 年後重聚。（從左至右：陳宗梓，作者）

2017 年 11 月，周昌弘新書《一草一木皆人生》出版。

四年

我 22 歲從台灣大學電機系畢業時心中有感而寫此文，登載於《中央日報》副刊。我數十年後重新改寫此文，原先基本內容無改變。

-1-

系主任報告系裡將來計劃，並向同學們說些鼓勵話。

李教授說：「身體很重要，你們應該把身體弄好。」

馬教授說：「你們若出國，學成後應該回來為自己國家做事。」

班代表說：「謝謝師長們訓話。現在大家開懷暢飲吧。」

教授們體貼同學們肚餓便乾脆先動筷子，好讓同學們無拘束吃桌上好東西。桌上有特級清酒和黑松汽水。

同學們向同桌教授、講師、助教們敬酒，並向其他桌師長們敬酒，有人「乾」酒，有人「乾」汽水。大家吃得痛快喝得過癮，無離愁也無別緒。

師長們陸續在同學們掌聲中離去。

同學們見到系代表「猴子」，紛紛握手向他言謝。

他說：「有甚麼好謝，你們自己交的錢，否則也辦不成這次謝師宴。」

同學們也陸續離開餐廳分別回家回宿舍。

-2-

離畢業只剩一個月，同學們多半感到些許惶恐。將來如何？將來搞甚麼？將來有否好成就？將來能否繼續研究學問？將來娶怎樣妻子？將來……？將來……？

已逝日子中，有高興也有難過，有成功也有失敗，有甜蜜也有痛苦。有極大值也有極小值，有峯也有谷。未來日子也將如此，不會是一直上升或一直下降的曲線，仍將像正弦曲線一般有升也有跌。

回想往事覺得甜蜜的憂鬱或憂鬱的甜蜜：我們曾有如此經歷啊。我們曾去過那些地方啊。我們曾互相喜悅啊。我們曾吵架決裂啊。我們曾……。我們曾……。

　　那年夏天，我來此學習環境，初離家，不識人。中午躺在椰樹下草地上，我感到難熬的孤寂氣餒。以後四年將如何？會遇到怎樣的師長和同學？會戀愛嗎？會認識何等女孩子？會……？會……？

　　日子快快慢慢流逝。與同學們熟了。走遍校園每條小徑。與同學們躺在艷陽下草地上吸草莖汁，瞇眼檢閱燕瘦環肥女同學們，聽滴答滴答高跟鞋聲。

　　頭髮燙了、分了、又平了，又燙、又分、又平了。

　　考試考壞後在冬日寒天呆愣愣走回宿舍。考好了眉開眼笑去新南陽看場電影慰勞自己。

　　學機械時學打鐵，一顆鐵粒不慎跳入眼睛，感到很痛很煩。趕回到新竹家，那位溫柔護士用小針挑出混蛋鐵粒，感覺如釋重擔後無比舒適。你想抱她謝她。

　　第一次當家教，你盡力教，使他們不認為你誤人子弟。女學生有時綻開甜甜笑容，使你心生綺想。某次你罵她，她哭了，淚不停。她之後考取學校，你覺與有榮焉。

　　舞會前夕，趿木製拖鞋於宿舍走廊苦練扭扭舞整整兩小時，汗流如雨，腰酸背疼。

　　舞會時，長髮姑娘很體貼，你跳不好，她教你跳。跳完一曲，她像活潑小鳥向你行西洋禮。你迷迷糊糊晚上睡不好。

　　內湖野餐，石頭做灶，附近林中尋枯枝來燒。酸菜炒肉，每人一蛋、麵包、香蕉、果醬、……。山頂上眺望落日和蒼茫暮色，合唱讚美詩歌。

　　身材苗條走路好看的姑娘，微笑時有似蒙娜麗莎，高一屆土木系紳士追上她。

　　農學院健康面色桃花般臉孔的姑娘，多人注意她，多人欣賞她，多人想但不敢追她。

　　外文系俊妞兒每日經過男生宿舍。宿舍內和尚們探出頭吹口哨。她知道男生們看她，也喜歡他們看她。後來男生宿舍後面那堵圍牆修建好後，她不再經過男生宿舍。男生們久不見她，晚上睡時開玩笑說要用手榴彈轟跨新修牆使她再天天經過。

從前她經過時，同室紀胖說：「她是我的乾太太。」你說：「她才是我的乾太太。」

兩人互不相讓，相罵到互打，一面揮拳頭，一面大聲笑。兩人越打越好。

六男舍後十七男僑舍變成八女舍。男孩子們想法找來望遠鏡朝八女舍搜索。某日，他們用望遠鏡看對面二樓某窗時發現那邊窗內也有望遠鏡朝這邊探視。

兩邊頓時都嚇一跳。那邊窗子打開，一位姑娘探頭出來朝這邊做鬼臉說：「羞、羞、羞。」這邊男同學們哈哈大笑。

同學們很用功也很好玩，不把自己看得很嚴重，只希望將來能做些事使自己、社會、國家都變得比過去好。

成功嶺上當二等兵。全副武裝衝上山去，槍把撞地，自己身體摔至地面，快速匍匐前進。膝蓋磨破，烈日下汗流於黃土塗黃的野戰服內，血、汗、泥混於野戰服上。你覺得累、苦、快活、得意、驕傲。

四年就如此過去。

-4-

許多好的壞的事情在前面等著。我最好能有目標，如兵朝目標前進，除去前面障礙和地雷。

我相信我能達到那目標，代價有大有小。

無論如何，我總記得大海上那位老人說的話：「人不是為失敗而生。他可被毀滅，但不被打敗。」（我 22 歲未信主時的不成熟想法）

布克與四大郎

我畢業於台灣大學那暑假在台灣南部岡山空軍通信學校受訓期中寫了此文，刊載於《中央日報》副刊。我數十年後重新改寫此文並加入新資訊，原先基本內容無改變。

-1-

那已是數十年前往事。我們那時剛從大學畢業，開始服每位大學生必服的為時一年預備軍官兵役。

畢業前在台灣大學電機系讀書時，我們四人雖同系卻較少接觸。自我們入岡山空軍通信學校接受為時三月預備軍官專長訓練後，張郎、鮑郎、萬郎、我四人就較常在一起。

三個月中在那南部小鎮軍事學府校園內，我們曾有一段不錯時光。

我們課餘到學校福利社吃滷蛋、鳳梨、木瓜。我們禮拜天去遊大貝湖、登壽山、逛高雄市區、看電影，或去左營海軍官校游泳池游泳，冒充少尉軍官（當時尚未正式成為少尉）入「四海一家」吃午餐，接受學兵們敬禮。

我們在無自習課晚上至校園內神祕幽美的「信友園」，躺於夏日星空下水泥凳上談往事。

-2-

一個多月後，大家逐漸發現每人都喜歡到福利社理髮室理髮。常常還未到達該理髮時就迫不及待去理髮。

某晚餐後，四人不約而同到福利社。

大家見面後，張郎說：「你們三個人在這個時候來這裡做甚麼？快回去洗澡吧，待會兒沒水了。」

鮑郎說：「張郎，你自己先回去洗吧。」

萬郎說：「對啊，張郎，你今天上山時太努力了，提回一大包木瓜。太辛苦了。你快回去洗澡吧。」

我說：「張郎，你下午不是已吃過三塊木瓜了嗎？幹麻又來？」

正當那時，理髮室傳出金屬落地聲。四人目光朝窗內聲音來處望去。

1964 夏，我們結訓前在岡山空軍通信學校合影留念。

1965 年，四大郎相聚台北時合影留念。
（從左至右：張郎，飽郎，李郎（作者），萬郎）

　　那位剃刀不慎摔地的理髮姑娘迅速彎身撿起剃刀置於桌子，朝窗外望望，繼續專心剪髮。

　　四人收回眼光後互望，臉上都似有一絲微笑。

　　張郎對飽郎說：「你笑甚麼？」

　　飽郎對我說：「你為甚麼笑？」

　　我拍拍萬郎肩膀說：「你萬老爺笑甚麼？」

萬郎拍拍張郎肩膀說：「你張太老爺為什麼那樣笑？」

四人呼呼哈哈大笑起來。店內人聽如此噪音望過來，我們四人趕緊溜之大吉。

大家終於互相招供，認為那理髮姑娘真是特別可愛。

張郎說：「她大概只有十六歲吧。」

鮑郎說：「她身材雖然矮，但好看。」

我說：「她有一雙會說話的和喜悅的眼睛。」

萬郎得意地說：「有一次，她理我頭髮，和我談了很多話。第二次見到她，還對我笑。」

四人結論是：「她真可愛。」

我說：「既然可愛，我們怎麼辦？」

張郎說：「寫封信。」

鮑郎說：「那未免嚴重了些吧。」

我們決定給她一張紙條，上寫：「溫柔可愛的小姑娘：我們都很喜歡妳。預官班上。」

我們晚上自習前持那張紙條至理髮室。

我們在室外見她坐近窗椅上看書。大家有些猶豫，你推我讓誰也不願當紙條遞送者。

他們三人最後把責任推給我。

我說：「不敢當。張郎，還是你去吧。」

然而他們仍逼我硬頭皮至窗前。我清清喉嚨朝裡面說：「小姐。」

她驚奇轉過身來。

我說：「你能不能出來一下？」

她有些猶豫微笑站起來，捧著先前正讀的那本書打開紗門走出來。

萬郎把那張紙條交給她，說：「我們給你這個。」

她有些害羞地把紙條塞進書裡，迅速轉身進去。

我們三人都跑開，只留鮑郎在窗外看反應。

鮑郎走過來說：「她好像把紙條扔了。」

張郎火了起來說：「豈有此理。」

他闖進理髮室。

他出來時說：「我剛才進去，朝地上看，聽到那位男的理髮師說甚麼『排泄』啦，我沒有看到扔到地上的紙條就出來了。」

我們回教室時，值星官等著，他瞪眼說：「那裡去了？」

張郎說：「報告值星官，我們去廁所，一時出不來。」

值星官說：「好啦！去自習。」

我們四人同時說：「是。」

教室內其他同學笑起來。

我們的確不知她是否真把紙條扔了。

- 3 -

我們課餘時仍然常去那裡，每次去時見她不是替人理髮就是自己看書。

由於她如此喜愛看書，我們給她取了一個「布克」（Book）綽號。

我們有時在理髮室外朝內望，布克偶爾看過來含羞微笑然後繼續專心剪髮。

我們也為那男理髮師取了一個「排泄」的綽號（台語「排泄」意指「不好意思」）。

某日下午，大家都覺頭髮夠長便一同前去理髮。

四人猜拳結果是萬郎先理、張郎次之、鮑郎再次、我殿後。

我們等了五分鐘後，男理髮師打發掉一人，該輪到我們。萬郎眉頭一皺，很不甘願走到「排泄」那裡。

張郎嘴角露出樂不可支得意笑容。

兩分鐘後，布克理好一人，張郎趕緊跑去，生怕被人搶去一屁股坐下來。

張郎一過去，布克就給他甜美微笑，喜得他甚麼也似的。

布克開始理張郎頭髮。

布克說：「你們四個人就是給我那張紙條的嗎？」

張郎說：「是的呀。」

她笑著說：「你們寫的那些話，我不敢當啦。」

張郎睜大眼睛說：「妳……沒有把它扔掉？」

布克說：「沒有啊。我先把它藏在書裡，後來才拿出來看。」

張郎轉頭大聲叫著：「鮑郎。」

鮑郎笑說：「抱歉。抱歉。我那晚大概眼睛有毛病。」

張郎然後對布克說：「妳很溫柔，很可愛。」

布克笑著說：「不敢當啦。你們才可愛。」

張郎說：「妳家在那裡？」

布克說：「我家就在附近。我是土包子啦，連高雄都還沒有去過呢。」

張郎說：「我們那一天帶妳去高雄玩，好嗎？」

布克說：「不行啦。我要工作呢。」

張郎說：「星期天總有空吧？」

布克說：「不行啦。星期天我要給弟弟理髮。」

張郎說：「妳很喜歡看書吧？將來會有學問的。」

布克笑而不答，開始刮張郎鬍子。

張郎說：「我鬍子長得快。」

布克佻皮笑說：「你的鬍子很有男性美啦。」

張郎原先閉的眼睛突然大張，樂得呵呵笑說：「唉！真不想離開這位子。」

布克笑說：「那我就給你一直理到晚上。」

四人都理好頭髮後步出。張郎望其他三人得意說：「喂！你們三個人的眼睛好像都浸過紅藥水似的。」

- 4 -

其後日子中，我們仍常去看布克。

我們有時吃木瓜、釋迦果、鳳梨會想起送一份給布克吃，但深怕妨礙她工作而作罷。

我們每次見她都會得到她略含羞意和親切的招呼。

她的純潔善良和讓我們感覺舒適愉快的服務態度使我們喜歡她。她應是來自一個貧窮家庭，替人理髮賺錢貼補家用。

她應是讀高中年齡，但無法如其他女孩子接受正式教育。我們覺得非常難能可貴是她工作之餘常自己看書，我們就因她喜看書才叫她「布

克」。

　三個月受訓期行將屆滿時，我們四人商議要送布克一本書。我們在鎮上一家書店找到了一本《朱自清與徐志摩全集》，每人出四元買了它。

　我們於書首頁一人一字輪流寫了如下字句：「溫柔可愛的小姑娘：希望妳能努力奮發，戰勝環境。」我們未署名，只寫下了年月日。

　我們四人帶那本書走向福利社。她出來時仍帶那微微含羞的微笑。

　張郎說：「我們送妳這本書。」

　她眼睛閃光說：「不好意思啦。」

　我說：「妳收下。再過幾天，我們就要離開了。」

　她接過那本書翻了翻，低頭說謝謝，然後轉身入理髮室。

　我們數日後離開空軍學府，分派至各基地服預備軍官兵役。

-5-

　我們互相通訊中除談工作近況和其他事物外也偶爾提到布克，雖然不知她近況，但都真心希望她過得好。

　離開軍事學府後不久，我的〈布克與四大郎〉一文刊登於《中央日報》副刊。

　那之後不久中央日報社轉給我一封布克的來信。她居然讀到我那篇文章，信中感謝我們四人對她的鼓勵。

　時光飛越至數十年後 21 世紀第二個十年之始。布克年齡應已不小，無論如何我們都希望她前此曾過得好，今後也能過得好。

　四大郎服一年預備軍官兵役後分別相繼前往美國留學。

　萬郎雖原學電機，後輾轉改讀醫學，數十年來 Dr. Wan 成功行醫於 Boston 大醫院。

　張郎工作於紐約州 IBM 公司很久，後轉往北加州矽谷或硅谷（Silicon Valley）於半導體領域頗有建樹，擁有多項專利。

　鮑郎獲得博士學位後數十年來服務於美國國防工業界，頗有成就。

曠野

　　我畢業於台灣大學那暑假，在台灣南部岡山空軍通信學校受訓三個月後，分發至新竹軍事機場服九個月預備軍官少尉電子官兵役。我服役期間所寫此文刊載於《中央日報》副刊。我數十年後重新改寫此文，原先基本內容無改變。

-1-

　　我第一次來此正是秋風強時。那天我騎單車在此曠野上尋找派往工作之處。

　　強大氣流迎面吹來，我幾乎騎不動單車，無法前行。我拼命踩腳踏板但失敗，只好下車推車而行。

　　走一段路後，方向轉了180度，強勁新竹秋風從背後吹來。我踏上車，讓風能量推動我車，疾馳於寬廣平坦滑行跑道。如此快車速使我幻想自己是駕駛飛機的飛行員。

　　我終於找到工作地點。

-2-

　　我來此已兩月多，開始時見習一個月左右，然後正式加入當班行列。

　　我工作對象是複雜龐大雷達電子設備。我雖有電子學、電磁學理論基礎，但無實際相關工作經驗，初當班時鬧了幾次笑話。

　　我某次摸機器，摸到不該摸處，「它」老先生心臟病突發而停了「血液」供給：機器高壓電源停止輸出電壓電流。

　　我那時緊張如熱鍋上螞蟻，幸虧即時與李士官長取得連繫，他電話指導（他有多年維修此機器經驗，熟悉它的內內外外）叫我換一個真空管解決了無電源問題。當晚，我做了一整夜無高壓、機器故障惡夢。

　　另一次，「它」老先生心臟又停頓，那時是清晨四點多。它第二次生病，我不像第一次那般緊張。我翻閱高壓電源線路圖試圖推測其病因。我發現三個串連真空管一個不亮，猜想與那管相連的電阻器（resistor）或許燒壞。我換掉電阻器，原先不亮的管子仍然不亮。我從清晨五點搞到七點半還無法解決問題。

　　七點半換班時，我對接我班的鍾電子官說：「你繼續搞吧。」

我下班回家後整裝去清華大學找就讀清大研究院的前台灣大學電機系同學楊照崑。我在研究生宿舍打電話給鍾上尉。他說：「那管子不亮是因為管座接觸不良，以致於燈絲電壓沒有接上。我用力把管子向左邊推了一推，電壓就加上了。你換下的那個電阻器並沒有壞。」

我聽後哭笑不得。我搞了兩個多小時，搞得我腰酸背疼滿臉污黑未能修好，鍾電子官只推一下就推好了。

幾次失敗並未使我氣餒。某晴朗日，我花費整個下午時間，依照線路圖把機器經常生病的高壓線路摸得清清楚楚，直到每個真空管、氣體管、電阻器、電容器、電感器、變壓器等都與線路圖完全相符為止。我打算再多摸幾次，以後它生病時就不致束手無策了。

- 3 -

某日下午，與我同時當班的林士官對我說：「那個抽油的幫浦不動了。」

我說：「好。讓我們檢查一下。」

那一個抽油幫浦的馬達轉動是靠 28 伏直流電壓。電源和馬達間有裝了保險絲的開關，保險絲燒斷了。

我說：「好。讓我們來裝保險絲。」

我以為 28 伏直流電壓有危險，不敢直接用手碰。我用有絕緣把手的鉗子緊張地裝保險絲。一個沒留意保險絲一端觸到旁邊盒子，「擦」地一聲燒斷了。那火花嚇我一跳，更不敢直接手碰 28 伏直流電。我繼續裝，半小時後總算裝好。

我說：「好。開吧。」

那時，油管雖已從油桶抽出，但管內仍有未抽完餘油。林士官打開開關，餘油噴我滿臉。我哈哈大笑，覺得「天曉得」。林士官陪我笑。

李士官長來時，我告訴他說不敢直接手觸 28 伏直流電。

李士官長說：「那有什麼危險，28 伏不要緊的。」

我說：「你先碰碰。你若敢碰，我就敢碰。」

李士官長手觸 28 伏輸出處，笑說：「有危險嗎？」

我見他安然無恙，鼓起勇氣把手放在 28 伏電源上，無特異感覺。以

後觸碰 28 伏甚至 50 伏直流電都不怕了。但機器內高壓電源直流電壓卻萬萬不可胡亂觸碰。

金首席電子官曾對我說過：「以後修到高壓部分的時候，一定要養成用短棒的習慣。即使把開關關掉了，某些電容器裡仍然蓄有致命的高壓。需要用短棒先把它導向地裡去，然後再修機器。我從前曾經看過觸高壓的人，一塊肉都從臂膀跳出來。」我聽此話不禁心驚肉跳。

- 4 -

我下班回家後常講自己鬧的笑話給父母親聽。大笑之餘，我父親免不了訓我一頓說：「你以後要格外當心，要謹慎，不可大意。要注意小節，凡事不可蠻不在乎。現在要好好學，將來經驗多了就不致再鬧笑話了。」

我母親說我簡直是演滑稽電影，說我是「糊塗電子官」，還說我是「少爺官」。「糊塗」我不妨暫時承認，因我的小乾妹妹也叫我「大糊塗蛋」。「少爺官」我堅決不承認，因我不是公子哥兒一類人物。

部隊裡隊長、機務長、台長都誇我學習精神可嘉。我聽了高興，覺得受到鼓勵。

我因初摸機器，對那部複雜雷達電子系統還不很熟悉。每逢我當班時，資深的李士官長就來幫我忙。累積十餘年維修相關工作經驗，李士官長已成為電子設備維護工作的權威大師。

李士官長的鎮定、堅定、迅速、耐心等維修技術人員應有的特質使人敬服。在他幫助下，我這糊塗見習生必有長足進步。

我相信我能從「大糊塗蛋」改進至「小糊塗蛋」，從「小糊塗蛋」改進至「非糊塗蛋」，從「非糊塗蛋」改進至「小聰明蛋」，從「小聰明蛋」改進至「大聰明蛋」。

當我達到「大聰明蛋」地步時，我那位目前仍是「小糊塗蛋」的小乾妹妹該也晉升為「小智慧蛋」了。

- 5 -

此大片曠野上，天氣經常變化。晴朗時，溫暖冬陽下，曠野上跑道旁新竹風吹韌的野草輕搖於微風中，散發出黃金色光芒。

飛行官們駕駛威風神氣的噴射戰鬥機起落於跑道、飛翔於藍天，機身機翼閃爍銀色光芒。

有時氣候轉劣，濃霧籠罩淒涼蒼茫曠野。能見度惡劣情況中，駕駛飛機飛將軍雖無法目視跑道仍能經由跑道旁精密雷達電子系統導航安全著陸。

- 6 -

與我們機務官（包括電子官）攜手合作的管制官（air traffic controllers）都待我很好。

原籍北平（北京）的畢中尉公務之餘對我這小老弟也提供指點照顧。某次畢中尉與我當晚班時講述他從前在北平當學生舊事，使我嚮往故宮不已。

另一次晚班，收音機播出《打龍袍》國劇，畢管制官為我從頭講解到尾，使我能聽懂。經由他這番指導，我對原先因聽不懂而不喜歡的平劇（京劇）開始產生興趣。

我某次在他房間牆上看到「司儀」紅色紙條，問他：「你當過司儀？」

他說：「我常常當司儀的呀。」

我想起他的京片子說：「當然啦，你的京片子。但是將來你結婚的時候，誰給你當司儀呢？」

畢中尉笑說：「那還不簡單，我先錄好音啊。」

- 7 -

我有時與英俊的杜中尉管制官一塊當晚班。爽直坦白的杜中尉告訴我他有一個溫暖家庭：慈祥母親、淑美妻子和兩位千金一位公子。

杜中尉大千金聰明異常，四歲時就開始認字，有得諾貝爾文學獎豪志。

每晨，一歲小公子最早起床，跑到爸爸媽媽床邊，先摸媽媽鼻子，再摸爸爸鼻子。

杜中尉告訴我他當年參與的戰役：某次轟炸敵人陣地任務中，敵人高射炮火熾烈。一顆高射炮彈爆炸於杜中尉所乘轟炸機前二十餘尺處，

破片損傷機腹機翼多處。但他們終於完成任務安然返航。

杜中尉也向我描述他當年在空軍官校學飛行往事：他從與教官同飛至獨自單飛過程中發生多次驚險有趣的往事。

- 8 -

那天清晨，我走出值班人員休息拖車。那時天尚未亮，一輪明月懸於天空。玉盤般月亮如夜之太陽將銀光灑遍曠野上每寸土地。涼風沿兩邊燈光照亮機場跑道輕拂。

跑道盡頭傳來引擎發動怒吼聲，兩點並排明滅閃爍紅光開始沿跑道移動，越來越快。兩架軍刀戰鬥機飛離地面，勇敢、毫不後顧、怒吼一般朝灰藍夜空衝升而去。它們尾部噴出漸去漸遠的兩點火焰。

月漸沉，曙光露。朝陽使曠野沾上篷勃朝氣。我深吸一口清新晨氣。

曉日冉冉上升，上帝所賜美好大晴天光臨曠野。

爸媽年輕時

我 20 歲左右在台灣大學電機系唸書時寫此文，登載於《中央日報》副刊。我數十年後重新改寫此文，原先基本內容無改變。

-1-

我雖然誕生於戰火中，對那場戰爭卻無絲毫印象。我長大後，從一些書籍中讀到有關那場艱苦戰爭的前因後果：日本軍人殺死無數中國老百姓，污辱無數中國婦女。中國終獲最後勝利。

王藍的《藍與黑》和陳紀瀅的《華夏八年》兩書告訴我一些那時代的人和事。我讀後情不自禁嚮往那時代。那些烽火歲月是我父親和母親的年輕時光。當我年輕時，他們偶爾講述那時代的一些人生經歷給我聽。

我母親從湖南長沙女子中學畢業後考入長沙電信局工作。那年戰火逐漸蔓延至長沙，長沙市民準備逃難。他們某晚燒掉房子離開那城市。（著名的「長沙大火」。）

我母親自願留守至最後時刻。電信局卡車將她和同事們送往南方。

離城後，我母親遠眺長沙城，見城上天幕被大火染紅。

汽車四周是面露憂戚難民群，孩子哭鬧和大人憂憤。一位面色慘白的傷兵欲爬上緩慢前行的汽車，但因無力摔下去。車上人多，我母親腿被壓感覺麻木。

我母親長沙唸書時就已離開洞庭湖畔家鄉，當汽車帶她出湖南抵貴州時離家鄉更遙遠了。年輕的她當然懷悲凄但勇敢朝未可知前方行。

她與同事們繼續被遣送四川成都，開始工作於成都電信局。

-2-

我父親十七、八歲就離開山西平定老家前往省會太原，任職於一家企業公司。因他智力能力很快就擔任小部門主管。

當戰爭的噪音抵達太原時，我父親已二十五、六歲。因戰火逼近日本軍隊入侵，他不得不匆匆決定前往（或逃往）天府之國四川。

他抵達成都後很快尋得職務。經努力、勤奮、認真工作，他攢積了

些錢後可以結婚了。

有人介紹一位漂亮戲子給他，但未促成。他然後去追我母親一位女同事，也未成功。我父親某次去電信局宿舍看訪那女士，她請求我母親出去跟他說：「她不在。」我母親照做。後來，我父親轉而開始追求我母親了。

我父親那時是相當英俊的小伙子。我母親是清秀溫柔中帶有點豪氣的姑娘。我父親買了一架照相機，出遊時用它拍照。我仍存有他們當時所拍照片。

他們在重慶結婚，戰爭時期團體結婚。他們曾被攝入新聞片裡，之後在電影院看到團體結婚儀式中的自己：他穿新郎西服，她穿新娘白紗長裙。

- 3 -

我父親在重慶南端嘉陵江畔一棟小樓租了房間當新家，從靠江窗戶可見嘉陵江滾滾流水、秀美江岸風光、江上風雲變化。他們在江邊小樓渡過蜜月和新婚夫妻初時美好時光。

他們某次為躲日本的軍機暫離那小樓。空襲警報解除後，他們回到江畔新家發現小樓已被敵機炸平。他們呆望斷牆殘垣說不出話，驚魂不定詫異：幾小時前，它仍存在，此刻已消失。

他們結婚時新購傢俱衣物已全被焚毀殘缺不全，只剩一個皮箱還算完好。我父親從皮箱搜出一本書，書頁內全都是沙子。

他們未能在小樓住多久，不得不另尋居處。

某日，我父親走在重慶一條街上，緊急警報突響了，他迅速衝進一座防空洞。洞裡那時已擠入很多人，他好不容易才找到坐處。

防空洞門關閉起來，人們開始忍耐等待，等候日本軍機離去。飛機聲音響起，遠近傳來陣陣令人心驚爆炸聲，敵機進行疲勞轟炸。

洞裡人感到難忍悶熱，呼吸漸不順暢。大家胡亂揮動扇子。洞內昏黃燈光下，每人臉上似都顯露蒼白淒慘面色。每一個爆炸聲都使他們驚恐，擔心家屋可能被炸毀，親人可能被炸死。

日本飛機仍未離去。我父親感覺頭腦昏沉沉，覺得附近人似都已死

父親母親結婚照。

一歲時的我與父母合影。

年輕時英俊父親和美麗母親。

去。一位婦人發現她的小孩已經死去，但她似已失去悲傷的力氣，哭都哭不出來。

我父親心想：洞內所有人一齊用扇子朝內搧去或能促使停滯空氣流動。他盡他全力大聲喊：「往裡面搧扇子，請大家一起往裡面搧扇子，往裡面搧扇子……。」

但他覺自己聲音顯得無比微弱。他費很大力氣再度喊幾次，旁邊人才聽見，將此話朝內外傳遞。幾乎半死的人們開始朝內搧扇子。一段時間後，大家才覺好過些。

警報終解除，人們蜂湧朝洞口衝擠而出。我父親出洞後才知那次的空襲中附近另一座防空洞因缺氧致使多人死去。

- 4 -

我母親某次生病，那時聽說日本軍機很快將入侵。她固執不願離開住家。我父親迫不得已強行抱她朝附近防空洞走去。

經過一座橋時，我母親驢子脾氣發作硬不肯再走一步。父親力氣較大終能連抱帶推將她拖離那橋，進入防空洞。

他們在防空洞裡聽敵機炸彈下落時劃破空氣令人心悸的嘶聲，恐懼於不可知的未來。

警報完畢後，他們回家時路過那橋，橋旁房屋樹木被炸倒，幾個人鮮血淋漓躺地上。有些人頭被切去，有些人下肢被削去。未死者呻吟，附近充滿火燒焦味和腐肉臭味。

- 5 -

那都已是數十年前往事。

我年輕時曾津津有味聆聽父母親講述戰火中發生的事。烽火遍地屍陳遍野的戰爭時期，人們過不同尋常的日子。人與人間有真切情感，不少家庭也經歷家破人亡生離死別的痛苦。

我不知自己是幸或不幸未能經歷那戰亂時代。我希望曾生活於那時代的作家能多寫那時代中發生的可歌可泣故事。

親情和友情

我 22 歲那年畢業於台灣大學電機系，之後去台灣南部岡山空軍通訊學校接受三個月預備軍官專業訓練時寫此短文，登載於《中央日報》副刊。我數十年後重新改寫此文，原先基本內容無改變。

-1-

自從南下受訓每天最嚮往家人和朋友們來信。因我自己寄出很多信，收到回信也多。有時候多至五封少至兩三封。收到信最多那天我眉開眼笑，無信的日子就感覺些許沮喪，但沮喪的機會較少。

父親和母親來信讓我覺得受關切、鼓勵、警惕。

父親來信說：「你在校應學習如何做好公共關係，在品性上下功夫，此為做人方面的事。對事則求其迅速、確實、漂亮。 如有暇時，應研讀數學及電學，以充實自己而謀百尺竿頭更進一步。以深廣的學識，輔以實用的技術，則將來無論在工程界做事，或在科學界研究，必均能左右逢源而勝任愉快也。」

母親信中寫：「怎麼又感冒了呢？腹瀉是不是受了涼或吃壞了？在外要特別注意自己的身體。 南部的氣候晚上也許比較涼，睡時應蓋點東西。不多寫了。一切要自己多多保重。」

燦宗小弟來信說：「*大鴿（大哥）：你的感冒剛好，身體是否仍像牛般強壯？父親去信，你可能已知『小花』的事了（『小花』是當時養在新竹家的貓），我不必再提起她的不幸。她被壓死的剎那必很痛苦，不但是肉體上的，在心靈上也有離開主人和孩子們的痛苦。我曾好幾天伏在桌上為此事發呆。她已被安葬在新拓的後園裡。我既不能給她立碑，只有在空閒時去看看，告慰她一番。值得安慰的是那幾隻小貓（『小花』的兒女）很活潑快樂，餓了就亂叫亂嚷，吃飽了就呼嚕呼嚕，醒來就打架。我覺得牠們的媽媽仍在暗中保護、照應牠們。我覺得我不該太悲傷及沉溺於回憶，應該抬頭挺胸，樂觀地在人生的大道上邁進。自從那次病後，我知道了讀書是快樂的。這或許是病後的一種需要，也或許是馮馮（當時台灣一位作家）的《微曦》（馮馮寫的自傳性質書）給我的啟示。（我那時買了整套《微曦》送給小弟燦宗）從前我的學習太不老實了，我現在覺得學習的基*

碳就是老實。……大鍋（大哥）：我正在學大代數。（燦宗是我們李家三兄弟當中學位最高的。他畢業於台灣大學化學系後，得到加州理工學院（Caltech, California Institute of Technology，簡稱為 CIT）生化博士（PhD in Biochemistry）學位，也先後在 Yale（耶魯大學）和 UCLA（加州大學洛杉磯分校）從事博士後（Postdoc）研究）我常去游泳，目前還不能在水中睜開眼睛。」燦宗小弟小名是「三毛」，我當時寫信稱他「山貓」，他稱我「大鴿」或「大鍋」。

-2-

我乾媽陳志偉女士來信溫馨親切：「收到來信，我們全家都很高興及安慰。知道那邊環境很好，生活平靜。要學習的多多學習。身體康健最重要，不要過分疲勞。需休息的時候，一定要休息。岡山是否太熱？伙食方面是否合味口？你若需要甚麼，儘管來信告知。現在等於自己家裡人，不要客氣。只要你寫信來，我們很快就可以給你寄去。希望你便中隨時來信，報告你的近況，以免我們遠念。不過若功課太忙，不寫也不要緊的，或者寫平安兩字即可。祝快樂。　乾媽　手示」

房媽媽（母親朋友）信中說：「來信知悉，知你在岡山一切很好，慰甚。那裡附近的風景很美，這對你是適合的，因你喜歡靜。小弟在你家一切很好，你的爸爸、媽媽待他太好了。感冒最近有否痊癒？念念。利利（房兆利，房媽媽長子，雙胞胎弟弟名叫做房兆鴻，暱稱鴻鴻。）前天因船來基隆，曾回家一天，昨天已開船。聽說將會去馬公與花蓮，故近日內不能與你唔面。他說返台後即寫信給你，再約日期。如兩人均有空即可見面也。」

-3-

同學們和朋友們來信使我感覺友情溫暖。

成功嶺受訓的農工系森永來函說：「成功嶺是個美麗的國度。……前天，我連便帽也丟了。……我每次集合就被罵一次，一天至少被罵四、五次。……今天打了一天的靶，第一槍就來個饅頭，一天共得二十一個饅

頭。……談一談我的內務：到現在為止，我還不會疊棉被。這塊豆腐乾是班長在我入伍時替我疊的，我每天供奉它，敬如鬼神。前天排長來個機會教育，中午在攝氏三十八度之下，要我們蓋上棉被，嘗一嘗棉被的味道。從此我這塊豆腐干就變為大饅頭。第二天的內務就來兩個『X』，第三天若再來一個『X』，那星期日連長就要留我吃飯了。因此我趕快請『豆腐專家』周先生來幫忙。……來成功嶺，最使我驕傲的是我的這根槍，因為它天生麗質，不用我擦也發亮。大家都說：『擦槍，沒有精神』，但對我來說，擦槍我最有精神。每次擦槍時，我把槍放下，把眼放在風光明媚的大肚溪上，心想到美好的事情。……」

仍在學校時，我與森永同室。他的幽默、善良、可愛的迷糊使室內每位同學都喜歡他。他此來信使我大笑多次。

海軍服役的利利（房兆利，房媽媽大兒子）從艦上來信說：「今自基隆返航左營，接到你的來信，真是高興。艦上生活輕鬆愉快，並不感覺緊張。我身體一向安好，謝謝你的關懷。目前台灣海峽的氣候正適合於航行，海上風平浪靜。有時海面連一點波紋都沒有，景色如畫，尤以日出、日落最為美麗誘人。但，大海是變幻不定的。」

唸植病（植物病蟲害系）愛寫作的振容（王振容）暑假中待在鹿港家。他來信俏皮：「回家後，我一切都懶了下來。筆也不想動，腦筋也不聽話。整個暑假快過去了，在練習寫作上我算是交了白卷。你遊過大貝湖我相信，但你提起西湖，我認為你吹牛，不相信你遊過西湖。如過你真的遊過，寫篇遊記幫我神遊一番。每天窮忙，中午休息一會兒。五點後則珍惜那段時光，把它傾囊獻給我熱愛的籃球。相信把那種不二的熱誠獻給一個女孩子的話，保管攻無不克。很幸運，這暑假沒時間去瞧妞兒，少花掉我許多無謂的身心的卡路里的消耗。黃衣姑娘，我已不敢多想。」

同系炳陸（鄭炳陸）分派至海軍接受預備軍官訓練。他來信說：「十分抱歉，到今天才覆你的信，因郵差把你寄來的明信片塞在信箱縫裡了，昨天才發現拿出來。我是二十九日入營，還有十多天呢。最近身體情況欠佳，沒有讀書。你去岡山唸了不少書吧。有沒有學到一些新的東西？我畢業後參加的幾次考試均失敗而歸，頗為心灰意冷，希望你的信能給我一點激勵。」我讀炳陸信心中不免有些難過。炳陸雖暫時失敗和沮喪，他將

會很快振作起來，且會做得更好。

　　虹妹（房媽媽二女兒）自碧潭來信：「*自從回校打字後，發現我的成績退步，心情很煩躁，所以至今才回信，不會生氣吧。這幾天感冒、咳嗽，一直到現在還沒有好。媽媽隔日給我打針治療，似乎也不見效。你在那邊每天吃『電子』飯，沒有吃壞吧。*」接讀虹妹來信似乎看到小姑娘的清麗病容聽到她的咳嗽聲。希望她快好起來。

- 4 -

　　他們把愛和關切置入信封寄給我。我也應將善意和祝福寄回他們。

　　親情和友情使我覺人生有意義，深感每人都應好好活下去，為自己也為他人。

親情和友情

她死了

我 22 歲那年畢業於台灣大學電機系後去台灣南部岡山空軍通訊學校接受三個月預備軍官專業訓練時寫此短文，登載於《中央日報》副刊。我數十年後重新改寫此文，原先基本內容無改變。

父親來信說：「*吾家大花貓於七日在屋後鐵軌上被碾為兩段，家人至為惋惜。余將其撿回，埋入後院菜園內。*」

父親僅用淡淡的「至為惋惜」四字表達家人的難過。我想像中家人感覺必然沉重得多。最愛貓的燦宗弟一定哭過了。

我們不曾為那貓取過任何名字。她是母貓，與我們相處快一年了。一年前，小小才數月大的她巔跛抖索地出現在我們家門前。我們收容了她，擦乾她濕冷的身體，沖泡奶粉餵她吃，並給她溫暖的睡處。

她的疲憊和憔悴漸漸消失，體毛漸漸濃密，目光漸漸靈活，逐漸變得活潑。到後來她居然變成一個頑皮淘氣的小姑娘。

她太喜歡玩耍，有太大的好奇心。冬天晚餐後，父親坐在藤椅看書時，她伏在父親膝上睡覺。她醒來後，我們逗她玩。她跳躍追逐我們操縱的那個毛線球，瘋狂到極點。有時候，她會咬人。她真像是個野丫頭。

父親忙碌一天後，往往情緒不好。他回家時，那貓咪咪叫和父親親熱，父親的鬱悶立時煙消雲散。

天氣陰霾時，我們待在屋裡覺得悶，但那活潑的妞兒帶給我們不少樂趣。

她住在後院小屋裡。我們每晨開門時，她熱切歡迎我們，有如重逢多年不見的親人。

我們擦乾淨她四足，放她進主屋。她輕輕跑到仍在睡鄉家人旁舔舐頭髮。

有一次，我被她舔醒，她舔舐我鼻子好似與我親吻。她嘴裡有很重魚腥味，但我們仍喜歡被她舔舐。

早餐時，我們一邊吃麵包，一邊餵她麵包屑，逗她表演站立姿勢。我們沖奶粉時總會留些給她。後來，她吃奶後要吐，我們就不再餵她奶。

她長大了，雖仍活潑，不像從前那樣野了。比起其它貓，她像大家

閨秀端莊女孩子。

　　過些時日，她晚上開始莫名其妙唱歌。我們想：她該結婚了。再隔一段時日後，她乳頭紅腫起來。我們想：她已結過婚了。

　　她第一胎生下六小嬰。孩子們搶奶吃，搶不到奶頭的就因營養不足而死去。她把她們吃了。其餘三隻雖仍日日為生存搶奶，但都活下來，因每隻小貓至少佔到一個乳頭。

　　孩子們原本身上無體毛且睜不開眼睛。後來，牠們開始長毛，眼睛也能睜開。牠們除成天搶奶吃就是擠成一堆睡大覺。她常似很關心用舌頭舔舐牠們。

　　小貓們開始活潑起來，常常互相打架（應是互相逗著玩吧），有時也互相舔舐。她有時也在後院花草間與牠們嬉戲。當小貓們餓了就咪咪喊媽媽，她就躺下讓牠們蹂躪她乳頭。

　　當我離家去岡山受訓時，小貓們除母奶外已開始吃摻魚汁的米飯。

　　我離家不到一個多星期，她就被火車碾死。我真不敢想像被碾成兩段的慘狀。

　　三隻小貓已沒有媽媽。

　　父親信中說：「三隻小貓均活潑，可獨自覓食生活。」

　　牠們或許仍不知母親已往生，僅奇怪媽媽何往，為何不給牠們奶吃。

　　她死了，埋在後院菜園。當我再回家時，將見不到她影子。我將看到逐漸長大越來越像牠們媽媽的三個孩子。

　　我遺憾未曾給她取個名子。將來想起她時，只能說「那隻貓兒」了。

她死了

遠足

　　我畢業於台灣大學那暑假在台灣南部岡山空軍通信學校受訓三個月，之後分發至新竹軍事機場服九個月預備軍官少尉電子官兵役。我服役期間住新竹家中時寫了〈遠足〉一文，刊載於《中央日報》副刊。我數十年後重新改寫此文，原先基本內容無改變。

　　那晴朗的下午沒有帶給我很好的心情。我不想看書、不想打球、不想聽音樂、不想寫日記、不想睡覺 ……。為驅除心中鬱悶，我決定去野外走走。

　　他們兩位中學生（其一是我小弟燦宗）跟我同行。我們經過鐵道、田間小徑、柏油馬路，走近一條小河（新竹客雅溪）。時值乾季，河裡無水。一位矮小粗黑的老農夫用鋤頭挖鬆河床上的土播種。

　　我們無何目的，隨興之所至亂走。我們經由一座輸水口琴橋過了那小河，　爬上值滿相思林的山坡。我們在坡頂俯看市區：近處的校舍，縱貫公路上的巴士，市郊高聳的煙囪，市區裡那座巍峨的教堂，遠處機場上銀光閃閃的飛機，最遠處淡藍的海影，溫暖的午後春陽，浮雲點綴的藍天 ……。輕爽微風沁入已暢開的心靈和身體。

　　我們見路就走，不知走向何方。

　　兩位工人挖掘製造磚瓦用的黏土。一位女農拖拉一輛裝滿木材的小車吃力向前緩行。我們三人合力幫她推小車行過一段上坡的路面。

　　一隻黃牛與牠拖拉的一輛似無主人的木板車隆隆駛來。車經過我們身旁時，我們才看見躺在板車上睡大覺的車主。他嘴部似乎含笑，笠帽擱在一旁。誰知他老先生做何荒唐妙夢。

　　一座小廟孤立路旁，廟裡供著偶像且置放幾罐骨灰。「這裡面住著一位土地神呢。」「本方土地公出來。」從土地神想起黃梅調電影《七仙女》中兩位下凡仙女，連想起飾演仙女的方盈和江青兩位女演員。「江青比較漂亮。」「方盈才美呢，她實在夠稱玉女。」「算了，算了，各人的審美觀點不同。」「你敢進去把骨灰的罐子掀開嗎？」「荒唐。」「走吧，繼續前進。」以上是三人之間一些對話，姑且不論誰講何話。

　　綠草坡上幾隻公雞和母雞在那裡倘佯。兩隻公雞互鬥，頭冠似乎顯得更紅。旁邊那隻引起「兩男」相鬥的母雞專心覓食，似乎毫不關心那

場決鬥。

　　另一處草上，兩隻溫馴母雞服服貼貼跟著一隻傲然不可一世公雞。下面又是一些三人對話：「你們肚子餓不餓？」「誰身上帶有削鉛筆刀？」「有沒有帶火柴？」當然都是玩笑話。

　　經過一條乾涸山溪，我們看到幾隻鴨子。牠們排成縱隊搖搖擺擺沿河床朝高處「步行」而去。我那刻才頓悟何謂「旱鴨子」和「扭扭舞」的來源。

　　我們不知不覺已走的路實在長得不敢回顧，也忘了如何走過來。我們於四面環山困境中熬一段時間後到達一處豁然開朗境地。眼界寬廣多了，我們看見落日和蒼茫豪野氣象。

　　三個農人在一段廣大山坡上工作。他們將一片山中斜地闢成一階階梯田，並從坡底井裡提來井水澆灌坡上鋤鬆的土地。他們一長兩少似是一家父子。他們耐心安靜地鋤鬆土地，澆井水於鬆過的土上……。

　　四野寧靜中聽那規律緩慢的鋤地聲，我站在山坡上端朝下望他們。我替他們感到一股難抑的孤寂和荒涼。他們竟能從少至長生活於那山上，天天走同樣小徑、看同樣草木、聽同樣鳥聲、做同樣工作。他們多年以來似乎毫無厭倦一直如此生活。

　　我慚愧自己不能過如此生活。我喜歡多變多彩，喜歡看強韌肌肉觀柔美朱唇，喜歡去很多地方見很多世人，喜歡聽他們講述平凡或特殊人生經驗，喜歡科學對理智的鍛煉和文學音樂對情感的陶冶，喜歡娛樂對感官的刺激，喜歡忙碌工作和無憂清閒，喜歡女孩子的溫柔美麗和男孩子的豪爽幽默，喜歡聽英雄美人的傳奇故事……。在那尚未成熟和未積極追尋真神的人生時刻，我喜歡那些。

　　我嚮往有血有汗、有哭有笑、有苦有甜、有失有得、有成有敗的人生。也許當我年老時會有不同想法，但誰能預知將來的事呢？

　　那種單調孤寂的鋤地聲仍不停響著，似乎從古遠一直持續至此刻……。

　　我們於漸晚天色中沿盤旋曲折山路繼續前行。我們不知身在何處，也不知正走的路會帶至何方。每逢交叉路口，我們憑當時剎那念頭決定走向。迷途的我們欲尋找回家的路。

走在一片竹林邊緣，我們聽見不遠處傳來收音機聲音。附近必有住家，我們朝音源摸去或能從山居者口中問到回市區的路。

　　我們站在山溪崖岸，對岸林中傳來音樂聲清晰可聞但不見房舍。下面是又窄又深無水山澗。我們需通過此谷才能抵達彼岸。我們不見橋影，需想法走過去。

　　如同遇科學問題，有些苗頭卻不能立刻解決。三人分頭探索後終於解決問題。我們從一處坡度較緩斜岸向下走至乾涸河床，再經對岸一處較不陡峭斜坡爬上對岸。

　　山林中農舍的出現帶給我喜悅。收音機那時正播放城裡電台節目。在我有禮的詢問下，老農婦以生硬的國語（普通話）和結繭的粗手指點我們該走的方向。

　　我們經過一處比較空曠的山居，看見和聽見雞、鴨、貓、狗、羊、豬。空地上說國語和玩跳地遊戲的農家小孩子們好奇地望著我們。

　　他們說的國語使我生出親切感，也讓我體會國民教育的深入和價值。

　　通過農舍盡端，我聽到從一間廂房窗內傳出切菜聲。那必是一位農家主婦為她的公婆、丈夫、子女準備晚餐。看見小煙囪冒出裊裊炊煙，我覺得肚餓。

　　我們從黑暗的山路摸索到有路燈照明的公路，此路帶我們回到市區。
　　我雖累，但原先的鬱悶已消失。
　　無論如何，母親的佳餚和我小屋的床等待我。

三載情箋

此文源自 2018 年 10 月我出版的人生第一本書《三載魚雁》。書中所述三年是我人生中極重要一部分，我決定納入人生第二本書《曾經歲月》。我做了些潤色簡化修改，但原書基本內容未變。

我將此文獻給亡妻李黃菊齡 女士（Daisy Ju-Lin Huang Lee）。
她雖已離此世，但卻是此文的 co-author（同寫此文者）。

- 前言 -

此文以書信對白方式陳述一段年輕黃金時光中一對平凡情侶（菊齡和我）的相愛故事。故事中的人和事都真實。故事中的真實地點包括台灣的屏東、基隆、新竹、台北和美國的洛杉磯。

1965 年初至 1967 年底三年歲月中，我和菊齡相遇相愛，然後是兩年難熬的被浩瀚太平洋分隔兩地的生離。那三年中，我們有歡樂、悲傷、淚、血、誤會、釋懷……。三年中兩年分離感同兩百年。

故事描述包括菊齡在屏東農專（今天的台灣國立屏東科技大學）的學業成長，我在南加州大學（簡稱南加大或 USC, University of Southern California）的學業成長以及生活和事業上的奮鬥打拼。

1965 年 8 月 28 日我出國那日前，我和菊齡已相戀半年，那是我們兩人的人生中黃金時期。年輕時的甜蜜熱情永遠刻劃心版無法抹滅。如此導致婚姻的刻骨銘心愛情應是多數人曾有的共同經驗，本文所述林林總總應會激起不少共鳴。

1965 年 8 月 28 日至 1967 年 9 月 4 日兩年多時期中，我離鄉背井獨處異國，刻骨銘心的孤獨寂寞應是很多人曾有的共同經歷。此文或能激起些許共鳴。

我只是從古至今無數留學生中的一位。每個人留學經驗不同，所遇人不同，所歷事相異。此文敘述我個人的留學經驗，或能在某些人心中產生些許共鳴。

永恆宇宙時空中，那三年不算甚麼。主宰萬物創世主預知並熟悉每個細節。有些事是神撮合，有些事是神導引，有些事是神懲罰，有些事

是神福佑。凡事都在神預料和掌控中。我們就如此一秒一分一日一週一月一年渡過那三年時空⋯⋯。那珍貴的三年在宇宙永恆時空中也無法複製，因神所造每位生靈因 DNA 不同而是獨特相異的個體。

菊齡和我熬過那難熬的兩年後，兩人重聚結合。其後是 47 年婚姻生活。長長的 47 年屬於另一本或數本人生之書。

-1-

那些年輕歲月，許久許久以前。

大學二年級上學期，我那段短短純純的冬之初戀隨風而逝。淡藍憂鬱迷漫於我剩餘的大學時光中。除讀書學習，我情感上平淡、無彩、無波。

佈滿棕櫚樹台大校園內，我常茫然望著成雙成對攜手並行的情侶，心中充滿羨慕企盼：何年何月何日才輪到我？

我在教室、圖書館、校園、宿舍間茫然渡過平淡歲月。

台大第六男生宿舍 111 室有四張上下舖床位，住八位同學，分別就讀物理、植物、地質、農業、土木工程、心理、森林、電機工程等系。屬不同院系的八位室友融洽地生活相處。

我們電機系裡，那位經常出現在我身邊的越南僑生陳祐彬赤子一般善良。那位來自宜蘭的黃嵩德，我和他常相往來共話人生。那位原學電機、後轉心理、繼攻神學的俞繼斌，我常聽他宣講基督福音。

暫離台灣去了一趟夏威夷和香港的 Don Baron（中文名「柏大恩」，筆名「狄仁華」），又回台灣，住回原先所住信義學舍（Lutheran Student House）他原住的房間。這房間就是我大二上學期與他當室友時同住的房間。

某晚，我與他相約到學舍附近台大校園散步。兩人躺在辦公大樓前草地仰望星空，我聆聽 Don 講述前此香港和夏威夷經歷。

我之後人生中一些事件先後發生：1963 年大學三年級暑假，我在台中成功嶺接受三個月軍訓。1964 年夏天，歷經四年大學生涯後，我畢業於台灣大學電機系。1965 年，我成為少尉預備軍官，派往新竹的軍事機場空軍第二航管中隊任職，當少尉電子官。我家那時在新竹，近海的新

竹空軍機場也在新竹。我在機場跑道旁導引飛機下降的雷達車崗位渡過為期 9 月少尉電子官生涯。

　　1964 年最後三個月，我們在台灣南部岡山空軍通訊學校受訓時，鮑敏泰、張葳春、萬三、我四人常相聚首，號稱四大郎。四人在學校福利社理髮店結識一位年輕理髮小姐。她工作之餘喜歡看書，我們四人便為她取了「布克」（Book）綽號。

　　我們將畢業時，四人合買《朱自清與徐志摩全集》送給她，以為鼓勵（見我的〈布克與四大郎〉一文。）。

　　我們在岡山附近大岡山雷達站受訓見習時，課餘喜歡爬下山坡摘採釋迦果、無花果。某日我們課餘聊天時，鮑郎敏泰提起他認識一位浙江溫州同鄉黃姓女孩子在南部屏東唸書。

　　她家在基隆，她卻遠赴屏東唸書。我們因黃在屏東讀書而為她取了 HOP（Huang of Pingtung）代號，之後演變成 Hope。

　　我們從空軍通訊學校畢業後，大家都成為空軍少尉預備軍官。四大郎被分派到不同基地服役。其後四人除書信往來外，遇有機會也在各處相聚。

-2-

　　那年冬天，1965 年初，黃從屏東返回基隆她家渡寒假，四大郎相約往訪她家。

　　於是四大郎先聚於台北，然後連袂前往基隆。

　　黃家位於基隆海濱。此次是四大郎首次見她家人（我也是首次見她）。

　　我們在她家客廳交談短時後準備轉往鮑郎基隆家（鮑家雖在台北，但敏泰父親在基隆也有住所），黃和她妹妹也將一同前往。

　　我們告辭前，大家走上二樓參

1965-01-31，四大郎先在台北相聚，然後連袂前往基隆。
（從左至右：萬郎，李郎，張郎，鮑郎）

觀她房間。我們在她房間外陽台上可眺望基隆海港波濤，聆聽海水擊岸聲。

　　當晚在鮑郎敏泰基隆家，黃和她妹妹連手做晚餐。黃、她的妹妹、鮑郎、我一起吃晚餐。

　　餐後黃和我到室外稍談，仰首看夜空上弦月。我說：「月亮從農曆初一開始是上弦月，從極細的形狀逐漸變寬，到十五時成為圓月，之後從圓逐漸變窄而在月底時變成下弦月。如此週而復始不斷循環。」我感覺她似乎喜聽我說的話。

　　當晚，我乘坐夜車回新竹家。

　　基隆之行後，張郎、鮑郎、萬郎各自回工作崗位。

　　近農曆年時，我收到黃的2月3日信：「*在此先向你、伯父母拜個年，祝你們萬事如意。……四大郎在基隆小聚，因為我心情不好，沒有能招待你，希望你原諒。更願你下次來時，我能盡地主之誼。*

　　我希望能有哥哥、姊姊疼我。如果可能，我真願意在你們四大郎中間湊上一腳成為五大郎。我年齡比你們小，所以我也願意稱呼你們為哥哥。我將敬你們如同自己的親哥哥一般，只要你們願意。

　　下學期開學時，如果可能，我將會一路玩到屏東。第一站是鮑郎的機場和桃園，第二站是新竹和你的『曠野』，第三站是張郎的嘉義，……。到時候我會通知你們。

　　歡迎你常來玩，也歡迎你常來信，……。不會怪我『交淺言深』吧？雖然我只見過你一次面，但是我從其他三大郎那裡知道你很多很多，所以一直沒有把你當做是新朋友，你不會介意吧？祝福你。」

　　2月11日晚，我寫回信給她：「*小齡：妳的信給我很大歡喜。抱歉我隔這許久才回妳信。能在基隆看到萬郎、張郎、鮑郎常提的小齡，對我而言是榮幸事。我很樂意做妳哥哥（實際上我本來就沒妹妹，很希望能有妹妹），相信他們三郎也都願做妳哥哥，因妳是可愛妹妹。*

　　我從他們三人也得知關於妳很多：妳對詩詞的愛好、文學的修養、對大自然的喜愛。當然我希望能知妳更多，因朋友貴在相知。

　　開學時歡迎妳路過新竹來玩。來前必先與我聯絡，因若我當班就不能陪妳了。」

我三天後收到她 2 月 14 日回信：「*剛才妹妹帶來了你的信，也帶給我由衷的喜悅。此刻我躺在病床上給你寫信，字跡若是很亂很草，請勿見怪。*

上次到榮總檢查，經醫生證實，我的鼻寶上長了一個瘤，必須開刀切除。昨天我就進入醫院了，預定明晨行手術，但願一切順利，能很快好起來，否則新竹之行就要告吹了。

謝謝你把我當成你的妹妹看，我會敬你如同敬自己的親兄一樣。

我知道你的才多呢，但總覺得不夠。既然我把你當做親哥哥看待，我希望能知道、了解得更多更多。我願分擔你的快樂和憂鬱。若有我能出力的地方，我一定會樂意去做的。

我真是一個幸福的女孩，除了有疼我的雙親以外，還有兩位最最知己的朋友（我們三人合稱為三劍客），此外還有『四大郎』哥哥們疼我，我還有什麼不滿足呢？

我盼望能再見到你和能到新竹去玩（我將於 27 日開學），到時候我會通知你的。寄上我誠摯的祝福，並問候伯父母好。」

-3-

1965 年 2 月 27 日，我用英文寫的日記有如下描述：「當她抵達時，母親正在煮麵條，父親走去大門開門。她 2 月 24 日中午抵達我們新竹家。

那天中午，我在機場基地當班，接到母親電話，叫我聽一個人聲音。那是一位女孩子甜美聲音，那聲音開始的剎那，我就知是她，我感到驚喜。我要她等我別逃。她說 OK。

她幫我開大門，躲在門後，但我知那是她。晚餐時，我把她當妹妹看。晚餐後，她陪我在廚房清洗碗碟，兩人邊洗邊談。我那時仍穿著下班後還未脫掉的深藍色工作服。洗完碗碟，換上衣服，我們兩人離家外出散步。

看完感人的《養鴨人家》電影後，我們步行回家。室外很冷，但我心中充滿喜悅溫暖。我發覺已很難只當她哥哥了。當晚她和母親同床而眠。我心中充滿她身影，徹夜難眠。

次日（2 月 25 日）清晨，她問我：『昨晚幾點睡？』

我說：『大約半夜。』

她笑說我騙人。我說因前晚喝了茶以致睡不好覺。

2 月 25 日，我們遊獅頭山。我們走著、談著、坐著、談著。她講話的方式吸引我。我們行走山上時，她談她家庭、朋友和對諸事的想法。我也談，但大多在聽，我是好聽者。我對她談的所有事物都感興趣。她是如此甜美自然。

我越和她相處，越覺無法只當她哥哥。我知道她愈多，就愈欣賞她。她在我身畔，我覺得自在舒暢。

我們在一座寺廟吃素食午餐，餐後在寺旁休息室閉目坐著午睡短時。

我們之後繼續走至水濂洞。我帶她小心走至谷底，看清澈水面、聽水流聲音。我們看聽兩隻紅尾鳥唱清脆歌。我攜她手跨渡於水流中巨石間。

我如此喜歡她，極願一直攜她手，但因不知她是否也喜歡我而不敢造次。我之後感覺到她也喜歡我，是的，她喜歡我。

我們之後一直步行至獅頭山附近峨眉，一路繼續談，感到無比相悅。我們經竹東回新竹。

晚餐後，她在後院小屋書桌紙上寫下一些辭句。之後，我們出去散步，走遍新竹，直到晚上十點才回家。我感覺與她如此親近。

2 月 26 日，她搭南下火

1965 年 2 月 25 日，兩人合攝於獅頭山。（Lion Head Mountain）

車前往屏東。」

　　她 2 月 27 日信：「*我已於昨日 (26 日) 下午五時抵達屏東，勿念。此次到新竹，承蒙李伯伯、李媽媽、三毛小弟和你的熱情招待，使我既感激又慚愧，……尤其是你，請了假，陪我爬獅頭山，害你又累、又吃不下飯，真覺得過意不去。昨天上午，李伯伯騎腳踏車送我去車站，我的個兒又高又胖，而李伯伯用車送我。你說，我有多慚愧、多感激。 祝福你。*」

　　3 月 2 日，我用英文寫的日記：「*昨晨赴機場當班前，我寄給她前一天（2 月 28 日）晚上寫的限時專送信。我信中坦誠、毫無保留向她傾訴對她的愛意。我不知她會如何反應，只希望會有最好結果。我寫此信是基於她也同樣喜歡我的假設。我不擔心結果如何，只願經由此信自然表達心中真實感覺。*」

　　我 2 月 28 日信：「*今晨收到妳 27 日信，知你已安抵屏東，我們都很欣慰。妳離竹南下使我若有所失。那晨當班前，我喊妳出來，向妳道別，忘了向妳說：『我捨不得妳走。』那晨在曠野，我一直惋惜沒能向妳說：『我捨不得妳走。』妳走那日，我整天惦記妳。*

　　我這幾天在家及曠野所踱方步已如我們在獅頭山走的路一般長。我聽的音樂及看的景色似在心中產生新意義。

　　妳記得那天下午妳在我父親公司與我通的電話嗎？那時我真把妳當妹妹看。但當晚洗碗碟時、電影院裡、馬路上，聽妳、看妳、在你身旁，我漸覺只當妳哥哥已極難。那晚，我幾乎徹夜未眠。兩點後睡了些，但不完全，也不安穩。妳猜我為何睡不著。為妳。妳身影、妳話語、妳一舉一動都佔我腦海。我確知不可能只當妳哥哥。

　　請原諒我魯莽。我不願撒謊，只願把心中一切讓妳知道。我對我寫一切負責。獅頭山遊帶給我快樂與對妳進一步瞭解，難以忘懷。妳記得道旁兩首詩嗎？『善有善報，惡有惡報，不是不報，時辰未到』『口中話少，心中事少，肚中食少，有此三少，增福增壽』

懂得招攬顧客女照相師，尼姑奄素食，水濂洞垂柳，山谷水聲，紅尾鳥歌唱，妳仍記得這些？大自然懷抱裡，我聽妳心底流出話語，見妳隨風飄起秀髮、閃爍眸子、誘人酒窩，我不能自禁喜歡妳。

那晚，我帶妳逛新竹市區。妳在我身邊，我幾乎開口向妳傾訴對妳情感，但忍住。那寒冷之夜，身邊的妳帶給我這幾天日日思念的溫暖甜蜜。

或許這一切都是上帝安排。妳沒來前，我 2 月 23 日的日記中如此寫：『我此刻已非夢想者，愛情對我仍遠在天邊。前面是即將到來的人生奮鬥及世上現實。當我更為成熟與堅強時，我將娶妻生子。那女孩是誰，我不知，因未來非我能見。』但妳出現，兩日相處改變我，我似覺幸福向我招手。

這幾天，我不否認患相思病。不論在家或機場，我不斷踱方步，深陷沉思。爸、媽、三毛小弟都笑我。

我寫這些冒大險，因妳對我觀感可能毀於一旦。但我顧不得這些，我需對自己良心忠實。我不願隱瞞或掩飾心中所思。至於後果，不論好壞，讓它來吧！我只不願妳受到驚嚇或感覺勉強。

妳願接受我信任我嗎？我有誠摯心地、健康體格、求真意志、樂觀態度、豁達胸懷，及一些不可免缺點。我目前尚無事業、財富、地位。

妳願接受我嗎？希望在妳回信第一行見到『我願』或『我不願』。我衷心祈盼前者，勇敢面對後者。若妳願意，讓我們攜手共建美好未來。但別勉強自己，依妳心意答我。無論如何，我會一直喜歡妳。

這是我前此一生所寫最長的信，但寫時毫不費力，因讓心中感覺自然流向筆端。我不諱言，這是情書。祝福妳。」我將此信以限時專送寄給她。

她 3 月 1 日晚回信：「從餐廳回來，我發現你的限時信，安躺在我的書桌上。看完後，我有頗多的感受。我一遍又一遍慢慢地看、細細地想，無論從那一方面來說，我都是幸福的。雖然我知道你很多，你也知道我很多，但總嫌不夠，對不？我考慮了又考慮，我願意接受。希望時間能夠幫助我們，使我們彼此之間能夠瞭解得更深、更真，好不？

新竹之行是我的旅途中最快樂的一段，也是最難忘的一段。在獅頭山，那難忘的名勝地，滿山蒼鬱的樹林，沿途不知名的野花。鳥叫和流水的聲音，組成了一支協奏曲，令人欣慰，令人陶醉。尤其忘不了水濂洞，我們坐在洞裡聽水聲，看大自然的奧妙，差一點就忘了這是人間。

那天我們談了很多，大多是你聽、我講。那時候我真成了一隻只會吱吱喳喳叫的小鳥，那麼悠閒，那麼自在。和你在一起，我從未覺得拘束過。

　　夜深了，宿舍靜極了，同學們都熟睡了。今夜滿天的星斗，明天又將是一個晴朗的好天。但願星星帶去我對你的祝福，希望今晚你有個甜甜、圓圓的夢。祝福你。永遠。」

　　我3月4日晚和3月5日晨寫給她的信：「中華路郵差是一位年老、被生活擔子壓著、臉上刻劃人生艱苦的人，但他是多麼可愛、希望的象徵啊！昨晨，當我從家門踱到巷口，見他在馬路對面木工廠門口望我。原本認識我的他從一堆信裡挑出兩封向我揮揚，其中一封是妳的。

　　妳的信帶給我歡欣與希望，我多歡欣知妳願接受我。

　　今天下午，鮑郎敏泰和張郎葳春先後來我家，那時我恰在機場當班。晚餐時三人相聚，我將我倆的事告訴他們，得到他們祝福。晚餐後，我先與敏泰送張郎返嘉義，我隨後再送鮑郎返台北。」

- 5 -

　　我3月10日那天決定去屏東看她。我那天日記如此寫：「是的，我星期五將去看她。有關此行一切，我都已準備好。此行很重要，我將見到她，直接表達對她的愛。」

　　我3月15日的日記：「3月12日至3月14日，我與她在一起。兩個傍晚和一個半天相處是我畢生難忘人生經歷，深深刻入靈魂深處。她愛我。我願娶她為妻，她必成為我妻。」

　　我3月15日信：「昨天黃昏返抵新竹。今晨起床，發覺妳不在身邊，心中惆悵。此次屏東看妳，我們過了兩天愉快日子。澄清湖、妳校園、屏東公園、屏東市街、高雄市街、壽山、愛河畔都因我倆定情永銘我心。

　　昨午在車站，當火車移動，我伸頭出車窗凝視妳，妳也望我向我揮手。我望妳直到妳身影從視野消失。火車啟動前，妳說覺得想哭，我緊握妳手，心感幸福，因妳柔情。」

　　3月14日那天，當兩天廝守將近尾聲。她陪我等候北上班車於愛河之畔時，她用鋼筆寫了兩首古詩在舊信封上。

　　我3月15日信中摘錄一首〈LOVE, I WILL LOVE YOU EVER〉英文詩

143

給她。

　　她 3 月 16 日晚上信：「今晨收到你的限時信時，眼淚在我的眼眶內轉動，但我忍住了。不知為了甚麼，我竟然如此軟弱無依。兩日的相聚，是我們的生命中難忘的一頁。我們相處得如此自然和融洽。那兩天，我忘了時間和疲倦，只希望有更多的時間和你相處在一塊。

　　同學們要我代他們向你致謝，謝謝你請他們吃糖。

　　從壽山回來，我們手挽著手，忽然聽到結婚進行曲，我們倆都笑了。這一切，希望都是好的預兆。你說要為我佈置一個蠻像樣的家，我會願意做那個家的女主人，但是有一個條件，那男主人必定要是我的你。

　　星期天早晨，你對我說：『我不知道你是否屬於我？』到了車站，我在那舊信封上寫著：『I belong to you!』我忘了問你：『你屬於我嗎？』

　　靜靜地我在蔗園中徘徊，腦中儘是你的影子，耳裡仍然响著你的聲音，我迷失了自己。泰戈爾的詩最能夠代表我此刻的情懷：『坐在角落裡，默想你，是我整個的天地。』我想你，不能自己的想你。

　　那天送走了你，我回到宿舍，發現了妹妹的來信：『我非常贊成妳對李的選擇。希望他南下來看妳時，你們能玩得痛快。』那麼多的人為我們祝福，我真是感動極了。願明月帶去我對你的祝福和思念。」

　　我 3 月 18 日晚上信：「我今夜當晚班。剛才管制官導降飛機時，我走出雷達車，站在橫躺汽油桶上，眺望月光下頗富詩意曠野。他們把飛機導降下來後去檢修車休息。我走進雷達車，攤開帶來信紙給妳寫信。

　　打開車門，我看見東方天上玉盤般圓月及散布於暗藍無雲穹蒼上的星星，新竹市萬點燈光透過薄霧閃爍呈現。肚子有些餓，媽媽為我準備麵包、果醬、兩個蛋，等會兒睡前吃。

　　再過幾天，我們就可見面。我渴望見妳，與妳相聚。春假時見面，我將穿夏季軍裝，戴空軍船形便帽，打領帶。我們要好好共渡那時光。」

　　我 3 月 19 日清晨信和 18 日信塞入同一信封寄給她：「昨晚機場當班時給妳寫好信後關雷達車機器，去檢修車睡覺。

　　剛才兩架 F86 軍刀機起飛，衝天巨響驚醒了我。我穿上工作衣，走到航管雷達車去開機。剛才外面真冷，優雅明月懸掛西方天上，一個晴朗早

晨。剛進車時溫度低，華氏 50 度。待會兒機器生熱溫度會升高。趁此時與妳談。

妳春假北返，我們能多處些時間嗎？我當然不能奪去妳全部時間，妳畢竟還有家人親友。

先前起飛的軍刀機已落地，負責導航的管制官回檢修車繼續回籠好夢。我仍留雷達車內，寫些心中遠景。車中溫度已升至華氏 68 度。剛才有些冷，我披上公用棉大衣，此刻把它脫掉。」

她 3 月 21 日信：「昨天，教育部生活管理組到學校來檢查內務，我們從星期五起就開始忙碌，尤其是我，誰讓我是女青年聯誼會的會長呢。

星期六，我就要返家。至於坐那班車，還沒有決定，也許是 13:35 的海線快車於 18:41 到新竹，也許是 15:25 的對號快車於 19:53 到新竹，到時候我會寫信告訴你的。希望我能在車站看到你，靜靜地看你一眼，我就滿足了。」

我 3 月 24 日凌晨 1:15 信：「春假時，歡迎我去基隆玩嗎？我想趁不當班幾天去基隆見妳，晚上宿於鮑郎家。然後再回新竹當班。也希望妳春假回屏東前來新竹與我相聚兩天。細節見面再談。真高興，很快又能相見。」

她 2 月 25 日信：「我 27 日坐 13:35 平快車北返，到達新竹的時間是 18:41。希望你在新竹站等我（騎腳踏車來）。這次回來，給李伯伯、李媽媽、三毛小弟帶了些木瓜，我把它們在新竹車站交給你帶回去，只是表示我一點心意。

歡迎你到基隆來玩。

敏泰來信說：『我真為妳和偉宗祝福。上星期三晚上，我再度到新竹去找偉宗，一直談到深夜。後來我快要睡著了，偉宗卻輾轉未能成眠。他附著我的耳邊講了一句話，妳猜他說什麼，他說他為了 Daisy 而失眠了。』」

-6-

我那時很少在媽媽送我的一本紅皮日記本寫日記，因我寫給 Daisy 的信就是我的日記。

然而，我 3 月 31 日那天居然在那日記本內寫了：「我兩天中與 Daisy 在一起，充滿甜蜜歡欣的兩天。我去基隆拜訪她家庭，她父親、母親、妹妹似乎都喜歡我。

　　我們兩人大多時間都在一起，兩日相聚細節深深印在我心靈深處。

　　3 月 27 日傍晚，我在新竹火車站火車上見到她，她送我們一大籃產於屏東木瓜，陪我去車站的父親把瓜帶回家。

　　我買了站票趕上同一班列車。我們抵達台北後，我繼續陪她去基隆。基隆那晚落雨，我陪她乘三輪車去她家。我當晚宿於敏泰基隆家。

　　次日（3 月 28 日），我去她家。基隆雨港那天落雨。

　　3 月 29 日，我整天與她在一起。我們兩人遊外雙溪，山光河色中有歡悅時光。她既可愛又甜蜜。我將送她的淡藍絲巾圍繞她頸。下午，我們回台北，赴台大，雨中遊新公園，去她好友小鳳家，……」

　　春假後，她回屏東前，路經新竹，停留數日。兩人基隆、台北的歡欣甜蜜持續至新竹。她 4 月 5 日離新竹返屏東那晨，在薄信紙上寫數語：「*謝謝你帶給我一個愉快的假期，那真是很美、很甜的。我們都該為將來好好地努力。我會好好照顧自己的，別為我擔心。好好用功，我是你的。*」

　　我 4 月 6 日信：「*昨天下午妳走了。妳南下返校，我們又將有幾個月不能見面。昨天下午、昨晚、今晨、午後，我不能自禁陷入情緒低潮，藍色憂鬱籠罩我心。短暫離別難免，為了將來長久相聚。*

　　妳行前信紙上留言說妳有很美很甜的愉快假期。我希望妳和我在一起時能真感快樂。我很慚愧，沒體貼妳，對妳溫柔。我帶妳走遠路，沒體貼妳累。妳冷了，我沒脫衣披妳身上。妳餓了，我沒尋好吃東西給妳吃。我頭髮掉下，妳替我理好。妳像快樂無憂鳥兒依我身旁，使我忘憂。與眾人相處時，妳不忘尋機與我親近，輕聲說妳是我的。妳累了想休息時，我仍拖妳往外走。本該我送妳的，卻讓妳來送我。

　　仍憶那晚基隆中正公園？雨港風雨中，我倆緊緊依偎一把傘下，妳依我胸前，兩心密合。我真覺妳是我的忘憂草和避風港。我相信妳如我也感無比甜美。」

　　她 4 月 7 日信：「*由於發生車禍，我昨晚 9 點才到達屏東，回到宿舍*

時已接近十時。我一切平安，勿念。一進宿舍的門，大家就對我說：『恭喜妳家將搬到新竹。』我知道一定是 Miss 龔說的。

這個春假真是太美太甜了，時間也過得太快了。我們原預備去照相、去祈禱，也都在無形中取消了。

爸媽喜歡你，妹妹更不用說了。我們中間是沒有阻礙的，只是看我們是否經得起時間和空間的考驗。我徒手而回，卻滿載而歸，在精神和物質上。

我真希望能夠永久和你廝守在一起，但是我們還得為將來奮鬥，在我們面前的是一條危險、崎嶇的路。我們將攜手合作，在人生的道路上，互相扶持，彼此鼓勵，創造美麗的未來。你願意和我一起努力嗎？」

她 4 月 11 日信接著來到：「小鳳信中說：『……聽日新說你們家要搬到新竹去，我們還為妳大大地高興一陣呢。妳看你們不是天作之合嗎？我實在高興，願我的祝福永遠環繞著妳。……』我們真是被上帝福祐的。也許祂可憐我們相愛得太晚、相聚得太少，而將我們家搬到新竹，讓我整個夏天都能夠和你在一起，享受這美麗的時光。我們真該一同去祈禱、去感謝。有了你，我的生命才感到充實，才有多采多姿的生活。」

-7-

我 4 月 14 日信：「今晨四點一刻，我被跑道上起飛的 F86 軍刀機吵醒。剛才，出去巡邏的飛機返回降落，航管管制官回維修車睡覺，我繼續留在雷達車給妳寫信。

你們家將搬來新竹，雖妳不能再住海邊屋，我們卻更接近了。或許這是上帝旨意吧。我相信我們真會如小鳳所說是天作之合。暑假時，妳從屏東回新竹，我們就可天天在一起。我們一起讀書。我帶妳去新竹游泳池或南寮海濱游泳。這日子很快就到了。

黃伯伯那兒，我打算隔幾天去看他。我真該去『拍拍馬屁』，使他對我有好感，將來放心把女兒交給我。

我當選航管中隊文化股長，有四項工作：（1）輔導官兵讀書，（2）舉辦論文、寫作、演講比賽，（3）辦壁報，（4）官兵補習教育。……

我去一趟台北，見到好久不見的幾位電機系同學，很愉快。」

她4月16日信：「分別已經一個多星期了，真是難挨。沒有你的日子真缺乏樂趣。今天上植物實驗時，Miss 龔和男同學聯合惡作劇。他們明明知道我怕蟲，卻抓了一隻黑黑花花的討厭的蟲放在我裝鉛筆的皮包內。我一開皮包，它就出來了，嚇得我叫了一聲，淚水也流了出來，一方面是被嚇出來的，一方面是幾天來鬱悶的情緒藉著哭聲發洩出來了。你不會笑我幼稚吧。

我從上星期開始下田種玉米和花豆，每人一畦，長八公尺，寬一公尺。結果土地不夠分配，卻便宜了我們三位女生，三人合種一畦，但也是夠累人的。每天還得去澆水。

今晚，同學們建議去吃麵，十點半我和另外三位女同學一起去，回來時已經是十一點了。忽然我們雅興大發，走到校園內。今晚的月色真美，我們四個人倚著椰子樹坐下，那時的大地真是美極了。我們信步走到農機場，那裏有我們美麗的回憶。

敏泰來信說：『妳父親調到新竹，是一件很值得慶祝的事。一方面是高升了，另一方面，你與偉宗的距離將更近了。我想，自從妳和我在屏東王伯伯的家裡碰面，一直到現在，妳與偉宗的認識都好像是緣份和天意一樣。祝你們成功。』看到這些，我很高興，他真是『溫柔可愛的小鮑郎』。」

我4月17日信：「上帝待我真好，賜我好福氣，能認識妳，得妳芳心。妳使我心充滿歡愉，使我在愛中覺得活著有意義。此刻我在清晨曠野，把我心放在信裡寄給妳。

我的〈漫步與隨想〉一文被中央副刊編者改題為〈學習的途程〉，今日中央副刊登出。我在文末所提菊花（Daisy）就是妳。隨函寄上〈學習的途程〉剪報，妳把它貼進那本我倆分享的剪貼簿。

今日如夏。早上清爽。我眺望曠野，聽鳥兒快樂歌唱，看蝴蝶翩翩飛舞。下午當班時，天氣太熱，開冷氣也沒用，乾脆關掉整部機器，敞開車門，讓西南風吹散車內熱氣。

亞洲航空公司來函約我4月20和21兩日到他們人事處任用室一談。」

她4月20日信：「你的文章我已在當天看到了。我被同學們取笑了，

他們一眼就看出菊花就是我，嚷著叫我請客。我說等你來了再說吧。

想到你將出國，我就難受。我真不知道將來那幾年的日子該如何渡過，生活又將是如何的枯燥……。我該好好把握住短短幾個月的時間，對嗎？」

我 4 月 22 日信：「晚飯後，我稍事『打扮』，穿春天西裝，繫妳送的藍領帶，輕鬆愉快走向土地銀行。我對守夜者說：『找黃副理。』他說：『黃副理和經理去苗栗了。』我留我名於一張紙條，見守夜者將紙條置於黃伯伯辦公桌，然後離去。

今天可惜沒見妳父親。我明後天要當班，也沒法拜望。大後天，我要去台北亞洲航空公司，晚上回新竹後再看他。我盼望他喜歡我，也希望妳媽喜歡我。

今天上午到亞洲航空公司（其實與華航是同一機構）人事處任用室。他們給我一份密封資料和一張免費來回機票，要我去台南機場亞航公司修護廠面試。免費來回機票很誘人。

下午在台北，我原想去國都戲院看《黛綠年華》電影，但為趕回新竹晚上見妳父親，沒去看。傍晚五點左右，有人按我們家前門電鈴。小弟三毛去開門，帶進一人，他大聲說：『有人找你。』

原來是黃伯伯。真不好意思，我還沒去看他，他倒先來看我。黃伯伯在我們家坐十多分鐘，就乘土地銀行三輪車去別處應酬。妳爸來時，我媽在家，我爸不在。

我敬愛妳父，因他謙沖、寬懷、和藹、厚道，也因他是妳所自出。希望他喜歡我。你們家兩星期後搬來新竹，到時我必幫忙。我明天去台北華航訂機位，當天就歸。」

我 4 月 26 日明信片：「我昨天下午當班。今天下午赴台北，明晨乘機飛台南。北部氣候已如夏日，屏東也像夏天一般吧。」

-8-

我 4 月 27 日飛抵台南。我在亞航面試時，人事處知我將出國留學後就未多問其他問題。

我乘機從台南乘火車去屏東會見 Daisy。我當晚宿於『空軍黃鶯俱樂

部』宿舍，次日乘火車去台南，再乘飛機飛台北，之後再乘火車返新竹。

　　我 5 月 1 日信：「那天中午離開妳，經一個半小時車程抵台南，順利搭機飛台北，晚安抵新竹家。那天上午在黃鶯俱樂部，覺得妳真可愛、溫柔、體貼。我坐著聽妳講話，幾乎不想離開。」

　　我 5 月 2 日和 3 日信：「今天是禮拜天，我在機場當班。坐在雷達車內，車外下大雨。此次南下，雖短暫相聚，帶回甜美回憶。

　　那天上午在黃鶯俱樂部，我倆還在一起，似乎瞬間我們又分在兩地。今晨在機場沒事做，我坐在檢修車內，望車外曠野雨景，聽『古典音樂選播』，想那夜屏東公園。

　　曠野上，雨已停，天邊微紅，天幕大多被濃雲遮，真是蕭穆黃昏。附近草叢，蟲、蛙、鳥在說話、唱歌。此刻在妳屋，妳做甚麼？屏東是否仍是萬里無雲晴天？今晚有否寫信給我？

　　昨晨，我陪一位預備軍官去省立新竹醫院取體格檢查表，趁便去西門街 116 號你們將搬去的家。你們家距竹師附小很近，距我家也很近。若走小路，十分鐘就到；若騎車，五分鐘。

　　昨晨，Indiana 州 Purdue University 來信，給我入學許可，雖無經濟支援，我仍很高興。還有兩個學校未回覆，祈禱上帝成全我心願。今年我若出國，兩年後就可拿到 MSEE 碩士學位，那時妳剛好畢業，可馬上出國，我們就能廝守一起。讓我們為將來美好日子努力。」

　　她 5 月 1 日至 3 日信：「晚飯後，我為你去郵局寄限時信，我一個人散步而去。望著那夕陽的餘暉，路旁的鳳凰木都開滿了花，紅得似火，就像我的燃燒得熾熱的心一樣。偉，為何你要闖入我的生命中呢？我已經嚐到愛的甜蜜，也嚐到了等待和失望的苦澀。我原是個快樂、無憂的孩子，生活好似一泓死水，沒有一絲波瀾，可是你卻使我的心湖發生了波盪。

　　寫完了信，我走到園藝苗圃，尋找那嚮往已久的花——飛燕草，也就是一般人所說的勿忘我或勿忘草。在一次偶然的機會裡，我從植物學教授的口中得知飛燕草即是勿忘草，我興奮極了，可是煩忙的考試卻把這事一直擱置了下來。今天傍晚時，我終於找到了它，只有一株開了花，我把它折下，帶了回來。『有花堪折直須折，莫待無花空折枝』，對不？它並不

美麗，可是那纖纖弱弱的樣子，多麼惹人憐愛啊。我把它壓在書裡，然後寄給你——勿忘我。但願你會喜歡它。勿忘我，*forget-me-not*。

午前收到妹妹的來信：『爸媽認為李偉宗人很老實，而且昨晚鮑伯伯（敏泰的父親）又把他誇了一下。你們之間大概是沒有問題了。』

今晨聽教官報告，因為軍訓改制，我們的暑假將是從七月到十月底。這意味著整個暑假我都可以和你在一起，而且還能夠親自送你出國。想到你出國，我就寒心，那會把我們隔在地球的兩端。偉，你不會把我忘記吧？

今天聽園藝學黃教授說：『勿忘草在台灣不能夠栽培，飛燕草和勿忘草有些像，但是顏色稍微淡一些。』怪傷心的，勿忘草居然不是飛燕草。不管如何，暫且權充勿忘草給你寄去吧。」

我 5 月 6 日至 10 日信：「今天上午我在機場當班，現在是晚上，在機場雷達車內寫信給妳。今晚月亮是上弦芽形月，曠野有許多螢火蟲在飛。早晨去部隊，領到本月軍餉及處理辦壁報事。我一定好好辦壁報，退役前留下好紀念。現在是下午，我又在機場當班。今天氣候不好，陰沉沉，氣溫低，有陣雨。」

她的 5 月 8 日信：「還有兩個月才能見到你，我有些急了，此刻覺得時間過得太慢了。我想你。今晚我讀了一首詞，很喜歡它：『昨夜夜半，枕上分明夢見，語多時，依舊桃花面，頻低柳葉眉，半羞還半喜，欲去又依依，覺來知是夢，不勝悲。』偉，你喜歡嗎？」

我 5 月 11 至 14 日信：「今晨，我給妳寄去一盒治扁桃腺發炎的『賜亞淨』藥，這藥可消除多種發炎症狀。另外我會寄給妳明信片，告訴你服這藥的方法。希望妳的病能快好起來。

午後接妳妹妹靄理來信，知你們家週五搬來新竹。剛才，我站後院，抬頭仰望將圓的明月，月色真好。高空風大，雲塊如飛毯般在天空移動，相對感覺似乎月亮在動，而非雲塊。不知此刻妳是否仰望同一明月，月光照妳白嫩臉。」

她的 5 月 12 至 15 日的信：「昨午接到鮑郎的來信，他寫著：『偉宗來信說他最近又去了一趟屏東。我看你們兩人的速度真是一日千里。如果硬說是我導致你們兩人認識的話，那我就說我是最快樂的紅娘了。下次如

果去新竹，我一定要連續敲上妳和偉宗兩檟。』

　　我已經差不多好了，只是還流著鼻涕，咳嗽還很厲害，喉嚨啞得不能說話。明天，學校派我和三位同學一起到高雄慰問 119 艦上的官兵。

　　今午收到你的信、信片、包裹，我感動得只想哭，內心卻充滿著歡愉。偉，你太關心我，太愛我了。我已經照著你開的藥的份量和時間吃了藥，現在已經覺得好多了。我的喉嚨已經好了百分之八十，這都是你的功勞。你寄來的藥、你的愛和關切使得我戰勝了這可惡的小子。

　　前天，星期三，學校派我和另外三位同學去左營慰問 119 艦上的官兵。我們帶了一千元和一面錦旗獻給 119 艦。這消息被中華日報刊登在報上，使我不舒服了一陣子，我不願意出這種莫名奇妙的風頭。

　　再過幾個月你就要出國了，我實在不敢想像我會如何的傷心。但是為了我們美好的未來及那共同生活的甜蜜，我們都得努力。短暫的別離並不能影響我們的感情，對不？我們是禁得起時間和空間的考驗的，對不？沒有任何人或事可以改變我對你的情意，除非你不愛我了。

　　今晚七時，我參加了一個唱片欣賞會，其實是一個同樂晚會。我玩得很開心，和每一位同學都處得很好。這晚，我們以茶代酒，互祝對方。太多的同學對我說：『祝福妳和妳的他。』『祝福妳和李偉宗。』我真高興，有這許多人為我倆祝福。偉，我們真幸福。除了這些人，我們也是被神福祐的，對不？」

　　我 5 月 14 至 16 日信：「妳的病好了嗎？念念。因我今天當班，且剛從馬祖回台灣的老同學和老友錢明剛下午來訪，因此沒能去你們新搬來的家看看。

　　從下次開始，我機場當班變成 24 小時連續班。如此安排的確比較乾脆及痛快。我們將當 24 小時班，然後休息三天，如此重復。

　　今夜月色極好，月圓了。剛才我站於曠野，面向溫暖強勁的西南風，浴在銀白色月光下。妳若在此該多好，月圓，人聚。

　　仁慈上帝，我是多幸福的男孩（那時我未滿 23 歲），祢所造如此美好的女孩（那時她剛滿 22 歲）竟屬於我。感謝祢，請祢降福此刻在屏東的小齡齡，也請賜福與我。

今天上午沒班，十點多我一人步行到西門街 116 號你們家。黃伯伯和黃媽媽剛起床，妳妹妹黃靄理不在家。與妳爸媽談了十多分鐘。兩位待我親切，好像喜歡我。因他們昨天才搬來，一切未就緒，家裡稍亂，兩禮拜後會安頓下來。

你們家是相當大及考究的日式房屋。妳和靄理的房間相當大，光線好。黃媽媽說：『這張床是黃菊齡和黃靄理睡的。她們如果不喜歡一塊睡，我就再添一張床。』

這次訪晤愉快，我希望他們喜歡我。將來我娶了妳，他們就是我的岳父母，泰山泰水。昨晨在妳家，談到暈車、暈船、暈機。黃伯母談到當年你們家離開重慶的情景：你們白天乘汽車奔馳，晚上投宿旅舍。妳媽仰首模仿妳小時模樣說：『黃菊齡對她爸爸講：「爸爸，不要走了啦！」』我聽後，笑起來。我希望我的小齡齡永遠是快樂小鳥，而我也是與妳比翼雙飛的快樂鳥。」

我 5 月 17 至 20 日信：「昨日整天下雨。晚上，我請好友明剛來家吃飯。六時許，我騎車去他家。他母親說他已去我家，於是我便騎車往回走。在東山街，我左手所握煞車桿膠套突脫落，車猝不及防倒下，我全身摔爬於地，手腳皮膚擦破，胸部肋骨撞地。那時正落雨。別擔心，一切 OK，沒事。

我今日整天在機場當班。本想讀書看雜誌，但沒讀成看成，因整日忙於修理機器。下班時，仍未修好。現在天已晚，留給明晨接我班的同事繼續修。今天在曠野，每逢休息時刻，我坐水泥地上，仰望藍空，遠眺大地，回想這些日來我倆的時光。」

她 5 月 20 日信：「知道你摔了一跤，並有些感冒，我好著急，也好心疼。我真高興田媽媽和彭媽媽都喜歡我。我希望你們家的親戚和朋友們都喜歡我。

今午接到小鳳的來信：『偉宗九月份出國是不是已經確定了呢？即使那是真的，妳也不用操心。你們至少還有將近四個月的時間在台灣相處。人與人的感情不見得要每天在一起才能夠滋長，只要兩人彼此心裡常常地思念對方，所謂「心有靈犀一點通」吧，感情仍然能夠維繫得很好的，而且我深信你們的感情是經得起考驗的。說真的，我覺得你們真是「天作之

合」呢。 記得上次在中央副刊上看到偉宗的〈學習的途程〉一文中曾說到菊花如何如何的好，最後還說「我愛菊花」。』……說正經的，你有沒有考慮過我爸以前曾經對你說過的話，先訂婚？兩年，雖然是很長的日子，但我會永恆不渝地愛你和等你。兩年以後，我們就可以長久地廝守在一起了。

我家現在的房子大概沒有基隆海濱的房子好吧。但是我不後悔，我想這一切都是天意，何況我們相處的日子實在是很少。我們家搬到了新竹，我們就能夠充份地利用時間來盡情地享受愛的人生了。你認為對嗎？我們應該手攜手地進入教堂祈禱，感謝主對我們的仁慈。」

我 5 月 22 至 24 日信：「大前天早晨，我走到西門街 116 號你們家，與黃媽媽親切談了兩個多小時，談家常瑣事。中午黃媽媽留我吃午餐，黃伯伯從銀行回來後，三人一塊吃午餐。因妳妹妹黃靄理預定昨晚來新竹，昨晚黃伯伯和黃媽媽應邀參加宴會，接靄理的任務就落我肩上。昨晚我八點到車站時，黃伯伯及黃媽媽已先我而至，因宴會已結束。他們三位一起跟我到我家，見到我媽和小弟三毛，我爸因上班不在家。你爸媽和妹坐不到十分鐘就告辭回去，因家裡沒人。

我將來去美國，會把給妳寫信當作寫日記，使我的愛能翻越重洋到妳身邊。

上午十點多，我陪爸媽到西門街你們家拜訪妳爸媽。他們四位談得很好。妳妹靄理給我看妳在 119 艦上所拍照片，請我寄還給妳，並說：『告訴姊姊，她叫我買的衣服，我隔些天再去買』。在你們家約談十多分鐘就告辭。

在你們家時，我看見一張大磁碟上印著你們全家福照片。我第一眼就看出小時的妳。一股親切甜蜜感從心底升起。這就是被我愛和愛我的女孩多年前的照片啊。那時，她曾否想過有朝一日會遇到一位名叫李偉宗的男孩？

……今晚李士官長來家通知我：從明天起要天天當班。」

她 5 月 24 至 25 日信：「今天是週末，宿舍裡幾乎是空的，我和佳嘉在晚飯後去散步，並到校園裡坐了一會兒。在散步時，佳嘉對我說：『我

很明白妳的心情，為了他的前途，妳希望他走，但又捨不得他走。」這一語道破了我心中的感觸。真的是這樣的。偉，七百多個日子，七百多個沒有你的日子，該是多麼的難耐啊。怎麼辦呢？你還沒走，我就想你，你走了，我該如何是好？偉，答應我，讓你的精神陪伴我，支持我，使我能很順利地走完七百多個日子，而終於能回到你的懷抱。

三年級的一位學姊開車來接全宿舍的同學去聽道，我不好意思不去，也隨同去了。在教堂裡，我祈禱上帝降福於我倆，使我們的相愛永恆不渝。我將會非常欣喜你為我建立的家，我會驕傲於你赤手空拳地去闖天下。」

我5月25至28日信：「從昨日起，預計十天，我們從早到晚天天上班。昨今兩日，工作最辛苦，白天做完工，晚上仍需趕去學打字。今天我負責的部分圓滿成功，覺得很高興。晚上本該去加班，但機務長體貼我，叫我別去。然而我不好意思，暫退學打字（六月八日再續），明晚開始加上晚班。

我將來出國，七百多離妳的日子真漫長。但沒辦法。我也捨不得離開妳，但我需奔赴前程。這兩年，讓我們的愛給我們力量、意志、毅力，讓我們堅忍渡過這兩年吧。」

她5月28至31日信：「從爸的來信中不難看出爸媽都很喜歡你。為此，我感到無比的興奮。我們是受神福祐的。今午收到妹妹的來信，她好關心我們的事，也是喜歡你的。還有小鳳、佳嘉、世友他們……。」

我5月28至6月4日信：「今晚我獨自在此當班，明晨不回家，將一直工作到黃昏。工作雖辛苦，我卻很樂意，因可學東西。我成為成功電子工程師前應有如此經驗、訓練。

我已很久沒碰日記本了，但並沒停寫日記，因我給妳的信就是日記。將來我們同住一個屋頂下，應把我倆往日情書按日期裝訂成冊。將來我們頭髮白了，一起展讀往昔情書，應仍甜蜜如昔吧。

我今天除下午再看一場《不如歸》電影外，都在家裡，讀電磁學，並還一些信債。剛才給二劍、黃碧端、三劍各寫一信。今晨接黃碧端信，得知李怡春母親於一日晨病逝。我託黃碧端轉達我們的關切與慰問。李怡春小妹妹怪可憐，失去媽媽。（黃碧端當年仍在北一女就讀。數十年後的2006年10月7日，菊齡與我應黃碧端女士之邀去台北國家劇院觀賞著名

2006 年 10 月 7 日，菊齡與我應黃碧端之邀去台北國家劇院觀賞著名的《女兒紅》舞台劇，那是數十年後首次榮幸見到傑出的 gracious and graceful 黃碧端女士。

的《女兒紅》舞台劇，那是首次重逢傑出的黃碧端女士（見所附照片））」

她 6 月 1 至 7 日信：「今天是你的生日，快樂嗎？剛才我到椰子樹下唱『Happy birthday to you!』你聽到了嗎？今晚天上沒有星星，我正愁著沒有法子將我的愛意傳送給你，忽然看見天邊有兩顆暗淡的星兒，我高興極了。那兩顆星星真像我們，在廣大的宇宙內，齡齡永遠陪伴著偉偉，偉偉也永遠陪伴著齡齡。在你的生日這天，我卻不能夠陪在你的身旁，這是何等的遺憾。

在還沒有接到你的信以前，我已經從中央日報的訃聞內得知李怡春喪母的消息。我替她難過。願上帝祝福她。

暑假回新竹，我們去借一架照相機，多照些生活照片吧。把我們陶醉在大自然裡的情形都拍下來。當我們老了，將會有美好的回憶。那時候我們想著，多年前我們多年青、多有朝氣啊。

新竹上演《不如歸》了，屏東還沒演呢。但願不要等我回新竹以後才演，否則我又要看不成了。距離考試近了，我寫給你的信，可能會少一些。不怪我吧。胡適有一首詩寫著：『也想不相思，可免相思苦。幾經費思量，寧受相思苦。』真的，我也有這種感覺。你呢？偉。」

我 6 月 10 至 13 日信：「再隔些時日妳就回來了。妳要考試了，儘量保持輕鬆愉快心情，好好準備功課。妳考完後從屏東回新竹時，我會在火車站等妳。見妳的剎那，我不知將會如何快樂。

下午，妳媽來我們家。妳媽、我媽、我談得很愉快。晚飯前，我帶一位木工匠到你們家，因你們家廚房門窗需加紗窗。」

她 6 月 9 至 18 日信：「昨晚，我去看了《不如歸》電影。這真是一部好電影，我幾乎從開始哭到最後。要不是我用手捂住嘴，我會痛哭失聲

的。真太感動人心了。《不如歸》電影中的瑪麗莎真可愛。我好喜歡她喔！

我可能會搭 6 月 27 日清晨慢車北返，可望下午抵達新竹。還不一定，只是目前的計劃而已。

還有十一天我們就能見面了。你高興看見我嗎？窗外是暴風雨，又是一個颱風夜，寢室裡的兩位同學都回家去了。偉，我好想你喔！雖然外面是狂風暴雨，但是我的內心很平靜。經過了這些日子的相處，你必定能發現我的缺點和壞脾氣了，你還會愛我嗎，偉？小鳳在信上寫著說：『把握與他相處的時刻。』

剛才收音機報導，黛娜颱風正在撲向南部。看來這次要損失不小了。偉，晚上到我的夢裡來，減少一些我的害怕，要來喔！

今午收到爸爸的來信，問我坐那班車回新竹，他好派車子來接我。偉，我決定搭 6 月 27 日晨 5:40 的慢車北上，抵達新竹的時間大約是在 14:16。你就不要來接我了。家裡會有人來接我。回到家後先休息再說。偉，要考試了，我不再給你去信了。相信你的齡齡，她時時刻刻都會念著你的。」

我的 6 月 15 至 23 日信：「此刻午夜，窗外微落雨。剛才還有月亮，被烏雲陪襯，顯得明亮優美。念妳，齡。我無時無刻不期待妳歸來。愛情充滿一個個期待，期待光明甜美的將來。現在，我期待妳回新竹。出國後，我期待妳來美國。再見面時，妳就是我新娘。讓我們努力吧！一個甜蜜家庭是一塊磚、一片瓦、一個釘、一塊木建立起來。

為辦出國事及去台北航管隊部和空軍總部辦退役證，這些日很忙，沒寫信給妳，真抱歉。退役證已拿到，出國手續可開始辦。七月初應可全辦好。

因忙碌，好些日沒去妳家。昨天我媽去妳家拜訪，妳媽說：『好些日子沒見李偉宗來，是不是他和我們家的小毛頭吵架了？』真有意思，齡，我們從來還沒吵過架，是不？

還有四天，我就能見到妳。我期待很久，終於等到與妳相見相處時光。6 月 27 日那天剛好我在機場當二十四小時班，因此不能去車站接妳。妳爸會派車接妳。妳回家後，多休息。我次晨（28 日）脫去工作衣換上乾淨衣去找妳。」

6月28日至8月28日，我和菊齡渡過兩個月甜美時光。那段我們兩人年輕的黃金時光當中，我們儘可能廝守在一起。除晚上各自回家睡覺外，幾乎無時無刻不在一起。

某新竹大晴天，我帶她沿新竹中學後的山道一直走至一片長滿野草的高原，可遠眺中央山脈。我們然後爬至長滿相思林的山林。

我初中一年級時，楊榮祥老師曾帶我們去那裡。我們用自製捕蟲網捕捉藍白黑三色相間的鳳蝶，拿來做標本。

我們途經山路看到一些上鎖荒棄的軍用貯物山洞。那無人寧靜的山林中只有我們兩人存在……。

另一個新竹晴天，我騎腳踏車帶她沿著去機場的路前往南寮海邊。我們穿游泳衣在海邊樹林下沙灘上和近岸海水中有一段美好時光。

某一個新竹白天，我帶她走過中華路省道旁縱貫鐵路，經過新竹國民小學，走一段南大路，走進那時的新竹師範學校（此校之後成為新竹師範學院，後於2005年成為國立新竹教育大學，再後於2016年成為清華大學一部分），走到學校後客雅溪畔，溪上有一座口琴橋。口琴橋下客雅溪裡有水，溪上口琴橋內也有水流過。多少年前當我還僅是小學生，我曾與同學們脫光衣服游泳和戲水於溪水。我們兩人在那裡留下身影與足跡。

那些新竹夏夜，我曾帶她至十八尖山（亦稱東山）下我母校新竹中學。我們在校園前端遠眺新竹市區燈火……。我也曾帶她至東山路底動物園附近的孔廟，受到夜蚊騷擾……。我也曾帶她至她家附近四維路旁我母校竹師附小……。

我們兩人在一起每分每秒都充滿甜蜜、熱情、幸福……。

某颱風夜，我帶她從我家經小路回她家，途經一處水淹路面，我揹她涉水前行。

有幾次，我們一起去台北。我帶她去我母校台灣大學校園：傅園、工程館、我曾住過的兩個男生宿舍、校旁靠近新生南路我曾住過一個學期的信義學舍。

我們也去敏泰台北家拜訪鮑伯伯和鮑媽媽。某黃昏，我帶她泛舟碧潭。

我們也曾在台北各處訪晤她的親戚們和朋友們，包括台生表妹、自堃、小鳳，和我的親戚們和朋友們，包括蔣媽媽、蔣伯伯、我乾媽陳志偉女士……。

我們在從台北返回新竹時親密地坐在客運巴士車後座位上……。

那段時期中，我們無信件往來，也無日記描述，因此所有細節如時日地點等數十年後已毫無記錄可尋。無論如何，某個颱風天前後，應是8月20日，我父親和母親替我買了兩粒白金戒指，一粒給她，一粒給我，我倆就如此訂了婚。她從那日就成為我的未婚妻。

1965年8月28日那天，她和我在我家大門前合影一幀。之後，我們乘我父親公司公務吉普車開往台北。那天中午，親友們在當時仍在的中華商場清真館餐廳用午餐。

當日下午在當時松山國際機場，我搭上飛虎航空公司留學生特約包機，離開親愛的未婚妻、家人、親戚、朋友，飛向太平洋彼岸。

那天之後便是兩年的堅忍、奮鬥、等待。……

-10-

從1965年8月28日我在松山機場搭機飛往美國一直到1967年9月4日我從LA飛回台灣松山機場落地那刻是整整兩年多堅忍、奮鬥、等待的時光。

1965年8月28日臨行那天，菊齡送給我一本封面寫著「我的一年」的日記本，她在內頁題：「Bill: I love you forever. Daisy, 28 Aug 1965.」那兩年中，我偶而寫但很少寫日記，因我寫給Daisy和家人的航空郵簡就等於日記。

兩年中發生不少事情，兩人情感經歷堅忍、考驗、等待……。兩年中，她從22歲成長到24歲，我從23歲成長到25歲。

就我記憶所及，輔以日記和往來信函，將兩年難忘歲月敘述如下。

當我抵達陌生的Los Angeles後，8月31日那天寫給菊齡第一封航空郵簡中充滿思念情切：「*那天 (1965年8月28日) 起飛前，我望著妳*

1965 年 8 月，新竹，我們兩人訂婚照。

和家人，淚在眼眶。上了飛機，妳看不到我，但我仍能看見人群中穿黑短上衣的妳。我揮手，妳看不見。那時，我強忍的淚水無法控制地流下。飛機把我帶走，……。我多希望飛機也把妳帶走，我倆就能一同出去奮鬥闖天下。

飛機黑暗中抵達東京，停約一小時，續飛 *Alaska*。九小時旅程，我多在睡夢中，重驗與萬三坐我身邊。孤寂旅程中，我念妳及思鄉情漸濃。

我在 *Anchorage* 見到冰雪掩蓋的崇山峻嶺及冰川。在 *Anchorage* 停兩小時後，續飛 *San Francisco*。

次日 (1965 年 8 月 29 日) 凌晨 12:30 AM，我們抵舊金山。幸好台灣教育部安排接待人員在機場照顧，否則我們真不知何去何從。

我們每人花 1.60 美金乘 Bus 從機場到市區 Greyhound 灰狗巴士車站，

65 年 8 月 28 日，新竹，攝於我家門口。（當日將飛美國留學）

1965 年 8 月 28 日，攝於台北松山機場，前往美國留學。（友人張蕙元攝）

1965 年 8 月 28 日，攝於台北松山機場，前往美國留學。（此後便是兩年奮鬥、堅忍、等待……，直至兩年後 1967 年 9 月 4 日我回台灣結婚）

到站時已是清晨 *1:30 AM* 左右。我們在車站等到 *4:30 AM*，然後啟程南下。那時，我向同機來美的同學和朋友道別，不知何年何月何日才能再見。

我與台大電機系同班同學王澤霖同乘灰狗巴士南下。我們抵洛杉磯時已是下午三點多。一位在 *Chungking Restaurant* 打工的留學生來灰狗車站接王澤霖，也順便幫忙送我到李青叔 *Inglewood* 家。

晚上初時睡不著，因我想念妳和家人。端詳妳照片，喉嚨哽眼淚流。我在那軟弱時刻懷疑為何來此無依無靠異鄉。但理智終克服情感，想想我應在此奮鬥，為我們將來家打拼。如此想著，我終於睡去。

明天也許就能住到南加大附近，希望很快安頓下來。此地氣候好，比台灣涼爽許多。兩年後，妳來此，我倆就能生活在一起。」

未婚妻菊齡 9 月 6 日在翻越太平洋航空郵簡中寫著：「那天起飛前，望著你，我的淚水在眼眶中滾動了。蕙元在我旁邊看到我難過，就悄悄地對我說：『想想看，他離妳只有十六個鐘頭遠。』我把淚水忍住了。晚上住在舅舅家，再也睡不著了，腦中想的儘是你，也沒和小鳳與自塱見面就回新竹了。

這幾天我一直念著你，不時地拿出我們的照片端詳。昨天接到你的信後，我的淚水就流了出來。下午在你家看你寫給李伯伯和李媽媽的信時，我的淚水幾乎要止不住了。你的心中有太多的鄉愁，偉，為何在給我的信中提到得那麼少。把你心中的苦悶都告訴我吧。別悶在心中。記得不？我是你的未婚妻，我該多分擔你的悲傷的。在人生的旅程中，我們是互相關懷和互為表裏的，對不？

那天，你們走了，很多人沒有去送你們，可是他們都在電視中看到了，你們上了電視了。

我很難過我無法陪著你一起去奮鬥，一起去闖天下，但，偉，記著，我的心和我的精神永遠陪伴著你，和你在一起。十日是中秋節，俗稱團圓節，我們卻不能夠團圓。我希望兩年快快地過去，使我能夠再看到你，和你生活在一起。在一個屬於我倆的家和小天地裡，我不會要求太多的物質享受，只願生生世世和你廝守在一起。」

我 9 月 3 日信：「新竹，可愛的風城，我的未婚妻居住的小城，現在

距我如此遠。在家做什麼？幫媽媽洗菜、擦地板、洗碗？看書了嗎？晚上和爸媽弟妹看電視談天？今天的菜是什麼？蟹、蝦、酸菜炒肉、榨菜炒肉絲？

此刻是黃昏，因一切未就緒，我在吃上面極隨意，三餐只吃麵包喝牛奶，現在肚餓。昨晨（9月2日），李青叔託一位 Frank 君（中國人）開車送我和行李到南加大附近 Jefferson Blvd 660 號一棟公寓樓房 106 室。

一位原住此的賴同學將去 Texas，他的床位轉讓給我。這公寓住三人，都是台灣留學生。另兩位來美國才兩月多，分別在兩家中國餐館做 waiter 和 dishwasher 工作。

公寓有廚房和浴室。每月房租 55 美金 (包括水電瓦斯費)，三人均攤。公寓管理員是一位仁慈、拉丁血統、口音帶濃重西班牙腔的老太太。我暫時在此安頓，等找到更好寓所後再搬離。

此刻，另外兩人都去餐館上班，深夜才歸。我獨自在此，感覺無比孤寂。剛才肚餓，我煎了不成體統荷包蛋，夾在兩片麵包裡當三明治吃，喝冰牛奶，算是晚餐。

剛才買六塊錢左右小型電晶體收音機，一家電台正播送悦耳古典音樂。齡，為何我離妳如此遠，何時能再見妳？為我祈禱，來我夢中。我倆在地球兩端，不可能同時做夢。妳念我時我做夢，我念妳時妳做夢。

我已開始在妳送我的日記本裡寫日記。8月31日寫：『我終於來此嚮往已久的美國。在無依無靠異鄉，我突然懷疑為何來此，為何離鄉背井，離開親愛的雙親和弟弟們，離開親愛的未婚妻菊齡。昨夜，我流男兒淚。我拿出合家歡與菊齡照片，端詳之餘，汸然欲泣。』

我9月1日寫：『Daisy, Daisy, 妳此刻在何處、做何事？妳想我如同我想妳一樣嗎？』離別前匆忙中，妳忘了送我一束妳的秀髮，現在妳願意寄給我嗎？

昨晚，我到 Jefferson Blvd 旁一家書店買 Norman Lewis 寫的 Word Power Made Easy。書店伙計是頗有學養及親切的三十來歲美國年輕人。我告訴他剛到美國三天。他問我從香港或 Formosa 來，我說台灣。他說他父親在台灣是信義會傳道人。他說他們家曾在中國多年，住過漢口。我離開

時，他說：『Come again. We can talk about China.』

　　一位華僑老小姐為招待將赴 Texas 的賴姓同學，順便也邀我及蔡姓同學乘她的 Thunderbird 轎車去 Disneyland 附近的 Knotts Berry Farm（亦稱 Ghost Town）玩。她很大方，買門票，請我們喝 Coke 吃蘋果糖。」

　　她9月8日信：「這兩天，除了去你們家，就沒有出去過，整天在家。從你走後，我整天數日子，希望兩年快快地過去，讓我能夠再重新見到你，陪你一起奮鬥，手牽手在人生的旅途上創造與摸索。

　　我真想把頭髮剪一束給你，可是沒法剪，等長得稍微長了一些，我會寄給你的。你不是喜歡我把頭髮留得長長的嗎？以後我再也不要剪掉或燙掉它，我要保有它，只因為你喜歡它。

　　中秋節快到了，你卻不能和我團聚。第一個中秋節，我們卻分離在兩地。但，偉，我會念著你和想你的。收音機正播著〈The Wedding〉那首曲子，剛才已播過了〈Don't forget I still love you〉。我彷彿覺得你在對我唱這些歌。

　　偉，我懷念那段我倆共有的美麗的時光，太令人眷戀不已了。甜蜜的日子要再過兩年才能夠重享。在這些日子當中，我們只有從回憶中去尋求了。我們彼此都該努力，為了美麗的未來及還未實現的理想而去努力。想我，像我在台灣想你一樣地想我。」

　　我9月4日至8日信：「這裡有一家電台專播古典音樂，我一面用耳機聽優美音樂，一面向妳寫述心語。

　　我現在住的 Jefferson Blvd 旁公寓不適於讀書，我想搬到 34 街或 35 街附近單人房，那裡房租大約每月 30 美金左右。

　　今午在李青叔家與他們夫妻談天時，他們說兩年時間過得很快，一下就過去。我感到些許安慰。許多甜蜜往事在此異國之夜湧現腦海：基隆妳家海邊屋初逢。妳初來新竹時我倆和諧自然相處。我南下屏東見妳前的緊張。屏東公園，澄清湖邊，農機場畔。基隆中正公園雨夜。外雙溪。妳送我藍領帶，我送妳藍絲巾。

　　昨晨（9月7日），我搬到 34 街 1060 號。這是一棟私人住屋，主屋有四間供租房間。我住的是主屋後車房改建分隔成兩房的最後一間。

小房裡該有的傢俱都有，只缺書桌。我請老房東 George 今晚搬進書桌。房租（包括水電瓦斯費）是每月 25 美金。廚房和洗澡間大家共用。廚房設備該有都有。冰箱大，夠數人用。

昨晚，我做了來美後第一頓中國餐，吃得津津有味，感覺如山珍海味。剛來數日，天天吃麵包喝牛奶，吃怕了。

附近房租便宜，比 UCLA 和 Caltech 便宜很多，因近黑人區。我昨天還為讀書或就業一事煩惱及猶豫，今晨接妳和家人信，決定讀書。

一位成功大學畢業在 USC 當助教的王守田告訴我一些有關電機系的事，並在選課上給我一些指導。

昨夜我夢到妳。我真望能有特製的電視機，讓我能看見妳（數十年後，這是智慧手機司空見慣功能）。我隔壁房住一位學法律美國學生。」

她 9 月 8 日信：「今天下午我親自到郵局去把信和照片寄給你，相信你在收到此信時應已收到上述的東西了。你覺得訂婚照還好看嗎？我則是很喜歡它的，除了它拍得很好以外，也因為它是我們的訂婚照，是我們在人生過程中的一件值得紀念的事。

偉，放心念書，不要記掛錢的問題，更不要擔心我會變。我實實在在確確實實只屬於你一個人。相信我，相信你的未婚妻對你的永矢不渝。開學後，我們訂婚的消息會傳得很快的，少不了又要被宿舍的同學們敲一筆的。我手指上的訂婚戒指會讓對我有企圖心的男孩子們卻步的。

齡齡不是虛榮的女孩子，不會向你要求過多的奢侈和享受，只要生生世世和你聚首，我就會滿足了。理想的丈夫，可愛的孩子，溫暖的家。啊！多麼令人嚮往啊。二年後，二年後，我都將會得到這些的。偉，你會給我這許多的，不是嗎？你的信、照片和剪報將陪著我渡過這兩年。我會耐心地等。偉，高興起來，我多麼希望能看到和聽到你甜甜的笑容和聲音。唱唱這首我們的歌吧：『我是隻小小鳥，飛就飛，叫就叫，自由逍遙，我不知有憂愁，我不知有煩惱，只是愛歡笑。』快樂起來，偉。」

我 9 月 13 日信：「齡，告訴妳，我已振作快樂起來。雖仍念妳思鄉，這情緒已從消極轉積極。妳的偉的樂觀鬥志已恢復。剛抵 LA 時的難過是必然的。今後，我對妳的情思及對家人、戚友、同學們的鄉思將不會減退，

但這種情感必將由消極轉為積極。我現在充滿希望與決心。

我剛才用口琴吹我們的歌〈我是隻小小鳥〉。齡，我聽妳話，快樂起來。對了，替我謝謝藹理妹妹送我的筷子，我天天用它吃自己烹調的中國飯菜。如此燒飯一年，將來或能成為大師傅（一笑）。（那兩年中我為求生存不得不自己烹調，此訓練此後使我鍛鍊成 self-sufficient。）

南加大電機系是工學院中頂好的，設備好，教授好，課程佳，在 LA 有佳譽。昨夜夢中，我又清晰夢到妳。」

她 9 月 11 日至 13 日信：「下午又去練腳踏車了，是小瑗和三毛教我的。回家後總是疲倦得只想去睡，沒寫信給你，不生氣吧？我已練了兩天車，已經會上下車了，只是三毛和小瑗還是不放心讓我『單飛』，所以今天下午小瑗還要我去練車。我摔得很少，但也摔青了不少地方。爸要替我買一部女車，以後上學就方便了，不必為交通工具而發愁。

昨午接到你給我和爸媽的信，我們都很高興，尤其是我，高興得知你不再是那麼消沉、苦悶了。偉，振作起來，努力，再努力。我們都願以你為榮，好好用功。」

我 9 月 14 日至 20 日信：「午後去 Student Union Building 三樓 318 室 Foreign Student Office 看我的英文成績。我考得超過標準，可免修英文。我真高興，如此可免花 150 美金學英文的學費，也省了時間。我把通過英文考試一事告訴別人，他們都感驚訝，因很少人完全通過而不必修至少三學分英文。一位淡江大學外文系畢業女生考過英文後還得修六學分英文，要花 300 美金學費。

明天要註冊了，我在選課方面今晚還得請教幾位前輩。

今天註了冊，選了十個學分三門課，共花 527 美金，其中包括：500 元學費，12 元 health services，11 元 insurance，1 元 photo，2 元 tetanus injection。我現在仍是 special graduate student，明天把 GRE 成績帶去學校將 special 改成 regular。每週一、三、五上午 10:00 至 12:00 及下午 12:00 至 13:00 有課。

昨天下午買了隻老雞，煮了兩頓飯時間還沒煮爛，雞湯味鮮美，可吃三、四頓。

我買了本便宜照相簿，把妳所有照片放進去。妳送我的飛燕草，我把它當作『勿忘我』，色澤仍鮮，我會好好保存，將來妳來美時再給妳看。我把訂婚戒指牢牢戴在指上，未曾拿下。

在此，有些美國人也蠻有人情味，新搬進一位南加大新鮮人名叫 Bill，在 Asian Studies 系讀書，與我談得來。他要我教他中文，他則教我 American slangs（美國俚語）。他人長得英俊，看來也誠實。

今天下午，我在工業工程系找到一份工作：該系有一門課程叫作『Advanced Industrial Packaging Institute』，每週二晚上 7:00 至 9:50 PM 上課，請工業界著名工程師和主管來演講及授課。他們需要一位助手。我下午去申請，得到這工作。這學期共去十六次，每次三小時，幫教授講師們分發教材播放電影等。全學期薪水是 100 美金，這工作不錯。我在此很節省。我現在心情好、有鬥志，各方面都會做好。深深愛妳。」

她 9 月 15 日至 18 日信：「今午因颱風之故，時晴時雨，沒去練車。中午，舅媽請我吃餃子。等會要和小瑗去看電影《魂斷太陽下》，三毛因為有功課，所以不能同去。小瑗翻出了你大一時的作文〈憶西安〉，我們準備為你寄出，如有稿費我們就用來大家吃了，你該不會心痛吧！該文若是登出，我將會貼在我們的剪貼簿上，將來我出國時，一定帶著它。

今天下雨，我又不能練車了。李媽媽說我傷痕累累，我的腿上是青一塊、紫一塊的，希望這些傷能有代價，就是換回我會騎車子。下午又要去練車，回來後總覺得很累。新車已被我摔得傷痕累累，它若有知一定心痛萬分。我還是不能在馬路上騎，小瑗說我騎得不夠穩，若放我單飛，很危險。昨天，我就摔進大水溝裡。今午，我還得去練車子，小瑗和三毛陪我一塊去。

再過兩天，9 月 20 日，就是我們訂婚一個月的紀念。那麼慢，離開你這許久了，連一個月都還沒過完。這孤寂的日子，我還得過上好幾十個月呢！偉，我恨不得立刻就到你身邊去，接受你對我的愛。

我剛回來，下午練車去了，跑了不少地方。剛才是小瑗和三毛『護駕』回來的（我騎在中間，小瑗和三毛分別在兩側）。小瑗說我膽子不小，居然敢在街上橫衝直撞了。我個人以為還得苦練一個月，你以為呢？還有一

個多月我就要開學了，我一定要努力。」

她9月19日至22日信：「李媽媽昨天送我一件黃色羊毛衣。我真不好意思收下，說等到偉宗賺錢後再替我買。李媽媽說偉宗是偉宗，這是她送我的。我只好收下了。

偉，我不能離開你，吃苦都要和你在一起。看到手上的戒指就想起你將它套入我手指上的那一剎那，幸福、快樂全湧上了心頭。我畢竟是被你圈住了，是屬於你的。」

我9月24日至29日信：「高興知道妳已能騎車。小弟三毛來信說：『她漸漸進步了，來我們家都是騎著車來的，你說她該有多神氣。』練車受的傷現在好多了吧！學會騎車就不會摔跤了。

我除每週二晚當 student helper 外，又找到一份替印度裔物理系教授 Dr. Rajaraman 當 Reader 的工作，幫他看改大一物理課學生的習題和試卷，每月賺 60 美金左右。

昨天收到家人寄來送行照片，不禁感慨。松山一別已一月，真不忍回顧最初一兩個禮拜，那時我念妳及思鄉情如刀割。現在諸事已定心情恢復正常，除兩個 Part-time 工作外，潛心學業。

昨晚，王御華大哥（在 USC 攻讀土木工程 PhD 學位）載我到 Inglewood 李青叔那兒去問是否能在北平樓餐廳找到工作，知那裡已人滿無缺。如此也好，我也不想跑那麼遠去做 Waiter 或 Busboy。若功課允許，我想在學校再找些 Part-time 工作。

看到送行照片中妳如此美麗。得到妳擁有妳使我感到滿足驕傲。

上午上電子計算機及量子力學兩門課。下午上複變數課時，上週五考試成績發下，我考 98 分，班上最高分。教授說：『這班的成績從 6 分到 98 分』。教授在我的考試紙上用紅筆寫『Good』。

工業工程系秘書小姐打電話來說 Mr. Harris 將開車接我，叫我 30 分鐘後在 Jefferson Blvd 與 Hoover Blvd 交接口等他。Mr. Harris 是 Advanced Industrial Packaging Institute 的 Administrator。他開 Olympia 車把我載到 Container Corporation of America（簡稱 CCA），在車上與我親切談話。他十年前曾去台灣，很讚美台灣。我之後見到他同事 Mr. Patton，看來像電影明星，一股可愛傻勁，二次大戰時在中國曾是飛虎隊員。

今晚四小時，我們都在這製造 corrugated box（供包裝用的盒子）大工廠參觀聽講，得不少見識。這類產品貌似平庸，實則其全自動化製造科技與過程令人驚嘆。學生們多半是工程師、經理、設計師等。

晚上十一點多，Mr. Harris 送我回 34 街。沒想到我隨便一闖，便闖進如此好的社團與工作。昨晚，我改試卷，一直改到清晨 2 點 15 分才睡。」

她 9 月 22 日至 27 日信：「從今年 8 月 20 日起，我就屬於李偉宗了，兩年後我的姓要冠上『李』，並且要從 Miss 變成 Mrs。我多希望那日子快些來臨。偉，你會要我的，對不？在廣大的宇宙中，我們竟能相遇，而且我們家又搬到新竹來，否則今年我們還不會訂婚呢！偉，你說我們是否要感謝上帝的安排。天上有些星星，它們在眨眼。多少個夜晚，我們曾相依相偎，而現在你我分隔在地球的兩端。

偉偉，用功！用功！立志！立志！我們大家都以你為榮。以後你再寫錯字，我可要罰你喔！罰你一個月收不到我的信。怎麼樣，很重吧？當心點喔！是真的。寫到這裡，我做了個鬼臉，感感嘴，聳聳肩。偉，你看不到我對你做鬼臉了，你喜歡我對你做鬼臉嗎？親愛的未婚夫，我多希望現在坐在你單車的後面，用手緊緊地圍住你的腰，緊緊地。

偉，今天仍然沒有你的消息。上午，李媽媽還特地打電話來問。偉，從十四日起，你給家裡來了一張明信片，後來又給李媽媽去信，而我卻一直沒有你的消息。偉，我很擔心，你不再愛我了嗎？不再……。

媽去基隆，還把我們的訂婚照和你出國那天我們在門口拍的那張照片帶去給別人看。她很高興有你這樣的女婿，偉，別讓爸媽失望喔！二十六日接到你的來信，我高興得不得了。我錯怪你了，偉。我已相信你是我的，我也是你的。」

我 9 月 30 日至 10 月 3 日信：「今天沒課，上午把改好的 100 多份試卷送到 Dr. Rajaraman 那兒。今天大多在家讀書，上午讀 Analog Computer，下午及晚上讀 Digital Computer，等會兒還要讀 Quantum Mechanics。

現在我一面給妳寫信，一面聽優美音樂。此地一家專播古典音樂的 FM 電台，24 小時不停播送。

齡，我真想看到妳對我做鬼臉，很可愛。寫到此，我也做鬼臉，對妳

做的（一笑）。

　　今天有四堂課。晚上，我坐 Bus 到 Inglewood 的 Mandarin Restaurant（北平樓）。今晚，我此生首次做 Busboy，從下午五點多忙到晚上十一點半。離開時，拿到今晚所賺七塊多薪水和兩塊多 waiters 分下的小費，共 9.67 美金。這是唯一也是最後一次做這種事，今後絕不再來餐館打工。

　　晚上，我與王御華大哥談天南地北，難得輕鬆一下。房東老頭 George 對我說：『Say Hello to your fiance for me! I would expect to meet her some day.』

　　今天是禮拜天，午飯後，王御華大哥要去 Chinatown，我乘他車同往，買了些台灣產的罐頭、一袋米、一把香菜。一些裕成昌超市店員會講國語。

　　離 Chinatown，我們又去 Hollywood，在 Chinese Theater 前面水泥地上看到一些明星的手印、腳印、臉印。剛才，我做了一大碗蛋花湯，放些生薑和香菜，好吃。只是做太多，明午才能吃完。我思念妳，親愛的未婚妻。」

　　她9月23日至10月3日信：「親愛的偉，剛才騎著自行車給你去寄信。對於騎車，我的心裡總有一些膽怯，遇到人多、車多的時候，我就不知道該如何是好，只得煞車、下車、推著車走。

　　前天來這裡玩的唐小姐，她的哥哥在 Ohio。她說哥哥常寄一些化妝品給她，這些東西在美國都很便宜，妳可以叫妳的未婚夫給妳寄一些來。我對她說，這些東西都和我無緣，我連訂婚時都沒有用這些東西。她說我怪，並說我將來會後悔的。她說一個女人應該靠姿色來引誘丈夫。妳那樣隨便、不化妝，以後他會看厭妳這位黃臉婆的。我聽了以後，只有笑笑。偉，你不會的，對不？一個人的青春總是會逝去，唯有忠貞不變的心才可貴，你說對嗎？偉，別為我寄這些奢侈品，我不喜歡的。（終其一生，菊齡很少化妝。她一直有勤儉持家美德。）

　　我的車子已騎得不錯了（我在吹牛了，一笑），什麼事都覺得方便多了。騎上了鐵馬，就可以東跑西跑了。我真恨自己為甚麼不早點學會騎車，那樣子就可以和你一同到很多地方去玩。但是坐在你的車後，給我留下了甜蜜的回憶：緊緊地抱住你，靠在你的背上，我成了最幸福的女孩。

　　偉，感謝上帝，使我得到你。前些日子，我重新看了一遍你所有的來信，

覺得那些日子真是甜蜜極了。偉偉，親愛的未婚夫，我太愛你了。偉，等我兩年，我要重回到你的懷抱。

偉，親愛的偉，讓我們接受時間和空間的考驗，兩年以後我們就能夠永遠地廝守在一起了，好不？恭喜你，恭喜你考 98 分，並願你永遠保持這個記錄，我們都會以你為榮的。」

她 10 月 4 日至 10 月 9 日信：「本來昨晚要給你寫信的，結果是忙了一天，睏極了，早早就上床去了，請不要生氣。從今晨起，我沒有停過一分鐘，一直到 11:45 PM 才弄好一切，包括洗衣、擦桌椅、拖地板、買菜、燒飯，累得不得了。我午睡了一會兒，才決定給你寫信。此刻新竹是傾盆大雨，媽原定是今天回來的，看來是沒有希望了，我還得再忙幾天。

媽有一位好朋友，她的丈夫是爸的老同事，他們有一個兒子陳祖怡也在南加大，攻讀博士。媽要你有空去看看他，有什麼問題也可以請教他。你將爸的名字告訴他，他就知道了。他下個月要結婚了。他也是台大的畢業生。

昨晨小瑗騎著單車到台北去了，下午我和三毛去城隍廟吃東西。」

我 10 月 7 日至 11 日信：「昨天下午，我去 Downtown 買一副理髮工具。今晨繳了 25 美金房租後，我請老房東 George 幫我理髮。結果還好，但黑白太分明，不是從濃逐漸轉淡。我覺得還好，但那美國學生 Bill 看到我頭髮後笑說：『This is ridiculous!』老房東 George 說：『我一向替自己理髮。』

今晚，我坐 Bus 到 Inglewood，從 Market Street 走到 5th Ave 的 10410 號，走了約一小時。我花 13 元買一輛二手舊腳踏車。原車主也在 USC 讀書，他開車把我及腳踏車送回 34 街我住處。在他家時，他父母親切招待我，請我喝咖啡吃空心餅，並與我談台灣。他們家彩色電視很好。車雖已買到，有幾處仍需修理。

今夜有月，天空很亮。此刻是 LA 晚上 9:40，應是台灣 10 月 9 日午後 12:40。

我今天上四堂課，從早上到下午都沒吃東西，很餓。我回家後，炒番茄牛肝燉雞翅，今晚大吃一頓。

心肝寶貝，此刻天氣轉好，窗外鳥鳴。這使我想起剛愛妳時在機場當班，一面思念妳，一面望一隻汽油桶上小鳥，對它說：『飛吧，飛到南方去，

把我的愛唱給那女孩聽。』此刻，我要說：『飛吧，鳥兒，若你能飛越重洋，便朝西飛，飛到美麗寶島，飛到風城，把我的愛和祝福唱給那女孩聽，我摯愛的未婚妻。』

剛才 USC 一位電機系助教打電話給我，說有兩封信寄到學校系裡給我。我趕忙跑去，原來是鮑敏泰和蔡永基的信。敏泰 9 月 26 日在 Alabama 寫的信，我 10 月 11 日才收到。今天和那位助教談了談，下學期申請獎學金的事似乎仍有希望，我將盡力爭取。

剛才把小屋陳設變更一下，有新鮮感。此刻，圍繞我四周的是一個有鎖的像鋼琴的老書桌、兩個書架、一個小几，左邊是床，前面是窗。窗開著，……。

PS：到我家去看我給爸媽信中有關那夜赴 Inglewood 買車歷險記。」

她 10 月 10 日至 14 日信：「雙十節，你那邊還熱鬧嗎？此刻新竹也沒看到熱鬧的場面，只是家家戶戶都插著國旗。我今天下午到你家轉了一趟，李媽媽要我把《西廂記》這本書帶給二姐姐。因此我轉到舅媽家，結果在那裡吃了晚飯。

昨天舅媽騙舅舅說：『偉宗說你教他生薑燒蛋花湯。』舅舅說：『亂講！真該打屁股。』你不在，他們就開我玩笑，難為情死了。

剛才我又被臭蚊子咬了幾口。我最討厭蚊子了。記得不？每次和你出去，總被那些混球的蚊子咬得我難過。偉，你信上說加州沒有蚊子，我好高興。」

我 10 月 14 日至 17 日信：「今天禮拜六，沒有霧霾，萬里無雲天。午餐後，大家商量趁此週末去 Griffith Park 山上 Griffith Observatory 觀光。王御華大哥、任副教授和我三人乘老王車沿 Vermont Avenue 北駛，到 Griffith Park 入口，盤旋而上，抵山頂天文台。其內除天文相關景象外，也有相關電氣、地質、太陽、月球等資訊。從天文台樓上可遠眺一望無際的 LA City。洛城真是不可思議的城市。住在 USC 附近學校社區裡，不覺 LA 之大。上此山，才見其大。

齡，你不是要我見陳祖怡嗎？昨晚，我問王御華認不認得陳祖怡。他說當然認得，他們很熟。真巧。今晨，王到陳那裡去，陳不在，大概會女友吧。與陳同往的黃君今午請我和王兄一起到 Chinatown 金龍食店吃點心。

之後，我們三人又一起去著名的露天音樂巨廳 *Hollywood Bowl* 觀光，也參觀露天畫展。有些畫真是詩意盎然。望畫，聽柔美音樂，我陶醉了。若妳在此該有多好。我倆可手牽手，共同陶醉。

我們又去兩個特大百貨店參觀，其一是 *Fedco*，店裡貨品比其它商店便宜，但需 *Fedco* 卡才可入店購物（可經公務員或學生身分申請 *Fedco* 卡）。這兩天收穫匪淺，昨日天文、科學，今日藝術、商業。」

她 10 月 17 日至 21 日信：「我今天在家裡學習做睡衣。晚上和爸媽散步時，我在馬路上看到騎車的人，就聯想到那個時候你在新竹，每次出去，我都坐在你的車後，用手圈住你，牢牢地，有時我伏在你的背上享受，那真是甜美的時光。

你給我的信，我一遍又一遍地看，偉，真的想不到，那次在基隆、新竹，我沒想到你會成為我的終身伴侶的。真該感謝上帝的安排。偉，我什麼都不喜歡，別為我買任何東西，我只要有你的心，忠貞不變的心，就夠了。那枝『勿忘我』還在你的身邊嗎？看到了它，你是否會想起你的小齡齡？偉偉，你送我的劍和項鍊，我都仔細地存放著，看到了它們，就彷彿是看到了你一樣。每當我睡覺時，不論午睡或是晚上，躺在床上，我都會呼喚著你：『偉，偉，我的偉。』你可曾聽見？

記得今天是什麼日子嗎？ 20 日是我們訂婚的兩個月紀念日。偉，念著你，無時無刻不念著你。

今天下午陪著媽媽到新新戲院看《菟絲花》。進到戲院以後，我才發現這是我和你第一次去看電影的地方。今天的座位也和那次的差不多，這使我更加想念著你。偉，你還記得我們第一次看的是什麼電影嗎？那晚很冷，我穿著李媽媽的棉襖，在戲院裡看《養鴨人家》。你買了一大包牛肉乾，你吃到了辣椒，把你的舌頭辣得發麻。這些往事，你仍然記得嗎？我和你的每一件事情，我都記得清清楚楚的。那些事彷彿像是昨天才發生似的。當我們老了，我們仍會記得的，不是嗎？

爸媽晚上到你家看望李媽媽的病。李伯伯打開壁櫥時，我看到裡面的棉被。這使我想起來春假到你家時，我躲在壁櫥裡。李媽媽騙你說我已經走了。後來我忍不住跑出來了。這件事你還記得嗎？晚上，收到錚錚的來信，她說乾媽的墳已經做好了，將定於 25 日安葬。」

我 10 月 18 日至 25 日信:「今晨接到妳信,我心中快樂甜蜜無法形容。甜心,妳對我的愛絲毫未減,反隨時日而增,我對妳的愛也如此。

昨晚改完習題,我便看 *LA Times* 的 *Job Opportunity section*,一直看到清晨兩點。今晨八點半起床。昨晚看尋人廣告時很興奮,各大公司多在徵電機、電腦工程師,工作機會很多。但也有令我喪氣的,許多公司都標示 *US citizenship required*。

昨晚夢中,美好遠景顯現。夢中,我得到好工作,和妳在一起,我倆生第一個女兒,白白嫩嫩,像我像妳。那時夢中,我的快樂無以復加。這夢將會實現。(此夢於 1970 年 5 月女兒心笛誕生時成真。)

上午,量子力學考試成績發下,教授說:『從 0 至 11 分佔 25%,11 至 16 分佔 25%,17 至 19 分佔 25%,20 分以上佔 25%。最高分 31 分。』我分數是 28 分。

下午複變數課後,我去圖書館東方研究室看中央日報,得到一些台灣近況,並讀中央副刊。

齡,離妳已近兩月。時間真快,還有 12 個類此時段,就能生活在一起。這些日,我忙於課業和 *cooking*,沒時間欣賞四周景色天上星辰。雖如此忙碌,我不忘時時想到我甜甜的齡齡。為給齡建甜美的家,我需加倍努力用腦力創美好前程。

George 老頭這幾天得意,因他老妹從家鄉來此,可幫他。老妹名字是 *Rose*,60 多歲,嘴唇擦滿口紅,相當風趣友好。」

她 10 月 23 日至 30 日信:「我已決定搭 31 日晨的對號快車南下。開學後,我該好好努力的。以後你的信就寄到南部屏東來。在家裡只剩下短短的十幾個鐘頭了,不禁又捨不得起來。這次南下,我大多帶冬季的服裝。

這兩天,新竹的天氣又熱了起來,熱得我難受,真希望我現在就在加州,享受那裡的適宜氣候。還有那麼久才能看見你,看到你的笑容,聽到你的聲音。真希望日子快快地過去。

今天(10 月 30 日)在中央副刊我發現一篇題為〈空入寶山的人〉的文章,作者的姓名忘記了,但他必定是你們班上的同學,文中提到了猴子、老韓、照崑等人。文中提到兩位系寶轉去物理系,也提到電機系和護理系的陽明山郊遊。」

我 10 月 27 日至 31 日信：「今天上午，我在 *Olin Hall 230* 室 *Computer Lab* 做實驗，得到很好結果，很高興。週末，我再加整理，就可寫出漂亮實驗報告。我已把此 *analog computer* 摸得差不多，將來還要用 *IBM 1620 digital computer*。

今天 *smog* 仍重，外出時會流淚。消除 *smog* 就需有海風，把 *smog* 往東吹去，但這幾天西來海風較小。再不然，讓所有汽車停家裡，讓所有工廠停工。

齡，讓我的愛與祝福翻越重洋到達妳。現在是週末，今晚有一彎新月。做晚餐時，我用口哨吹〈月兒彎彎照九州〉調，心中覺淒然。今晚我做蕃茄炒牛肝。

這是一個涼爽星期天晨。*Smog* 似欲離去，這是 *LA* 居民最歡迎的。

今晚是萬聖節（*Halloween*），*George* 老頭穿新衣戴鬼面具，坐大門口搖椅上。孩子們來，他分糖給他們。孩子們穿新衣，有戴面具，有提燈籠，興高采烈。老頭妹妹 *Rose* 穿藍色帶花大裙，六十歲仍頗有姿色。老頭今年 78 歲，與蔣介石同年，今晨與他談蔣總統生日時得知。

晚餐前，與陳祖怡曾同住的黃君來訪王御華，他說我很有精神，比一般台灣來留學生都有精神。王御華說我有未婚妻在台灣幫我打氣。聽這些話，我很高興得意。

我現在不易見陳祖怡，因他忙於陪未婚妻。聽說他想賣汽車，因未婚妻有新車。王說陳矮胖矮胖。總有機會見他。

今天下午，我在家一面聽 *KFAC FM* 古典音樂，一面幫教授改作業，改到五點。我很認真改，必須對得起每月賺的 *60* 元。學生們有做錯或沒答的，我把正確答案簡潔寫在他們作業紙上。我給分較寬，為鼓勵他們，但必更正他們錯誤，決不馬虎。把分數騰到 *Roll Book* 後，我騎車到科學館，把習題依姓名字母次序分別插進一系列格子。」

她 11 月 2 日至 6 日信：「親愛的偉：今晨離家，到車站時，李伯伯、李媽媽已先我而至。坐在車上，除了讀一些英文以外，就是想你。

剛才，房東要加我們的房租，真氣死人。現在一人躺在這屋裡，覺得怕兮兮的。偉，要是你在此就好了。

對了，你的腳踏車已借給我的弟弟用了，你不會生氣吧！

宿舍的同學們已經知道了我們訂婚的事。註冊的事情辦理完了，我一共修 25 個學分，全是專門科目：植物生理、遺傳、害蟲、生化、土壤、生物統計、作物、農場實習、軍訓、體育、生產訓練等。每星期上課 48 小時，每天都有 8 小時的課，真是夠苦了。每晚我都會抽時間和你談談，若是去信少了，可別怪我。

Miss 龔給同學們來信，信尾說：『問候每一位同學，特別是李夫人。』啊！我真的成為了你的夫人了嗎？我所盼望的日子終於快到來了，我願意成為你的夫人的。

現在我將每天所用的錢都記下帳來，希望將來我能夠將我們的家管理得很好，我希望能替你存錢，供給我們的父母、子女，將來我們老了，我希望我們有錢讓我和你去環遊世界，讓我們再一次嚐到愛的甜蜜。偉，這計劃好嗎？（此預言數十年後成真。菊齡勤儉持家，一生中幫我治家有方。我退休後她過世前十年中我們環遊世界。）

我多麼盼望能夠長久地和你生活在一起，我希望將來和你一起老死去，我們的骨灰也要放在一起。（2014 年 9 月 10 日，我們 47 年結婚紀念日當天，菊齡不幸因突發血栓導致中風先我而去。）

三毛來信說：『家中這幾天冷清得很，我總覺得很寂寞，但一想到哥哥在異國更是寂寞，而我這一點寂寞又算得了什麼呢。』……」

我 11 月 2 日至 3 日信：「昨晚讀完 Analog Computer 的 Chapter 7 後，我即刻做那章習題，然後幫教授改物理作業，直到清晨二時。

今晨，請王御華大哥幫我理髮後，我還要去 Computer Lab，準備做這禮拜的實驗。

今晨，我果然收到妳信，甜美感覺從心底湧起。此刻，我寫信給妳，妳應已到屏東。現在是那裡清晨，等會兒妳就要上課，這是妳這學期第一天。

Advanced Packaging Institute 今晚分組討論，用不著我，我騎車到校園看看。今夜月色好，月雖不圓卻亮，使我想起數月前那夜，我倆在你校園及屏東公園。

今晨，Rose 對我說：『Bill, you hear from your sweetheart?』我得意笑說：『Yes, everything is fine.』 我一定好好打拼，當你來時，美好家已在等妳。

今天，我終於收到你們寄來的電鍋和茶葉，牛肉乾和罐頭還沒收到，大概快到了。…… 今晚白飯用剛寄來的電鍋煮，效果好。」

我 11 月 5 日至 8 日信：「妳寄來的罐頭、肉鬆、牛肉乾、味精都收到，下午剛到。那麼多東西，夠我吃一段時間。岳父母待我真厚，我除善待他們寶貝女兒外，定當報答。

氣候漸涼。剛才我對 George 老頭說：『冬天將到。』他說：『冬天已到。』晚上，他們主屋的房間已開暖氣。我這房位於車房最後角落，沒暖氣。沒關係，蓋三層毯就不冷了。

今晚我炒白菜，把黃媽媽寄來牛肉罐頭倒進菜裡，好吃，真飽，吃得舒服。

今夜月色好，大地明亮，月圓夜。我開窗，讓月光透過枝葉傾洩入屋。夜空清爽，無煙塵霧霾。淒清夜，我念妳。

因太忙，我沒時間寫日記，其實每天寫給妳、家人、友人的信基本上就是日記。將來妳把信帶來，那就是我的日記。

此刻是 1965 年 11 月 8 日凌晨零點 47 分，我終於解出那量子力學作業題，一共寫 7 張紙，明天可交上。明早，我還得去監考，但晚些去應沒關係，因已有三人監考，我是 Reader，只負責收考卷改考卷。

隔房學法律美國學生已睡，不時聽他說夢話。這傢伙整夜開收音機，音量很小，似乎沒收音機聲音他便睡不著。聲音小，對我影響不大。」

她 11 月 8 日至 12 日信：「晚上十點多，二年級的女同學們全都到我房間裡來鬧，讓我沒法看書，也沒法給你寫信。她們聯合起來敲我，為了我們的訂婚，要我請他們吃麵。我鬧不過她們，而且隔壁的同學在睡覺，不滿足她們就無法把她們打發走，我只好請她們吃麵。我又破財了，不管，你將來可要加倍還我才行（一笑）。已是午夜了，到我夢中來。

現在，我坐在床上給你寫信，因為我受了傷。今晨騎車到分校開週會時，我和 roommate 吳並排地騎在人行道上。經過一個菜場時，人很多，後面突然來了一部軍用大卡車，它按著喇叭急馳著。我回頭一看，卡車和我相距 20 公分左右。我沒法及時下車，只好往裡邊騎。也許是心太急了，我的車頭與吳的車頭扭到一起，我跌了下來。吳倒是沒有受傷，我卻跌得差一點昏了過去。我的左額上面長了一個包，像牛長了一隻觸角似的，真

醜死了。兩個膝蓋都跌破了，左邊的膝蓋尤其傷得特別屬害，不但破了，也不止地流血，而且還青腫了起來。今天中午沒法走路了，只好乖乖地躺在床上。這一跤摔得不輕，我當時流著淚，真想躺在你的身上大哭。我實在不應該告訴你這些而讓你擔心的，但是我得對你坦白啊！偉，我會好的。

我的腿傷得很屬害，每次走路都是一拐一拐的，真像是李鐵拐。傷口仍然很痛。但願很快就會好起來。

偉，雖然我們在形質上遠離了，但我並不認為我們在精神上已經遠離了。無論如何，你是我的未婚夫，將來是我的丈夫。

現在已是晚上 11 點 10 分，我剛吃完麵回來。今晚大家都睡得很早，只有我還沒有睡。我在讀英文，剛才實在餓得不行了，才到對面的小食店去吃麵。在麵店我看到今天（11 日）的報紙，在家庭版上看到了蔣媽媽所寫的〈知足常樂〉一文，並登有他們的照片。我真羨慕他們夫妻間的感情，他們互相尊敬。我願意我們將來比他們更好，讓大家都羨慕我們。

桌上那張放大的照片（你出國那天在大門口所拍的）中的你正在對著我笑，每當我疲倦或傷心時，我總是抬頭看看你，希望你能突然跳出來。」

我 11 月 9 日至 15 日信：「齡，今天是 Veteran's Day，郵差放假，我又沒收到妳信。這幾天想收妳信想瘋了。這兩天 LA 下雨。房東老頭說這雨對加州而言價值百萬。

淒迷雨夜很易引起異鄉遊子鄉愁，好在這些日，我不斷解決學業問題，使鄉愁減少。但我當然懷念寶島上的妳，我的未婚妻。

這雨使我想起半年前基隆雨夜。那晚與敏泰分開後，我倆在一起，你熱情倚我。基隆雨夜街上，我倆一家家尋找藍色領帶。那領帶，這些日，我戴過。然後，我問：『基隆有沒有公園？』妳說：『有。』我說：『我們去公園？』妳說：『好。』我們細雨中走到中山公園。我倆在濃濃愛意中踩一級級帶水階梯往上走。落雨公園獨傘下，我倆融化於愛的甜蜜。

然後，妳說天已晚，我送妳回家。那夜，妳送我到公車站，我等車去敏泰家晚宿。車站遮雨棚下，我目視妳夜雨中持傘步行回家。

永難忘懷基隆雨夜。此刻，異國雨夜，沒有齡的異國雨夜，難熬的異國雨夜。」

她 11 月 13 日至 20 日信：「屏東仍然炎熱如常。你那邊開始變冷了，

千萬要當心，要好好地照顧自己。對於你我真有些不放心，將來我到美國以後就可以照顧你了。」

　　我11月16日至19日信：「今晨接妳信，我高興得不得了，讀之再三，不忍釋手。知妳騎車受傷，很心疼。妳信中提起受傷，我立刻緊張起來。齡，妳受苦了，好好養傷。傷口是否已好很多？有沒有天天換藥？傷口千萬別浸水，切記。

　　此刻是18日清晨一點，親愛的齡，我12點上床，卻一直沒睡。我讀那本妳往日寫給我的情書冊，從第一封往下讀，甜蜜及對妳思念充滿我心。

　　昨晚讀量子力學第三章，讀得非常仔細，每一步驟我都努力導出。前些日做的三個 analog computer 實驗，我都得A。齡，為我們家，我會盡力而為。當妳來時，一個家已將等妳。

　　上午，我領了這半月所賺32元，下午去 Alexander's Supermarket 買米、魚、生菜、蕃茄醬、四磅紫葡萄，供今後幾天食用。

　　今晚等於是我的週末，我整理住房，把積了兩週的衣服浸入肥皂水中。剛才洗澡前，我在後院運動。洗完澡後，我吃葡萄，也分給王御華大哥吃。

　　齡，堅忍這兩年別離，經得起時空考驗，我倆將長久團聚。要我如何說才能說盡我對妳的情與愛？」

　　她11月20日至26日信：「李媽媽給我寄來一封信，要我節錄乾爸的話給你，給你一些鼓勵：『星期天承蒙造訪，歡敘一切。昔日比鄰而居，吾兄嫂治家有方，諸公子皆勤學有為。衷心思慕不已。偉宗留美深造，我們都樂觀其成。昔先寶早逝，未能親聆其得博士學位於三數年後。日後弟當直接與偉宗通訊外，望兄嫂通訊時，囑其努力攻讀，飲食起居謹慎小心。學成後為國服務。』

　　對了，昨晚我夢到去了美國，你來接我，我們生活在一起了。多麼甜美的夢啊！除了看你的照片以外，我也只有在夢中才能夠見到你。無論如何，我總是你的。我相信你的話，當我到美國時，一個家已經在等著我了。我堅守著我身心的碉堡，為了你。你送我的錶正指著23:25，你送我的戒指牢牢圈在我的手指上，不曾取下過，另外還有項鍊、小劍等都在我的身邊，陪著我。看著它們，我想著遠在異國的你。」

　　我11月21日至26日信：「我用紅筆在紙上塗了一顆紅心，把它貼

在我書桌前牆上，使我時刻不忘齡對我的愛及我對齡的愛，在紅心下我用鋼筆寫『WILL』四大字母，提醒自己堅強意志，努力學業事業，為齡建美好甜蜜的家。

剛完成作業，我站在前面主屋台階，仰望蒼茫夜空，禱祝愛齡親友們安好，禱祝乾媽在天之靈安息，禱祝上蒼給我勇氣毅力，讓我在此世有所作為。

今晨收到妳信放桌上，我反覆閱讀，不忍釋手。我生活在期待中，期待我妻的信。讀妳信，我滿足了，但又盼望。下週，妳的愛又將隨妳信飛越重洋，到我手，入我心。

今天沒課，因這三天是感恩節假期。前晚，住此四位中國留學生在王御華大哥房間談天，談天南地北，談中國過往與前程，今晨兩點才睡。

昨天，我與王御華大哥去 Glendale Forest Lawn Memorial Park 觀光，大片墓園草地很美，是往生者安息所在。（令人深深感嘆的是： 49 年後 2014 年 9 月 19 日，親愛的菊齡也安息於 Newport Beach 的 Corona del Mar 的 Pacific View Memorial Park。）」

我 11 月 27 日至 12 月 6 日信：「下午，看見一架噴射客機橫空而過，我聯想：兩年後某日，我駕車去 LA 國際機場。飛機門開，旅客陸續走出。當暌違已久的齡含笑出現時，我心狂跳，歡樂如瘋衝去。兩人互擁，喜淚交流。我開車把齡接回準備多時的新家。

昨天下午，王御華大哥陪我去 Chinatown 益新行買食物，包括米、麵條、辣椒醬等。然後，我們開車去老黃家看電視，就是陳祖怡以前住所。老王因要請老黃吃飯，先回去準備。老黃隨後開車載我回 34 街。飯後，三人在老王（御華大哥）房裡聊天，談到抗戰時他倆在重慶沙坪壩的難忘學生歲月。

下午，老王陪我去 34th Place 陳祖怡夫婦家拜訪。她倆婚後不久。我告訴他我奉未婚妻黃菊齡之命來看他。他驚訝說黃菊齡那小女孩已長得如此大且已訂婚。陳祖怡很有意思，是小胖子。我坐一會兒就告辭，留下妳我署名的賀婚卡。

上午，教授發下 Analog Computer 試卷。我曾提起因當時緊張沒考好，結果得 79 分，班上第一名，全班平均分數 50 分。這使我很高興，也給我

鼓勵。

下午交上 *Complex Variables* 的 *take-home exam*。我把它寫成如論文般頗有系統的報告，相信會給教授好印象。今晚將讀 *Computer*，明晚不必當 *student helper*，可整天看書。今明兩晚都要替物理系教授改習題試卷。」

她 12 月 5 日至 10 日信：「親愛的偉，今午接到妳的來信，我高興得不得了。我得知你愛我如昔，更覺得欣慰。

我今晨去學校的分部開週會時，腳踏車的後輪不知給那一位男生給放了氣，害我推著車走了好長一段路去打氣，才回到了宿舍。我氣極了，這無聊頂透的傢伙，下次如果給我抓到，我一定告訴教官記他一過。

雖然現在還只是 *17:50*，但一輪圓月已高掛在天空了，這應該是一個團圓的日子，但我離你卻那麼的遙遠。時時刻刻念著你、想你。我多希望能將我對你的愛全部告訴你，你能知道我對你的愛嗎？全部的全部。偉，告訴我你愛我如昔，並將會永遠地愛我。我對你所說的一切，百聽不厭。

晚上，讀了一些昆蟲學。我和佳嘉去看《西施》下集，是一部很不錯的電影。我們回到宿舍以後，佳說今晚的月色很好，一定要我陪她去校園裡走走。我們坐在校園裡的水池旁，抬頭看見天上一輪明月，那麼亮、那麼美。在校園那裡，我念著你。偉，幾時我們才能夠真正地在月光下翩翩起舞？在水池旁，我想起了我們在新竹的甜蜜往事，我沉醉了。

只有在夢中，我才能親近你，和你歡愉地相處。到我夢中來，領我到你那兒去，以後我就會知道路而自己去了，別忘了。」

我 12 月 7 日至 13 日信：「兩天沒寫信給妳，真抱歉。這兩天，我忙得不亦樂乎，做電子計算機實驗。已完成 3 分之 2，所剩 3 分之 1 的 *Program* 已設計好，只等明天或週一將程式輸入電腦測試。我已寫好 6 頁報告。除此外，我昨晚改大一物理期中考試卷，做到清晨三時。

今天，量子力學成績揭曉，我得到班上 *top-A*：班上 7 位在 36 至 45 分之間（屬 A），7 位在 20 至 35 分間（屬 B），7 位在 20 分以下。我得 43 分，算是最高分之一。

日子真快，聖誕假期將至。兩星期的聖誕假期後，這學期將結束。再過幾個如此學期，我們就能見面。我今晨六點半起床，騎車去 *computer lab*，完成第三個 *project*，將設計的程式置入電腦測試：*Typewriter* 打出：

『What is your name?』。我打入：『W. T. Lee』。Typewriter 又打出：『What is the date?』。我打入：『Saturday』。隨後，Typewriter 打出最後結果：『Programmer's name is W. T. Lee. Today is Saturday. E.E. 452』。完成實驗後，我趕回住房寫實驗報告，連同前兩個 projects，我寫出 12 頁報告，應是百分之 99 正確。

今晨接妳賀卡，我很喜歡，那『新竹』上的兩鳥，如同一隻是妳一隻是我，好似我們在唱『我倆的歌』（……我是隻小小鳥，飛就飛，叫就叫，……）。」

她 12 月 11 日至 14 日信：「將來為你理家時，我會儘量為你節省，把錢存下來，以備不時之需。我不要求過太奢侈的生活，只求安適恬靜而已，心靈的滿足比任何其他的事物都可貴。我的心因為你而滿足了一半，兩年之後我將滿足另外的一半，而滿足了整個心。（終其一生，菊齡勤儉持家，在家庭 financial security 上是最大功臣，但她卻先我而去，沒能享受到。）

在這裡，我時時刻刻都想念著你在另外一個地方為我們奮鬥，心中充滿了對你的敬意和謝意。當孩子們長大了，飯桌上就有了他們的嘻笑。當我們老了，頭髮白了，但願我們仍舊充滿了濃厚的情意。這幅美麗的遠景就快要實現了。偉，當我老了，你還會愛我嗎？還會要我嗎？」（菊齡已去，我對她永恆懷念深愛。）

我 12 月 20 日信：「週六是妳生日，那天是聖誕節。愛齡，妳多有福氣。從遙遠的異鄉，我寄上對妳生日賀意及對妳的愛。我沒能買什麼禮物寄給妳，只寄上五塊美金當做給妳的生日禮物，讓妳購買妳喜愛的東西。希望妳快快來此，以後妳生日我在妳身邊為妳慶祝。」

我 12 月 23 日至 27 日信：「此刻是聖誕夜，也是妳生日前夕（我兩年後才發現當年把她的生日記錯，在別離時間中將錯就錯。重要是相關事情都是百分之百真實。）。

台灣此刻已是 12 月 25 日，妳應已快起床。妳在夢中可有聽到我說：『菊齡，祝妳生日快樂。』？明天，這裡聖誕日，我將在屋裡想妳，並做功課。許多中國留學生都已去渡聖誕夜，有的跳舞，有的訪親友，……。

這車房改成的小屋裡，我雖寂寞，寧願如此。我讀妳信，看妳照片，

思念妳。今晚，我佈置房裡牆壁，釘上親友們寄來賀卡，特把妳的卡片釘在近枕牆上，隨時仰望。此外，我用紅墨粗筆在三張大包書紙寫上〈遊子吟〉、〈青春戰鬥曲〉及父親家書中提到的『不是一番冷徹骨，焉得梅花撲鼻香。』。若能找到一張大紙，我會寫上『我倆的歌』，釘在牆上。

〈青春戰鬥曲〉是我從王御華大哥的《中國名歌精華》裡找到的，頗有鼓舞力量：『我們的青春像烈火樣的鮮紅，燃燒在戰鬥的原野；我們的青春像海燕般的英勇，飛躍在暴風雨的天空。原野是長滿了荊棘，讓我們燃燒得更鮮紅。天空是佈滿了黑暗，讓我們飛躍更英勇。我們要在荊棘中燒出一條大路，我們要在黑暗中向著黎明猛衝。』此歌很有力。望妳也喜歡。」

她12月15至31日信：「今天植物生理學舉行了 open book test，只考一題，是書上沒有的工業實用問題：『鳳梨罐頭的味道不如新鮮鳳梨，但在製罐時理論的溶液該如何配製。』我答對了。現在我的積分仍然是最高的，我要儘量保持如此的好成績。偉，為我高興吧！

下午，植物生理的老師請我吃了兩根香蕉，我多麼希望與你分食，你為何不在我的身邊呢？我高興了，你不能與我分享；我受了委屈，你不能聽我傾訴。偉，我們到底還要暫時分離多久呢？偉，我好想你喔！

偉，剛犁完了田，吃過了飯，身上渾身都是泥巴，在還沒有輪到我洗澡之前，與你聊聊。今天在犁田時，不知怎麼回事，我竟流淚不止，我覺得牛好可憐。同學們都打牛，同學們都笑我。隨他們去了。最近的感觸頗多，我多盼望能夠得到你的安慰和愛的話語。今天又失望了，沒有你的來信。

今午在上土壤實習時，有人告訴我說有你的信，我高興地溜了出來，跑回來一看，原來是敏泰寄來的。真不好意思，我還沒有給他寫信。等我考完試後，我想給敏泰去一封信。敏泰是我們的好朋友，他對人那麼體貼，如果沒有他，我們不會認識相愛，更不會訂婚的，是不？將來我們應該常常念著他感謝他，並為他祝福，你說好嗎？

今天我將頭髮梳成一個小辮子，穿上淺藍色的上衣，藍色的牛仔裙，有些孩子氣和飄逸的味道。有人說我仍然是孩子氣得很，好像長不大似的，其實我已經很大了喔！

1965 年的年底菊齡寄給我的聖誕新年賀卡。

1965 年的年底我寄給菊齡的生日賀卡。

65 年底我住的車房改建小屋牆上所釘諸物。

　　偉，親愛的，你寄來的 Christmas card 和錢，我都收到了。偉，謝謝你。我好喜歡那張 birthday card，美極了，同學們也都很喜歡它。我的心裡充滿了甜蜜。我喜歡那 birthday card 上面的風景，美得像詩。我相信你也會感覺到的，那粉紅色的蝴蝶結，那『To my wife with all my love.』 『How do I love thee』都使我深深地喜歡它。現在它就躺在書桌上，我靜靜地享受著與你心語時的甜蜜和快樂。

　　這些日子以來，我雖然很忙，但是我常想起你，每天都要想上幾遍。進到考場時，我就低語：『偉，為我祝福吧！』彷彿你就在我身邊，給我勇氣似的。我翻閱著你寫給我的情書，想起你我甜蜜的往事，翻看著你的文章，這一切對我來說都是我最快樂、最滿足的時候。過了今晚十二時，就是 1966 年了。」

送走 1965 年，迎來 1966 年。1965 年 8 月 28 日，我離台灣來美國，與未婚妻分隔在浩瀚太平洋兩端。那是我人生中最難熬的漫長歲月。

我 1966 年 1 月 1 日至 10 日信：「齡，今天是陽曆除夕。此刻是 *1966 年 1 月 1 日凌晨一點半。午夜時，我突聞遠近槍聲大作，原來是爆竹聲響。沒想到美國也有這種習俗。爆竹聲中，我聽到遠近人們互賀『Happy New Year』。今晨 Pasadena 有聞名於世的 Rose Parade，數萬人夾道觀賞。*

今天元旦。上午我去 1038 號陳尚毅那兒看電視，觀賞 Rose Parade 實況轉播。黑白電視，並不引人。

今晨，身上幾乎一文不明。下午，我去 Owens Hall 領出當 student helper 所賺 89 元（100 元減去所得稅）。

今天收到筆友 Whittlesey 先生來函，他此刻在 LA，在 UCLA 上短期課程。他要我打電話給他，請我吃晚餐。

下午上完 Complex Variable 後，就去 computer lab 完成這學期最後電腦實驗，我很高興得到完美結果。

前幾天，收到岳父母寄來皮夾克及父母親寄來毛衣和棉毛衣褲。他們對我都太好，誠如妳所說，我倆將來會報答他們每位。

昨天上午，老徐幫我理髮，他技術不錯，理得很好。我在此與老王（王御華大哥）和老徐相處很好，常在廚房做飯聊天。

老王此刻在 USC 攻讀土木工程系 PhD，他夫人在 Harvard 做 Researcher。老王是紳士，人好，人緣佳，交遊廣，對朋友好……」

她 1 月 2 日至 15 日信：「*我昨天騎車到大貝湖，真累死人。歸途，我幾乎撞上了汽車。老師、同學們都為我捏了一把冷汗，可是我卻是茫然無知，以後再也不做如此的長征了。*

我的頭髮長長了，可是還沒有及肩。我知道你喜歡我有長長的頭髮，因此我不想剪掉它。偉，親愛的未婚夫，讓我輕輕的告訴你一件秘密，宇宙之大，世界之廣，抵不過一個小小的方寸之地，只因為那兒有你。

剛從外面回來，我決定明晨搭 8:30 的對號車北上，預計在家裡停留八天。」

我 1 月 12 日至 18 日信：「等會兒 *Mr. Whittlesey* 要來接我吃晚餐，我已穿好衣服等他。晚餐後，我再繼續寫信給妳。

剛才，*Mr. Whittlesey* 送我回來。我今日總算見到他。多年來，我從高中開始就與 *Mr. Con Whittlesey* 與他夫人 *Helen* 當筆友。他從前曾在車禍中受傷，因此走路一拐一拐，開車時腳踩油門煞車都不方便。他請我到 *USC* 附近 *Julie's Restaurant* 吃牛排紅薯並喝雞尾酒。他送我回來時，說希望我將來去 *Boston* 看他們。（之後數年雖偶有書信往來，我終無機會去 *Boston* 拜訪他們，也失去聯繫。當初我在台灣時，從高中到大學，他們曾當我筆友，與我書信往來，經常寄給我 *Life*、*Readers Digest*、*Time* 等各種雜誌書刊。他們的善行對我的成長，特別是英文的學習，提供很大幫助。我至今仍充滿感謝。*Con Whittlesey* 是機械工程師，*Helen Whittlesey* 是小學教師。）

齡，今天起我要全心全力準備期終考。每晚，我仍會寫信給妳。那些甜蜜往事，我永遠不忘。妳首次來我家，我當晚就已無法視妳為妹。次日，我倆徜徉獅頭山大自然懷抱。妳離新竹去屏東後，我無法自禁感到無比惆悵，無限相思。我首次去屏東，我心興奮猛跳。當火車將抵屏東，我心喊：『我將見到她。』

那晚，我們出去，屏東公園……。次晨，我在空軍黃鶯俱樂部客廳看雜誌。妳特別請假，早些到，妳叫：『偉宗』，世上沒有比那更甜更美的聲音。妳說昨晚回宿舍時，同學們都說妳好美。我聽了很高興。

我倆乘公路局車去高雄。在北站，我倆等車前往澄清湖。走在一座橋上，妳倚我，我心充滿甜蜜驕傲。在澄清湖，妳告訴我許多植物名。我唱 *Johnny Horton* 的 *North to Alaska* 英文歌給妳聽。然後，在湖邊一處無人經過的幽林，我倆在一起，全然忘卻外在世界。……陽光下，妳健康的面色顯得紅潤可愛。……

那晚，妳請我吃油雞。……那晚或晨，坐在農機場松樹旁水泥地上，我倆徹夜相談。……次晨，我們去壽山，下山後在街上突聞結婚進行曲。將離別時，妳送我兩首詩。因將分離，妳覺難過，我亦然。……春假，妳北返。火車停新竹站，我上車陪妳回基隆。……次日，妳家。那晚，中正公園雨夜……。……次日，外雙溪、東吳大學甜美時光。……然後，妳來

新竹我家。那晨去車站接妳落空，從機場下班回家時，妳已到家。…… 妳穿紅毛衣藍牛仔裙。…… 下午，我們爬十八尖山。……」

她1月19日至2月2日信：「李媽媽送給我一件灰色的毛衣，很漂亮，可惜你看不到。剛剛把訂婚戒指取下來，發現我的無名指上已經留下了深深的痕跡，我又將它帶回到手指上。看到它，就讓我想起了你為我戴上它的情景：那天，舅舅、舅媽、劉媽媽都在，舅舅要你吻我，我們倆都感到不好意思了。偉，你還記得這些嗎？李媽媽給了我200元壓歲錢；媽媽本來也要給你的，因你不在就給了小瑗、三毛各100元。

現在除了你，還有什麼值得我去費心思的呢？你和書本佔據了我的所有的時間。此刻，房東的電唱機上播放著〈The Wedding〉，多麼甜美的一刻啊！將來我要你對我唱：『……I'll be yours, all yours, now and forever ……』。

再過幾天就是我們認識一週年的紀念日了。記得不？那天，你和他們一起來基隆玩，我跟在你們的後面，躦進那個仙洞，你在洞裡唱歌。在海濱我家的小樓上，看著那美麗的海。這一切，你都會記得吧？」

我1月21日至2月6日信：「我前些日因考試沒寫信給妳。週三，我終於考完。

今晨，我接到 Dr. Pryce 明信片，告知本學期 Quantum Mechanics 期終考我得A，全學期成績也是A。齡，妳必為我高興吧。能在這位英國大教授班裡得A，我很驕傲。

今天是週六。今午，我接到 Dr. Breuer 明信片，告知我電子計算機這門課成績是A。齡，在本學期所選三門課中，我已得兩個A。

Mr. and Mrs. Whittlesey (Con and Helen): 攝於 1959 年，
在 Boston, Massachusetts。
(Mr. and Mrs. Whittlesey 從我高中時就是我筆友。)

週日，我去 Inglewood 李青叔家度週末。在他們家看電視，和小孩玩。晚上，我們一同去附近青叔朋友家聚餐，吃道地中國菜。之後，他們駕 Dodge 車送我回 USC，我趁機借來他們的照像機，準備拍些照片。

昨晨，週一晨，我請老王幫我拍五張照片：住所，校園，computer lab。

昨天下午，我在 LA 市中心 Olympic Theater 看電影，付 50 cents（約 20 元台幣）看三部電影，其一是美國彩色老片《The Sweethearts》，描述一對夫妻在美國歌舞劇上的成功及他們永恆不渝的愛。劇中男主角寫了些雋永的 love notes 給他妻，如：『Six years with you are like six minutes.』，『Six minutes without you are like six years.』，『If you want the moon, will you let me fetch it for you?』，『When you look in the mirror, you look at my favorite person.』。齡，我把這些轉獻給妳。

接到 Professor W T Kyner 明信片，告知我本學期 Complex Variables 的成績是 A。如此，本學期所選三門課我全都得 A。

前幾天，接家裡寄來照片，見至愛未婚妻、家人、戚友們近照，很欣慰。齡齡，妳瘦了。我心疼。希望妳很快再胖些。

昨晨，我把最近拍的六張近照先寄給家人看，再請爸媽轉寄給妳。我將底片一併寄回，請爸媽多洗幾張。以後，我會拍些彩色照片寄給妳。

上禮拜，我和老王（御華大哥）去 50 英里外 UC Irvine（即在 Irvine 的加州大學）看看，校園很美。（48 年後，兒子凱翔和媳婦 Annie 在 UC Irvine 結婚，並住在學校附近 Turtle Rock 社區，也在 50 年後在此生下我的孫子 Logan Lee（李天恩））。

大前晚，老王與我去 Hollywood 的 Paramount Theater 看 Doctor Zhivago 電影，真是詩意盎然的好片。Doctor Zhivago 與 Leo Tolstoy 的 War and Peace 異曲同工。俄國在文學和音樂領域出現幾位大師，如 Tolstoy、Turgenev、Tchaikovsky、Pasternak 等。來美國後，我似與文學脫結。今後，我仍應接觸文學。

昨晚，我去老黃那裡，適逢陳祖怡夫婦打電話給黃，要請他吃醬拌魚。老黃把我也拉去。在陳祖怡那裡，我們看電視、談天、吃湯圓。祖怡夫婦情感好，相敬如賓，是快樂家庭。陳祖怡問候妳。」

她2月4日至10日信：「愛偉，今天又沒有盼到你的信，我的焦急真是不可言喻。偉，你到底怎麼啦？我的心像十五隻水桶，七上八下的，不知你為何那麼久不來信，急死人了。偉，到底是怎麼了，十多天沒有你的信

　　今天接到李媽媽的信，知道你也有好些日子沒有給家裡寫信了。偉，到底是發生了什麼事情？是病了還是忙碌？真是急死人了。隔了半個地球，要我到何處去探訪你的消息？偉，真恨不得馬上就能夠飛到你的身邊，看個究竟。這些日子以來，沒有你的信，我恍恍惚惚地看不下書。快要考試了，真願趕快有你的消息，好讓我安心地念些書。

　　偉，今天終於接到你的來信了，我心中放下了一塊大石頭。有了你的消息以後，我心安了，也該好好地準備功課了。

　　我在學校耕田時，照了三張照片，下次再寄給你吧！

　　星期六，三毛要到屏東來接受 Edison 科學獎，我要去看他。

　　今天下課時，我站在走廊上曬太陽。同學問我是否在想海外的那位。偉，我的確是在想念著你呢！

　　晚飯以後，我打了一個電話給屏東師範學校，希望能找到三毛說話，但沒有接通。我騎著車子去看三毛。三毛交給我六張你的照片，並將妳的成績單給我看。偉，我真為你驕傲呢！每張照片我都很喜歡，尤其喜歡那張你拿著煙斗的。在這六張照片裡面，只有在 computer lab 裡拍的那張依稀可以看到你手指上的戒指。我很高興你仍然被我捆住。」

　　我的2月7日至27日的信：「今天是 2 月 7 日，週一，第二學期上課首日。今晨，我上三堂課：EE541, EE552d, EE470。

　　我今午回屋，看到妳及家人信，很高興。前些日，我因期末考及考後懶，寫信不勤，真不應該。齡齡，請原諒。從今以後，我會儘量每天寫，每週寄一次。

　　我這學期修五門課：Analytical Methods in Engineering, Logical Design of Digital Computers, Electromagnetics, Linear Network Synthesis, Seminar，共 13 學分。這學期後，我暑假打工，之後再一學期就可拿 MS 碩士學位，然後開始工作，等妳來。

週六上午，我在圖書館看書。下午，因老王要去 CIT 辦事，我順便跟去，見到台大老同學牟在勤、朱以謙。大家一伙去附近 Huntington Library 參觀，拍不少照片。

這裡陳尚毅同學，成大畢業，他女朋友兩三天後來美國，他很興奮。再堅忍一些時日，一年多後某日，我將駕車去 LAX 機場接妳。

今天我收到兩封信，來自物理系 Dr. Pryce 及數學系 Dr. Kyner，兩位都願為我申請獎學金寫介紹信。英國的 Dr. Pryce 是 USC 聲望大有權威的理論物理學家。他信中寫：『Dear Mr. Lee: I have written a letter to Professor Kaprielian supporting your application for a fellowship. I hope you are successful in your application.』。Dr. Kyner 的信：『Mr. Lee: I will write a strong letter of recommendation this week. I would write even a stronger letter if you would change your major to mathematics.』。

接到兩信，我很高興興奮，立刻去圖書館用打字機打三封信，把台大成績單及申請表格寄給系主任。

我今晚做炒子雞，可與媽媽所炒比美（一笑），很香。

昨晨，我在圖書館看書，午前回家，接 Dr. Breuer 來信：『Dear Mr. Lee: I have sent Dr. Kaprielian a recommendation letter for you.』。如此，申請獎學金三封介紹信都齊了。不到一週時間，所有事都辦好，乾脆吧。如此，我可專心讀書，能否得到 Fellowship 或 Assistantship，只有聽上天旨意。

隔房老美回家度週末，或去女友那兒，我可自由自在開收音機，把音量稍調高些，古典音樂電台優美音樂凌晨播放。

晚九時，我從圖書館回住所。坐我後面那位仁兄不停咳嗽，我怕他有流行性感冒。我今晨起床覺得不適，身上酸疼，似是感冒。我上午圖書館看書時覺得不舒服，回屋躺下休息。晚飯後，我吃兩片老王給的 Aspirin 藥。晚上，我上 Network Synthesis 課，上三小時。回家後，老王又給我兩片藥。希望明晨起來，一切都好。

我昨晚在床上輾轉，不舒服。今天仍不舒服。其實我不該上課，一則避免傳病給別人，一則應躺下休息。但功課重要，因此四堂課都上，課餘

躺下休息。今天起床後，身體仍酸疼，喉嚨痛。希望快好，以免影響功課。又是痛苦一天。上午還好，電磁學考得不錯。下午考完回屋後，全身酸疼，躺在被裡發抖。老王叫我去醫務室，護士量我體溫，*103*度，馬上把我交給醫生。他說這是*Flu*，叫我回家躺下，多喝水，每四小時服兩粒*Aspirin*及一粒*Coricidin*。

昨日整天躺床上，今晨一切都好。身體不再酸疼，喉嚨也稍好。這兩天課業只好放棄，下星期再繼續努力。」

她2月26日至3月4日信：「因為期考的忙碌，再加上身體不太舒服，胃口不好，就沒有太多的精力給你寫信，請原諒我吧！昨午剛考完，距離下學期註冊還有五天。在這五天的假期中，我溜回家享受了一番。

告訴你，這次遺傳學我考了最高分*97*分，上次考了*82*分，加上我實

1966 年初，USC 南加大，偉宗手持煙斗在校園。

1966 年的年初，USC 南加大，偉宗在 computer lab 。（坐於 IBM 1620 電腦旁

驗的成績 85 分，我的總學期成績是 88 分，在班上數第四位。生物統計學，我這次考了 94 分，實習 91 分，總平均是 94 分，班上的總平均只有我高於 90 分，而第二名的平均分數是 87 分。下學期，我將會考得更好一些，我要更加用功。偉，聽了這些，你應該會為我高興吧！

回家後，大家都說我瘦了。

剛才有一位男同學來告訴我說，我上學期得了第三名。偉，我還要努力呢！這學期，我將修植物生理、遺傳學、農場實習、國際組織與現勢、肥料學、植物病理、生物統計、食用作物、特用作物、農業經濟學，此外還有體育、軍訓、生產訓練、勞動服務等，這會使得我們忙得透不過氣來的。

這世上除了你以外，再也不會有任何人值得我愛。沒有了你，世界上

66 年初，USC 南加大，偉宗在 Olin Hall of
ineering 前。

1966 年初偉宗在 USC 南加大 Trojan
雕像前；1966 年初偉宗在 USC 南加大 Olin Hall 前面。

66 年初，USC 南加大附近，偉宗在住所 34
1060 號前面。

的一切對我都失去了意義。隔著大半個地球，如果我們沒有信心，彼此沒有心靈的默契，我們之間的感情根本沒法聯繫，你說對不？我總覺得冥冥中有位神在護佑著我們。偉，我這一輩子全要靠你了，我不求名也不求利，只求和你幸福地共渡此生，家、你和孩子們應該是我生命的全部。」

我 2 月 28 日至 3 月 8 日信：「昨日星期天，我整日躺床上，身體好多了。我昨天已不吃藥。今晨起來，我感覺好多，身體也不酸疼，只想咳嗽，但喉嚨已不痛。

昨晚睡前，翻看妳所有信和照片。齡，我一面看，一面回想感覺妳的可愛甜美。每件往事，我都細細品味：齡齡微笑，齡齡俏皮，齡齡鬼臉，齡齡坦誠，齡齡熱情，齡齡溫暖，齡齡體貼，齡齡秀眉美目，齡齡白嫩皮膚，齡齡健康面色，齡齡順暢文筆，齡齡美觀書法，齡齡詩詞修養，……。

今晨，我終於盼到妳信。我讀之再三，不忍釋手，放在身上，有空便讀。

今天上午，我上三堂課，下午又上 Seminar，晚上去圖書館。因一直咳嗽，我讀得不順。於是，我去總圖書館看中央日報。一位美國男學生拿一張中文白話文章向我請教，我很高興給他一些指點。他說他曾學了一學期文言文，覺得難；我說：『I think it's difficult too.』。

今夜月圓，我散步月光下校園，一面走一面哼 Wedding 那歌。我回想半年前齡齡對我唱那歌，回想每個齡齡在我身邊的夜晚，幻想齡齡在我身邊陪我散步。校園雖美，但除我外寂無一人。

昨週日，我上午在屋裡幫物理系教授 Waddel 改大一物理習題。中午，老王（御華大哥）請我和任先生 (清大畢業前工專副教授) 去 Chinatown 金龍餐廳吃好吃的廣東點心。飯後，我們三人乘老王車去 CIT 附近 Huntington Park，欣賞名畫，觀賞園景。那時，天氣晴和，微風拂面，我覺舒暢。齡，妳來後，我必帶妳至此遊。

今天上午，我上三堂課，下午在屋裡改完大一物理習題後送到並投入物理系 Dr. Waddel 的 Mail box 內。

今天上午，我寄給妳十幾張彩色照片。齡，妳學業好表現，大家都欣慰，特別是我。我已病癒，食慾佳，精神佳。」

她 3 月 5 日至 18 日信：「剛才翻出你的所有的照片，細細端詳，覺

得心頭湧起一股蜜意。偉，多麼值得我愛。不知誰說過：『天堂對我毫無意義，若那裡沒有我妻。』現在我要換一個字：『天堂對我毫無意義，若那裡沒有我的偉。』偉，知道嗎？齡齡心中只有一個你，任何影子闖不進她心裡的牆。宇宙化為烏有，只要有你，我就滿足了。偉，偉，偉，你的妻在呼喚著你，你可聽見了？

偉，今午收到你的來信，我既高興又難過，高興的是我知道你的一切，難過的是你生了病，我卻不能在你身旁照顧。但願你收到這信時，早已痊癒了。

此刻我穿著那天你在我家替我剪照片時的那件寬大的睡袍，頭上梳著短短的馬尾。她對著你的照片在做鬼臉，嘴巴翹起來

今天，我穿了一件淡藍上衣、藍牛仔裙、白襪、學生鞋，頭上紮了一個短短的馬尾，上面繫了藍蝴蝶結，這使我看起來更小、更幼稚了，本來就是一張娃娃臉、長不大的樣子，我希望永遠地保持著這份純真的心境。

偉，今天是十二日，是你第一次來屏東的日子。日子過得真快啊，轉眼都已經一年了。今天是一個值得記憶的週末。

那天收到了你的彩色照片和短箋，我欣喜若狂，一遍又一遍愛不釋手地看。昨天接到你的郵簡，我的快樂也不是筆墨所能形容的。偉，我為你驕傲，以你為榮。

今天已是十六日了，再過四天就是我們訂婚七個月的日子。回想七個月前，你將手錶和戒指輕輕地戴在我的手上時，那份從心底冒出來的甜蜜是不可言喻的。要不是大家都在場，我會抱著你高興得流淚的。蜜一般的往事，多令人陶醉啊！

每次同學們到我的房間裡來就是要看你的照片。她們看了彩色照片以後說你胖了。偉，可別太胖了；胖並不是福，結實就好。」

我 3 月 10 日至 28 日信：「齡，我午間聽廣播，知台灣發生地震，所幸損害不太嚴重，才放心。齡，妳還安好吧？要好好照顧自己。

今天下午，我去物理系拿習題。Dr. Waddel 叫我快些改好第四次習題，於是我今晚沒看書，把時間全放在改卷上。有些學生寫得真亂，我改時快發瘋了（一笑）。當然，也有學生寫得很好。改完習題後，我整理房間、

1966 年 3 月，偉宗在公寓廚房做晚餐。

1966 年 3 月，偉宗在簡陋小屋。

1966 年 3 月，偉宗在 LA Chinatown。

1 9 6 6 年 3 月，LA
Chinatown，偉宗（左），
王御華大哥（右）。

掃地、擦拭書桌書架。然後，我去主屋浴室洗澡，一面洗一面唱，唱好些歌，也唱 *Wedding* 那歌。提起這歌，我便想起半年前妳輕聲對我唱那歌的情景。

　　昨夜，我夢到妳，夢中我似在新竹，感到久未見後的渴慕。

某晨夢中，我正要去看妳，就在那興奮、甜蜜、期待之刻，我醒來，妳在萬里之外，心中惆悵不言可喻。

今晨，我把昨晚改好的習題交給 *Dr. Waddel* 後，在 *computer lab* 向兩位同學講解 *analog computer* 用法，講了約三小時。

今晨，教授發下週一考的 *Finite Dimensional Vector Spaces* 成績，我得 *93* 分，是班上前幾名，最高 *100* 分，最低 *42* 分，平均 *78* 分。

6 年 3 月，USC 校園一角，攝於 Hall of Engineering。（樓上朝下

1966 年 3 月，CIT (Caltech)，王御華大哥（老王）在加州理工學院校園「瓜頂帽」前面。

1966 年 3 月，CIT (Caltech)，偉宗在加州理工學院校園「瓜頂帽」前。

今午，任先生請我和老王去 Chinatown 金龍廳吃點心，然後三人去海邊 Marineland。任先生看鯨魚表演，老王和我則與數十位其他遊客乘中型遊艇逛遊附近海面。浩瀚太平洋上，我幻想跳入海中游回台灣去看我妻。

今晚上課前，我去新建的 Von Kleinsmid Center Library 看中央日報及其他報章雜誌。我們在 World Library 可讀世界各地書報雜誌，獲得知識、自行思維、自做判斷。

《中國名歌精華》內有首〈她的頭髮〉歌，我改它為〈齡的頭髮〉：『齡的頭髮長又長，好像好像好像長江波浪滾滾東流，流在我的心上。』

昨晚屋裡看電磁學筆記時，我突想唱歌。我取出《中國名歌精華》來唱，唱黃自的〈天倫歌〉時，幾乎落淚，因它悲悵、振奮、優美。除唱歌外，我也吹口琴。」

她 3 月 19 日至 4 月 9 日信：「偉，今天是我們訂婚半年的日子，你還記得嗎？昨晚佳嘉拉著我去看電影，害得我丟了一個皮包，裡面有學生證和 39 元，氣煞我也，心裡一直不痛快。等到我想起了今天是我們的日子，我又高興起來，把丟掉皮包的不悅的一切暫時拋開。

今晚，天上沒有星星也沒有月亮，我坐在桌前 (原想去校園的，但那裡太黑了)，擁有一顆最明亮、最熾熱的心，為了你。偉，你的小齡齡好想你喔！

這幾天，屏東綿綿細雨。撐著傘時，我就想到和你在基隆時的那一段甜美的日子。我希望有一天和你共撐著一把傘，綿綿的雨把我們與世隔絕了，傘邊垂下的水濂圍繞著在傘下的溫馨、甜美和永恆。

今天的植物生理測驗，我得到滿分。一共考了三次，我也得了三次滿分。偉，給我鼓勵，以期望考得更好一些。

今天上遺傳學時，老師說：早婚生男孩的趨勢比較多，晚婚生女孩的趨勢比較多。偉，無論如何，我們都可能有男孩和女孩的（**此事後來成真，我們生有一女一男**），上帝總是在祝福我們的，對不？下午收到妹妹的來信，她問候你好。妹妹對我們可也真好呢！」

我 3 月 29 日至 4 月 17 日信：「黃昏時，我受傷了。我流了一手帕的血，被一位好心美國人開車送去醫務室。我躺在手術台上，護士把我左眼上眉

毛剃掉消毒，然後一位外科醫生在我左眉打一針麻醉劑，縫好左眼上方眉毛裂口。手術後，我回圖書館繼續讀書。現在，我剛從圖書館回家。

　　我受傷過程如下：黃昏時，我趕往圖書館讀書。看一段書後，我急上廁所，需經一扇全透明玻璃大門。我以為那門是空氣，不經思索朝那門急行而去，速度很快，一聲巨響一大衝撞，眼鏡落地，我也摔倒於地。

　　我起來時覺得好笑，隔些時便覺左眼上熱呼呼血流下來。我用手帕去拭，大片紅血沾滿手帕，血繼續流。這下我慌了，不知如何是好。所幸那時在旁一位好心中年美國人熱心開車載我去醫務室。他進去一下便離開，我緊握他手，謝他相助。

　　此次受傷事件使我損失眼鏡（好在還有備份）、沾滿血的手帕、左眼上眉毛。護士小姐開玩笑嚇我說眉毛長不回來了（一笑）。

　　明天要考試，不打緊，因我已有準備。醫生叫我週日晚九點再去。齡，笑笑吧。笑笑偉的愚蠢，竟然與玻璃大門來物理衝撞實驗。可見我骨頭有多硬，衝撞時我感到極厚玻璃大門被震得猛然搖晃。

　　這兩天，我情緒不好。週四晚我受傷，影響週五晨考試，沒考好。傷口疼痛使我考時緊張，沒考好。妳可想見我心中失望難過，我欲每科均得A的理想目標被打折。當然此次考試只佔全學期總成績20%，我會再努力。

　　齡，真所謂禍不單行：考完試後中午，當我回屋時發現南加大電機系來函通知我未得獎學金。齡，妳可想見我失望、難受、麻木。當晚，我去城裡看電影，想藉此忘卻一切。齡，週六晨起床後，我又振作起來。

　　為方便暑假打工，週六下午，我請老王、老黃陪我去一家 auto dealer，200 元買一部 1957 年 Chevrolet station wagon，綠色車身，車內蠻大，引擎尚可。我先付 100 元旅行支票，下週一再付銀行僅存的 100 元。車子四輪胎需更換，不必換全新，只需換五元一個舊胎就行，需 20 元。此外，煞車也需換，需 30 元。

　　今天上午至下午，熱心的老王耐心用我車教我開車。我現在已能自己開車，有此車，我暑假就能找工作賺錢。在 LA，車是必需品，也是賺錢工具。……明晨將去 DMV 考 instruction permit，然後就可正式學車。再隔些日，我就可考 driver's license。

昨夜，南加大一位前輩張德明打電話來，叫我去他那兒一趟。今晨去時，他告知他的老闆 LeBlanc 教授要用人，問我願不願去，我說願意。如此，我可逐漸成為 Dr. LeBlanc 的 Research Assistant。齡，壞運後好運來臨。感謝張德明兄。齡，為我祈禱。

我剛才洗澡，扔掉左眼上方膠布，見約一英寸長傷口已癒合。我眉毛被刮去三分之一，相信很快能長回來。齡，只願卿心似我心，定不負相思意。」

她 4 月 10 日至 26 日信：「看完你的信，我真是急死了。你那一撞，真的沒有什麼嗎？我擔心極了，以致於整天悶悶不樂。

你買了車，今後我更要為你擔心了。你那麼粗心、那麼糊塗，真怕你出了亂子。

偉，剛剛看完了《愛與死》電影回來，那真是一部太好的電影，看得我淚如雨下。片中講述了男主角高野城和女主角大島美子的一段永矢不渝的感情。這是一個真實的故事，至今男主角還在日本，女主角則已經安眠了。大島美子患了一種『軟骨內腫』的不治之症，連面貌都被毀了。可是高野城說，如果妳不願意見人，我們就搬到深山裡去。女主角為了有痊癒的希望，一再地接受手術的治療，到她彌留時仍然不斷地叫著高野城的名字。她仍然希望上帝能夠給她三天健康的身體，第一天要回家鄉看望父母弟妹，第二天希望能替高野城洗衣燒飯，第三天希望靜靜地回憶過去甜美的日子。偉，那真是感人的愛情。我被感動得流下淚來，沾濕了我的兩條手帕。

偉，我愛你。夜闌人靜，我坐在窗前為你寫信。陣陣微風從窗口吹進來，今晚的月亮是蛾眉月，感到一種黑色和有些淒涼的美。昨天我和佳搬到此地，因為房子是新蓋的，還沒有地址，來信還是先寄到原處吧！」

我 4 月 19 日至 5 月 1 日信：「齡，剛才接讀妳信，心中有一股難言的慚愧與歉意。齡，若我曾經使妳不悅，妳能原諒我嗎？上幾封信或許是我心情不好時寫的，使妳不悅。Please forgive me, Darling Daisy! 我買車非為遊樂，而為暑假工作。在此無車，如同無腿。暑假時，我要全心工作賺錢。明年秋天，我繼續修完碩士學位，開始工作、賺錢、還錢、存錢，

等妳來此。至於修博士一事等結婚後再說。

我昨天下午考到駕駛執照，我會小心開車。明天4月20日是我們訂婚八個月紀念日。齡，我心中此刻有一股鬥志。我要得最好成績、成就事業、賺錢，為妳，親愛的。我要把一切成果獻給你。

今天中午考電磁學，考得不錯。傍晚回屋時，見門上貼有紙條，上面說 Professor Kuhel 曾打電話給我。我立刻回他電話。他說他打電話來是為通知我將得每年2,700美金 Research Assistantship。他說如果我攻讀 PhD 才會給我此項研究助理獎學金，我說當然要攻讀 PhD。

今天收到 Professor Kuehl 來信，正式通知我得到 Research Assistantship 獎學金。我從下學期開始拿這錢，每週工作20小時，每月領300元。

這些日，我為準備考試並幫教授改習題，非常忙碌，因而沒給妳寫信，請原諒我。

幾天前，我給妳信中提到系方給我獎學金一事，妳收到了嗎？這暑假，我將拼命賺錢還債，然後安心讀書，等妳來。

今天午後，我寄了三張母親節賀卡，一張給媽媽，一張給黃媽媽，一張給楊媽媽。我給妳爸媽寫信時，已開始自稱『婿』了，恰當不？

今天下午，我給 Professor Kuehl 寫一信，正式接受系方給我的 Research Asistantship（研究助教獎學金）。」

她4月27日至5月13日信：「親愛的偉，你的信雖然中午就到了，可是我卻在晚飯後才看到。偉，真恭喜你了，我真為你驕傲，這樣子你就可以專心讀書了。偉，恭喜你，我好高興喔！上帝待你真好，真是天無絕人之路。今天我一直興奮著，為了你的光榮，也屬我的驕傲。我和佳搬到此地，房東對我們好極了，真慶幸自己能夠遇到好的房東。」

我5月14日至30日信：「好些日沒給妳寫信，真抱歉。這些日，除趕功課，便找工作。上週，我去 Hawthorne 的 NCR（National Cash Register）公司應徵。第一次去，我填申請表單。第二次去，為 Interview。Supervisor 考我。第三次去，人事部告訴我：NCR 準備雇我做 Associate Engineer。他說等到他們與我的系主任 Kaprielian 和 Professor Breuer 談過

後就寄正式任用信給我。

　　此次尋職，我只去一家，便得結果，實很幸運，感謝上蒼待我恩惠。好在這學期我選 Logical Design of Digital Computers 這門課，暑期工作立刻派上用場。

　　這些日，我寫一篇 20 多頁 Seminar Term Paper，把所有資料整理成一篇題為〈Computer and Brain〉論文，其中我把 Computer 與 Brain 或 Central Nervous System 做比較。我花十元請人幫我打字。此地打字價格是一頁五毛錢，相當於台幣 20 元。

　　今晚，我和老王去 Downtown 的 Olympic Theater 看《Rose Marie, I love you》電影，一部純情音樂片。我要說：『Daisy, I love you.』

　　此刻是週日清晨，天氣陰沉。收音機正播放宗教音樂。剛才，我翻開妳照片，心中想像將來一起生活的快樂甜蜜。那將是多美妙的事。相愛人生活同一屋頂下，同桌吃飯，同床睡覺，同沙發看電視。分享一切，分擔一切。這日子就快到來。我盼望妳來。

　　我昨天接妳信，無比高興，心中甜蜜無可比擬。齡，妳考得真好，每科都在 top range。昨天接妳信同時，也收到了 NCR 雇用函。我 6 月 3 日考完，6 月 6 日開始去 NCR 上班。」

　　她 5 月 14 日至 6 月 13 日信：「偉，有好些日子你沒有出現在我的夢中，在真實的現實中我不能夠與你相依，但你總該出現在我的夢中對我訴說心語呀！偉，等著我，等著齡齡到你身邊。

　　今天（May 15），聯合報副刊中有一篇文章叫作〈六朵玫瑰花〉，真是一篇太好的文章。我真羨慕那對老夫妻（其實並不老）。那份雋永的感情。也真羨慕那對小夫妻。堅貞不二的情意，再加上親子間、姐妹間的親情和友愛。真令人百讀不厭。偉，文裡的好些話都可以當做我們之間的榜樣。『感情不是要求，也非贈與，而是必須培養在自然的、公平的不知不覺中。』，『經得起考驗的感情不需任何形式來約束，也決不會因時間和空間而變質的』。偉，這真是一篇太好的文章，希望你能夠看得到。

　　偉，傍晚我在吃飯時，女同學告訴我有你的信，我高興得吃不下飯，就跑回女生宿舍去拿信。我真替你高興，得了如此的工作。暑假之後你就

可以把債還清了，無債一身輕。你負債，我的肩膀也感到沉重呢！偉，你不會笑我吧！偉，齡齡真為你驕傲呢！偉，你上班以後，開車一定要小心，千萬別橫衝直撞，不要喝酒，睡眠要足，否則真怕會出事呢！

住在這裡，房東對我們太好了，把我們當成是一家人，給了我們像家庭一般的溫暖。他們看見我桌上的你的照片，還一直誇你呢！今晚，我梳著辮子，並紮上粉紅色的蝴蝶結，穿著淡藍色的洋裝（就是我們在附小照相時所穿的那件），穿著黑色的學生鞋、白襪。我吃完飯回來，經過老師們的宿舍，大家都說我今天好漂亮。教官和他的太太說我像一朵水仙花。我知道他們是太恭維我了。水仙應該是清雅、淡泊和脫俗的，而我卻是那麼的俗氣，是一個生活在俗世的俗人。

你的照片放在桌前，每天我不知要看上多少遍，總覺得你在對我笑，笑我癡，笑我傻。不管怎樣，看到它，總像是看到你一樣，有一種滿足、安慰的感覺。

偉，今晚八時，裘迪颱風在台南登陸。從今晨起，屏東就陷入了淒風苦雨之中，好怕人喔！燈一閃一閃的，好可怕啊！偉，今晚伴我入睡。前天的颱風真嚇人，這兩天又是傾盆大雨。

今天的植物生理小考我得了滿分，為我高興嗎？今午收到堃和鳳的信，她們要我問候你。堃寫著：『看妳談到李偉宗，有似小夫妻之語氣，真是羨煞人。我並不是羨慕妳和李偉宗，而是羨慕妳那種安樂、滿足而喜樂的心情。我想一切如我們這種年齡的女孩所 dreaming 的一切，妳包攬了一大半（almost all）……』

這兩天很熱，又加上盼著你的信，情緒很不穩定。盼著你的信，盼著，盼著。偉，在這個世界上只有你對於我是重要的。認識了你就是我生命的轉捩點，從那時起，我因你的快樂而喜，因你的悲傷而憂。這世界上將沒有其他的男孩子是我用生命去愛的，若有，他將是我和你的小 baby。想到這裡，我自己都覺得不好意思了。」

我 6 月 6 日至 13 日信：「好些日子沒有給妳寫信，真是抱歉。考試上週五結束，考得尚可。因這學期選課太多，且有改卷子工作，成績可能受影響。無論如何，我盡力了。

1966，屏東，菊齡實習犁田。（其一）

1966，屏東，菊齡實習犁田。（其二）

今日週一，晨八時去 NCR 上班。上午新員工訓練，人事部 Mr. Lyon 為我們六、七位新進員工介紹 NCR。填 Paperwork 後， Supervisor Mr. Powell 帶我到他負責的 Department of Test Equipment 開始工作。

Mr. Powell 要我先跟一位香港來的工程師工作，一段時間後再分派 Project 給我設計。公司冷氣太強，明天將帶毛衣上班。

此地工作環境好，下週五就可領本週賺的薪水。我上下班開車共約四十分鐘（來回各 20 分鐘），來回奔馳 Harbor Freeway 上。明天還要上班，要繼續上三個多月班。相信這段時間應很愉快。

今天，Supervisor Floyd Powell 請我設計一個簡單機器當作練習。相信明天我就能設計出來。又是一天，今天上班仍在學習階段。我已逐漸熟悉 NCR 環境與工作。我的老闆是一位很好的美國人，對我很好，也很照顧指導我。

我下班回家很累，懶得做飯。今晚只吃炒麵。昨天下班回家，見妳寄來剪報，更意外驚喜發現四張妳的照片。我見妳最近模樣，見妳雅致溫柔，心中甜蜜。

齡齡居然能操作大水牛了，不得了（一笑）。 妳與佳嘉合照的照片很

好看。齡，容我讚美妳，妳真美，外在內在都如此。一股清新雅致氣質流露散發自妳臉上身上。我多希望照片中的佳嘉能換成我，妳雙臂環繞的是我而非佳嘉。

今天是晴朗週日，上午在屋裡，下午本想與任先生同看電影，但老謝突來電話，約我及老許騎馬去。我們七、八位同學乘坐兩輛車同往 Lakeview Park 附近一處荒涼牧場。每人花兩塊錢租一匹馬，都是高大的馬。

剛跨上馬背時有些怕，但牠走幾步後我便無恐懼。不久，我就能讓牠慢跑。牠跑時顛得我下肢和臀部很疼，腿內側被磨擦變紅。

有一次，我操縱此馬去一小丘，牠竟快跑而去，使我險些落馬。

我們朝一座土石水壩行去，途中此馬不知為何光火，命牠前行，牠卻回走。我怕牠光火把我摔成空中飛人，只好任牠往回走。然後我又不怕，對牠兇些，牠也乖乖聽話。

那牧場一片荒涼，雜花野草遍地。一些美國女孩們一無畏懼坐於馬背馳騁。土石壩旁有一小湖，其上有飛馳汽艇，艇後有人滑水。湖邊有綠草如茵公園，各色人等躺曬日光浴，也有人扔打棒球。

騎馬時，我盼望妳靠我胸坐我前，我左手把韁、右手繞我齡，任馬奔馳蒼茫曠野。」

1966 年 6 月，偉宗在 NCR Company 前。
（身後是 200 美金購買老爺車：1957 年 Chevrolet Station Wagon）

1966 年 6 月，偉宗騎馬於 Lakeview Park。
（near Hansen Dam in San Fernando Valley）

　　我 6 月 16 日至 28 日信：「我在 NCR 見習期已過。今晨，我的 Supervisor Mr. Powell 給我一個 Project，要我設計一部機器。我非常興奮，發誓暑假中一定完成此事。

　　上學期五科成績都揭曉，大多是 A。EE470（電磁學）：我是全班前三名。EE552A（Logical Design of Digital Computers）。期中考時因撞擊圖書館玻璃門受傷沒考好，但期末考我得 92 分，據說是全班最高分，因而全學期成績仍是 A。

　　昨週五，是一週上班最後一天，也是我在 NCR 工作第一個 pay day，領到第一張週薪支。賺錢當然興奮，但更令我歡躍的是回家時看到妳信。分離已近一年，我倆愛情一如往昔，未曾稍減，今後一年將有增無減。

　　本週在 NCR，我著手設計機器，也做 test programming。昨天，我把 program 打在 tape 上，置於 tester 上測試一個 circuit card，沒問題，都 OK。

　　我昨天領到第二張週薪支。下週起，我想週六也來工作（overtime），如此可多賺錢。

　　齡，此刻妳必已全考完，整理行裝，次晨搭車北返了。妳又將回到溫暖的家，見到雙親及弟妹。

　　今晚，我吃炒子雞。每天工作八小時回家後，不想做飯。因吃不好，最近瘦了。沒妳在身邊，我很寂寞，齡。

　　今週二，我已開始設計 test equipment。Supervisor Mr. Powell 給我指導及鼓勵。這機器需花不少錢開發，我今天填請購單，向 New Jersey 一家公司購買 275 元 voltage comparator。」

　　她 6 月 30 日信：「偉，親愛的：考完試已有好幾天了，回到家也已經兩天了，始終沒有給你寫信，怪我嗎？且聽我細細道來。

　　考試前兩天，我去學校分部參加畢業典禮，在路上騎車時摔了一跤，起不來，臉色發白。佳替我叫了一輛車，送我到醫院。左手被摔破了，左臂和肩膀之間的筋被扭到了，不能夠動彈。在那些日子當中，梳頭和穿衣等等都是佳幫我的。

考試的第二天，我不知道為何開始瀉肚子，一天九、十次，弄得我全身無力，躺在床上，吃什麼藥都沒有用，影響到考試不少，否則我會考得更好一些的。在返家的前一天晚上，我忽然發高燒。到昨天，燒退了，瀉肚的情形也好轉了，可是手上的筋仍舊有一些扭著，抬不起來。今晨，到一間楊媽媽所介紹的接骨醫生那兒去，醫生將我用紗布包起來，幾乎整個上身動彈不得。天又熱，悶死了。偉，還怪我沒有給你寫信嗎？

媽不希望我去騎車了，她說我老是闖禍。我以後也會盡量地少騎，騎時也會格外地小心。對了，有一天，老師替我算命，說我很專情也恨熱情，但我的熱情只是對你一個人喔！」

1966 年上半年就如此過去。齡和我的情感靠書信往來緊密維繫，我從簡陋和暗淡開始的留學生涯逐漸露出曙光和希望。

1966 年中是我人生轉捩點。

我 7 月 2 日至 18 日信：「齡，本希望今天（週六）能接妳信，卻沒有，心中難過失望。這是長週末，下週一是美國國慶，又沒法收妳信，要等下週二。這長週末真不知如何過。沒妳在身邊，我少生趣，我寂寞，我思念。我連續兩晚夢到妳，既便在夢中，與妳在一起也是快樂。齡，為何回到家不給我寫信呢？兩星期沒收妳信，我渴望妳信及它所代表的妳心。

我 NCR 設計工作已正式進行。我已擬好 *flow diagram*，其次開始 *detail design*。

昨夜，我夢妳很長很長，這是第三次夢妳。夢中，我倆結婚。沒妳信的日子真難過。

今天終收妳信，高興之餘，也為妳受傷心疼。妳因受傷而沒寫信，我怎怪妳。想到白嫩齡齡重摔於地，我能不心疼？祝禱妳快好起來。我今晚本想寫信，但因張德明來訪，談很久，而沒寫。

前天，阿牟及朱亦謙來訪，來我這兒吃飯，並同去 *Hollywood* 看 *Dr. Zhivago* 電影。齡，此片已在台灣上演嗎？很好的影片。

妳申請學校需考慮很多事，我白天上班忙於設計，下班後會為妳申請學校事思考和辦事。別急，別怕，放心，還有很多時間。妳學校有位謝教授，他兒子在此讀書。

我設計工作快完成，近日很忙，上班至下班一刻不停，但我一直念妳。

今晨開車上班，我在南加大附近被罰來美後第一張交通罰單，highway patrol 給我 ticket 時相當客氣有禮，給我深刻印象。

我白天工作一刻沒停，晚飯後帶筆記本去圖書館為妳查申請學校事。千萬別急，申請學校非一蹴可及，而需按步就班處理。妳放心，好好在台北補習班讀英文吧。

我今日又忙一天，不曾停止片刻。我初步設計已完成，現正重整及修補，並加緊採購所需其他廠商產品，如 printer, reader, relays 等。

從銀行回來，買了 50 元美金旅行支票，將寄回去，其中 5 元給三毛，45 元給妳，其中 10 元用於申請學校，35 元給妳暑假補習英文。」

她 7 月 4 日至 20 日信：「偉，好些日子沒有寫信了，想你得很，你好嗎？想我不？昨晨，我離家到台北，臨行時忘了帶你家的住址，結果瞎闖亂問總算給我找到了。

今晨我一起床就去告訴李媽媽說昨晚夢見了你。在夢境中似乎刮著颱風。你要我出去玩，我說不去，你生氣跑了，就故意和另外一位女孩子在一起。後來我跑去找你，你說不要和我去，就和另外一位女孩子要走了。我傷心地流下淚來，你就跑回來，捧住我的臉說愛我，只不過要氣氣我。

偉，在你每天上班之餘，還如此麻煩你為我奔波、傷腦筋。齡齡謝謝你。回到家裡，看到你寄來的信和錢，不由得激動得想要哭。」

我 7 月 25 日至 8 月 27 日信：「今接妳信及家裡信，我很高興。妳這學期成績真好，要得！

齡，我最近把 Jean Christophe 讀完，真是有力的偉大著作，我從其中得力量。

昨晚，我與任先生去附近 Sports Arena 看大馬戲團，很精彩。

接到妳寄來照片，我很驚喜。見妳近貌，怎不令我欣喜甜蜜。齡，妳知我每天看多少次嗎？從照片看來，妳比寒假時胖了。一股秀氣靈氣福氣從妳臉上身上流露出來。我不禁感驕傲，這女孩竟屬我。

我每天下班回屋，除訪友購物都在屋裡看書聽音樂。很久沒聽唱片，覺得貧乏。我雖有附時鐘的收音機，且常聽 KFAC 音樂台古典音樂，但有

時並不能聽到喜歡的音樂。我應省些錢隔些日買部不太貴的唱機。我如此喜歡音樂。

我工作愉快，天天與 supervisor Floyd Powell 討論、修改、改良，學不少東西。

此是南加州週末美好黃昏，我開窗，讓清新空氣襲入。羅曼蒂克音樂從收音機流出。而我，妳寂寞的偉在距你數萬里外小屋裡想念妳，把情意向妳傾訴。我把妳最近寄來的照片放在近旁桌上，妳甜美笑容，如吐幽香百合，讓我心醉。窗外，不知何處傳來蛙鳴，帶給我台灣的回憶。

今天除工作外都在屋裡看《Reader's Digest》並聽音樂電台節目。昨晚，我聽兩次醇美的田園交響曲，我幾乎已能背下此曲。

剛才我運動，覺得痛快。今天有一特大消息，在 Houston 的 Texas University，一位學生殺死 12 人，真是駭人聽聞。美國，世上最強最富國家，有如此高 crime rate，令人擔憂。（數十年後今日，類此 mass killings 仍層出不窮。美國啊美國。）

8 月 20 日是我倆訂婚周年紀念。我買一張賀卡，本想寄出，但因上班沒法買到 25 分郵票，現已遲，便不寄了，盼妳原諒。一年終過去，我們倆都歷經考驗。仍有一年在前，盼我倆都經得起考驗。

我工作之忙，妳可想見。我每週末都加班。繪圖員在繪製我的 logic diagrams，來自 Austin 女技工正為 pin assignment list 做 wiring list 工作。很快就要著手製造。本週是老闆的年假，他沒上班，大家較不緊張。

上週日，我和幾位朋友赴 San Diego 一遊，美景處處，令人流連，值得一遊。妳來時，我帶妳去玩。

昨下午沒上班，參觀 WESCON，一年一度電子工業界大展，千餘公司參展，可見美國工業如此發達，參展場合體會美國力量之大。」

她 7 月 23 日至 9 月 11 日信：「昨晚，佳嘉來訪，並在此住了一

1966 年 8 月，偉宗在 San Diego。

夜。她告訴我好些我不知道的事。班上好些男生向她打聽我是否真的訂了婚或是唬人的。佳對他們說這還假得了。她說很多人說：『她（指我）好大膽喔，隔著半個地球，最少還隔著兩年，難道她不怕李把她給甩掉？』你說這些人是否多管閒事。我當時對佳嘉說：『看來我結婚時該發兩份請帖給這些好事之徒了。』你說可笑不？有誰能拆得掉我們，偉，你說對不？

告訴你一個消息，這學期我得了第一名。為我高興不？

昨天，我到基隆去參加哥哥的訂婚禮。我和他聚少離多。哥哥看到我就叫我，我對他說：『恭喜你了。』他說：『我該先恭喜妳才是。』

今天午睡時，夢到你。在夢中，我寫信告訴你說我做夢爬過了高山、吃盡了千辛萬苦仍然找不著你。後來你出現了，抱我在你懷裡。你正在削水果給我吃，正當甜蜜之際，李媽媽喚醒我了。唉！太蝦米了，能夠讓我多看你一會兒，不是很好嗎？我這夢中有夢，你可以想見我是多麼想你、愛你。古人說日有所思、夜有所夢，真是不錯。

這些日子你好嗎？思你之情濃厚極了。再過幾天就是我們訂婚一年的日子了，365 天終於熬過了，希望再過 365 天我就能和你見面了。我們終於經過了 365 天的時空的考驗，但願以後的日子中我們能夠更堅強地接受考驗。我能的，你能嗎？告訴我，我喜歡聽你說的一切。

孤燈、蛙鳴伴著我寂寞的影子，但填不滿我心中的空虛、寂寞。那些逝去的日子是多麼美啊！多麼令人難以忘懷。念著你，親愛的偉。這兩天台北市下著傾盆的大雨，因為有颱風的關係。放假以來，我特別想你。如果我能夠再見到你，我的欣喜一定是不可言喻的。偉，你能想像嗎，我們再次見面的情形？多盼望趕快飛到你的身邊，接受你對我的愛。以後我們再也不要分開了，任何人都無法使我們分開的，對不？

剛才翻開你以前的來信，看得很吃力，原來你以前寫得又密又麻，現在則寫得字型較大而次數較少了。從這一點可以看得出你現在是越來越忙了，而且你也已經習慣於那裡的生活了。

看完了信，我想起你上次臉上眉毛上方所受的傷，是否還留下了疤痕？想必一切都 OK 了吧？看我多大意，那麼久以前的事，到現在才問你，你會怪我嗎？

前些日子，我讀到一文說：『結婚是戀愛的墳墓。』我不知道是否是這樣的。我覺得在兩個人結合成一體而共同生活時，一定要比戀愛時更為幸福才對，否則大家就儘管戀愛而不去結婚就好了。所以我覺得婚後更應該培養愛情、更應該互相容忍才是，不能因為已結了婚而一切都不再去加以注意了。人都是追求物質、精神生活，在物質生活達到某一個程度之後，該去追求精神生活了。你以為我講的對嗎？

訂婚一週年紀念的那天，我在新竹夜晚躺在床上，一夜都不曾闔眼。腦子裡盡是你的影子，我想著過去，也想著未來。當我想到現在我寂寞地躺在雙人床上時，不禁寂寞地滴下淚來。偉，我好想好想你喔，你是否也在想我？好些日子沒有給你寫信了，原因是我心情不好，而且我可以坦白地告訴你，我在生你的氣。

還記得嗎？『漸行漸遠漸無書，水闊魚沉何處問』此刻的心情，頗為類似。偉，千言萬語只說一句，齡齡愛你，永遠等著你。」

我 9 月 7 日至 9 月 15 日信：「爸媽來信，知妳因我寫信不勤及潦草而痛苦。齡，這更可見妳愛我之深。若我曾使妳痛苦，我感到萬分抱憾，妳能原諒我嗎？相信我，我是妳的，永遠。

上週有三天 long weekend，我與其他三位同學（老謝、老鄭、老游）去大峽谷（Grand Canyon）露營。我們經過 Arizona、Utah、Nevada 三州，兩人開車，開老謝車，我開一陣，老謝開一陣。這是人生難得經驗。我因去大峽谷而未能見到我敬愛的老友黃嵩德，此是我一生相當遺憾的事。黃嵩德是可愛朋友。

寄上照片數張，除其中一張外都給妳。先讓爸媽看，隔些日我會再多洗幾張寄給爸媽。近來久未接妳信，知妳生氣。在家信中，既便父母親都懷疑我別戀或變心，真是天曉得。

齡，妳是因我寫信不勤且信中所言太淡而不悅，是不？齡，若我說我每天 24 時、每時 60 分、每分 60 秒都在思念妳，妳相信嗎？妳知我不善掩飾，妳知當我心無濃烈情感寫不出濃烈詞句說不出濃烈話語。我心深處有對妳不變的情感。妳難道不知我寂寞及工作忙碌？告訴妳，偉仍是出國前的偉，盼望齡也是出國前的齡。望此次誤會冰消雪融，愛情永存長留。

我下週起在 NCR 做 Part-time，即週二週四全天及週五上午去 NCR 上班，週一週三週五下午上課，上午替 Whelan 教授做 Research Assistant 工作。我的忙碌，妳或能想像到。忙碌中，日子過得特別快，妳來美的日子也來得快。我盼望此日速至。」

　　她 9 月 16 日至 10 月 9 日信：「你寄來的照片都收到了，每天我不知道要看上多少遍才滿足。從你的來信中得知你愛我如昔，這使得我很安慰也很高興。

　　我已將頭髮剪短了，大家都說這樣好看多了。我也覺得比較顯得精神一些。隨函寄上一小束頭髮和兩張照片，看看你的齡齡是否變了、胖了、瘦了、美了、還是醜了。不管如何，她總是你的，今生，來生。此刻唱機旋轉播放著《卿莫忘我》的主題曲，義大利歌王唱得那麼地有感情。我也對著信紙說聲『卿莫忘我』。

　　今晨從台北回來，看到你的來信，你就不知道我有多麼高興。雖然你很忙，寫得很少，但是我很安慰。這次的誤會和不快可以說是我們倆認識以來最大的一次，但畢竟已經過去了。將來我們倆都將為自己的家而努力，我們將生活於同一個屋頂之下，擁有一個屬於我倆的小天地。這是多麼不可思議的事呀！我相信自己會喜歡這種共同的生活的。」

　　我 9 月 20 日至 12 月 11 日信：「今天在忙碌之餘收到妳信。妳無比可愛近照，那束令我心酥秀髮。妳兩張照片都很美，沒剪髮前的齡像淘氣小女娃，剪髮後的齡則是端莊秀美女學生。

　　今接妳信，我心甚慰。我倆誤會終成過去，盼今後更加相親相愛，為組織小家庭努力。

　　我今天下午與 Doctor Whelan 談好，將在他實驗室做 Research Assistant。我每天上午到 NCR 上班，下午上課及在 Dr. Whelan 實驗室做事，晚上讀書。我歡迎忙碌日子。

　　我今晨終於辦好當 Research Assistant 的 paperwork，下週或可領 9 月份下半月 150 元。

今週六，一週過去。此週尾，諸事定。一方面，我 NCR 工作仍繼續，每晨工作四小時。另方面，我替 Dr. Whelan 當 Research Assistant 事已定。今天上午，我去移民局辦延長簽證。諸事均定，我可安心工作讀書。忙碌工作增鬥志是好事。忙碌之餘，因未浪費時光，我覺得對得起自己及所愛的人。我工作讀書生活如常。

這裡來了一位蠻可愛日本學生。我昨晚開車帶他去中國城（China Town）、小東京（Little Tokyo）、墨西哥城（Mexican Town）一遊，讓他一睹此地大概。

原諒我，好些日沒寫信給妳。我的忙碌，妳或能想像到。上午在 NCR 尤其忙，因已開始製造我設計的機器，粗活細活都得做。

今天週六，我在房裡讀 Solid State Physics。昨夜，我特別開車去 LA 郵政總局為妳寄去我為妳擬的兩份教授介紹信。今天收到家人寄來照片，看見送行（諸親友送我乾妹妹朱以錚來美留學照片）照片中的妳，覺得妳較前更美，我心甚喜。

我愛妳，打從心底，但繁忙工作與課業使我有時對妳疏忽不週，請原諒。妳知否，週一至週五有時週六亦然，我每晨七點就被設好鬧鐘收音機吵醒，跳下床，洗臉刷牙，沒吃早餐就開車衝上擁擠的高速公路，開 20 分鐘車，衝至 NCR Building One，吃點餅喝點咖啡後，就開始工作，從 8 點至中午 12 點幾乎一刻不停，趕工製造我設計的機器。

中午 12 點，我餓肚，冒暑熱開 20 分鐘車回南加大附近住所，中午隨便吃點東西，沒午睡就趕去上課或到 Whelan 教授實驗室。下午 5 點回住所，吃頓較好晚餐，休息一會兒，就開始看書。忙碌使我暫時對妳疏忽。

我剛吃過晚飯，欣賞妳剛寄來照片。我拿照片給同住此日本同學加藤（Kato）看，他說：『How pretty she is!』我說：『This is my lovely, lovely Daisy.』。

剛才在校園見陳尚毅夫妻散步，我心中羨慕，期盼妳來。兩年煎熬等待必帶來永恆幸福。齡，盼望妳柔情似水熱情如火的信，別再如陌生人一般待我。若說妳不再像以往一般愛我，容我向妳再求愛，請妳接受我赤誠心。我會為妳準備安適家，盼望妳是這家女主人。請妳接受我，接受我再

度求愛。

　　又是忙碌一天，週六亦然。我今晨在 NCR 花一個多小時把設計的機器向同仁們做一番介紹。下午我繼續測試機器，解決問題，相當快樂。回家後沒見妳信，心中悶悶不樂。

　　我在 NCR 設計的機器已漸近完成。下午替 Whelan 教授工作，直至六點才回家。今晚吃牛排生菜並喝剛燉好的雞湯。

　　自感恩節前收到妳信，已有好些日。每次佳節假日都帶給我很大恐懼。異鄉徹骨寂寞驅使我盡量與同學朋友們相聚。但不可能在任何處停很久，總得回住所，而可怕的寂寞仍繼續侵襲。屋裡高歌，淚流哽咽。我厭惡佳節，寧可去公司加班，工作使我暫忘寂寞與悲哀。我要拼命工作，用全部體力全部腦力。

　　友情不分國界。印度的蒂瑪如與日本的加藤都是可愛朋友。在他們身邊，我覺舒適。某深夜，Timaru 載 Kato 與我去 Baldwin Hill 小山。在清新無霧霾空氣中眺望山下洛城夜景，真美。我那時多希望妳在身畔。印度 Timaru 說：『我希望做郵差，每晚在這山上送信。』

　　皇冠 152 期的〈拾鄉〉一文真確描寫留學生生活，有暇不妨一讀。一夜夢中，我到處尋妳不著。夢中辛苦搜尋帶給我次日傷感。」

　　我 12 月 12 日信：「齡，振奮起來。既便全世界都是妳敵人，我會站妳身邊。誤會只能增加增強我對妳的愛。這些日，工作忙。在 NCR，我將完成設計的 test equipment（module tester），將待做的細節交給一位 technician 完成，我開始寫 test program。

　　USC 實驗室，事不多。Dr. Whelan 將近期遷實驗室至新建的 Material Sciences 專用的 Vivian Hall 去。

　　這裡朋友中 Kato 和 Timaru 都是好人。老王（御華大哥）仍住此，我們相處融洽。」

　　1966 年 10 月至 11 月，我忙於繁重學業和兩份辛苦工作，齡亦忙於她剩下一年學業。兩人已分離一年有餘，難免產生一段冷淡期和兩三次誤會。來往信件變少，所寫內容變短，雙方信中不免露出些許埋怨不滿。但如此略感痛苦的時期終都過去……。

她11月6日至12月12日信:「偉,抱歉,很久很久沒有給你寫信了,因為我很忙,忙著申請學校,忙著考試,忙著整理行裝,也忙著生病。我的意思是說在我最忙的時候,竟然生病了。我的扁桃腺發炎了,燒到39.2度。

學校已經上課了,這學期我修了26個學分,又是忙透了。上學期我得了第一名。我的苗圃種著些麥桿菊,其實我希望種雛菊(Daisy)。那木牌上寫著:『中文名:麥桿菊。科別:菊科。種植者:黃菊齡。』每行都有個菊字,很有意思。你以為呢?」

我12月13日信:「今午直接從公司到LA總郵局將禮物以航空包裹寄給妳。這月我去大百貨公司四、五次,想找一些禮物寄給妳。昨晚去Sears,見淡綠色毛衣,及搭配毛衣的淡綠色裙子,及淡綠色手提包,及淡綠色手套。在淡綠手提包中有我情書。我買的都是美國本地貨,非舶來品。這些東西雖不名貴,但充滿和浸潤我對妳的愛。」

我12月13日寄給齡一些禮物,附了如下信:「齡:這些東西雖不貴重,但代表我對妳滿心的愛。希望毛衣及裙都合妳身。我發覺店員身材與你相似,請她挑,希望合妳身材。手套及手提包都是淡綠色,毛衣及裙子也都是。希望妳喜歡。當做我給妳的生日兼聖誕禮。親愛的妻:願妳快樂、幸福。願見妳甜美微笑。期待重逢日。」

我12月17日再寄一個包裹給她:「我前買這淡綠色圍脖,因放在小紙袋中,忘記與其他禮物一併寄給妳。此次航空郵寄給妳,望妳喜歡。」

她12月17日信:「好久沒有接到你的信了,甚念!當然也要怪我太忙了,沒有常給你去信,真是抱歉。

昨天這裡戶口普查,我們一直到深夜2點50分才來查。我起來後,再去睡,卻再也睡不著了,腦中盡是你的影子。

午後,我和佳嘉去照相,因為要畢業了,同學之間彼此互贈照片。我和佳嘉決定兩人合照,要送也一起送。(見所附照片)

回來後,我就收到你的來信。我好高興。偉,為什麼要花那麼多錢為我買東西。我有足夠的衣服,你也不是富裕的,節衣縮食地為我寄來,真讓我不安心。……

215

1966 年 12 月，畢業前合照：黃菊齡（右），劉佳嘉（左）。

　　你寄來的毛衣、裙子、手提包及手套等等，我雖然還沒有看到，但一定會喜歡那充滿著青春氣息而又淡雅的顏色的。偉，我一定會喜歡的，不為它們的價值，而因為是你選給我的，蘊藏著你對我的無限的愛。……

　　下星期就要考試了，我不能夠再給你去信了。考完後，我將會返竹過元旦，看看久別的家人。我一到新竹就會給你去信，好吧？

　　這學期所種的花中有『forget-me-not』和『daisy』。等開花時，我為你壓兩朵。這兩種花的意義很深，一是代表我，一是代表我們彼此 forget-me-not，等我為你寄吧！偉，雖然前些日子，我曾經和你嘔氣，其實我何嘗不想念你呢！只是讓一時的氣憤蒙蔽了，難怪班上同學們說我孩子氣重。桌上依舊是那張我倆的合照，他們依舊笑得很甜、很愉悅。」

　　我 1966 年 12 月 27 日年底信：「妳的信帶給我快樂，我終於又讀到妳親熱的字句、熱情的心語。Thank you, my dearest Daisy, for loving me!

　　聖誕假期中，我應邀去陳尚毅夫婦家吃聖誕夜飯。第二天，我駕車帶他倆去 Mount Wilson。雖沒玩到什麼，但證明這老爺車還行，能走遠路，能爬山。

　　下午去 Hamson Dam 附近牧場騎馬。這是我第二次騎馬，騎一匹高大、雄偉、充滿勁兒和活力的駿馬。我駕馭它奔馳於原野。」

　　兩年分離逐漸接近尾聲。1966 年後半年我們兩人之間短暫誤會和烏雲都已煙消雲散。1967 年帶來全新開始。

　　她 1 月 2 日至 30 日信：「愛偉：*考完後我就趕返新竹的家。在考試期間，我一直都沒有接到你的信，真急人。*

　　你寄來的東西我是在 12 月 29 日才收到的。我一直盼望著能在聖誕節以前收到，但卻失望了。你寄來的東西我都很喜歡，裙子的腰稍微寬了一些，但還很合身，只是稍微短了一些。大家都說現在流行短裙。不管如何，我都非常喜歡，只是花了你太多的錢。偉，以後千萬別再寄來，你的心意我全都知道。

　　今晨為你訂了一份《皇冠》雜誌，從 155 期開始，雜誌社直接寄給你。我另外買了 154 期，將會寄給你，因為很多篇文章是從這期開始的。

　　後天我將再返校。日子飛馳，希望半年以後就可與你重逢。昨晚返回宿舍，才見到你的信，我迫不及待地拆開來看。偉，我很高興，因為你了解我。

昨夜我夢到和你一起回新竹。我們爬到一處長遍了杜鵑花和野百合花的山坡上。我們唱歌、歡笑，有如孩童一般；有時卻又靜靜地彼此相視。偉，那時候我是多麼的滿足與快樂啊！偉，我好愛、好愛你喔！你可知道我全部生命、全部希望、全都寄託給你了。人說菟絲花是依附在樹上而活著。偉，你便是那樹，

1967 年底收到 1966 年 9 月齡拍的兩張照片。
齡在左照後面寫著：「給偉：這是剪頭髮以前拍的。你以為哪張好看？　齡 1966-09-17」
齡在右照後面寫著：「給偉：這是最近照的。頭髮剪了。好看嗎？　齡 1966-09-17」

我便是那菟絲花。離開了你，我就會枯死的。

　　新竹已經改裝成自動電話，家裡的號碼大概是3294。偉，快不要這樣做。打個長途電話要花多少錢啊，省省吧！想到你一個人在那邊辛苦地工作，我實在是不忍心要你花那麼多錢的。把錢省下來，買點吃的、用的。偉，不出半年我們就可以見面了。你現在那樣盼望著聽到我的聲音，但願以後你不會嫌我囉嗦、討厭、嘮叨、麻煩才好。

　　今天校園裡『勿忘我』終於開了一朵小花，如同我的字一般大小，是藍色的。也許我太愛『forget-me-not』這個名字了，看到了花以後，大失所望，因為它不太好看。不過我仍然要為你壓上一朵寄給你。你或許能了解這深厚的意義。」

　　我1月11日至30日信：「我發覺南加大電機系在南加大學裡應是最好系之一，特別在 Material Sciences 這方面。Dr. Whelan 已把實驗室遷到新建的 Vivian Hall 第七樓三間設備完善的全新實驗室。從實驗室可看見洛城全景，很美。

　　昨天在樓上，我突覺應在此美好研究環境留下來，繼續鑽研。（其後發展卻事與願違。）

　　謝謝妳為我訂皇冠雜誌。妳寄來兩張照片，我昨天收到，帶給我很大歡快。那種秀麗，那種典雅，那股如百合花般清新氣質。我的小美人，妳使我心醉。（兩張照片數十年中置於我左後褲袋錢包內，影像品質難免受到些許影響。）

　　因準備考試，這兩天上午沒去 NCR 上班，週六將補做八小時。下學期，我將僅選兩門課：(1) Solid State Physics (2) Logical Design of Digital Computers。這兩門選完後，我就可參加 MS 碩士考。兩學期半工半讀是難得體驗與冶煉，但畢竟不利學業。

　　照片中美麗的齡不斷激起我對往日甜美時光的憶念。陽曆年那晚，我打電話給此地 overseas station 說要打國際長途電話給妳，但 operator 說1月1到3日不開放。我很失望，原以為幾分鐘後就能聽到妳聲音。你寒假回家過舊曆年時，我會再打國際長途電話給妳。

　　本週考 Thermodynamics，下週考 Solid State Physics。今天我去 NCR

第六廠補上一天班。我在設計的機器內加裝六個風扇，並修好 *tape reader* 的 *spooler* 常鬆散的毛病。這機器終於成功。開車回家路上，我感欣慰，忘了勞累。

今天這裡下雨，此刻 34 街被水淹，看似一條小河，比平日多了詩意。汽車水中緩行如同小汽船。

這簡陋小屋很溫暖，只缺妳在身旁。上帝，請賜我福祐，賜齡福祐，賜親友們福祐。

我在此與老王（御華大哥）與加藤（Kato）相處很好。加藤常談起他的女友春子。晚餐時，他舉起啤酒，我舉起白水，我們乾杯。他說：『To your Daisy』我說：『To your Spring』兩人相視而笑。可愛的加藤。

今晚圖書館溫習課本之餘，瀏覽魯迅著作（魯迅全集，一共十大厚冊，人民出版社出版），近代中國文學巨人之一，令我折服。從前在台灣，我所知有關他的事多被曲解及斷章取義（魯迅書當年在台灣是禁書）。來到海闊天空自由地才知井底蛙可憐。

甜心，有幾天沒寫信給妳，因考試亦因考試後懶散。原諒我麼？考後那晚，老謝（謝劍光）請客，十來人聚在一起吃喝一頓，相當痛快。次日週六，我在屋裡看魯迅書。那晚，我駕車去機場接加藤的朋友。我站在玻璃門外，目睹一架飛機降落跑道，幻想若接齡該有多好。

週日上午，我仍在屋裡看魯迅。多少共鳴啊。已逝者文字中，我似乎找到知音朋友。多少我曾要說的他替我說了，而說在數十年前。那些年代在我腦中是多麼古老，而魯迅所言所寫所說是多麼新進、有力、近情、近理。」

她 2 月 14 日至 3 月 3 日信：「再過三個多月我就要畢業了，真希望能夠儘快飛到你的身邊。親愛的，今天下午以後，我的情緒變壞了。原因是收到妹妹藹理的來信，說你 13 日下午 6 時 10 分打越洋電話過來。偉，我好懊惱喔！因為我 14 日開始上課，所以 13 日上午就動身南下了。偉，我說不出心裡有多少歉意，讓你撲了一個空。家裡買了部錄音機，那一天我錄一捲給你，那時候你就可以聽到我說話了，對不？」

我 2 月 5 日至 3 月 3 日信：「今天是週末。下午坐搖椅靜讀《魯迅全

集》，除偶有與他相異想法外，多半與他心有共鳴。此人雖逝，其心未死。

愛齡，今天是 2 月 12 日（週日）。昨天（11 日）午夜，我叫 overseas station 替我接台灣給妳打越洋長途電話，12 日晨兩點才接通（台灣 2 月 12 日下午六點）。Operator 說妳已回學校。我聽後心下沉失望。Operator 問我是否願與妳父親談話，我說當然願，於是便與黃伯伯、黃媽媽、黃藹里有段愉快談話。

昨夜（其實是今晨兩點）打越洋電話回台灣，卻沒能聽到妳聲音，遺憾不已，但能聽到妳爸、你媽、妳妹藹里的聲音也很愉快。因早晨三點睡，九點多才起床。

下午到 Vivian Hall 七樓我的實驗室讀書，讀 Logical Design of Digital Machines。我一進實驗室便覺想讀書，這裡有很好讀書環境。

晚飯後，我又去七樓實驗室看書，讀 Solid State Physics。我把所有書籍文具等搬到實驗室辦公桌，將學業、實驗、日常生活分割。我每天空著雙手去上課，在實驗室工作，在實驗室讀書，晚上又空著雙手悠哉悠哉坐電梯下去，吸涼爽夜氣，哼愉悅小調，慢步走回住所。

回到屋裡，整理房間，浴洗身體，然後坐桌前，望妳照片，寫信給妳。在床上看 Time 及 Life 等雜誌，然後熄燈睡去。

次晨，被設好鬧鐘收音機叫醒，衝上高速公路，上班去。每天日子如此。

今天收到妳寄來 154 期皇冠及雜誌社寄來 155 期。謝謝妳，親愛的齡，這雜誌是我精神食糧。

我每過一天便增加一份喜悅，因距離重逢之日又減少一天。

此日又是廠、校、屋每天同調三部曲，倒也不令人厭煩，因習慣之力很大，即使感覺生活單調，那潛力深厚的習慣推你前行，迎接將來的多彩幸福。齡，不愛妳，我還愛誰？只有妳，我心所鍾。

妳父親在越洋電話後次日寫給我的信帶給我安慰。妳爸媽待我好，我也要做好女婿。

我突想拍些照片寄給妳、家人、親人，便請加藤替我拍照（Kato 自稱是攝影專家）。我倆去 CIT 附近 Huntington Library 拍，然後去 NCR 公司前拍，再回 USC Vivian Hall 內外各拍一張。

今晚，為酬謝 Kato 攝影之勞（其實有三分之一是我幫他拍。），請他去 Little Tokyo 吃生魚片。他帶路點菜，我付鈔。雖好吃，但不飽，再請他去 Chinatown 吃炒麵，才吃飽。

今晚，我獨上 Vivian 樓，夜 LA 靜呈窗外。我在實驗室做些事，填些申請購物表格，要為 Dr. Whelan 造一部馬達速度控制器。我忙到深夜 11 點左右才孤獨一人走回住所睡覺。

今天終收妳信，讀信的喜樂把怨妳不來信的牢騷拋到九霄雲外去。如今我盼妳信的程度如同我初時追妳一般殷切。齡，請滿足我，來信。

快把錄音帶寄來。我渴望聽妳聲音。妳可知，那聲音對我有魔力。我無法忘卻徹夜農機場松樹旁妳柔情聲音。妳不斷問我：『偉宗：你為甚麼愛我？為甚麼愛我？』」

她 3 月 8 日至 3 月 17 日信：「現在我以一種憂喜參半的心情告訴你，Mississippi State University 已答應了給我 research assistantship，每月 100 元，另外大概還可以免學費。喜的是終於有學校接受我，憂的是 TOEFL 這關怎麼過。

畢業旅行時，我將經過花蓮，我會去探望舅舅、舅媽、二姐姐的。我相信這是我在台灣的最後的一次旅行，希望能夠很有意思，將來回憶起來也是很甜美和值得紀念的。」

我 3 月 9 日至 4 月 19 日信：「下週一將不再去 NCR。4 月 28 日乃碩士考試日，存日無多，當竭力以赴。今日終離 NCR。我在此公司工作 9 月，所得實際經驗非常寶貴。

恭喜妳得到 MSU 助教獎學金，極為妳高興與驕傲。等著在 LA International Airport 接妳。

我在準備 MS Comprehensive Examination。約 6 月或 7 月可得碩士學位。考試日期是 4 月 28 日。

齡，我深愛的姑娘：妳得獎學金給我喜悅和驕傲，這象徵我倆重逢將至。唯望妳順利通過英文考試，則百事皆順。我為妳禱祝，盼妳盡力考好。

昨天是妳媽生日，我給她寄去賀卡及十塊錢，本想多寄一些，但此刻手頭不充裕。她接賀卡之日可能稍晚，但表我寸心而已。

我終於搬家。我搬到 1053 West 36th Street。這裡房間有自用浴室、冰箱、電視。晚餐與同公寓其他三位中國同學合伙輪流烹煮。三位中有兩位是台大同屆同學。屋內有暖氣，夜間睡覺只需蓋薄毯。房租 40 元，較前貴 15 元，但舒適很多。

　　這兩天，我為搬家感心情茫然，似秋空孤雁。昨夜落雨，聽淒清雨聲。齡啊，妳在何方？很久沒妳音訊，妳在何方？

　　剛搬到這裡，總覺恍恍惚惚不知所之，總算克服，生活漸趨正常。茫然日子中，我最需妳溫情，但百盼不得妳信。

　　住此很好，比從前那裡好上幾倍。我們四位同學合伙，輪流負責烹煮晚餐。如此省錢，也有意思。

　　我每日為 Professor Whelan 做事，一面讀本學期所選課，一面溫習以前所選課，準備考碩士 Comprehensive Exam。下週五碩士考，週一 Solid State Physics 期中考。我會從容以對。下週六，我就舒快了。」

　　她 4 月 27 日信：「有很長一段時間沒有給你寫信了，心中實在是感到不安和歉意。昨天接到你的來信，我很高興也很興奮，一遍又一遍地讀。我決定了無論如何今天一定要寫一封信給你。前幾天，我為你寄去了一些照片。

　　這一陣子沒有給你寫信，實在是因為太忙了，加上我對 TOEFL 考試抱著非考取不行的決心，所以疏忽了你。

　　恭喜你的期中考考得不錯，希望你能夠考得更好一些。一個多月以後，我就要離開生活了三年的屏東了。不管好壞，這總是一段讓人回味的日子。冷落了你多時，希望你的怨氣很快就會消失了。」

　　我 4 月 29 日至 5 月 7 日信：「考試前正埋怨妳不來信，突然就收到妳寄來可愛照片。若有人那天見我坐客廳沙發看照片，他必發現我笑容是多麼發自心底多麼甜蜜。齡，每一張有妳的照片，我都喜歡。妳寫在照片後的話語：『兩年時空的間隔，她依然故我。』『瞇著眼在想；她心中的王子此刻在做什麼？』『靜靜地等，再過幾個月，她就走到你身邊了。』『她現在是你的，過去是你的，將來還是你的。』齡，這些話在我心中盪漾，給我甜蜜，給我信心。

我昨天下午考碩士 *Comprehensive Exam*，應沒大問題，考試結果一月後知曉。我的碩士學位申請書已獲院方批准，只等交近照及通過碩士考，就可戴碩士帽穿碩士袍。

Solid State Physics 第二次考試，全班平均分數 40 分，我考 71 分，應是 A。

齡，你在台灣，有家人、同學、親友們圍繞，不知我在異國生活寂苦，不知我多渴望能與相愛人生活同一屋頂下。如果妳來美國，立刻就去遠方密州讀書，妳很苦，我也苦。為何不馬上結婚，永久廝守一起。

今晨終收妳沉寂長久後第一封信，我樂壞了。小姑娘啊！妳讓我等慘。昨晚，妳終被我捉到，讓我兩年來第一次聽妳甜美聲音。齡，一向會說話的妳當時怎麼說不出話來？太興奮？我原也準備說一大堆話，到時也因興奮而忘了。我沒忘告訴妳：『我愛妳』。妳必聽到，我大聲叫出，怕妳聽不到。妳沒說妳愛我，想必因父母親及他人在旁。

兩年中雖有不悅及風波，反倒有益。若我倆平靜無波，無內外諸事影響搖撼，便無考驗磨練機會。

昨晚，陳尚毅夫婦請我們五位同學去他們家吃相當豐美晚餐。告辭後，我們五人到老謝房聊天，直到清晨四點。每位朋友似都把心剖出分享，多麼難得珍貴的異國之夜。（我們五位（老陳、老鄭、老何、老謝、我老李）加上後來的老傅（綽號『冒牌』）構成維持數十年珍貴友情的『叫花幫』。）」

她 5 月 6 日至 18 日信：「此刻距離剛才的越洋電話已經有一個小時了，我的心才平靜下來。從中午 12:45 PM 接到通知說你將會有長途電話打來，我就一直緊張著直到通完電話的現在，才平靜下來。偉，你一定不會知道我緊張得手都發抖了。一聽到你的聲音的剎那，我感動得想要哭，不為什麼，只是為了你對我的愛。你的聲音一如往昔般地吸引著我。我多麼希望你就站在我面前輕輕地對我訴說。平時我只知道我愛你深深的，但是一聽到你聲音我便融化在你的聲音裡，我發覺我已不再是我，而是你的一部分了。那種感覺，偉，你是否能夠體會得到？

偉，在電話裡，你對我說：『我愛妳』。這是一個俗氣的句子，但從

給偉：瞇著眼在想；她心中的王子此刻在做什麼？齡 1967-04-21

給偉：兩個月以前照的，現在我又把頭髮剪短了。齡 1967-04-21

給偉：口琴橋畔。齡 1967-04-21

曾經歲月

給偉：靜靜地等，再過幾個月， 她就走到你身邊了。齡 1967-04-21

給偉：兩年時空的間隔，她依然故我。 齡 1967-04-21

她現在是你的，過去是你的，未來還是你的。齡 1967-04-

你的嘴裡說出來卻是多麼的動聽。偉，我是多麼希望也能對你說：『我愛你』。可是爸爸、李媽媽等都在身邊，你說我怎麼能夠說，只有在心裡面千百遍地說著：『偉，我愛你，我愛你，我愛你，……』

等會兒我就要給你錄音。明晨我要回學校了。錄音帶上的其餘的部分，明天李媽媽他們等都會過來錄的。錄完後爸爸會寄給你的。錄音帶的正反兩面都可以錄。偉，如果是我最後錄，我就可以對你說：『偉，我愛你，深深的，永世的。』但因為我最先錄，怕他們笑我，就不說了。只在此說：『愛你，愛你』

今天喉嚨痛，想必是下午的越洋電話裡吼出來的。代我問候尚毅夫婦，三更半夜還去打擾他們，真是不好意思。（那次越洋電話麻煩尚毅夫婦在他們家打。）

回到宿舍，赫然有六封信在等著我。我富裕極了，在愛情的國度裡。我的眼睛含著欲滴的淚珠，覺得自己真是太不應該了，這麼長久沒有寫信給你。」

我 5 月 18 日至 6 月 11 日信：「今天接到妳父親寄來錄音帶，我興奮找錄音機，終找到一部速度相合的。我聽妳聲音。那聲音曾使我心醉，此刻又使我心醉。我聽好多遍。我此刻一面給妳寫信，一面聽妳父親錄的流行歌曲。

為聽妳聲音，我昨天去 White Front Department Store 花 60 元買 General Electric 錄音機，很好的機器。我最近常聽妳聲音：『喂！偉宗，我是小齡，你好嗎？我……我很好。』

齡，我被妳聲音迷住了。從現在到 5 月 31 日我暫不給妳寫信，因積極準備考試。考完後再寫。告訴妳一個消息：今天下午，我和尚毅去系主任那裡探問碩士考成績。系主任告訴尚毅他已通過碩士考，也告訴我不但通過碩士考也通過博士預考（Preliminary Exam for PhD）。

此刻我準備期末考，考完後再寫信。6 月 19 日是妳畢業日，恭喜妳。

我已考完，碩士畢業典禮也已於 6 月 8 日舉行，但諸事未定，心情不好，沒寫信。6 月 8 日畢業典禮那天，我頭戴碩士帽、身穿碩士袍，雖興奮也黯然，因妳不在身邊。」

她 6 月 1 日至 7 月 5 日信：「*這星期我要考很多科目，不能夠常給你寫信了。昨天，二年級兩位女生歡送我們，並請我們去看電影『春花秋月何時了』。在電影院裡碰到一位同學帶未婚妻看電影，他輕擁著她，真令人羨慕。多希望你也能在我的身邊。*

愛偉，我不知道應該如何表達歉意，忘了你的生日，直到你生日那晚才記起來。我歉疚極了。原諒我，我太不體貼你了。等我到美國以後，一定會補償你的。

畢業考剛剛考完，還不能夠回家。後天畢業典禮完了以後，還要再連考三天，雖然不算學分，但必須要考。聽說還要上一個星期的課，真氣人！

19 日是我的畢業典禮，你不能夠來參加，我的心中有一點失望。要是你能夠來，我就可以驕傲地對人說這就是我值得驕傲的未婚夫。

前天是謝師宴，我被灌得一塌糊塗，醉了，也吐了，簡直不像話。第二天又是校慶和畢業日，真是忙死了。今、明、後有三天的考試。考完以後就可以回家了。

畢業典禮時，我得第二名，上台領了獎，可惜你沒有看到，否則我會感到更為驕傲的。在 20 多位領獎人當中只有我和佳嘉兩位女生，而我的名次是在她的前面。

偉，當我在 LA 機場出現的時候，你會怎麼樣呢？回到家已經有好幾天了，一直沒有給你去信，真是抱歉。還記得畢業後的那一段日子裡，我幾乎有一個月都沒有收到你的信，常常在看書時因為想起你而流淚。偉，也許你不知道我心中有多麼的急，不知道發生了什麼事情，只有無助地流淚。

兩年的日子終於過去了，事實證明了時空和距離不會改變一對有心靈默契的情侶。我清楚地記得你第一次來屏東看我，我適巧散步去了。同學騎著車來找我。我趕到苗圃時，你正站在那裡看著我飛奔而去。那些逝去的往事，你還記得嗎？在屏東三年，我幾乎已經變成了非洲的小土人，不敢出門，要在家裡養白一些。雖然我已經畢業了，還有一篇論文沒有繳。目前正在蒐集參考資料，真煩人！我的論文終於趕完了，也鬆了一口氣。但願以後能夠常常給你去信。」

我 7 月 12 日至 16 日信：「*因尋職無著落，一直沒寫信給妳，盼妳原*

1967 年 6 月 8 日，碩士畢業典禮。

曾經歲月

7 年 6 月 19 日，菊齡畢業典禮。

諒。今天 7 月 11 日，接到妳 7 月 5 日信，知妳盼我信盼急了，真抱歉。

前些日，因找工作沒結果，沒寫信給妳。為尋職，我東奔西走，LA 大小公司不知去了多少家。有的公司需美國國籍，有的公司需永久居留，有的公司沒空缺，有的公司沒適合職位。

上週六，我去 Santa Ana 的 Raytheon Computer 公司，週一收到雇用通知，將於下週一（7 月 17 日）開始上班。我的 Title 是 Associate Engineer。

Raytheon 總公司在 Massachusetts，麻州有 19 處工廠、實驗室，加州有 8 處，其他各州有 13 處，加拿大、法國、瑞士、英國、日本、義大利等國都有分部及附屬機構。員工福利包括：公司付人壽保險、醫藥保險、員工及親屬免費輸血、出公差時旅行保險、付全部學費、書費、實驗費。

此公司位於近海的 Orange County，遠離 LA 市區的 smog。Orange County 是 Greater LA 市郊比較安全和高級區。

我目前仍住南加大附近，妳來後，再遷至 Santa Ana。我現在每天上下班來回開車兩小時，老爺車吃不消如此折騰。因此，昨天得知被雇後，即以分期付款購買 1966 年 Ford Mustang（福特野馬）車，顏色是白上車頂淡藍車身，外表和引擎如新。妳會喜歡此車。

齡，現在諸事已定，我可每週寫信給妳，希望妳也每週給我一信。昨晚（應是今晨兩點半）接到你們電話。那時我還沒睡，正與何公威（George Ho）談天。當我和他正談妳及他未婚妻 Gigi 時，電話鈴響。

何公威即將回台與 Gigi 結婚，婚期大概是 8 月 5 日。我託他回台時趁便看望妳及妳爸媽，談談妳來美事。目前，鄭繼華（Tim Cheng）也想接台灣女友。

尋職期間，諸事未定，沒寫信給妳，家裡也少去信。現在工作已定，車也買，要好好上班，辦理妳來美手續。

這裡丐幫（叫花幫）朋友們：光光（謝劍光，James Hsieh）、寧寧（陳建寧，Mike Chen）、輝輝（樓碧輝，Betty Lo, 寧寧女友）、華華（鄭繼華，Tim Cheng, 亦稱幫主）、公公（何公威，George Ho），都知我偉偉未婚妻叫齡齡（黃菊齡，Daisy Huang）。

昨晚，叫花幫為歡送公公聚餐。幫主華華手藝棒，大家吃得開心。我開 Mustang 去 LA 南邊 Redondo Beach 買五隻活大螃蟹，大家吃得過癮。此 Mustang 車真棒，馬力大，速度快，車身穩，這車應是汽車中最俊美的。」

　　她7月17日至22日信：「今晨給你寄去一封火氣特大的信，希望你看了不要生氣。誰叫你那麼久不來信。下午的越洋電話，本來還在生你的氣，不想和你說話。結果還是抵不住你的誘惑，聽見你的聲音，我的氣就全消了。怎麼辦，偉，對你，我一點招架都沒有。

　　你終於找到工作了，真為你高興。收到你的信真讓我高興，使我感覺到你還是我的。你接到我那封生你氣的信了吧！生氣嗎？原諒我！偉，我實在太愛你了。」

67年9月10日，結婚照。

臺灣攝影社
Taiwan Studio

1967年9月10日，新娘照。

臺灣攝影社
Taiwan Studio
台北市晉福路二十七號

三載情箋

1967 年 9 月 10 日，台北第一大飯店。（婚禮地點）

1967 年 9 月 10 日，結婚典禮。

1967 年 9 月 10 日，結婚宴。（其二）

1967 年 9 月 10 日，結婚宴。（其一）

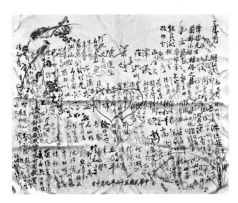

1967 年 9 月 10 日，結婚典禮簽名絲布。

1967 年 9 月 10 日，結婚宴。（其三）

1967 年 9 月 16 日，攝於台北松山機場。婚後臨行依依，我飛返 LA。

我 7 月 24 日信：「妳發火的信及發火後的信，我都收到。兩信同時到。好在我先看你後寫的信，撕掉先寫的『火』信。妳必喜我如此做，對不？妳火氣有時也真不小。

我將回台與妳結婚。從本週起我每週工作 50 小時：週一至週五，每天 10 小時。」

她 8 月 1 日信：「今晨，爸媽去台北、基隆。晚上爸爸回來了。前天敏泰來了一封信，他說目前在 Huntsville 的 Northrop Space Laboratories 做研究的工作，預備明年春天或秋天繼續攻博士。他提到萬郎前些天剛通過 Brown University 的博士預備考試，現在著手寫論文中。張郎在德州 Texas Instrument 做事。

你那丐幫的公公還沒有來，我想大概快要來了。屋後院裡結了好多番石榴，每天都可以收集一大盆。我每天曬著太陽去採，卻不愛吃。但我家的芭樂很甜，不知你回來後是否還有。」

我 8 月 8 日信：「又有好些日沒有給妳寫信了。在公司，我已著手設計工作。System Design 階段已完成，開始 Detailed Logic Design。工作很忙，也很愉快。依我 NCR 實際工作經驗及南加大所學，現在工作可謂駕輕就熟。以往在 NCR 工作為延續學業，此刻在 Raytheon Computer 工作則為打好將來事業基礎。昨晚從圖書館借 Jean Christophe 來讀。」

她 8 月 16 日信：「我這邊已經弄好了，禮服也訂做了一套，旗袍也做好了。如果說我不能夠成行，你必須回來，一切都已準備好了。如果我能夠成行，就會將一切帶去美國。禮服很美，上面繡有 Daisy 花呢！你如果回台灣，別買回任何東西，只帶回你自己穿的新西裝即可。偉，我好盼望在悠揚的音樂中，依著你步向人生的新途。」（此是我回台結婚前她寫的最後一信）

我 8 月 15 日信：「我已辦好回台手續，只剩清稅及買機票。我簽證已延長，USC 也給我重入美國的 I-20。上週五打霍亂疫苗，我身體難過一天。我倆即將重逢。齡，那將是多美好的事。相愛近三載，歷經兩年時空考驗的齡和偉終將依偎在一起。

我已向公司請 9 月 5 至 15 日婚假。」（此是我回台灣結婚前最後一信）

15

我當時中華民國護照簽證頁上被蓋了「入境查訖」章,其上有如下字樣:「台北國際機場證照查驗站　入境查訖　56.9.4　查證人　陳榮耀」。此證明我於 1967 年 9 月 4 日飛回台灣。

1965 年 8 月 28 日離台,1967 年 9 月 4 日回台,我與齡分離了難熬的兩年多時光。

從松山台北國際機場到三張犁吳興街我父母家過程,我已無絲毫印象。回到家,與齡一同到二樓單獨相處幾分鐘卻畢生烙印我腦海。相愛情人分別兩年後再度重逢的甜蜜與熱情實非言語或文字能形容於萬一。

我在台灣停留兩星期。9 月 5 到 9 日是婚前準備。9 月 10 日是隆重、熱鬧的婚禮。9 月 11 至 15 日五天中,我與齡,新婚夫妻,在台北及新竹間往返數次,拜訪親友,回歸娘家。

婚禮於 1967 年 9 月 10 日在第一大飯店舉行。典禮後婚宴中,當時剛初出道歌星余天唱歌助興,齡的妹妹藹理也獻唱一首好聽的〈八個大娃娃〉。

婚禮後,洞房設於第一大飯店樓上套房。兩年中我與齡往來信中不斷提到的夢想終於實現,齡與我終結一體。回顧往事,感謝上帝福祐。

新竹街頭散步時,我倆開始認真規劃未來,包括何時生育下一代。

兩星期婚假如一場春夢,速來速去。我再整行裝,暫離新婚妻,飛回美國,繼續奮鬥。

16

1967 年 9 月 16 日,我經由 Hawaii 入境美國,繼續飛往 Los Angeles。

回美國後,我 9 月 19 日婚後第一封信:「*菊齡我妻:我幾乎不敢想像,轉瞬間我又來到洛城。與妳在台灣成婚那段歡樂時光瞬間過去,相處時間太短。*

飛抵 Honolulu,順利通過移民局及海關,回到洛城。打電話給丐幫朋友們,沒人接電話(後來才知他們等我等到 8:15 PM 沒等到,就不再等而去看 Dr. Zhivago 電影。)。

我坐 Taxi 到南加大附近,駕兩週未開的 Mustang 到街上逛,直到半夜

才見丐幫諸友看完電影回來，大夥暢敘離情。

　　當晚，我睡在公公房裡。我吃了他給我的兩片安眠藥，仍睡不著，思念妳及親人們。這種情緒與兩年前初抵異國感覺相同。

　　第二晚，我住同事簡敏雄那裡，吃兩片安眠藥後，仍不得眠，因悲鬱離情環繞於胸。

　　今週一上班，不太能專心工作，一面念妳，一面為學費擔心。晚上下班後，去叫花樓，光光與幫主問我是否已註冊，我說學費無著落。光光即刻寫一張 300 元支票給我。第二天就可去註冊，並趕辦 USC 發的為接妳來美的 I-20 表格。

　　齡，我思念妳，極度思念妳。據公公說，接妳出來可能還需兩、三月，因美國在台大使館要向這裡移民局及學校調查，我也仍需修滿八學分，仍需努力讀書，才能順利辦好接妳來美。我知一邊工作一邊讀書很苦，但為接妳來此必吃此苦。

　　我已搬到叫花樓左邊一棟公寓，月租 25 元小房。反正暫住，省一點好。再者，妳還沒來此，我還不想搬到 Santa Ana 去，等妳來後再說。

　　我現在與其他兩位中國同事輪流開車上下班，可省汽油錢，也少汽車磨損。

　　叫花幫諸友待我熱誠，助我良多，我畢生難忘。

　　我離台後，妳難過嗎？念我嗎？想到婚後台灣那段甜美時光，此刻不免些許心酸，為何我倆仍需暫分兩地？齡，我終娶妳，此生妳跟定我。替我向親戚、朋友們致候，感謝他們祝福。」

　　她 9 月 20 至 23 日婚後第一封信：「我的偉偉：我總在想，這是不是一場夢，你那麼快就離開我了。那天在機場，小鳳和自塑都趕來了。她們向你招手，你沒有看到而一直朝飛機直衝而去。還有多久，我才能見到你？

　　僅只幾天的功夫這裡已變得秋意濃濃了，涼意也加深了。偉，當心，自己照顧自己，別生病了。我真擔心你還是不能夠自己照顧自己。

　　這次你返台，我覺得你變得最多的是愈來愈孩子氣了。我也是個很孩子氣的人，真不知道將來的家會被我們弄成什麼樣子？

　　你目前的住址是否就是叫花幫的住址？他們都好嗎？請代我致意問候。

　　偉，想你，想你，想你。念妳之情隨著秋意而加濃和加深。希望能快

快到你的身邊，聽到你的低沉的聲音。上帝祐我，偉，愛你，愛你，愛你。」

回美國後，我白天辛苦工作，晚上去南加大上課，也在同時花時間心力辦理各項手續。

皇天不負苦人心，我終於辦好各種手續。齡也在 1967 年 12 月中飛來洛城與我相聚。

有情人終成眷屬，相愛夫妻終結為一體。

那之後便是數十年婚姻經營、家庭成長、兒女誕生。數十年中，我們有苦有樂、有喜有悲、有爭吵、有合好、⋯⋯。但那是另外一番故事而非此文主題了。

- 後語 -

我和菊齡 1967 年 9 月 10 日在台北市第一大飯店結婚，婚後我 9 月 16 日飛回美國南加州洛杉磯。我們短暫離別三月後，菊齡於當年 12 月底飛來美國重聚。

2014 年 9 月 19 日，菊齡安葬於 Corona Del Mar 的 Pacific View Memorial Park 。（其一）
此照內菊齡照片是她過世四天前在兒子與媳婦婚禮中所拍。

2014 年 9 月 19 日，菊齡安葬於 Corona Del Mar 的 Pacific View Memorial Park。（其二）
（John Wayne 亦葬於此墓園。）

之後的 47 年婚姻生活其中有喜樂、有爭吵、有和解、有妥協，整體言應算是相當不錯的婚姻。此世不可能有完美婚姻，近乎完美的應是本文所述的兩個平凡人珍貴的三年相戀時光，永遠無法複製的三年。

1970 年女兒出生，1973 年兒子出生。2003 年女兒結婚，2008 年外孫出生，2011 年外孫女出生。2014 年 9 月 6 日，兒子和媳婦結婚。（2016 年孫子出生）

那天是極喜的日子，菊齡特別高興因為兒子娶了真正好的媳婦。兩天以後 9 月 8 日黃昏，菊齡因左腦血栓阻塞突然中風導致左腦全死。

菊齡昏迷兩天後於 9 月 10 日我倆結婚 47 週年紀念日當天過世。

四天中，我經歷極度喜悅（9 月 6 日），也經歷極度悲傷（9 月 10 日）。

9 月 10 日晚 6 點 45 分，菊齡嚥下最後一口氣。我走到她身畔，俯身跪地抱她良久。我確知那刻她靈魂在我們上方向下看我們。我要讓她知道她並非孤獨一人躺在那裡，我們都在那裡為她加油為她祈禱。

當晚我回家，徹夜不能安眠。次晨，我如同往常一般出去慢跑，一面慢跑，一面祈禱，一面痛哭，想到 Daisy 孤寂睡在冰冷停屍間……。

菊齡雖已往生，我對她永恆懷念。我特別珍惜此文記載的那三年我倆相愛的黃金時光，一段永誌心底的真實難忘歲月，永遠無法複製的歲月。

菊齡過世不久，我寫了一首小詩描述我當時心境：「當年我先至此，熬等兩年方得重逢結合。如今汝先抵彼，何年何歲才能靈聚天家。」前者是生離，後者是死別。

「往者已逝，來者可追」。神導引下，我的人生仍需繼續。感謝讚美天父、主耶穌基督、聖靈的永恆帶領，我將來或獨身渡此餘生或尋得適合伴侶共渡此生，一切全依祂旨意而行。

喬治老頭

我初見喬治老頭是 1965 年 9 月。

我那時初抵洛城，住到南加大附近 34 街喬治老頭的公寓。那是一棟舊式住屋，喬治將它分出幾個房間以低房租出租給就讀南加大學生們。

喬治老頭那時大約是 82 至 83 歲，現在（寫此文時）若還活著應已是 118 至 119 歲。當初那 34 街老屋因數十年來校園擴充改建應早已鏟平另建或已不復存在。

農場長大的喬治老頭來自美國明尼蘇達州。據他說，他父母親從北歐挪威移民至此。

我那時初抵異國，非常孤寂，正在適應文化衝擊，常在共用的廚房與喬治老頭和其他同住者見面聊天。老頭自己住廚房旁小房間。

老頭一輩子未結婚。這世界有天主教徒、基督教徒、摩門教徒、猶太教徒、佛教徒、回教徒，這世界有無神論、不可知論、進化論等等，喬治老頭說他是泛神論者（Pantheism 或宇宙皆神論）。

老頭似乎從不洗澡，他身體散發出一股羊騷味。他除了吃飯睡覺成天在他那又髒、又亂、又臭小臥室裡看書。

老頭書中除一些厚重舊書，一些新書都是長灘（Long Beach）當律師的甥兒送他的。甥兒母親是喬治老頭親妹妹 Rose（玫瑰）。

那時大約是 61 到 62 歲的老玫瑰也在老哥公寓租了小房間。她老伴已過世，但有名叫約翰的男朋友。

約翰是退伍軍人，靠退休金過日。他也在喬治老頭那裡租了小房間。約翰那時大約 50 多到 60 歲，常開一九五幾年老爺車帶老玫瑰兜玩，有時數日不歸。

老玫瑰那時雖已 60 多歲，但仍然臉擦胭脂、唇抹口紅。

我很快就發覺喬治老頭是節省和小氣過頭的人，難怪無女人願嫁他。成天無所事的他在小天地裡摸來摸去。他的舊車房大量堆積他搜集的各種各樣破銅爛鐵，越積越多。這世界有蒐集郵票者、蒐集硬幣者、蒐集書籍者、蒐集火柴者，喬治老頭是蒐集破銅爛鐵者。

連我的一把斧頭也成為他的蒐集品之一。我們為去遊大峽谷，幾位

南加大同學們合買兩把斧頭，我得到其中一把，放在睡床下。

某日，我突然發現斧頭失蹤。我詢問下，老頭承認拿走斧頭，辯說以為是他自己的。

這下非同小可，我辣椒脾氣暴起來，對他面無善色惡言相向。我要回斧頭置入雪佛蘭（Chevrolet）老爺車後車箱。

我於 1965 至 1966 年代就讀南加大電機系研究院。我白天忙於上課、讀書、工作，晚上從校園回住所，在廚房烹調中國式晚餐。

無論辣子雞丁或清炒白菜等都需油炒，火需旺油需燙，否則味不佳。中國人炒菜那有不用油的。我烹一葷一素菜，加上白米飯，有時再配清湯或啤酒，便是一頓美味晚餐。

喬治老頭不能體諒接受這項人生基本需求，常抱怨我用油炒菜油垢了有抽風設備的廚房。

他如此不斷囉嗦不知多少回。吃軟不吃硬、辣椒脾氣、個性倔強的我繼續用油炒菜。

兩人某次為此事又爭吵起來，我大罵他是『髒老頭子』（dirty old man）。老頭不悅自然不在話下。

一週後某晨，當我在小房間溫習功課準備要上課時，有人敲我房門。

老頭在長灘（Long Beach）當律師的甥兒在門口遞給我一份法律文件：「限你於三十天內遷出」。

甥兒律師離開時對我說：「你們中國人不是敬老嗎？」

我不等 30 天，乾脆當日半天內就搬出。我從 34 街遷至 36 街，新地方遇新人新事。

36 街房東是位黑人女人，她把公寓交給一位黑人小子管理。他趁我不在房間時入房偷打十幾次長途電話。我 1957 年雪佛蘭（Chevrolet）老爺車的火栓以及之後新購福特野馬（Ford Mustang）車上電池都在那公寓附近被偷。

我數月後畢業於南加大研究院，開始電腦電子工程師生涯，並回台灣與分離兩年多的未婚妻菊齡結婚。

我婚後回美國，妻子尚未來美前需尋找一處暫居。我開野馬車去喬治老頭公寓，那時他適巧有空房間。他似乎已全然忘記半年前發生的爭

吵和不悅往事。我於是又暫時遷回 34 街。

　　我暫居那裡三個月中，發明嶄新中國菜烹調法：放些水在平底鍋，倒點油進去，把菜肉置入水裡煮熟吃，其味尚佳。

　　我與喬治老頭相安無事、無爭吵渡過三個月時光。

　　1967 年底，新婚妻子菊齡來美國。

　　我某日帶妻子去見老玫瑰（Rose），因曾答應她我帶菊花（Daisy）見她。

　　那也是我最後一次見喬治老頭。

老 Y 趣事

我首次見到老 Y 是 1965 年秋天。我那時就讀於南加大，向房東喬治老頭租房而住。

我住在主屋後面從原先車房改建成的小房間，老 Y 住在前面主屋近街的右邊房間。

那時，老 Y 年齡比我們一般留學生們大些，大約四十中旬（我那時 23 歲）。他謙虛說他當初曾在台灣台北某專科學校「誤人子弟」（教書）。

他說他去台灣前在大陸時畢業於清華大學。

老 Y 體型矮矮瘦瘦。他頭頂已禿得發亮，他臉上除缺血色外略顯虛虛。

他雖以學生身份來美國，但從未去學校就讀，在洛杉磯某工廠打工。

他最初搭乘巴士上下班，每晨乘坐幾趟巴士上班，傍晚下班後再乘坐巴士回公寓。

我們這群留學生中，老 Y 算是比較有錢的人。他說在台灣時就搞房地產和炒地皮，頗有商業頭腦。

我們一般留學生相當羨慕他曾擁有房地產、生財之道、商業頭腦、人生經歷。

老 Y 日常生活相當節儉。他週末到市場買一隻便宜雞，煮一鍋雞湯，加一點生芹菜，便可吃整整一星期。他當工人賺的錢點滴存入銀行。

老 Y 夫妻倆無兒無女，當時夫人在德國。夫妻身處兩地，經年不見。

我們在廚房做飯時，老 Y 似乎有些自誇說他當初在台灣時就常到某些地下場所觀看色情表演。他在我們這群血氣方剛年輕小伙子前繪聲繪影、有聲有色談那些事，難免會刺激到我們年輕的神經。

他平日生活雖節儉，但幾乎每週五、週六晚必搭巴士到洛杉磯市中心 Main Street 附近花十來塊美金尋找妓女。他當時花的那十來塊錢足夠吃一兩個星期伙食。他花錢幹完事後便三更半夜摸黑回住所。

我們次日廚房相見，他繪聲繪影描述前晚發生的事。他說那些白人妓女的老鴇或保鑣多半是黑男人。他說他每次花兩、三塊錢旅館費帶妓女進入市中心年久失修破舊旅館，辦好事付八到九塊錢服務費給妓女。

他說那些年輕白妞們相當熱情帶勁，但洋騷味很重，也相當具有職業倫理（也就是說 professional）。他老兄某次不慎把眼鏡留在旅館。他一週後再赴市區時，巧遇那位洋妞和保鑣在街旁下車。她居然認出他，把眼鏡還給他。

喬治老頭公寓裡，大家共用的浴室只有浴缸而無淋浴設備。我每次聽老 Y 講述他前晚經歷的嫖妓故事後，當晚洗澡前必多花時間把浴缸徹底清洗乾淨後才敢進浴缸。

一段時間後，我陪老 Y 到好萊塢山上一位富商家買了一部二手貨舊汽車，花了些時間教他開車。他有車後，上下班和來往市中心方便很多。

自從我與房東喬治老頭大吵一架而收到他律師甥兒一份「限你於 30 天內離開此公寓」告示後，我當天下午就搬出，此生再也未見老 Y。

我某次與朋友們聚會時，聽說老 Y 買下一棟公寓，將其中一個房間免費租給一位來自拉斯維加斯的過氣舞女，等於將她包下。

那次後，我全無老 Y 消息至今。

我多年後回想起我窮學生時住喬治老頭公寓那段時光，覺得老 Y 是一位有趣的人物。

狗罐頭工廠

美國的中國留學生中，不論來自台灣或大陸，多半都有相當不錯的事業或學術成就。但他們剛來美國時，特別是 1960 年代中期我們那年代，很少人沒吃過苦。

那時剛來美國就有 fellowship（獎學金）、teaching assistantship（教學助教獎學金）、research assistantship（研究助教獎學金）的留學生過得比較舒適。其他大多數無經濟輔助的留學生只好各自謀生支付學費、購買書籍、租室居住、吃飯生存。

我來美國後第二學期（1966 年）幸運得到研究助教獎學金，但曾於第一學期中某晚在 Inglewood 北京樓餐館當收碗碟打雜工的 Busboy，整晚只賺 9.67 美金。我那夜之後發誓此生此世絕不再打工於餐館。

我也曾為工學院夜間部產品包裝相關的課程做過一學期的 student helper（學生助手），在教室幫教授播放幻燈片及分發講義等。

我另外也曾替物理系兩位教授（一位印度裔和一位美國教授）改作業、改習題、改考卷等。

我既便拿到研究助教獎學金仍在 NCR 電腦公司得到一份 associate engineer（副工程師）職務。那段時期，我上午在 NCR 公司做副工程師工作，下午在教授研究室做研究助教工作，我同時還選修三、四門課程。我居然熬過了那段無比辛苦的日子。

1960 年代中期，洛杉磯有一家生產狗罐頭的工廠。廠裡有個大鍋爐，大鍋爐每天二十四小時需人看管。

當初不知那位留學生最先得到這份看管大鍋爐的工作賺錢支付房租學費。等他學業到一階段他找到學有專長正式工作後，他便將看管大鍋爐工作轉介給其他朋友。

他轉給老何。學土木的老何找到建築業職務後便轉給老謝。學機械的老謝找到機械公司職務後便轉給老陳。學電機的老陳找到正式電子工程師職務後再轉給下面一位朋友，如此這般代代相傳。

老陳那陣子在狗罐頭工廠當班時，常帶學業相關書本去讀。他一面看管鍋爐，一面溫習功課。

某晚適逢老陳值夜班，他下班時已是半夜。狗罐頭工廠附近並非安全良好區域，常有搶劫事件發生。

　　老陳為自衛藏了一把小刀在外套口袋。他當晚在巴士站等車時，突有警車急駛過來。

　　警察下車，命令老陳將兩手從上衣口袋伸出來。老實的老陳不得不亮出那時手中仍緊握的小刀。警察說那附近剛發生搶劫。

　　老陳如啞巴吃黃蓮有理說不清，情急下把剛領到的薪水支票亮給兩位警察看，解釋說：他在附近狗罐頭工廠工作，等候巴士回家，那把小刀純為自衛。他向警察說若不信可打電話向工廠查詢。

　　警察打電話給狗罐頭工廠後讓老陳回家，把小刀還給他。

　　老陳拿到電機碩士學位後去某電子公司上班，啟始了成功的電子電腦工程師事業生涯。老陳如今已退休，享受美好退休生活。

　　老何在建築公司工作一段時間後，自己開業成立公司，提供土木工程設計服務，既成功也獲利。他如今也已退休，享受美好退休生活，包括每日揮桿，享受喜愛的高爾夫球運動。（可惜他於2015年因病過世。）

　　老謝從某機械公司轉往某著名電力公司工作多年後自己開業，提供產品和相關服務。老謝身為老闆，有照顧跟隨他多年員工之責，雖有小兒子襄助繼承，此刻尚未能退休。

　　那家狗罐頭公司若今日仍存應會為當初曾替它看管鍋爐的前員工日後的成就感到欣慰吧。

秋遊大峽谷 1966

-1-

1966 年 9 月初週五黃昏，一連三天的美國勞動節長週末開始了。我們四位來自台灣的留學生坐上老謝那輛老爺車，駛上高速公路，把洛杉磯拋在車後，朝 500 英里外 Arizona（亞利桑那）州的 Grand Canyon（大峽谷）急馳而去。

老謝的 1956 年 Oldsmobile 像一輛快速坦克車向前猛衝。老謝和我輪流開車，老游和老鄭輪流負責導航。

我們離開洛杉磯時，天已黑。我們車朝東行。

那時圓月已昇。我們從前在台灣常聽人說「美國月亮比較圓」，來洛城後才知此言非虛。那時洛城之月有時真既大且圓，且略帶黃色，其主因是 smog（霧霾）。

洛城各工廠和汽車放出的廢氣滲入城市空氣。霧霾情況視天氣季節時好時壞。當它特別嚴重時，人們會流淚。那時洛城霧霾情況應類似今日北京。

數十年來加州各種減低霧霾的立法和相關法案的執行已使洛杉磯霧霾情況大為改善。數十年來美國整治霧霾的經驗對 21 世紀崛起的中國應能提供很好的參考。因霧霾情況改善，美國今日月亮已不似從前那般圓大了。

我們從洛杉磯沿 10 號公路抵 San Bernardino，再向北轉 66 號公路抵 Barstow。這一路老謝開車。我們在 Barstow 市郊路旁下車。

那時明月當空，大片沙漠安靜呈現月光下。清新空氣中那枚月亮已非洛城的大黃月亮，而是原型原貌的清新月。我們從未來過此地。洛城已拋在遠遠 120 英里外，台灣更遠在天邊。我們四人喝飲料吃甜甜圈後續行。輪我開車。

66 號公路是較狹窄的兩線公路。我們為趕路把車速維持在每時 70 至 75 英里間。我們一路能超車就超車，超過無數車，只一次被超。

我們三小時後抵達 California 與 Arizona 兩州間加州境內邊界城 Needles。

246
曾經歲月

我們入山區後，汽油價變貴。那時洛城汽油價是每加侖 33 分，但加州和亞利桑那州邊界附近油價是每加侖 44 分。我們在 Needles 加油後，換老謝開車。我們就此進入 Arizona 州。

-2-

公路旁大牌顯示：「Welcome to Arizona, the state of the Grand Canyon.」我們車持續急馳於夜裡沙漠中公路。老鄭與我在後座瞑目休息，時睡時醒。

我們一小時後抵達 Kingman 小鎮，給汽車加油加水，並進入一家餐館喝咖啡。

店裡人好奇張望我們四位「外國人」，我們也回望。他們長相與洛城大部分美國白人不同，膚色略帶紅色，應是印第安人。人車均飽，我們續行。

這一路換我開車。從亞利桑那州西邊 Kingman 到中部 Williams，我們開了大約 100 英里。我們車速一直維持每時 70 英里，約 90 分鐘後抵達 Williams。

我們隨即轉入 64 號公路，朝大峽谷方向直奔而去。那時天已微明，64 號公路似乎只有我們一輛車奔馳。我們睡意已消，車外是高原豪野景象，路旁黃野花輕搖於微曦中。

曉日漸露，東方的紅曉和染紅的浮雲相互揮影。我們停車下車。高原含露清冷晨氣襲入我們心肺。老游相機捕捉那刻，錄下冉冉上升的朝陽和晨曦染紅野地上的綠草黃花。

我們身處亞利桑那州 Kaibab 國家森林公園，遠近有蒼青樹林及大片酷似油菜花的黃野菊花。我們在那良辰美景地停留短時後續朝大峽谷方向急馳而去。

最後一程由老謝掌車。我們車不知何突然偏離正道，車輪猛觸路肩黃土。老謝欲將車搬回正道，但因車速太快汽車幾乎翻倒，然而千鈞一髮之際汽車終被搬正，我們也得續行於高原上。

我們四人在那危險片刻都驚出滿身冷汗。我此時回想那片刻覺得真蒙神救，否則次日便會有「台灣留學生前往大峽谷途中發生車禍」的新

秋遊大峽谷 1966

1966 年 9 月，作者攝於大峽谷。

聞。

我們從洛杉磯到達大峽谷於 10 小時中行駛大約 500 英里。

我們從「大峽谷村」朝東駛往露營區，找到一處露營地。我們恰好接收了幾位美國年輕人收拾營帳準備離去的營地。

我們疲憊中搭起帳篷，妥當放好諸物後走去谷邊初睹大峽谷山光景色。

我立於谷邊朝下望去，大峽谷極度沉穩寧靜使我震撼。我初見大峽谷時感同突聞強有力貝多芬交響曲。

大峽谷可懼的深度使我腿軟。大峽谷無限的寬度令我心寬肺闊。大峽谷遠近彩色不斷變化呈現壯美詩意。人們用「偉大」形容人、事、物，我覺得可用「大峽谷」形容「偉大」。

猶憶我就讀台灣大學時曾聆聽美國作曲家葛羅菲（Grofe）創作的〈大峽谷組曲〉。當我站立谷邊那刻若聆聽此曲心中必有更強烈感受。

大峽谷的偉大初時震撼我。我以為它是數億年前地殼震動地層陷落所致，後讀大峽谷資料才知其形成歷經漫長歲月。Colorado River 不斷、緩慢、穩當地浸蝕逐漸升起的巨大地殼，形成此段約一英里深、平均約十英里寬的峽谷。夏雨冬雪更增其寬度。大峽谷底水色呈黃濁色的 Colorado River 向西流，流至 Las Vegas 附近 Hoover Dam。當時洛杉磯的用水來自 Hoover Dam。

我們在谷邊觀覽攝影。有些遊人騎驢下至谷底，想必另有一番景象。

因昨晚連夜趕路，我們四人都感疲倦，特別是輪流開車的老謝和我。我們中午返回營帳休息。我躺在樹蔭下微微清涼風中睡去。我們小睡後恢復精神體力。

老鄭和老游下午在露營地朝圓形小靶練投小標槍。老謝在樹蔭下看書，不時朝鄰營日本女孩們拋去讚賞的目光。老游扔小標槍之餘也未忘欣賞附近美國女孩們的美姿。

下午稍晚時，我們繼續觀賞各處優美谷景。諸景雖異，異中有同。觀光和攝影佔據下午大多時光。

我們傍晚回到營地。

大家肚子都餓了，分頭買柴、洗碗、切菜，忙做晚餐。老鄭是大家公認的大廚，除烤肉外也烹煮一大鍋美味湯。

營地無電燈油燈，我們靠殘留灶火用紙杯、紙盤、竹筷吃烤雞肉烤牛肉喝大鍋湯。那星空下的晚餐是我來美國留學後最美味的一餐。

我們晚餐後熄火入帳篷入睡袋，很快進入夢鄉。

- 4 -

我清晨醒來感覺到一種難以形容的幸福滿足感。昨夜夢境已全忘光。鳥鳴聲中，我仍躺帳篷內。我們在大峽谷旁森林中微帶寒意的清晨空氣中口吐白氣。

我們早餐時用海蜇皮辣腐乳當配菜吃稀飯。

我們上午參觀東邊景點：馬色點、啞雞點、黑蘭點、大觀點、突殺羊點、李斑點、蠟八粥點，最後一景是沙漠觀（Desert View）。

我們在沙漠觀見一座土塔矗立谷邊。我們在塔前攝影後沿谷腰攀爬下去至一巨大崖石，無法再往下爬。我立於崖石下望深谷感覺腿軟。

大家商量後決定下午拔營離去。

- 5 -

我們開車至大峽谷入口處，原以為需補繳前晚入境時未繳的入園費，卻因仍無人看守管門而未補繳。

我們離開大峽谷，急馳於 64 號公路。亞利桑那州著名的沙漠景觀呈現眼前。

我們抵達 Cameron 小鎮，喝可口可樂後繼續前行。

我們從 64 號公路轉 89 號公路，於一小時後抵達新興的 Page 小鎮。

在 Page 小鎮附近 89 號公路旁，當我們打 U-Turn 時，車輪陷入路旁沙土。車輪打空轉，車無法前行。那時情況相當緊急。

幸好我們後車箱內帶有用於露營區的木柴。四人奮力挖去前後輪胎下面沙土，將四片木柴塞於輪胎下。我們幾經努力終能開動汽車，否則當晚就得夜宿路旁了。

我們進入 Page 小鎮。那時小鎮附近有一個剛開始興建待完工的 Glen Canyon Dam。

Colorado 河在 Page 北邊形成湖狀水域,稱為 Lake Powell。我們抵達 Lake Powell,感覺湖水很暖。那裡有游泳專區。我們原擬搭帳篷於湖畔露營區, 準備當晚在游泳區戲水。不料我們看中的營地被一個美國人家庭先行佔據,臨時決定連夜趕往賭城 Las Vegas。

老謝以每小時 85 英里時速駛至猶他州南部的 Kanab 城。加油時,老鄭建議何不先往 Zion National Park 夜宿,次晨再決定何去何往。大家同意老鄭建議。

- 6 -

我們從89號公路轉15號公路,從東邊入口進入 Zion National Park(錫安國家公園)。我們此次買了入園票進入國家公園。

工作於入口站的和善的 Ranger 建議我們到南邊露營區夜宿,因北邊露營區已客滿。

我們緩緩行於黑暗山區,在月光下山色很美一處停車下車。月光下那座山形有如一位有眼、有鼻、有胸、有乳的美女。老謝打開相機光圈約三分鐘,想拍攝捕捉那月光下的美景。

那時山區警車剛好路過,車上警官探頭出來問道:「你們有困難嗎?」

我們回答說:「沒有。我們正在拍照片。」

南邊露營區其實也已客滿,我們只好去條件較差的滿溢營區。

我們在強勁夜風中搭起帳篷。那風頗似台灣新竹風,使我想起當年在新竹空軍機場當預備軍官電子官時經歷的新竹夜風。

我們繼續開車環繞一圈想尋找一處無風的營地,但卻無功而返。我們經過露營區時看見不少人因未帶帳篷露天睡於睡袋中。我們終入帳篷睡下,一覺到天明。

- 7 -

次晨醒來吃早餐時,我們發現對面汽車旁兩人躺在睡袋中,尚未起床。老游、老謝、我認為她們是兩位年輕女娃,老鄭說她們是一母一女。

她們醒來後還真如老鄭猜的是一母一女。女孩子先起來，把車上衣褲扔給母親。母親在睡袋內穿上衣褲出來。

　　露營區附近有條小溪。老鄭和我在小溪旁用冰冷溪水洗臉、刷牙、漱口。

　　小溪對面是座高山，山上林木不密，山形峻峭。

　　我們早餐後稍事整理便開始遊覽錫安國家公園。

　　錫安國家公園有十幾處觀景點：東廟、日之山、貴婦山、大白皇座、天使降處、流淚岩等等。

　　我們在巴比特停車下車，步行朝北走。我們走到後來發現已無路可走，看見一條狹窄小溪橫擋於前。

　　我們脫鞋涉水而行。溪水冰冷，我們兩足涉其中感覺稍疼，但忍水寒續涉水朝上游走。水底有沙有石，沙底易行，石底苔滑難行。我們遇沙底則喜，遇石底則憂。

　　行行復行行，老謝和老游隨時隨地拍照攝影以為留念。

　　溪兩旁有千丈峭壁，山中有洞，洞露青天，景色壯觀。老鄭在一處沙地用蘆葦寫出「齊天大聖」四字。我在一處石壁上用小石寫下「四大郎來此一遊　一九六六，九，五」。

　　我們在一水清之處見兩位十三、四歲左右女娃兒戲水於急流中。她們在溪水中站坐躺臥，怡然自得。兩位女娃兒膚色白嫩，面色紅潤，絲毫不懼冰冷湍急的溪流，樂在其中。我們不得不佩服她們的健康和勇敢。

　　老鄭說：「依照西遊記的說法，此二女乃妖女也。」

　　大家聽後大笑。

　　老謝特為其中一女攝影留念。老謝、老鄭、老游與二女相談，知她們來自於睹城 Las Vegas。正是我們將去的城市。

　　我們其次去 Weeping Rock（流淚岩），有如台灣獅頭山水簾洞，但格局較小。

　　我們中午在北露營區吃最後一頓烤肉，其味不輸前幾餐。

　　我們收拾停當後開車下山啟程去睹城。我們沿 91 號公路，離開猶他州（Utah），經過亞利桑那州，再進入內華達州（Nevada）。

　　車外是烈日下沙漠景觀。老謝和我仍輪流開車。日落時，我們抵達

賭城 Las Vegas。

-8-

此是我人生中首次見賭城（我此後電子電腦事業生涯中曾多次去賭城參觀或參加 COMDEX 和 CES 等展覽）。我們開車緩行於賭城大道，觀賞道旁旅館、賭場、戲院、餐廳等。白天的酷熱入夜後似仍存在，溫度依然維持在華氏 90 度以上。

我們原想看看表演、玩玩角子機，但時間已晚，次晨都需上班。我們繞行賭城一周後驅車離開。

我們沿 91 號公路奔往加州。加州入境處有撿查站，所有入境車輛都需接受撿查。

站內官員問我們有沒有攜帶水果進來，我們說沒有。我們進入加州後，才想起車後車箱內還有半個產於加州的西瓜。

歸程中 91 號公路上車輛排列成如同兩尾長龍。路左是一長列數不清的白色車燈，路右是一長列數不清的紅色車燈，形成兩條相當壯觀的左白右紅燈帶。

那時是勞動節長週末最後一天（週一晚），也是大多數出遊者回家之夜。

我們終於回到洛城。大家次日（週二）都需上班。

我們每人前面仍有大半輩子的未來需要我們不斷努力打拼。

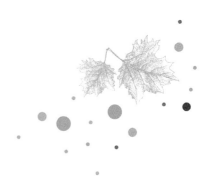

印第安人

我 1967 年夏畢業南加大後，寫〈遊子〉一文刊載於 1967 年 11 月 19 日《中央日報》副刊，其中包括七篇小文，此文是第一篇。我數十年後重新改寫此文，原先基本內容無改變。

那星期天，我發覺自己頭髮已長到該剪程度，就去 Vermont 街那韓國老頭理髮店，卻見店門關著，便開車去洛杉磯市區主街。

那些有三十至四十個座位的『理髮大學』都未開門，我在街角發現一家僅有兩個座位的小理髮店。黑髮和黃暗膚色是理髮師給我的第一印象。我心想他或許是墨西哥人。

他開始用電剪理我頭髮，純熟的技術既便在台灣也稱得上一流二流。

「你……日本人？」他開腔，音濁重，帶點外國味英語。

「不是，」我說，「我是中國人。」

「我和中國是有點關係的，」他推掉我左耳邊髮，「我知道幾句中國話。」

「你說說看，」我覺得好笑。

「本油。」

「什麼，」我說，「再說一遍。」

「本油。」

「什麼是本油？」

「本油，」他有些不耐煩，「你不是中國人嗎？你不知道本油？Friend。你沒有本油嗎？」

「那是廣東話，」我說，「你跟廣東人學的。」

「廣東人不是中國人嗎？」

「是的，」我說，「但廣東話只是中國的方言之一，不是正規中國話。」

「你是本油？」他說。

我沒講話。

「你進大學？」他問。

「囉嗦的傢伙，」我心想，我說，「我有碩士學位。」

「我也有馬斯特學位，」他笑說。

「理髮的馬斯特？我猜，」我笑說，「這街上有四、五家理髮大學，你是從這兒畢業的嗎？」

「是的，」他說，「我幹這行已有三十年。」

「難怪你是馬斯特，」我笑著恭維他。

「你對這國家的感想如何？」他剃我腦後。

「好國家，」我說，「世上各地的人都做來此的夢。這是個自由的國家。」

「自由？」他聲音缺乏肯定，「那些稅，沒有完的稅。」

「每個公民都該繳稅的，」我說，「每個國家都一樣。」

「鳥兒們不繳稅，」他說，「鳥兒們在天空飛，他們自由。」

我沒出聲。

隔些時我問，「你是墨西哥人嗎？」

「不是，」他說，「我是生長在這土地上的印第安人。我們印第安人是最先來到美洲的。不知多久以前，我們的祖先從亞洲來此。」

他理我頭髮理得很好。

我付錢，出店門。

湖

我 1967 年夏畢業南加大後，寫〈遊子〉一文刊載於 1967 年 11 月 19 日《中央日報》副刊，其中包括七篇小文，此文是第二篇。我數十年後重新改寫此文，原先基本內容無改變。

黃昏時，我們搭好營帳。配給我們的營址很好，在湖邊。

老鄭從車後搬出雞肉和牛肉等做 BBQ 的食材。遂遂、小惠、賢賢、蓉蓉開始生火。老謝和我開車至加油站為空氣睡袋打氣。

天慢慢變暗。汽燈光影下，火灶升起炊煙和 BBQ 肉香。

六位女孩兒分工合作，有的負責 BBQ，有的煮湯，有的放紙盤紙杯於桌上。

晚餐很豐盛。紙盤上塗 BBQ 汁的雞腿牛排冒香熱氣，家屋廚房無法製出的佳美野味。大鍋粉絲榨菜白菜肉絲香菇滾熱的湯。

圍繞長方木桌而坐九個人原被肌腸抑止的話語逐漸增多，臨營美國人拋來好奇目光。

老謝鐵嘴開始發功，女孩兒們被逗得東笑西爆。老鄭的幽默增添樂趣。蓉蓉和琴琴的對口相聲使三位「泥造的」幾乎噴雞（當時有雞無飯）。

晚餐後，小冰箱捧出冰凍西瓜。邊吃西瓜，邊聽錄音機播出崔萍歌聲。

懸於枝頭氣燈拋於腦後，我們朝湖和月走去。

天上月圓，湖中亦有月。湖大，雖人工造就卻散發天然湖味。

白天搭營前，我們分乘三艘汽艇遨遊湖面。卡秋馬湖（Lake Cachuma）是食用水源，禁止游泳，白帶游泳褲來。

駕汽艇比駕汽車簡單很多，女孩兒們爭相練習，還打水仗。兩船短兵相接，文靜女娃們變成勇猛水兵，將湖水撩往「敵船」。

黃昏時湖面安靜。湖區規定：六點後船隻不許離岸，免擾湖區清寧。

我們緩行於環湖馬路。馬路至湖水是一片林木花草。月光透過岸邊枝葉瀉於湖畔夜行人身上。九位夜行人分三組走在夜色中。

遂遂、小惠、賢賢、樹樹手拉手輕唱流行和藝術歌曲。蓉蓉、琴琴談有趣事。三男遠遠跟隨於後，沉默無言，只望月光湖水，聽女孩兒們

湖色迷醉仙女般歌聲。夜風稍涼，每人加衣。

　　若人生真有難忘佳境，卡秋馬此夜該屬此類。面向月和湖，我們蹲於路邊。女孩兒們歌聲又起。不時月光下情侶走過，女孩兒們的中華歌聲給他們西洋熱情增添些許清靈。

　　一輛汽車駛來停下，車內湖區巡警說：「你們是少年男女嗎？」

　　「我們都是研究院學生，」我們說。

　　「好的，」他說，「別唱太高聲，別人要睡覺。」

　　「好的，謝謝你，」我們說。

　　回營地，鄰營人已息燈睡去。女孩兒們進入黃昏時搭好的帳篷，開始仲夏夜湖畔之夢。三男露天睡於營帳外睡袋，見夜空閃爍群星。

　　夜露中好好睡吧。明天有很多好玩的，還有一頓 BBQ。明天下午就要拔營回圖書館、實驗室、辦公室。明天是明天，今夜好睡。白日已過，明日待來。此刻睡吧。

肚皮舞

我 1967 年夏畢業南加大後，寫『遊子』一文刊載於 1967 年 11 月 19 日《中央日報》副刊，其中包括七篇小文，此文是第三篇。我數十年後重新改寫此文，原先基本內容無改變。

多年前，大約是一九六七年中，我剛考完合併的碩士考兼讀博士資格考，心情輕鬆。

某晚，我和南加大同學小林（攻讀研究院化學系博士學位的林芳生）到帕薩迪納（Pasadena）找加州理工學院阿牟（攻讀研究院電機系博士學位的牟在勤）。

我先打電話給阿牟，他已在勃朗宿舍（Brown House）房間等候。

阿牟提議爬山，這我贊成。我多年前大學一年級時住台大男生第七宿舍某晚曾被阿牟拉出去騎腳踏車，兩人像瘋子般朝烏來直奔而去。

小林說：「已經晚了，爬什麼鬼山。」

於是我們就不爬山了。

「先去逛逛百貨公司吧。」小林說。

我們去附近非營利性質 Fed Co 百貨公司，我買了件夾克，阿牟買了張父親節賀卡，小林本想買棒球手套但又沒買。我們出百貨公司後，我立刻穿上新買的夾克。

「要不要去一家酒店看表演喝啤酒？」阿牟說。

小林和我都同意。

我們進去時，店主檢查我們駕駛執照，知我們都已二十一歲以上才讓進。

小林那時尚無駕駛執照，只有學生證。店主原先不讓他進入，經我們解釋說他已是讀博士的學生怎可能未滿二十一歲，這才讓進。

我們坐定後，穿著「簡單」的女侍端來一大玻罐啤酒。我們開始啜飲啤酒。店中央延伸台周圍有 20 多張桌子。靠牆處是賣酒和飲料的櫃台。

客人漸多。來人多半是學生，大多是像阿牟一樣就讀加州理工學院或其他附近學校的學生吧。有些男孩子帶女朋友來。

一位身高體健的女人從舞台幕後走出，她在中東味很重的樂聲中開

始扭動誘人的身軀。

她膚色比白種人黃些，比黃種人白些。她清秀中透露出野氣的臉龐襯托出兩顆炯炯有神、神秘、熱情、挑逗的眸子。

她的舞姿越來越放蕩，男人們的眼睛全被她俘虜。

她解開並扔掉一層舞衣，露出更多膚肉。男人們猛喝酒猛吸菸，目光不曾離開她身體。

她停止舞蹈，拿起麥克風說：「嗨！女士們和先生們。」她聲音在爽朗中透露出磁性，「這是一個美好的晚上，歡迎你們來此。你們喜歡我的舞蹈嗎？」

「耶！」頑皮年輕學生們喊叫著，夾雜尖銳口哨聲。

「你們知道嗎？」她搖擺身體說，「我爸爸是英國人，我媽媽是波斯人。我想我大概是很理想的混合吧。」

觀眾中應不會有反對者。她在年輕人笑鬧聲中講了幾個低級黃色笑話後又開始舞蹈。

這時她露著肚皮，那強韌肌肉和受過訓練的肚皮在跳動的燈光下閃動、搖晃、跳耀、蹦彈。那動盪的肚皮下或許蘊藏些許眼淚、歡笑、沮喪、希望。

她邊跳舞邊靠近我們。她的紗裙罩住阿牟，火熱眼睛猛盯他。阿牟呆住，不知如何反應。

她見阿牟不知趣，便挑逗另一位學生。那學生用手觸她，她笑著跳開。

她解去上身僅有的衣物，卻留著下身不能再短或再少的小小衣片。

「今晚，」她說，雙目像雷達天線般朝觀眾掃描探索，「我要挑選一位國王。」

她朝我們三位來自東方的學生望過來，我們笑了出來。

「看那可愛的微笑。」她指著我向觀眾們說。

我們續喝啤酒。

她回到後台休息時，一位女侍在延伸台上跳阿哥哥（Agogo）。那種樂聲很煩人，我們便離座出店。

外面涼風微拂，我們步向汽車。

（時間從那晚飛越至數十年後 21 世紀第二個十年前五年，阿牟拿到加州理工學院電機博士學位後，在美國國防界高科技領域有傲人成就，與他夫人家寶生有一男兩女。小林拿到南加大化學博士學位後在化學界未待多久，卻於一段時間中在文圖拉郡（Ventura County）開過海膽工廠，賣海膽給喜吃海膽的日本人，賺了錢。小林與夫人娟生有兩位女兒。阿牟和小林的孩子們都已長大成人，在各自人生領域發揮智慧與才能。）

希區考克

我 1967 年夏畢業南加大後，寫〈遊子〉一文刊載於 1967 年 11 月 19 日《中央日報》副刊，其中包括七篇小文，此文是第四篇。我數十年後重新改寫此文，原先基本內容無改變。

1966 年我在南加州大學研究院就讀那時期中，某日下午我捧書本準備到多亨尼總圖書館（Doheny Memorial Library）看書。

我經過校園時見許多人在博瓦行政大樓（Bovard Administration Building）四周圍觀，便好奇停下來湊熱鬧。我細瞧發現有人在校園拍電影。

幾輛環球電影公司（Universal Pictures）大貨車停在學生中心門前，車旁擺了三條大長桌，大概是工作人員午餐之處吧。

一位似乎是導演模樣者大聲吆喝大家維持肅靜，然後發出「開始」號令。只見一輛乘坐四人汽車從右緩緩駛來，停在行政大樓前。車門打開走出三人，背向旁觀者朝行政大樓走去。

1966 年《Torn Curtain》電影海報。

他們剛下車那剎那，我清楚看見 Paul Newman（保羅紐曼）和 Julie Andrews（茱麗安茱絲）兩位世界著名電影明星。我覺得她似乎比他高些。

從他們下車至走進行政大樓過程中，十幾位扮演男女學生的臨時演員在攝影機鏡頭範圍內漫步校園。

當他們三人一進大門，那位導演模樣的人就大聲喊「停止」。他跑到一位胖子前面，似乎請示事情。那胖子對他說話，他點點頭。

那位胖子稍微轉過身來時，我突然聽見身旁一位金髮女郎說：「我的上帝，那就是希區考克（Alfred Hitchcock）啊。

我希望我媽媽此刻能在這裡。」

那位導演模樣的人應是替希區考克發號施令的副導演。

保羅紐曼和茱麗安茱絲走出行政大樓。保羅不斷向空中扔一本書。他英俊、倨傲和微紅的臉上似乎露出些許緊張。茱麗安茱絲散發出高貴氣質。

兩位巨星走過來與希區考克談話。希區考克操英國口音，茱麗亦然。

一小段時間後，剛才那幕重新再拍一次。

我當時感覺希區考克、保羅紐曼和茱麗安茱絲三位每位有眼睛、鼻子、嘴唇，與一般人似無特大不同處。他們當然比常人傑出、英俊、美麗。

我數十年後在某電視台重播的一部電影中看到我當初親睹的希區考克導演拍攝的那幕。那電影就是環球電影公司 1966 年發行 Paul Newman 和 Julie Andrews 主演的《Torn Curtain》（衝破鐵幕）。

我平凡人生中能有如此經歷使我覺得很幸運。感謝讚美主。

酒

我 1967 年夏畢業南加大後，寫〈遊子〉一文刊載於 1967 年 11 月 19 日《中央日報》副刊，其中包括七篇小文，此文是第五篇。我數十年後重新改寫此文，原先基本內容無改變。

某晚，我去老黃和老劉公寓聊天。不知談何事談得起勁，我告辭時三人在公寓三樓樓梯口繼續談，沒完似的。

一位婦人不穩地走過來，手持內有液體杯子。

「嗨，」她微笑說，「你們好嗎？」

「好，謝謝妳，」我們禮貌說，「妳好嗎？」

我看她臉，三十多歲，蒼白面色襯托出無神無助眸子，眼圈發黑，手顫，杯內液體微盪，一股酒氣。

「那裡頭是什麼？」我故意問。

「水，」她說，「只是水。」

她髮色棕黃，眸子碧藍，眼角魚紋未掩去曾有的美麗。

「你們是研究院學生嗎？」她問，走近我們。

「嗯，」我們答。

「你們是外國學生嗎？」她聲音微顫。

「是的。」

「甜心，真高興見到你們，」她靠更近說，「我就住在那間房裡。」

她指隔壁房間說，「我的未婚夫在那裡，他很希望和你們談談。歡迎你們來我房間。真的，來，來我房間，好嗎？」

三人手足無措，只望著她。

「你們知道嗎？甜心，」她聲音似帶解不開的慾念，「剛才我未婚夫和我做愛，他吻並撫遍我全身，嗯哼……」

她眼露挑逗，吞一口酒。

「你多大，」她問我。

我沒說話。

「只是孩子，」她說，「握手，好嗎？」

我不得已，握住，覺得她顫。

他又和老劉和老黃握手。

她抖索著，軟綿綿似的。

「真的，甜心，來我房間，好嗎？」她似哀求。

「我們必須走了，」老黃說。

那婦人仍不甘心站門外。

我們確信她房內必無人，也無未婚夫。

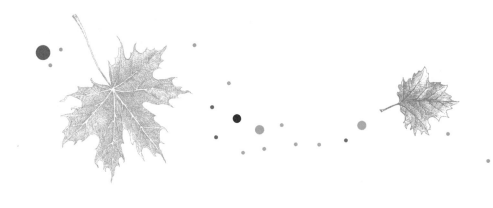

太陽眼鏡

我 1967 年夏畢業南加大後，寫〈遊子〉一文刊載於 1967 年 11 月 19 日《中央日報》副刊，其中包括七篇小文，此文是第六篇。我數十年後重新改寫此文，原先基本內容無改變。

我買車那天下午，在 Santa Barbara 大道旁 Coberley Ford 車商停車場等簽購車契約，等得有些不耐煩，投一角銀幣入自動售物機買杯雞湯喝。湯味不錯，但等的滋味不好受。大熱天，商人鯊魚味⋯⋯。

我站屋簷下，閒眺對街。街那邊建築物似是教堂，但無十字架。圍牆內空地停放幾輛汽車。三位外貌樸實男女走出建築物，年輕的扶年長者。

「看那邊，」一個聲音響自我身邊，「他們是來自西班牙的猶太人，世上各地都有他們的踪跡。」他聲音透露輕蔑。

「那建築物就是他們猶太人的聚會堂，」他繼續說，「你知道嗎？每個種族中都有最劣的一個階級，那些人就是了。」他手指聚會堂。

我轉首看那說話者，金髮白膚不給他增添任何可愛，他面部表情我更不屑一顧。

我發覺他帶著有色太陽眼鏡。

乞丐

我 1967 年夏畢業南加大後，寫〈遊子〉一文刊載於 1967 年 11 月 19 日《中央日報》副刊，其中包括七篇小文，此文是第七篇。我數十年後重新改寫此文，原先基本內容無改變。

1965 年 8 月底，我剛到美國在舊金山市區灰獵狗車站等車時看到一些衣服破爛神經有異的人遊蕩於站內。

經過十小時多車程，我抵達洛杉磯市區灰獵狗車站。

我等行李時，一位身著破爛老舊大兵制服的人走過來，口中咕嚕著向我要錢。我給他一角銀幣，他說不夠，我不理他。我見他走至公共電話亭，用手指猛掏退幣口，或許希圖挖出硬幣。

一年多後某日中午，我在洛城 drugstore 購物。一位面呈菜色、全身骯髒、身材矮小的黑白混血女人擠到我身邊，帶著一群髒小孩，對我說：「你給我兩角五分錢，我跟你睡覺。」

我沒理會她，購物完離去。

我遇到這些事後心中有些感觸。

有人說：「美國遍地皆金。」

有人說：「美國是停車場。」

也有人說：「美國遍地皆機會。」

對當時僅 23 歲我而言，第三想法似較合理。年輕無歷練的我那時覺得美國應不可能有乞丐，因只要肯吃苦只要有些微技能便應能賺得足夠衣食。

美國應被說成是遍地皆機會的國家。

數十年後 21 世紀第三個十年之始。美國仍是如此嗎？

慶功宴

1968 年夏末，我們三人小組設計研發的 16 位元 706 迷你電腦
（Raytheon 706: 16-bit mini-computer）經過一個多月辛苦測試終於圓
滿成功，得以準時參加南加州安納罕展示中心（Anaheim Convention
Center）舉辦的每年一度秋季聯合電腦大展（FJCC 或 Fall Joint Computer
Conference）。

那段分成兩班不分晝夜進行的辛苦測試過程中，工程部經理都親自
下海實際參與電腦測試工作。

我們三人（傑美、我、艾倫）是此電腦研發計畫核心小組，其餘參
與此計劃的週邊支援工作人員還有二十餘人。

參展週前星期五那日，愛爾蘭裔數位工程部經理格雷帝（Grady）帶
領下，我們二十幾位公司同仁分別先後開車至公司附近披撒餐廳參加臨
時安排的慶功宴。

我們中午抵達餐廳。大家點各種披撒各類啤酒開始享受一個多月辛
苦後難得的輕鬆時光。

啤酒下肚，話匣打開。我那時在電腦界剛出道沒多久（南加大碩士
畢業後尚未滿半年），是三人小組中的工程師；領組的是資深工程師傑
美，支援的是技工艾倫。

傑美祖先應是德國人，艾倫祖先大概是愛爾蘭人。格雷帝的兩位年
輕貌美女秘書也應邀參加增添額外興致。

傑美談到他讀麻州大學（University of Massechussets）有時窮到用汽
車水箱的熱氣溫熱食物。那時他夫人打工賺錢，他專心讀書。706 迷你
電腦研發過程中，傑美在工程技術上扮演主要帶頭角色。此產品成功推
出令他驕傲喜悅，他大口灌大杯啤酒入肚。

年輕的艾倫長得英俊，身材雖不高，卻深得女孩們喜歡。如平常上
班時一樣，艾倫談起與他女友的性關係。

他女友有孩子及那時冒生死危險在越南戰場上作戰的丈夫。艾倫談
到昨夜床上與她如何如何，前夜她反應如何如何。大家笑鬧之餘，另一
位技工羅勃特半開玩笑勸他說：「艾倫，這不是好玩的事，當心她丈夫

1968 年，與 Raytheon 706 Mini-computer 合影。

1968 年，攝於 Raytheon Compu
Company 公司會客室。

1968 年，畢業南加大 (USC) 後開始做菜鳥電子電腦工程
師。

回來後拿槍找你把你斃了。」

　　其實艾倫離過婚，前妻留下兩人生的男孩給他帶。艾倫在此電腦研
發過程中也功勞不小，照顧到許多工程上瑣碎細節。他也一口披薩一口
啤酒朝肚裡送。

　　格雷帝是得人心的天生領袖人物，除管理統御能力外，工程技術上
也很高強。他年輕時在海軍待過一段時光。

　　我數十年電子電腦事業生涯中，愛爾蘭裔的格雷帝是第一位讓我心
服的老闆。他不停抽菸，每天抽幾包菸，右手的手指已燻成黃色。他在
慶功宴場合一邊抽菸一邊喝酒，滔滔不絕談論多年前海軍的往事。

1968 年，攝 於 Raytheon Computer Co-
pany 公司前。

我也一口口喝啤酒，頻頻去廁所小便，喝到半醉身心俱樂。

大家辛苦之餘能同聚一堂共享輕鬆時光，拋棄各自戒心，暢談各人往事，不亦樂乎。

我們喝到後來見似未見，聽似未聽，恍恍惚惚，如夢似幻，不知時間飛逝。

傑美突然反胃吐出滿地穢物。店員們清理髒地後，我們也盡興離餐廳。

我們走出店門才知時已不早，下午五點左右。那時天氣陰沉，天色猶似黃昏。

傑美已醉得天昏地暗。格雷帝打電話給傑美夫人，請她來接喝醉的丈夫。

艾倫與我在傍晚停車場上一人抬一隻傑美肩膀，攙扶似已不省人事的傑美，來回渡步走動。好一幅三人小組合作景象，兩位半醉人攙扶一位全醉人搖來晃去。

傑美驟然停步不動，右手打開褲襠，就地小便，很長很長一泡熱騰騰的尿。

六點多，傑美夫人開車到來接他回家。

次日大家見面，一切如常，毫無異樣。

慶功宴半年後，我加入南加州另一電腦公司（後為 XEROX 所購），繼續電腦研發工作。

隨歲月流轉，傑美後來升任某矽谷電腦公司工程部二級主管。

艾倫加入我同一公司，從事電腦測試程式設計，其後再度離職後便不知何去何往。

格雷帝數年中工程事業不很順利，失望之餘回阿肯色州老家當農夫。務農之餘從事語音識別研究工作。

那次慶功宴特別是兩位半醉人搖晃攙扶全醉人的情景有時仍出現腦際。

先紅土後高原

我 1985 年寫〈浮生散記〉一文刊載於 1985 年 3 月 4 日美國《世界日報》副刊，其中包括六篇小文，此文是第五篇。我數十年後重新改寫此文，原先基本內容無改變。

1976 年五月初，我為就東海岸 IBM 公司新職，帶全家四口人開紅色 Plymouth Duster 汽車拖黃色 Chevrolet Vega station wagon 汽車於其後，朝首都華盛頓（Washington DC）附近 Virginia 北部 IBM Federal Systems Division 所在地 Manassas 城出發。

我們從 California 出發經 Arizona、New Mexico、Texas，入 Oklahoma。

我們兩部汽車連接一起，前紅車拖後黃車，在明亮清淨藍天浮雲下 Oklahoma 州特有的紅土間公路上急馳趕路。

我們馳行於 Oklahoma City 和 Tulsa 兩城間 44 號公路，天降陣雨，沿途一個個池塘變成一片片紅水，路旁景色很美。

突然兩輛汽車驟然分離，後黃車前端緩衝保險槓（front bumper）瞬間拉脫。我猛然緊急剎車，後黃車（Vega）幾乎撞進前紅車（Duster）。

雨後公路上，我們無助站於汽車旁。天色漸晚，路旁紅土顯得格外暗紅。

約一小時後，警車出現。兩位操南方口音交通巡警召來拖車。

拖車拖黃色 Vega 車至附近小城 Chevrolet 修車廠房時，天色已晚，廠門已關。

我們淒風苦雨中開紅色 Duster 車至旅館住下。

我們次晨等候車廠修理黃車時在 Stroud 小鎮小餐館吃早餐。店內小鎮人們似都互相熟識，相互叫得出名字。他們交談帶濃重南方口音。

一位五十來歲紳士吃過早餐後走到我們桌旁，看到剛滿三歲凱翔（凱翔如今已有自己兒子），給他兩銅板並說：「好孩子」。

修車廠焊接黃車至紅車後面兩車相連後，我們繼續登上征途，沿藍天浮雲綠林紅土中 44 號公路朝東北方向前行。

我們離 Oklahoma，經 Missouri 州 St. Louis 城，越 Mississippi River，轉至 70 號公路，經 Illinois、Indiana、Ohio、Pennsylvania、Maryland 等數州。

我們歷經美國壯麗江山萬水千山後，終抵 Virginia 州北部 Manassas

城。加州至此九天旅程中，我們除趕路外也沿途觀光一些景點。

　　全家待於 Manassas 城約一個多月後，被加州美好氣候慣壞的我們因為無親無故而且不習慣美國東部濕熱多變氣候，我忍痛辭去 IBM 工作，全家四口人於六月中旬從 Manassas 城朝加州方向奔馳。

　　經 Virginia、Tennessee、Arkansas、Oklahoma、New Mexico 等州後，我們前紅車拖著後黃車爬上 Arizona 高原。

　　近黃昏時，靠近 Chambers 小鎮 66 號公路上，我們紅車和黃車在爬坡過程中突然再度分解。

　　第一次解體發生於 Oklahoma 州紅土中，第二次解體發生於 Arizona 州高原上（先紅土，後高原）。

　　我手持橘黃色「Help」標誌站於紅車旁求助，來往車輛未發覺我們窘況或不願相助。

　　如此持續兩小時後天已黑星月已出現。平時南加州霧霾中不易見到的銀河星群此時在高原上無比清新毫無污染空氣中顯得格外明亮。

　　無窮無盡宇宙穹蒼中擁有無限多可能比地球大無數倍星星。

　　我們前此歷經艱辛旅程，但兩個孩子（女兒心笛未滿六歲，兒子凱翔剛滿三歲）安之若飴毫無怨言。小男孩凱翔安慰擔心的母親說：「媽咪，別擔心。我們今天晚上可以睡在車子裡。」

　　我們總算等到一位開中型 RV 汽車（露營車）善心人士停車相助，他用 CB Radio 連繫公路警察，公路警察連繫修車廠，修車廠派拖車過來。

　　拖車拖黃車行駛於前，我們開紅車跟隨於後至修車廠。

　　三小時後，當工人焊接黃車拉脫的前端緩衝保險槓（front bumper）時，修車廠老闆在高原星空下對我們說：「你們將要趕回南加州。我在 Los Angeles 住了很多年，不喜歡那裡的 rat race（你死我活、激烈、永無休止競爭。），天天追擠於高速公路。」

　　然而我與他有不同想法，我們心繫南加州。

　　他們修好車後，我們紅車拖黃車繼續摸黑上路急馳於高原公路。

　　我們歸心似箭，橫跨美國大地回程旅途僅費時五天（去時一共九天）。

　　加州，可愛的加州，我們終又回來。

金魚墳

我 1985 年寫〈浮生散記〉一文刊載於 1985 年 3 月 4 日美國《世界日報》副刊，其中包括六篇小文，此文是第一篇。我數十年後重新改寫此文，原先基本內容無改變。

那年凱翔八歲，某日從學校帶一隻游於透明塑膠袋水裡的小金魚回家，是他花十分錢向同學買來的。

他將牠倒入玻璃瓶，按時餵牠，勤換鮮水。他和十一歲姐姐心笛把牠當寶貝，取名歐尼。

日復一日，歐尼孤獨生存於牠的小天地。

某夏日週末，凱翔和心笛隨爸媽和外婆去聖地亞哥（San Diego）阿姨和姨丈家玩。生怕歐尼在家寂寞，凱翔要求爸媽帶牠同行。

在風和日麗聖地亞哥玩了兩日，歐尼又隨小主人回海邊家。

次晨，凱翔對爸媽說：「歐尼獨個兒在瓶裡太寂寞，可不可以給牠找個伴？」

他買了一隻較大的金魚與歐尼做伴。如果歐尼像小巫，新魚就像大巫。如果歐尼像小帆船，新魚就像大汽船。倒進缸裡的食物多半被大魚吃掉。歐尼見到大魚似驚慌避之唯恐不及。

數日後午前，心笛餵金魚時發現歐尼肚朝天浮盪於水中，無生命跡象。死因是赴聖地亞哥顛簸的車程或大魚的欺凌，無人知曉。

凱翔得知歐尼死亡消息後大哭起來淚水猛流，邊哭邊用網撈起歐尼屍體。他在後院樹下用小鏟掘一小坑，放進一個紙製棺材，上面他親筆寫著：「這裡安息著我最好的金魚歐尼。」

他埋歐尼紙棺入土後把用兩條小樹枝搭成的小十字架插於其上。

失去歐尼次日，爸媽買了一隻才六、七週大的雪特藍牧羊犬，取名賀吉（Huggie）。

牠在後院聞到小十字下歐尼屍味，本能地把牠扒出。凱翔看見後，氣得哭起來，將歐尼重葬一次。但一忽兒功夫，Huggie 又把歐尼掘出。

爸爸將歐尼仍進垃圾桶。

歐尼去後，Huggie 成為凱翔最忠實好友。

老頭淚

我 1985 年寫〈浮生散記〉一文刊載於 1985 年 3 月 4 日美國《世界日報》副刊，其中包括六篇小文，此文是第二篇。我數十年後重新改寫此文，原先基本內容無改變。

那年小真是亭亭玉立十六、七歲少女（現在她兩位公子已上大學）。我們看著她從嬰兒開始成長。

她兩歲多時某週末，她爸媽參加一個婚禮。我和菊齡那時尚無自己孩子，帶朋友之女小真去洛城市中心玩。

我們在「小東京」市街上蹓躂一番後，轉至 Los Angeles Street（洛杉磯街）。小真跳跳蹦蹦朝前跑。

一位七十歲左右流浪街頭骯髒醉老頭走向我們。小真見到他停下來向他揮手微笑並溫暖地說聲「嗨」。

老頭忽然眼角濕潤流淚。

我們也向他打招呼。老頭手摸小真頭，然後繼續流浪生涯。

數十年前兩歲多小真的微笑和老頭淚仍印心頁。小真已成長，老頭在何方？

垃圾箱裡的蔬菜

我 1985 年寫〈浮生散記〉一文刊載於 1985 年 3 月 4 日美國《世界日報》副刊，其中包括六篇小文，此文是第四篇。我數十年後重新改寫此文，原先基本內容無改變。

我參加 IBM 個人電腦博覽會的次晚與同行的 XEROX 公司同事 Ray Matsuda 去三藩市（San Francisco）中國城（China Town）吃晚餐。

我們在『小湖南』吃了廣東人燒炒的熱辣食品出來，蹓躂於 Grant Avenue 和 Jackson Street 交接口附近的狹街窄巷。

一家餐館門外街旁有一個大垃圾箱。我們看到兩位六、七十歲華人老婦女忙著從垃圾箱裡挑出餐館扔掉的蔬菜葉片，似乎不在意垃圾箱內逼人的腐臭氣味，把一片片他人摘掉不要的蔬菜葉片撿放入塑膠袋。

數分鐘後，兩位老婦人一人手提兩包來自垃圾箱的菜蔬，沿著 Grant Avenue 朝南走，消失於觀光客人群中。

畫廊裡的黑人

我 1985 年寫〈浮生散記〉一文刊載於 1985 年 3 月 4 日美國《世界日報》副刊，其中包括六篇小文，此文是第三篇。我數十年後重新改寫此文，原先基本內容無改變。

1985 年某日，我在三藩市的 Moscone Convention Center 參加一個 IBM 個人電腦博覽會（IBM Personal Computer Conference）。

我在博覽會中聆聽當時掌管 IBM Personal Computer Division 的副總裁 Philip Don Estridge 的演講。他不幸於當年（1985 年）8 月 2 日死於他所乘飛機下降於 Dallas/Fort Worth International Airport 時墜機事件，他的夫人 Mary Ann Estridge 與其他幾位 IBM 同仁同時殉難。

某晚我與同行的日裔 XEROX 同事 Ray Matsuda 去漁人碼頭（Fisherman's Wharf），在 39 號碼頭（Pier 39）吃一頓豐盛日本餐。

兩人餐後漫步於暮色蒼茫碼頭旁街巷。

我們經過某服裝店，門外停放「若斯如也斯」（Rolls-Royce）高級車，店內華裝麗服紳士淑女飲酒交談。逼人奢華氣氛向外散放。

同街朝西不遠處有一畫廊，店內陳列懸掛諸多優美雕刻及多類多彩繪畫。近門東牆懸掛滿牆某中國畫家的水彩和油畫。清新氣息洋溢其中。

我看見一位 50 歲左右黑男人疲憊地走進畫廊，倒伏於一座雕像旁，骯髒身軀趴伏在乾淨地毯上。似乎人生的沉重包袱將他壓倒在那裡。

一位年輕貌美衣著時髦的白女人從畫廊內室走出，對病老黑人說：「請你出去，好不好？你不能趴睡在此。我們要營業，有出入來往的顧客。」

老黑人乏力地說：「我起不來了，走不動了。」

他繼續趴伏於地毯，不再理會畫廊女人。

女人皺眉不悅無可奈何離開，走向畫廊他處。

同行同事 Ray 說：「這是一幕悲哀的情景。」

我們散步至其他地方朝回走再經過畫廊時，看見老黑人仍然病弱地伏睡於地毯。

懷念 Huggie

1981 年夏天，兒子凱翔八歲大。那時他養的一隻小金魚死了。我們為彌補他喪魚之痛想買一隻小狗與他做伴。

我那時在 LA Times 廣告中發現橘郡 Westminster 市 Beach Blvd 旁有人賣狗，便帶全家人前往一看。

那家人於兩週前喜獲一窩共八隻 Shetland sheep dogs（簡稱為 Shelties，或「雪弟」，雪特藍牧羊犬）。

我在那群胡蹦亂跳小狗中一眼就看中一隻格外突出特有個性的小雄狗，對女主人說：「我要那隻。」

我付 80 塊美金買那隻狗。同樣狗當時的市價是三百美金左右，多年後我寫此文時此種狗的市價已達三千美金左右。

我們將狗置入臨時向女主人要的 Huggies 嬰兒尿布紙盒，從那刻起 Huggie 便成為牠的名字。我們為牠申請執照時也用 Huggie Lee 當作牠正式名字。Huggie 從此成為我們李家一員。

我們曾短暫養過兩次狗，每次都因牠們日夜不停哭鬧帶給鄰居困擾而於兩三天後就送走牠們。

Huggie 全然不同。牠初入家門那晚，我們將牠置於後院 Playhouse，牠居然徹夜毫無哭鬧。Huggie 就如此留在我們李家，一留就是 13 年。

Huggie 是純種「雪弟」，外貌略似電影中 Lassie 牧羊犬，但身材較小、動作較敏捷、腦筋較聰明。

因 Huggie 表現良好，牠很快登門入室成為室內狗。牠從小不隨意大小便，能堅忍直至放牠到後院，也從小不隨意咬傢俱嚼地毯。Huggie 如同天降天使狗一般帶給李家人無比歡樂。

我們每晨醒來時，聽力絕佳的 Huggie 會立刻察覺到，從樓下一衝而上，連蹦帶跳越過十多階樓梯，衝進臥室，跳到床上，熱情舔舐我們臉頰。

牠的熱情是公平的，絕不會忽視任何房間，也不會忽略任何家人。牠舔舐主臥室大人後，便去隔房舔舐兒子凱翔，再去隔房舔舐女兒心笛。牠會多留些時間在心笛房間。Huggie 每晨如此，其熱情與興奮隨時日而

小時的 Huggie 與長大的牠長相不同。

長大以後的 Huggie 非常俊美。

Huggie 從小陪伴著孩子們長大。（其一）

Huggie 從小陪伴著孩子們長大。（其二）

未減。

　　Huggie 從數週大嬰兒期開始便陪伴當時 8 歲凱翔和 11 歲心笛渡過他們珍貴的童年歲月。孩子們成長過程中 Huggie 扮演既玩伴也寵物的雙重角色。

　　嬰兒時的 Huggie 與成長後的 Huggie 長像截然不同。牠小時身上毛不多，長大後體毛變得又長、又多、又柔，特別是俊美如雄獅般的胸前毛。Huggie 在狗類中是俊美狗種之一。

　　Huggie 另一項特色是不喜看聽人吵架，每當人吵架時牠會喉出怪聲以示抗議，當吵架強烈時，牠就不耐其煩躲至他處。

　　Huggie 小時每晨陪我慢跑四英里路。我每晨五點半起床後在晨氣中與 Huggie 摸黑上路，穿越住宅區和幾條街道，跑至 Santa Ana River 河邊，慢跑於河畔路。我們一同跑了很多年。然而 Huggie 以每一人年為七狗年之速在初時逐漸成長後來逐漸衰老。牠逐漸跑不動時，我就自己獨跑。

　　Huggie 年輕時飛奔於家附近學校操場，顯露無比威武。英倫三島西北方北大西洋中 Shetland 島上像 Huggie 這類動作敏捷飛快的牧羊犬被用來看管羊群。

　　那些歲月中，我週末一項運動是擊打網球於家附近小學牆上。我有時故意將球打得老遠，讓 Huggie 奔跑追撿。隨歲月流轉，牠逐漸衰老，無法像從前那般飛奔撿球了。

　　Huggie 雖自幼有護童本能，但對其他較具侵略性惡犬卻展現無比烈性，鬥士 Huggie 常不自量力膽敢挑戰比牠強大的兇狗。

　　某次家附近學校操場上，一隻體色黑白相間烈犬猛然狂奔過來攻擊 Huggie，Huggie 毫不示弱奮力反擊。殘暴兇狗咬破撕裂 Huggie 身上七、八處。我們掀開 Huggie 身上厚毛時可清楚看到令人心悸被可恨烈犬咬破的赤紅色血肉赫然呈現眼前。全家人都為此感到憤慨痛心。

　　另一次另一隻兇殘暴烈大黑狗如同一陣狂風一般猛然飛奔過來撲向 Huggie，可憐 Huggie 被強壓於地而力不從心反抗可恨大黑狗欺凌。

　　我護狗心切，飛奔過去奮力抱起 Huggie，破口大罵大黑狗主人：「請你控制住你這可咒該死的狗！ Please control your God damned dog!」

　　依市區規章，狗主人應鍊繞並強力拉控如此暴烈大狗，但他卻任由

牠狂奔亂跑傷及其他狗，活該被我痛罵。

Huggie 身上七、八處傷口數月後逐漸癒合。我們那時曾敷雲南白藥於牠傷口。可敬漢子、忍者狗、強者 Huggie 在痊癒過程中從未發出任何呻吟。

孩子們一年年長大，Huggie 也一年年衰老。1988 年，心笛高中畢業。我那時如空中飛人般往返於美國和台灣間。某次我出差台灣某日突接妻子菊齡緊急電話說 Huggie 中風了，那是全家人沉重的大事。

菊齡帶 Huggie 看獸醫，他建議給 Huggie 打一針讓牠睡去。Huggie 是菊齡特別寵愛的狗，她如何忍心，便抬牠回家。

我的岳母建議餵 Huggie 雲南白藥和「救命子」。菊齡「死馬當活馬醫」無奈下依母親說的每日將雲南白藥藏於牠喜吃的 Cheese 中餵牠，居然果真救牠一命。

當 Huggie 恢復到能走動時，菊齡再帶牠看獸醫。獸醫無法相信所見便問菊齡說：「What did you do to him?」（妳為牠做了什麼？）。但菊齡如何向他解釋雲南白藥呢。

Huggie 雖死裡逃生，但牠行動從此變得緩慢，不如往昔那般神勇了。Huggie 從此便以緩慢遲鈍的步伐繼續存活了五年。

牠雖已不似年輕時那般活躍敏捷，但全家人對牠寵愛卻絲毫未減。我們每晨下樓見到牠時，牠搖晃尾巴露出絲毫不減當年的興奮熱情。牠就如此一晨晨、一天天、一昏昏、一晚晚度過牠的餘生。

菊齡對 Huggie 寵愛無人可比，此世無人愛狗像她愛 Huggie 一樣。她每日該下班時，無論工作如何繁忙，必放下工作開車回家看望 Huggie。別家狗自己從狗碗取食，我們家 Huggie 卻是菊齡一口一口餵食。別家狗吃狗食，我們家 Huggie 大多吃菊齡餵的人食。

菊齡某次飛往紐約看望就讀 Columbia 大學女兒心笛，留我在家照顧Huggie。已被菊齡寵壞的 Huggie 完全拒絕我餵牠飯，我每晚幾乎都跪求牠吃。

每晨每昏無論晴雨，菊齡必按時帶 Huggie 散步於家附近學校草地。Huggie 原可從家門口走去校園。牠後來行動漸緩，菊齡生怕牠無法走那段僅 20 碼路程，便每次開車送牠過去，散步完再開車送牠回家。菊齡每

Huggie 從小陪伴著孩子們長大 。

菊齡和 Huggie 散步於學校草地 。
（此刻兩者，一人一狗，都在天家，都因中屆
逝。）

我 親 手 特 製 推 狗
車，推 Huggie 去學
校草地散步。

菊齡、Huggie、我攝於我們近海家後院。

Huggie 和我在家附近公園草地上。

Huggie 黑白炭筆畫像。

兒子凱翔所畫 Huggie 水彩畫像。

晨每昏短距離開車送牠就為能讓牠散步。

我那年中實在看不下去，便花一個下午特為 Huggie 建造一部木製手推四輪車推 Huggie 去校園散步。一般人只知有嬰兒推車，卻從未見過我為 Huggie 手工特製的推狗車，見者無不稱讚說：「多幸福的狗啊。」

日子一天天過去。Huggie 深知誰最愛牠，對菊齡特別好。我那時長年在外奔波，頻頻往來於美國和台灣間，較少見 Huggie。女兒心笛就讀紐約 Columbia 大學，之後工作於北加州，也較少見 Huggie。凱翔雖住家裡，但忙於上課打工，也少見牠。心笛 1993 年感恩節從舊金山飛回南加州家裡渡假，全家人與 Huggie 團聚，那是大家難得到齊與 Huggie 最後一次團聚。

1993 年 12 月 2 日晨，菊齡和我如往常帶 Huggie 散步，巧遇教育局工作那位女士帶四隻體軀優美氣質高雅的 Greyhound 獵犬狗散步。Huggie 特喜其中一隻黑母狗，顯得格外興奮，然後依依不捨分開。

那天上午，Huggie 流出大片血尿於 Family Room（家庭間）地上。牠中午從後院進屋時流出帶血大便於地，其後便昏迷不醒虛弱躺臥於家庭間靠近後門地上。菊齡黃昏回家時見 Huggie 吐滿穢物於自己身旁。

那晚 Huggie 時昏時嘔，嘔到最後已無物可嘔。牠曾數度稍醒抬頭，每抬頭時我們拍手歡呼，以為牠好轉。一段時辰後，牠發出似欲窒息般痛苦喉音，牠欲嘔之狀看似中風。

我見 Huggie 欲嘔卻無物可嘔痛苦情況，實無法控制淚水，便去廚房水龍頭用冷水沖臉。

我不願做那不能不做的決定：送 Huggie 去獸醫院，讓獸醫注射一針讓牠睡去遠離痛苦。我將此事決定權交給最愛 Huggie 的妻子菊齡。

晚九點半，菊齡見 Huggie 已無法可救，便做那無可避免的決定。那時那刻，我們淚水如決堤。

我們開車去獸醫院途中，Huggie 虛弱臥於右座菊齡腿上，牠雙眼雖開但卻又似無知覺，也似已不認識我們。我們輕撫牠頭讓牠知道我們仍在身旁。

我們車抵獸醫院時，我抱 Huggie 入醫院，置牠於病室桌上。當菊齡在隔室填表格付支票時，輕撫 Huggie 頭的我聽到菊齡哭泣。

滿臉淚水的菊齡走進病室，親 Huggie 臉，無限悲哀地說：「Bye Bye, Huggie!」

就如此，我們離去，把 Huggie 交給醫院，與牠永別。

我們回家後，菊齡打電話給北加州三藩市工作的女兒心笛。電話彼端，Huggie 的離去使愛牠的心笛淚如決堤。

那晚，大家無法安眠。次晨，菊齡送我去 LAX 機場途中，談到 13 年來我們與 Huggie 共處時光。我們發現 Huggie 臨終前兩週中突能走較前更多的路，難道狗也有「迴光返照」現象？

永別了， Huggie。你是幸福狗，永遠擁有我們全家人的愛。我們從今以後可能永不再養狗。

失去 Huggie 以後，我們家客廳旁樓梯上方牆上掛著 Huggie 大型彩色照片，面對大門。

我們家後面家庭間牆上掛著 Huggie 黑白炭筆畫像，斜對後門。

我們家主臥室牆上掛著兒子凱翔畫的 Huggie 水彩畫像，面對主臥室門。

Huggie 雖已不在此世，但似仍不斷看守大門、看守後門、看守主臥室門，持續看門守家。

Huggie 大型彩色照片。

曾經歲月

慢跑人生

1940 年代底至 1950 年代中，我就讀台灣新竹竹師附小，曾被選入學校校隊參加新竹縣運動會和田徑賽跑。

1950 年代中至 1960 年代中，我就讀台灣新竹省立新竹中學，學校傳統性規定所有學生需通過游泳課和越野慢跑後才能畢業。

我成長過程中運動是我人生一部分，包括初時偶爾行之的慢跑。

1984 年中，我在洛杉磯機場附近 El Segundo「全錄」公司（XEROX Corporation）已工作近 15 年。

我某日中午做了一項重要的人生決定：我此生從那日始將不斷慢跑，就如此啟動了我數十年持之以恆的慢跑習慣。

我 1984 年那個夏日決定開始慢跑，第二日繼續跑，第三日持續跑。我就如此慢跑或快走直至如今，且將盡可能持續至往後歲月中。

我開始慢跑時每日跑兩英里，一月後增至四英里，其後維持在四英里至十英里間，有時跑更遠，持續至今。

我數十年慢跑習慣雖大體上不曾停止過，但每隔一些時日我偶有怠惰狀況。1985 年中某日，我在洛杉磯機場北邊 Doubletree 旅館參加 XEROX 公司為非財務經理舉辦的財務研習會。課與課間休息時間，一位連環抽煙、呼吸急促、大腹便便體胖中年人突然在我身旁昏倒於地。

有人立刻打電話通知救火隊。兩位醫務員十分鐘內趕到，立即向他進行電擊試圖急救，但電擊數次無效。他活生生死在我面前。那段時間剛好是我慢跑怠惰期，我次晨立刻重續慢跑。

我最初清晨五點半起床後跑，一段時間後改成黃昏時跑。1980 年代底至 1990 年代初 10 年中，我又改成午餐前慢跑於公司附近。1993 年後，我再度改回清晨起床後跑。

黃昏時慢跑分為晚餐前和晚餐後。晚餐前慢跑缺點是肚餓無勁，晚餐後慢跑缺點是腹內食物震盪翻轉可能導至盲腸炎。中午時間慢跑缺點是烈日下皮膚曬傷。

我開始慢跑幾月後感覺每次慢跑後身心舒適鎮靜。我後讀 James F.

Fixx 寫的當時暢銷書《The Complete Book of Running》，從書中得知每日慢跑半小時以上人腦中天然產生類似嗎啡（morphine）讓人感覺舒適鎮靜的 endorphin（「內啡肽」，亦稱「腦內啡」、「腦內嗎啡」或音譯為「安多酚」）。人不必藉吸毒尋覓舒適幻覺，只需不斷慢跑便可天然產生舒適鎮靜幸福感於體內。

我閱讀 James F. Fixx《跑》書並慢跑三年後，決定嘗試跑馬拉松的滋味。

某時段中，我週日至週五每天依例跑四英里路。我對週六則有如下安排：第一週六跑 6 英里、第二週六跑 8 英里、第三週六跑 10 英里、第四週六跑 12 英里、第五週六跑 14 英里、第六週六跑 16 英里、第七週六跑 18 英里、第八週六跑 20 英里。我就如此八週後達到一次跑 20 英里目標。

跑 20 英里那週六，我從太平洋海濱墾丁灘市（Huntington Beach）沿 Santa Ana River Trail（河邊道）朝北跑至十英里外安納罕（Anaheim），然後掉頭轉向沿原路朝南跑完其餘 10 英里回家。

我回程時感覺極度疲累，當我跑到接近 20 英里時真正體會到 Fixx 書中提到的「Knock the wall at 20 miles」（二十英里「撞牆」現象）。我那時真跑不動了，但仍堅持靠意志力支撐跑回家門。我全程跑三個半小時，體內熱量幾乎已消耗殆盡，回家後感覺全身發冷。

我 20 英里接近馬拉松距離的長跑是可貴人生經驗，但可惜我至今未參加過正式的馬拉松賽跑。

數十年來，慢跑和其他運動盡可能是我每日必修課程。我有時雖因晚起床或懶或其他原因而未能晨跑，當天下午會去打籃球和網球以求補足當日運動量。

- 2 -

我大多時間慢跑於美國南加州。

1980 年代中至 1990 年代初，我因工作於跨國性科技公司，像空中飛人般往來美國和台灣。我出差台灣時在台灣慢跑。

1990 年代後半期至 2004 年底，我因在台灣創業而在台灣慢跑。我

曾住新竹科學園區內幾處公寓宿舍，為每一住所都規劃好每晨在園區內慢跑四英里路的途徑。

我晨跑科學園時對無人管控野狗群的狂吠和挑釁感到不勝其擾，有時用石頭和樹枝自衛。我後來自製隨身攜帶輕便打狗棒，覺得有備無患，較有安全感。

我園區內跑完 4 英里後，繼續在科學園區靜心人工湖畔做肢體運動和 168 下快速伏地挺身運動。

某日清晨，我湖畔伏地挺身時感覺一對男女走近，抬頭一望竟然是多年未見台大電機系同班同學何瑜生和他夫人 Lucy（全華震）。

另一早晨，我湖畔運動時重逢多年未見 XEROX 和全友公司老朋友老同事曾憲章博士（Carter Tseng）。

我創業於台灣 7 年中曾兩度賃屋而居於竹北，也規劃出 8 字形四英里慢跑途徑，每日清晨慢跑自然不在話下。

我每週六和週日去竹南高爾夫練習場練打高爾夫球，也爬芎林飛鳳山。我每次爬至山頂後，回程時一路跑下山來。爬山是極佳運動，可惜我 2004 年底退休南加州海邊後就再也無山可爬。

新竹科學園區全友電腦公司福委會於 1990 年代初某夏日舉辦一次慢跑比賽，我是參與的惟一高階主管。我在炎炎夏日中跑完十公里，獲得參賽者中第二名。

- 3 -

1992 年 5 月 17 日是風和日麗南加州好週末，我和四位全友電腦（Microtek）美國分公司 Marketing and Sales（行銷）部門美國同仁去 Los Angeles 北邊 Griffith Park 參加第 11 屆 Jimmy Stewart Relay Marathon（馬拉松接力賽跑）。

那天恰好是 Jimmy Stewart 84 歲生日。我親睹 Jimmy Stewart 和 Robert Wagner 兩位好萊塢巨星互動，並聆聽他們簡短演說，也看見主辦單位送給 Jimmy Stewart 生日蛋糕，並聽大家合唱「Happy Birthday, Jimmy Stewart」生日快樂歌。

26 英里每隊 5 人馬拉松接力賽跑中，每人跑 5.2 英里。我那天跑

Microtek 隊第一棒。其實活動勝負不重要，重要是參與。我那次活動中拍了不少照片和視頻。

1995 年中，我加入王渤渤（Bobo Wang）和他兩位律師夥伴設立於台灣新竹市的 Aetas 技術科技中心（Aetas Technology Center），其初期計劃是為當時大陸市場研製電動腳踏車相關技術。

那段時間中，我住公司提供的光復路旁 20 餘層樓公寓大樓第 20 樓公司宿舍。大樓後面不遠處就是十八尖山。

我每晨起床後就去十八尖山慢跑，舒適慢跑於山上清新空氣中，沿途見市民們在山上做各種健身運動。

我創業於台灣那些時日中曾在竹北市獨居數年。冬天偶來寒流或春後梅雨使我無法外出慢跑，我就在公寓內光腳跑。我在臥室、客廳、廚房、陽台間來回繞圈跑半小時，居然也能跑出汗來，達到運動效果。那是我不得已而行的室內慢跑。

1993 年，我去上海；1995 年，又去一次。我兩次去上海都住虹橋機場附近虹橋迎賓館，每晨起床後慢跑於賓館附近馬路旁。那是我在上海的慢跑。

1990 年代初，我曾去北加州釀酒勝地那葩谷（Napa Valley）參加一次電腦科技研討會。黃昏時，我慢跑於旅館附近葡萄園畔。

1979 年秋天，我曾去南加州歐海谷（Ojai Valley）參加以敏感度訓練為主題管理研習會。每晨起床後，我慢跑於秀麗山谷勝地高爾夫球場旁。

1999 年 2 月寒冷冬日，我帶領 ABERA 公司參展小組去德國漢諾威（Hanover）參加 CeBIT 1999 年 3C（電腦，通訊，消費電子）展。我住當地民宿，晨起後慢跑於漢諾威冬寒晨氣中。

2006 年 8 月，我母親病逝於紐約法拉盛 (Flushing)。她過世前一年，2005 年 8 月至 9 月，長居紐約且有畢生優秀翻譯經驗的耀宗弟應邀去上海國際翻譯學院教授翻譯學。那段一個月左右時期中我從南加州飛往紐約，住耀宗弟小頸市（Little Neck）家，助耀宗弟和重芬弟妹探視臥病於床母親和重芬母親。

我每日去法拉盛看望母親前晨跑於小頸市（Little Neck）和附近大頸市（Big Neck）住宅區內樹叢中街道旁。

2004 年 11 月，我從數十年電子電腦事業生涯退休，回到南加州長居數十年近海家園，開始帶妻子菊齡遨遊世界（陸遊或遊輪）。

我們陸遊時因行程緊湊暫停慢跑。我們乘海洋遊輪時，我常慢跑於船上第 12 層甲板或船首健身房跑步機（treadmill）。

我曾於其上慢跑的遊輪包括： Monarch of the Seas, Celebrity Galaxy, Adventure of the Seas, Navigator of the Seas, Brilliance of the Seas, Rotterdam, NCL Jewel, Crown Princess, Veendam, NCL Star, Diamond Princess, Royal Princess, Regal Princess, Sapphire Princess, Caribbean Princess, Golden Princess, Celebrity Infinity, Celebrity Millennium 與其他遊輪。

2008 年 5 月底，我首次當外公，與妻子菊齡（Daisy）從南加州開車去北加州灣區柏克萊山（Berkeley Hills），短期停留女兒心笛山上家。我每日欣賞可愛外孫之餘慢跑於 Berkeley 山上。

我山路上跑 20 分鐘較之平路上跑 40 分鐘更消耗體力，跑步速度也較慢。我每次慢跑於山上時經過奧斯卡金像獎得主 Rita Moreno 家門前。十數年前某日，我帶女兒狗 Shaq（俠客）一面慢跑一面溜狗於山路時，居然遇見巨星 Rita Moreno 她本人與她狗在她家門前。如此親切友善毫無架子著名大明星邀我們進她家看看聊聊。

我慢跑於柏克萊山上時，居高臨下俯瞰遠方舊金山、海灣、跨灣大橋，壯美景色令我心曠神怡心寬胸闊。

- 4 -

2011 年 12 月初，我和妻子菊齡和幾位戚友飛往 Florida 參加一個 West Caribbean Cruise，我們上船前先停留 Orlando 一個 timesharing resort 一週，瀏覽附近名勝景點。

12 月 6 日清晨，當我慢跑於 resort 附近時，某樹上不知名小鳥突降鳥屎於我頭肩。我當時心中得意暗喜：「如此『黃金』降身是多好的運氣。」

我跑完回住處時將此絕佳好運一事告訴 brother-in-law 王中川。他即時反應：「Holy Shit.」我聽後大笑。

次日 12 月 7 日晨，我又出去慢跑。當我跑至前一日鳥屎降身的街對

面時不知何故突然摔倒於馬路旁水泥道上。我當時眼冒金星、牙齒撞地、牙齒頓時咬裂上唇血流如注。我勉強爬起，用手帕敷唇止血。我前此一生從未摔得如此重。

我忍痛走回住處見到 brother-in-law 王中川時，向他展示沾滿鮮血手帕，他即時反應：「Holy Blood.」我聽後忍痛大笑。

我如此登上遊輪渡過 14 天「Western Caribbean Cruise」（西加勒比海）忍痛遊輪之旅。

因天生體熱，我平時慢跑一英里後體內熱量使我脫上衣露上身，寒冷冬日也不例外，除非特冷寒流。

某台灣冬日，我爬上新竹縣芎林鄉飛鳳山，遇到一群爬山者見我露上身跑山上，用台語說：「讚。少年郎。」

我朝他們微笑繼續前跑，無機會解釋：「我露上身跑山上實因體熱，並非顯耀肌肉，也非顯耀不懼寒不怕冷。」

1980 年代中，我們家有一隻陪伴孩子們成長名叫賀吉的雪特藍牧羊犬。我從牠很小就每晨帶牠慢跑，直到那年牠跑不動為止。

我某晨慢跑於聖他安納河畔路（Santa Ana River Trail）時突感肚疼難忍，那時五點半左右天色仍暗，便在路旁草叢就地解決。賀吉那時僅小狗一隻，完全不知我幹啥，繞我身旁亂跳。如今賀吉早已往生，我想起那晨情景仍不禁莞爾。

2006 年中，女兒飛往夏威夷貿易島（Maui, Hawaii）渡假前，將愛犬 Shaq（俠客）置放我家代為看管。

我每晨帶俠客慢跑。某晨，當我晨跑於聖他安納河畔路時，見一人帶他狗散步而未用栓狗繩栓住牠。我依樣學樣解開俠客栓狗繩讓牠自由跑我身旁。

兩分鐘後，俠客不知何故突然離我朝原路狂奔而去。我那刻真是驚呆住了，拼命跑去試圖追趕，但牠速度實在太快，我完全無法趕上。我心慌意亂，痛恨自己丟失女兒狗。

我與俠客從家門至河邊，牠僅跑過一回，且路經汽車往來頻繁的 Brookhurst Street（布魯克赫斯特街）大馬路。我焦急萬分，心急如焚。萬一俠客被汽車撞死，我如何向女兒交待？

俠客已無踪跡，我無計可施，只能心中不斷祈禱。

我無比失落回家，門口遇見鄰居 Doug，告訴他丟失俠客一事。

我進家門後被妻子 Daisy 責備。兩人分頭開車尋找，遍尋不得。

我們無比失望再回家門，見鄰居 Doug 開車過來。

他對我們說：「你們看車裡是誰？」

俠客坐他車裡。

我們歡欣不言可喻。感謝主，我祈禱得回應。牠竟能途經如此多危機一路跑回毫髮無傷，真如神助。

我事發一年後才敢向女兒提此事。

俠客之後因腦癌開刀，在著名 UC Davis 獸醫院進行輻射和化療。我那段時期每日為牠祈禱。

牠陪伴外孫 Connor 和外孫女 Casey 成長，多活七年（感謝讚美主），於 2012 年聖誕日當晚大家悲傷中辭世。

-5-

1993 年 8 月 28 日那天，我未清晨跑，改在上午跑。我也未像往常跑於聖他安納河畔路，卻跑在墾丁灘市（Huntington Beach, Surf City USA）大街旁行人道。

當我跑在亞當斯街（Adams Avenue）將右轉至布魯克赫斯特街（Brookhurst Street）時，突感左大腿後上方被打一槍。

我驚疼之餘瞥見一輛汽車猛然朝前逃逸而去。原來是頑皮年輕人惡作劇用戰爭遊戲中所用漆彈槍（paintball gun）射擊我大腿取樂。

我回家後立刻報警，但徒然無功，因攻擊我者早已逃逸無蹤。我只能將左大腿上方被擊烏青處拍照留念。令人感到諷刺的是：我們墾丁灘市那年被評全美最安全城市。

1994 年 4 月 30 日清晨，我跑至 Santa Ana River（聖他安納河）與 Hamilton Ave 交接處一座河上路橋。我那晨有些偷懶不想跑太多路，為想少跑約四分之一英里而朝路橋下河畔水泥路一躍而下。

我不經思考倉促向下跳了大約 16 英尺高度。我觸地剎那強烈感到此生在那刻就完結了。我極度疼痛躺在河畔水泥地，不能動彈。

大約一小時後，我勉強起身。我疼痛中從路橋下一小步、一小步回家的三英里路感同三千英里。

我從車房後門經車房入廚房，妻子菊齡見我面灰如土，即刻緊急開車送我去醫院急診。。

醫生說我一節脊椎骨落地瞬間被強烈震壓成三角形，我身高也於瞬間變矮二分之一英寸（從原先 5 英尺 10 英寸變矮成 5 英尺 9.5 英寸）。我聽後不禁強忍疼痛大笑。

我在家休養數月後恢復健康，之後身體依然健康如昔，毫無異樣。感謝唯一真神，祂救我，保存我。我當時落地剎那，若角度稍異則非死即癱。感謝主耶穌基督，祂給我重生機會。

我多年前慢跑於聖他安納河畔路時常見一些落魄和無家可歸的墨西哥人和美國白人以河邊樹下草叢為家。他們夜晚露宿星空下，白天不知何去何往。

市政府數年來派工人砍除草叢，逐漸驅離可憐流浪者。但我每隔些時日仍偶見無家可歸落魄者為生存而露天夜宿河畔睡袋中。

-6-

我於 2004 年底退休後曾有一段時期突發奇想，以「探險」方式慢跑於家附近其他社區。

我數次跑至 5 英里外 Huntington Beach Pier，然後再跑回家，來回共跑 10 英里路。

我曾開 15 分鐘車至 Newport Beach Pier，慢跑於沙灘上，然後再開車回家。

我也曾開 25 分鐘車至 Huntington Harbor，慢跑於那房地產較貴的社區街上。每座房後無後院但有海水。有些住戶將小遊艇栓於屋後。

我常跑越過 Santa Ana River，跑至 Costa Mesa 高地，看見一群同好者以遙控器控制無線電遙控的玩具小飛機翱翔於高地上。

我曾幾次開 17 分鐘車至 Upper Newport Bay Nature Preserve，慢跑於其西邊的 hiking trail 上。我去時天尚未亮，路旁漆黑。我某次至崖邊草叢旁小便，突聞響尾蛇在附近草叢中，嚇得我未辦完事就趕緊逃離。

我曾開 20 分鐘車至 Newport Beach 的 Fashion Island，繞跑該地一圈。我也曾就近跑至附近的 Balboa Island，一面跑一面欣賞新港灣的海水和遊艇。

- 7 -

我隨年齡增長慢跑速度漸慢，常見年輕男女跑者超越我。我天生好勝，年輕時會奮力追趕超越我者，但至此人生黃昏歲月就任他們超前而去。

畢竟我慢跑目的是為健康，不願跑太快損及膝蓋。我為求細水長流日久天長寧願減低慢跑速度。

我數十年慢跑人生主要是為健康，但越來越深切感覺：慢跑時一面慢跑一面思想會使許多創意解方成形於腦中。

很長一段時期中，我每晨盡可能完成約兩小時運動，數十年逐漸演化成 6 個基本時段：

第一時段：一面慢跑或快走、一面祈禱。我為家人們、親戚們、老同學們、老朋友們祈禱。我為許許多多人祈禱，我為美國、中國、全世界祈禱。我大多數禱告，神都有回應，多麼奇妙的恩典。感謝讚美神，感謝讚美主。

第二時段：五分鐘快跑衝刺。

第三時段：邊走邊做眼睛運動，依順時針方向轉動雙眼八下，然後依反時針方向轉動雙眼八下，持續做 8 x 8 x 6 = 384 下。

第四時段：肢體運動：18 種運動，每種做 8 x 8 = 64 下，共做 8 x 8 x 18 = 1,152 下。

第五時段：從頭至腳用雙手打遍全身，共打 8 x 8 x 22 = 1,408 下，使全身氣血流暢。

第六時段：家裡健身機器（home gym equipment）上做 8 種鍛練全身肌肉運動，每一種做 8 x 8 = 64 下，共做 8 x 8 x 8 = 512 下。

我 2014 年之前的許多年中曾不斷每日做 168 下快速伏地挺身運動（妻子菊齡於 2014 年 9 月 10 日突因血栓阻塞左腦中風過世，我從那時開始停止了快速伏地挺身運動。）。

293

我幾年前為求保護膝蓋以致細水長流日久天長持續運動，改為每晨快走而非慢跑於跑步機。我快走速度同於慢跑，運動效果全同，同樣流汗。

幾年前，為節省時間，我將原先大約兩小時運動一切為二，成為兩個一小時部分：第一部分和第二部分。我若今天做第一部分運動，明天就做第二部分運動。從前大約一小時快走和祈禱於跑步機，現在則將祈禱一切為二，每次花 30 至 40 分鐘祈禱和快走。

慢跑人生，人生如慢跑。快走人生，人生如快走。一步一步，點點滴滴，細水長流，日久天長。向前慢跑，向前快走，達至目標，再往次站。跑出健康，跑出樂觀，跑出信仰，跑出永生。

我慢跑和快走人生持續不斷向前，直到天父接我去天家。感謝讚美主。

1979 歐海谷五日夢

盛夏或秋老虎季節中，南加州稍北溫圖拉郡（Ventura County）東北的歐海谷（Ojai Valley）附近常傳來火燒遍野的消息。

每逢如此時辰，我便想起 1979 年秋初我在歐海谷渡過的五天不同尋常和難以忘懷的如夢似幻時光。

歐海谷是位於溫圖拉郡東北、洛杉磯西北、聖他巴巴拉東南的山區。

從洛杉磯出發，經由 101 號國家公路朝北轉往 33 號國家公路，便抵達歐海。歐海是印第安人所取地名，其意是「巢」，意指群山中如巢一般的翠谷。

歐海位於海跋一千英尺高度，空氣乾燥，冬夏氣溫相差不大。

歐海谷依偎 Sierra Madre 山脈中，長年無霧氣，無潮濕空氣，也無城市煙塵，是渡假者、退休者、養病者最愛之處。

1979 年秋天，XEROX 公司派我參加舉辦於「歐海谷客棧鄉村俱樂部」（Ojai Valley Inn and Country Club）針對公司和企業管理者設計的管理訓練課程：「組織間管理發展實驗室」（Inter-organizational Management Development Laboratory）。

1979 年 8 月 26 日（週日）午後兩點半，我從橘郡家開車抵達歐海。

下午五點時，百餘位參與者聚集花園廳（Garden Room）。主辦人 Dr. Charles K. Ferguson（佛格森博士）向大家簡介為時五天「管理實驗室」的意義和目標，也介紹十餘位他的助手，並引介來自全世界各地參與者。

「來自英國的請起立。」 一人站起，大家鼓掌。

「來自法國的請起立。」 一人起立，掌聲響起。

「來自澳洲的請起立。」 兩人站起，掌聲。

「來自南美洲委內瑞拉和墨西哥的請起立。」 數十位來自中美洲和南美洲的參與者站起並獲掌聲。

其次，佛格森博士一州接一州介紹美國本土參與者。

他最後宣布：「現在，」他稍停一下，「請來自加州的 ⋯⋯」

他還未說完前，幾乎整廳的人都站起來，引起轟然大笑。

依客棧規矩，週日晚餐時大家需穿正式西裝並打領帶。

1979 年 8 月 26 日至 31 日，歐海谷（Ojai, California）Inter-Organizational Management Development Laboratory，315 號房小組合照：亞瑟（中排左二），大衛（前排左二），狄克（後排右二），海威（後排左一），雷恩（中排右一），格蘭（中排左一），摩理斯（前排左一），瓊安（後排中），作者（前排右一）。

　　我們晚餐後回到旅館各自房間，卸去西裝，換上舒適衣裳，走到主辦單位為我們 12 人小組安排的 315 號房。

　　帶領我們小組活動的是佛格森博士禮聘的亞瑟（Arthur Shedlin）。他大約 70 餘歲，蒼蒼白髮、紅潤面色、矮胖身材給我們一種和藹可親的好感。

　　亞瑟和他老妻住北加州傍海美麗的 Carmel，安渡退休生活，偶而應邀參與類此的管理訓練活動。

　　我們小組裡內 12 個人陸續到齊後，亞瑟請大家圍成一圈坐下。

　　他說：「大家好。這個小組包括我一共有 12 人。我已為今後 5 天小組活動設了大方針，我將不控制細節。我希望你們自動自發，隨時給我 feedback，讓我們大家共同促進此次活動成功。現在，請你們每人找一位伙伴互訪， 20 分鐘後你們依序簡介你們的伙伴。」

　　我負責介紹的伙伴是坐我身旁的大衛。蓄著濃厚鬍鬚的大衛來自美國西北部多雨的奧利崗（Oregon）州。

　　他當時在內政部土地管理局當小主管。喜愛慢跑的德裔大衛成長於基督教家庭。他全家有四口人：包括妻子、女兒、兒子、他自己。

　　他曾參加越戰，親身體驗和目睹飢餓面孔、鮮紅血液、炸裂骨肉、可怖戰場。這些人生經歷使他變得脆弱，也對他的信仰產生些許動搖，使他更珍惜家庭完整和幸福。

一小時左右互訪後，12 位背景迥異的陌生人開始互相有些許認識。幾位性格比較突出的人物（譬如狄克、海威、雷恩三位）也很快在小組中顯露出來。

那位年齡大約 40 中旬或接近 50 香煙不離口的狄克，頭上有濃密黑髮，臉上有黑濃眉毛。他嘴角常露出一絲狡猾帶嘲的微笑。他身材相當壯碩，舉手投足間透露世故，顯然是見過世面的人。

我從姓氏上猜他可能是東歐波蘭裔，來自美國西北華盛頓 (Washington) 州。狄克當時在某著名研究機構擔任高階主管。據他說，約有一千多項專利都有他的名字在內。我猜想更正確的是：那些專利應是他手下眾多研究員的成果，便自然成為他的成果吧。

兩位女性組員被介紹時，狄克以玩世不恭和頗為挑逗方式針對她們說出些揶揄和不敬的話語。

他不得體的言辭立刻激起其他幾位男仕不滿和反感，紛紛起而發言，批評並攻擊狄克出言不遜。315 號房間的氣氛突因如此衝突而緊張起來。

批評狄克最厲的是 30 幾歲海威，敢說敢言的他眉目間流露英氣，展現很強個性。

海威當時在麻省（Massachusetts）著名瞬時照相機公司 (Polaroid) 總部擔任品管經理。我從他姓名猜想他或許是猶太裔美國人。

海威的言行在 315 房當時政治氛圍內似很快得到大多數組員支持，包括我在內。

海威和其他幾人在言辭上攻擊並未使老狐狸狄克帶嘲的微笑完全消失，但在我的觀察中，他狡笑面具後面似乎稍露些許不安。

並非所有人都反對狄克，例如雷恩便是一例。雷恩和狄克兩人年齡相近，屬於較老那輩。我當時還僅 30 餘歲，應屬較年輕一輩。

最初衝突中，似乎較年輕一群組員向較年長兩位組員挑戰和對抗。

雷恩紅潤的面色和透紅的鼻端顯露出他可能是較喜喝酒的那類人。他住南加州西南端依山傍海房地產昂貴的 Palos Verdes Peninsula 山區，在某一太空和軍事相關工程公司擔任資深經理，管理和協調多項大型工程計劃。

雷恩見過世面，也見過海面。他嗜好航海，也是自己遊艇的船長。

雷恩曾遠航至夏威夷和澳洲等地。他經歷過碧海、藍天、白雲、灰霧以及平靜月光下海面和狂風暴雨中浩洋。曾駕駛著自己遊艇遨遊巨洋大海的雷恩實在令人欽羨。

雷恩談到他曾經乘風破浪遠航至遙遠的澳洲。我們小組的格蘭應特別感到興趣，因他就是來自澳洲 Melbourne（墨爾本）的紳士。

格蘭當時在澳洲 Shell 石油公司擔任經理職務。操著英國口音的格蘭大約四十來歲。他身材短小清瘦，是位謙謙君子溫和紳士。格蘭雖生活和工作於澳大利亞，他原先出生和成長於英倫三島蘇格蘭。

我剛到歐海谷那午後靜坐於室外陽光下躺椅上等候首次集會開始。我那時看見附近一張桌旁有一人獨坐，似乎沉思中眺望遠山，那人便是格蘭。

我們小組中，另一位年紀較大 50 來歲組員是身材頗高的摩理斯。

溫和有禮的摩理斯當時是 20 世紀福斯電影公司負責影片分佈和經銷的高階主管。他曾親自見過伊麗莎白泰勒等超級巨星，也曾與大明星們打過交道。

摩理斯是信奉猶太教德國猶太裔美國人。他與格蘭兩人都是謙謙君子溫和紳士。

我們 12 人小組內，狄克和雷恩較具侵略性、控制性、佔有性，亞瑟、格蘭、摩理斯則較具支援性、施與性、親和性。

那歐海谷秋夜，315 號房聚集來自全球各地具有不同背景和性格迥異的 12 位「人類」。我們之間互相應對、丟招、接招，如同人世間任何有人存在的環境一般。

我們小組兩位女士中，年齡大約三十歲中旬金髮的瓊安是非常溫柔、成熟、世故的女士，她蠻高身材、頗美姿色、親和態度、近人個性使我們很容易忘記她當時是某全球最知名紐約高檔商品公司總部負責公關的副總裁。

瓊安便是狄克常揶揄和嘲弄的對象。當其他幾位男仕們為她打抱不平時，她卻安然若素似毫不以為杵，顯然是見過世面的成熟女士。

我們在歐海谷五天中，花一半時間在旅館大會議室聆聽各類專家演講管理相關課題。

另一半時間中，我們小組成員花不少時間在 315 號房，在亞瑟如心理醫師一般引導下玩各種心理和靈敏度訓練相關的集體遊戲。

　　亞瑟營造的如催眠般詭異氛圍中，大多數組員不知何故都願坦然剖出內心世界，但仍有少數矜持的組員不願透露醞藏內心深處的真正思維和情緒。

　　那種自剖靈魂的過程有時相當令人震撼，譬如瓊安竟坦然透露曾以第三者身份與某公司老闆發生一段感情，又如狄克坦然承認出差和參加各種會議時曾有數度一夜情和外遇經驗。

　　其他組員在亞瑟催眠式引導下也受感染而或多或少坦露些許內心深處的密辛。許多當晚細節因時間流轉已不復記憶，但 315 號房內人與人的互動和人對人心靈的自剖，就像無法擺脫的夢境一般直到如今仍存腦際。

　　除大會議廳各項演講和 315 號房小組活動外，還有餐廳三餐美食，每晨清新空氣中、歐海谷美景圍繞下我的慢跑，晚餐前休息時間坐於室外躺椅觀賞高爾夫球場上的揮桿。

　　如夢似幻歐海谷五天就此隨風而逝。離別時，我們小組 12 人盡棄前嫌成為朋友，互相擁抱道別。

　　歐海谷分別近一個多月後，我收到經由美國郵政寄來一本淡藍書皮 1979 至 1980 年鑽戒等高檔商品目錄，內附瓊安副總裁名片，其上有她親手寫的兩行字：「希望歐海之後一切安好。很高興見到你。那是一段有趣和愉快的時光。」

1981 探父病於紐約

此文原載於 1981 年 8 月 17 日美國《世界日報》副刊。數十年後，我為將它置入《曾經隨月》一書而重新改寫，並將題目從原先〈蛻變〉改為〈1981 探父病於紐約〉。

-1-

1981 年初某一天晚上，耀宗弟從紐約長島附近小頸鎮打一通電話給我，說父親在醫院已瘦得不成人形了，看樣子可能日子不多。他問我是否要見他一面。

父親屬雞，那年是 72 歲。那年是雞年，恰好是他本命年。

那時的半年前，他身體仍然相當好。他一向動來動去，練瑜珈術，練倒立，身體硬朗。

但半年以來，母親、耀宗弟、重芬弟媳逐漸發覺他開始語無倫次，有時講一些莫名其妙的話，大家都不知他所言何意。

再隔一段時間後，他身體右半邊開始行動不便，右腿逐漸失去知覺，右手持物時會軟弱顫抖。

經過腦科醫生撿驗，判斷他左腦生了良性瘤，需進行手術開刀割除。

不料禍不單行，將要手術那日，父親卻因膽囊結石發炎而突發高燒。因此，腦子尚未開刀，肚子卻先挨一刀取出膽結石。

他手術後停留醫院幾個星期，然後回家修養。

他回到耀宗家第一週中，飲食和排泄還算良好。但一週後某日，他又發高燒，全身抖索，又緊急送往醫院。

醫生給他注射抗生素抵抗發炎。他這回在醫院一個多月中，完全無法進食，身體無法吸收養分。

我從南加州飛往紐約，飛機降落在 Kennedy International Airport 時，時已近半夜。

我未見耀宗弟來接機，慌忙中打電話給他。重芬弟妹接電話後便去喚醒耀宗。原來數日前我電話中通知耀弟行程時，他把我從紐約飛回洛杉磯的日子錯聽成我從洛杉磯飛到紐約的日子。

耀弟半夜來機場接我時，紐約下著細雨。那是我人生中首次去紐約，

雖然夜色中從車內看不到多少景色，但心中仍然興奮：其一是見到很久未見的耀宗弟，其二是將重逢一年多未見的母親和五年多未見的父親。

大門打開時，滿面愁容的母親出現眼前。

「你爸爸大概是不行了。」她淒涼地說。

她煮了一碗麵條給我吃，耀宗也吃了些。我們三人在廚房桌旁聊了一陣後，我走到地下室客房床上去睡覺。

母親走到地下室來，拿一份『世界日報』讓我讀。她指著一條被子對我說：「這還是當初在台灣的時候用過的被子。」她指著另外一條電毯說：「這是你那年回台北結婚的時候送給你爸爸的。」

聽著母親慢吞吞、一步步爬上兩段樓梯，回到她房間去睡覺。

她老了很多，黑髮中雜著不少白髮。她曾經也年輕過，那張數十年前在湖南長沙與她姐姐合拍的照片裡，她身穿大花裙子，面露少女微笑……。

或許因睡在與平日不同房間，躺在不同床位，無妻子睡在身旁，我徹夜未能安眠。

- 2 -

次日，星期四，耀宗為接父親從醫院回家，向他工作的聯合國請半天假。我坐上耀弟新購燃燒柴油的 VW 兔子車，開往醫院。

父親見到我第一眼時展現笑容。我緊握他手，他也緊緊回握。大約持續兩分多鐘，他的笑容不曾消失片刻。

他的確已瘦得令人心疼。他骨瘦如柴，兩頰深陷，看來有如二次大戰時被德國人關在集中營裡的人。

已有多日無人幫他刮過鬍子了，凌亂的鬍鬚更顯出病態和老態的可憫。這完全不像年輕時的父親，那時他長得英俊瀟灑，炯炯有神的雙眼和端正清秀的容貌。

我對父親說：「我出去一下，馬上就回來。」

我在病室外與耀弟和一位護士商談短時後再回病室。父親已消失的笑容再度浮現。

他望著我說：「你是誰？」

我說：「我是你的大兒子，李偉宗，小軍。」

他似乎愣了一下，然後說：「李偉宗不是這個樣子，李偉宗不是這個樣子……。」

耀弟對他說：「他就是這個樣子。你自己腦子裡有東西，腦子不清楚。」

父親繼續說：「李偉宗不是這個樣子，李偉宗不是這個樣子……。」

負責父親病歷的實習醫生尚未出現。耀宗和我到樓下餐廳喝咖啡。

我前晚沒睡好覺，藉咖啡因之助，維持頭腦清楚。兩人相對坐在近窗餐桌旁。

窗外醫院空地上正進行建築工程，院方顯然擴張醫院設備。

我和耀宗弟啜飲咖啡，互相坦述各人家中事。

許多家庭兄弟姐妹同住一個州內，也有同住一個城市內。1980 年代初，我們三兄弟之間相隔千餘里或數千里：燦宗弟住中西部 Indiana 州（他幾年後遷到南加州 San Diego，生化公司林立的城市），耀宗弟住東部 New York 州，我住南加州橘郡。

我們乘電梯回護士站途中，巧遇負責父親病歷的女實習醫生。

我問她：「腦子是神經中樞，負責調節身體內各種器官功能。我父親各種病象是否因為沒有治本的緣故？是否應該先醫治腦部？」

她說不然，說必須先穩定身體其他部位，才可進行腦部手術，否則可能生命難保。

護士把七、八種藥單交給耀宗，吩咐他給父親服藥的時間，然後召來推輪椅的服務生，扶持父親坐上輪椅。

服務生把父親從病床扶持到輪椅過程中，父親睡袍掀開。我瞬間看到他未穿內衣褲的瘦弱身軀。我看到一長條塑膠管將他尿水引到透明的塑膠尿袋，濁黃尿液不時流向尿袋。

父親兩腿已瘦得只剩骨頭，僅少許肌肉尚存。他無法也無力自己站起來。他幾經顫抖才勉強坐穩輪椅上。我把父親掀開的睡袍拉回去，遮掩他腿部和下身。

他垂下頭，兩眼往下看。我突然看到他流淚了，淚水流到他的睡袍上。年輕護士蹲在他身旁擁抱他、撫慰他、親吻他面頰。然而他淚水仍

不停流著。

我們從病房到電梯口到醫院前廳，等耀宗開車過來，父親眼淚始終未斷。

父親是條硬漢，他的頑固和倔強是著名的。我從小到大，從未見他流過一滴眼淚。我此次見他流淚是我人生中第一次。

無人知他為何流淚，因他腦部情況使他暫時無法表達自己心意。

父親是非常倔強的人，凡事需依他意而行。他也是老實忠厚善良人，但個性太過直率，對家人有時很好，對外人也常笑容滿面。但遇到意見衝突和看法相左時，他倔強的本性就顯露出來。

他多年前尚未退休時擔任台灣新竹一家私營調味品化學公司財務和文書方面職務。他當時的待遇比較起一般人是相當不錯的，但他花錢出手大方，且又不善經營理財，再加堅持不願把錢交母親管，致使家裡經濟未有更好發展。

我們從醫院回耀宗家大約十幾分鐘車程。我們手提他的尿袋合力扶持父親進屋。我們需走上一段前院水泥階梯和一段室內樓梯才到達他和母親同住的房間。

父親雖已瘦得皮包骨了，但他骨架仍然很重，再加他不斷顫抖，因此兩人協力扶持他進房間仍是相當費力。

從我們回耀宗家到半夜我就寢時，父親滴水未進。

我眼看他瘦弱身軀，再加無法與他正常交談，心中感到懊喪失望。

- 3 -

下午，耀宗去聯合國他的辦公室上班。

我撐起精神和母親談話。我們在客廳前靠街大窗可居高臨下欣賞前院花草和路旁樹木。

客廳前大窗內有一個很大花架，其上放著不少盆父親親自栽植的花草。

窗很大，有陽光的日子中，客廳內光線明亮。但此日烏雲滿布，客廳內顯得格外陰暗。

母親從小遭受失恃之痛，未能充分享受溫暖母愛。她幼時功課很好，

作文成績特優，學校內常名列前茅。她中學是在湖南長沙讀的，住在姐姐長沙家裡。

二次大戰抗戰時，母親在長沙電信局工作。長沙大火前，她隨著長沙電信局員工們艱辛從湖南逃難到四川。她在成都與父親相遇並且結婚。

我們三兄弟（李偉宗，李耀宗，李燦宗）從小到大功課都很好，除天資和自勵外特別感謝母親殷勤督促。

我們三兄弟畢業於新竹中學高中時都不需經過大學聯合入學考試，先後保送直接進入台灣最高學府台灣大學。

我們畢業台大後先後來美國留學深造：我進入南加大研究院讀電機電腦工程。耀宗進入 University of Michigan 研究院讀數學。燦宗進入加州理工學院讀生物化學。

燦宗學位是三兄弟中最高的，他得到 Caltech 生化博士，並曾先後在耶魯大學和加州大學洛城分校從事 Postdoc（博士後）研究工作。

母親性喜交友，和諸多朋友都有深厚情誼，也都能維持數十年不變友情。父親則與母親大不相同，個性比較孤僻和剛強，不太容易交朋友。

母親和父親相處在他們移民美國後變得稍微好些。他們比較年輕時，由於父親個性倔強和專制，兩人時有爭吵，不免在我們三兄弟成長過程中留下些許陰影。

母親在艾怨心緒中有時把心緒筆之於紙，藉寫日記和打油詩舒發心中鬱悶。

我多年以來難得有機會與母親深談。我此次因父親重病前來紐約，以下記錄我和母親誠懇談話的部分。（我那時尚未滿 40 歲，人生歷練有限，當時一些想法和思路或許不夠成熟，但我仍然誠實保留在此。）

母親稍露淚痕，埋怨耀弟對她講話兇了些，態度也不是很好。我覺得若隱瞞自己真實感覺對母親或自己都無益處，因而誠實將我對她的感覺向她坦白呈述。

母親說：「我們的代溝太深了。」

我說：「這不是代溝或非代溝的問題。拿孝道做例子，天天把孝放在嘴上，日久了這個字就變得沒有多大意義了。其實，在根本上，孝不外乎是兒女們對父親和母親天然生出的情和愛。我養育和栽培兒女，不

是一種投資想要得他們將來的回報。我養育他們，將來他們養育他們的子女，將來的將來他們的子女養育他們的子女的子女。如此代代相傳，是上帝安排好的本性與親情和愛的天然表現。」

　　我繼續對母親說：「在我自己家裡，從來沒有向兒女提到『孝』這字，也沒有要求他們對我孝。我只是盡力愛他們，心中坦然無所求。我深深知道，他們會自然愛回來的，也會自然以孝對待我的。我越擔心他們對我不孝，因而規定或強求他們對我孝，則他們必越會反感。」（我那時尚非基督徒。此刻已是基督徒的我知道聖經中對孝有更為貼切的指導和誡命。十誡中第五條說：「當照耶和華你神所吩咐的孝敬父母，使你得福，並使你的日子在耶和華你神所賜你的地上得以長久。（申命記5:16）」「你們做兒女的，要在主裡順從自己的父母，因為這是理所當然的。『要孝敬父母，使你得福，在地上長壽』。這是第一條帶著應許的誡命。你們做父親的，不要惹自己兒女生氣，而要照著主的訓練和警戒養育他們（以弗所書6章1至4節）。）

　　我講到這裡，連想到「忠」。簡言之，忠不外乎是人對國家和民族的愛。「忠」如同「孝」，若天天把「忠」放在嘴上，日久了「忠」也變得沒有太大意義了。無需日日在我耳邊灌輸「愛汝國，愛汝族」的觀念，我自然會滋生出對國族之愛的。

　　此處的愛不盡是全盤一味讚美，有時應表現於誠實和善意的批評以及積極和有理的建議。我不太喜歡聽到和讀到提起「忠」的語言和文字，我寧願較多聽到表現出「忠」的愛心和行為。

　　我繼續對母親說：「小瑗（耀弟的小名）對妳的言語比較粗直，但他的心地是善良和誠實的。他希望妳儘管為自己過日子，不要一直心懷犧牲的念頭為別人過日子，在妳的心中生出似乎是別人欠了妳一樣的情緒。許多家裡的事情，他並不願意妳辛苦去做，妳就不要去做。他願意看到妳快快樂樂過日子，臉上沒有愁容。只要妳快樂和心裡滿足，小瑗和重芬也就快樂了。妳在交朋友方面非常成功，友情都能經得起數十年的考驗而不衰。希望妳能夠用成功的交友態度和方式對待自己的家人，則大家都會很高興的。」

　　母親說：「小瑗從前算過一次命，算命的說他心善口不善。」

我雖然不信算命這套，但「心善口不善」對耀弟的描述卻很恰當。

我們三兄弟都比較具有半個湖南人的倔強性情和驢子脾氣。我們不願做的事就是不去做，如果被強求去做，便偏偏不去做。反之，我們想要做的事如果被強求不准去做，便偏偏去做。（這種倔強性情和驢子脾氣並非好事，應靠神助不斷在人生中修養改正。）

耀宗從小學到中學表現出異乎常人的毅力和意志。他為拓廣英文字彙從頭至尾背誦一整本較小的英漢字典。他為精通任何學科從清晨起床就開始猛攻，上學途中也手持自備小冊子邊走邊讀。他放學回家後繼續猛攻直到深夜方止。他因不斷努力堅持，在各門學科上都建立牢固和堅實的基礎。

耀弟保送入台灣大學電機系前，暑假中住新竹家裡。他被父親管著，也就無可奈何。

他到台北進入台大電機系後，像出籠的鳥兒嚐到自由滋味。他從圖書館和書店覓得像尼采和叔本華之類的哲學著作多方面閱讀。他受到這些哲學思想影響，思潮澎湃，將所思所想流向筆端，寫了些文章。他逐漸忽略電機系的課業。他把父親寄給他的生活費拿去買書，也買吉他。

我那時就讀台灣大學四年級，住台大第六男生宿舍，而耀宗弟則住第五男生宿舍。我有時在學生餐廳看到他用所剩不多的錢買白米飯和沒有甚麼肉的菜在角落裡吃。我雖心疼，但也無可奈何。

這樣日子畢竟不能長久，耀宗終被台大電機系退學。他回到家裡，難免被父親嚴厲斥責。

他來年參加大學聯考，考入天主教輔仁大學數學系。他在輔仁大學讀了四年數學，渡過四年平淡歲月。他以優良成績從輔仁大學畢業後得到 Ann Arbor 密西根大學研究院數學系獎學金，得到數學碩士學位。

我在客廳與母親交談良久。我誠實告訴她我心中真實感覺，或許暫時略傷她感情，但長遠或許對她有益。

母親說父親如果過世後，她想也跟著過去，以了此一生。

我心想：「自殺是最愚蠢的事，自己毀滅掉靈魂得救的機會。上帝給予我們生命，是生是死，全在於祂，不是區區有罪的我們能取捨於萬一。別假設因此世太痛苦，我們就想一死百了。若我們靈魂未得救，既

便離開此世，仍遭到永恆和無休止痛苦。到那時，想再求一了了之，卻已永不可能。」

我不願嘴巴上常提「偉大的母親」，也不願文字上常寫「偉大的母愛」。我只願與母親有平實和誠懇的關係。

我深盼能疏導她的消極情緒，使她快樂起來，過滿足的人生（而非完美的人生，因此世無完美的人生）。我寧願略激她一下讓她流些眼淚，甚或哭泣片刻發洩一下情緒。或許對她效果更好。

- 4 -

我和母親走到父親床畔。他有時昏睡，有時甦醒。他從醫院回家後第一天未吃任何食物，僅喝少量水。

腦瘤在腦中形成的壓力干擾到他的思想和記憶，他似醒非醒。我無法與他交談，因他所答完全非我所問。

父親床下塑膠尿袋收集帶尿臭濁黃色尿液。母親需常審視並將它傾倒入馬桶。父親屁股下面墊了有塑膠底大型棉紙，以防大便隨時排出。父親嘴唇上下長出疏鬆但頗長的鬍鬚，更增憔悴氣色。

母親打開收音機，聽那時紐約一家中文電台每天 24 小時不停播放的華語節目。

當天下午，醫院派一位紅髮護士探視父親病情，也另派一位護士助手擦拭父親身體。

紅髮護士說，從週五開始將有一位護士助手每週一至週五來家上班，每日工作八小時，幫母親伺候父親。

因父親那天沒有進食，原已瘦弱的身軀顯得更為瘦弱。

次日週五早晨，護士助手來上班。她是來自海地大約 50 歲左右的黑人。父親病痛數月，再加長期未吃東西，幾乎已無脾氣。但他這天見黑女人進屋，倔強老脾氣似乎又重現。他堅持不許那位黑婦人進入房間扶持他並擦洗他身體。

耀宗對父親說：「她是政府僱來當傭人來幫媽媽伺候你的。否則媽媽要累壞了。你把媽媽累死了，你怎麼辦？」

父親顫抖著費極大力氣支撐自己坐起來，抖索著倔強地說：「你看，

我這不是自己坐起來了嗎。我這不是自己坐起來了嗎。我不要她扶。」

他現出一臉倔強的表情。我心想這或許是好徵象，因他的鬥志似仍存在。

經過十多分鐘僵持，耀宗突然靈機一動改變策略，對他說：「她來這裡上班，政府才給她一點薪水過日子。你要是不讓她服侍你，她就沒有薪水可拿，那她怎麼過日子呢？你讓她服侍你，就算行行好事。」

耀宗素知父親對窮苦人家一向持有同情心，便使出這招。

父親聽後點頭說：「好吧。就這樣算了吧。就這樣算了吧。讓她來吧。」

當日午前，耀宗帶我和愛華姪兒遊覽紐約城。我們到達當時仍在的世界貿易中心（World Trade Center）最高層 107 樓，經由望遠鏡眺望紐約四周景色。偌大都市，偌大的都市啊。（2001 年 9 月 11 日，我們曾遊覽過的 World Trade Center 被恐怖份子摧毀。我們當時正旅遊哈爾濱。）

我們中午在中國城吃午餐，下午返回長島附近小頸市耀宗家。

母親一見我們就說：「你們走了以後，我中午給你們的爸爸包餃子。他吃了七、八個，也吃了一些你帶來的餅乾，並且喝了牛奶。」

我聽後心中喜悅，覺得這是好的開始。

-5-

次日禮拜天，重芬到聯合國她辦公室加班。耀宗帶我到他們家附近逛 Garage sales。

當晚，耀宗和重芬邀請附近一些朋友來家打麻將和玩排字遊戲（crossword puzzles）。

有客人來家，母親拋掉愁容，不僅現出明快笑容，也發出爽朗笑聲。

耀宗獨霸於排字遊戲，大家都不如他。耀宗素喜語言，除校內正式學英文和德文外，他自修法文、西班牙文、義大利文。他在英文上可說是一部活字典。

排字遊戲和麻將玩到一半時，燦宗弟（李燦宗）從印地安那州（當時他尚未遷到南加州 San Diego）打電話來詢問父親病情。我們與他聊了一番。

我們三兄弟中，燦弟年齡最小，小名「三毛」。燦宗從加州理工學院畢業後，在 UCLA 和 Yale 兩個高級學府做了幾年「博士後」研究工作。他之後在 Indiana 州著名的 Miles Lab 找到與生化相關工作。那時的一年多前，他與景晶結識成婚，當年三月生大女兒蔚文（Vivian）。

　　我禮拜天清晨帶母親暫時離家外出，請她到附近一家餐館吃早餐。吃東西是小事，我只想帶她散散心聊聊天，暫離令人心情沉重父親躺臥在床的病室。

　　我們吃完早餐回去時，耀弟說父親在光火。

　　父親喚我進去病室，皺眉厲聲斥責：「你們為什麼出去那麼久？把我們時間搞亂。」

　　我不理會他無理取鬧，逕自離去，心中不悅想道：「你為何只想到你自己？」

　　他老脾氣似又重現，雖久遠來看對母親和他人不利，但此刻卻似有助於他求生意志。希望他身體穩定可開刀割除腦瘤後再求改善心性吧。

　　上午，耀宗、重芬、愛華姪兒和我四人同遊紐約勝利女神小島和中國城，也在車中觀賞紐約市景。

　　紐約啊。不同凡響的紐約啊。殊色異彩的紐約啊。我們走馬看花，短時中僅看到紐約皮毛。我那時心想：有朝一日，必再來此，遍遊諸勝。（此願望多年後成真。）

　　中午，我們進入中國城一家著名餐館，耀宗請大家吃廣式飲茶。餐館很大，菜式種類花樣繁多，與洛杉磯諸多餐館風格有異。

-6-

　　我次晨將回南加州，半夜時坐在床上寫了六頁信給母親。信中有三個重點：其一：祈盼母親開始讀聖經，追求將來永生和現世平安喜樂。其二：希望母親經常走動，維持身體健康。其三：願母親依照她成功交友之道與家人相處，她若心情爽朗則舉家皆歡。

　　我在耀宗家地下室書架上找到母親以前曾說過已遺失的某位朋友贈送她的中文聖經。我把信插在聖經中。

　　母親走下樓，來到我住的地下室。她手持一條圍巾和一個別針，對

我說：「這些送給小笛（我的女兒，她的孫女兒。）。」

她另外取出十元美鈔，說：「找不到東西給凱凱（我的兒子，她的孫子），這錢給他。」

我對她說：「我不好意思收下來。我沒有甚麼東西給妳。妳的聖經，妳說不知道丟到那裡去了，我幫妳找到了。我寫了一封信給妳，把這封信當做給妳的禮物。」

次日星期一早晨，我把重新找到的母親的聖經和夾於其中我寫的信放到她床畔小桌上。

我走去與父親道別。他還算相當清醒說：「謝謝你這麼遠來看我。」

我前一天替他刮掉鬍鬚。他已開始進食，氣色看來頗有好轉。

耀宗和重芬開車送我到甘奈迪國際機場，我搭機飛回洛杉磯。

- 7 -

我回到南加州後幾乎每週撥一通電話到紐約問候父親病情。他因為飲食逐漸正常，臉上氣色逐漸好轉，身上也逐漸長出肉來。

某週末，父親突然口吐白沫，似有類似羊癲瘋的病態。耀宗叫了救護車緊急送他去醫院。經醫生診斷，原來是腦瘤壓迫所致。醫生配給他每日服的藥物中包括預防此類病態的藥。

一段時間後，當父親情況穩定，就可進行割除腦瘤手術。那段時間中，割除腦瘤刻不容緩卻不能操之過急。

那之前不久，我收到母親來信：「小軍（我的小名）：謝謝你來看你爸爸的病。你不遠千里飛來，他心裡可能還有點清楚，得到了親子的親情的溫暖。…… 他心裡好樂，但說不出來，我很瞭解。……

你這次來，不但對你爸爸的病有益，也幫助我改變了人生觀。我不是那麼悲觀了，要快快樂樂走完我人生的旅程。

你這次來，救了兩條命。我原打算你爸爸死後，我也跟著離開這世界。不是殉情，而是想減輕小瑗他們的負擔。你們三兄弟都已成家立業，我了無牽掛，活著也是多餘。於是我買了許多讓我安息的藥，保存起來。這藥得來不易，我費了很多心才買到的。但你儘管放心，我不會這樣做了。

310

何況你爸爸的病，自從你來看過他後，他病情大有起色，胃口大開，每天要吃五、六次，比我吃得還多。他大概還有希望康復。那位黑女人還是每天來八小時，幫我一點忙。……」

　　母親繼續寫道：「……你在《世界日報》上的文章從開始我們都看過了。很奇怪的是你爸爸病後從不看報的，聽我說有你的文章，他就每天要看看。是不是他能清楚看完，就不得而知了。……　看完你的連載文章後，我寫了幾句打油詩如下：

　　世副連載偉兒文，
　　風城記趣彩繽紛，
　　學業有成師教誨，
　　……
　　飲水思源為美德，
　　中華傳統未忘根。

　　我又寫了一首回憶新竹骨肉歡聚的打油詩如下：
　　虛渡光陰六五年，
　　人生如夢又如煙，
　　新竹時光無限好，
　　空留回憶在心田。

　　母親信繼續寫道：「……人生在世，如果甚麼都失落了，只剩下一個軀殼，還有甚麼意思呢。老年人辛苦了一生，只求兒女們多關心一點，就心滿意足了。

　　……　聖經，我在看，是看新約全書。文太深奧，我這個不學無術的老母親有許多地方真看不懂。但求有聖靈進入我的心，使我空虛的心胸能充實起來。阿門。……」

　　（我改寫此文時，發現當時父親年齡比我此刻年齡還年輕幾歲。人生啊人生。）

1981 故園歸

前言：此文所述都是真實故事。文中人物姓名或有更改，某些細節或有小小出入，但大體上全部都是真人真事。其實此文所述是當時仍然在世的妻子菊齡的母親（我的岳母）在 1981 年去大陸探親時的親身經歷，其中無任何渲染和文飾。原文從 1981 年 9 月 25 至 10 月 8 日總共 12 天中連續刊載於美國《世界日報》副刊。我為《曾經歲月》一書重新改寫此文，並將文章題目從原先〈故園歸〉改為〈1981 故園歸〉，原始內容基本上絲毫未變。

-1-

1977 年年底，黃老太太剛六十出頭。她陪伴著剛從台灣土地銀行退休而身患癌症的老伴黃老先生從台北飛來美國南加州，讓他在所剩無多日子中與長居美國的兩個女兒和兩個女婿、一個兒子和一個媳婦、外孫兒女們相聚，並在美國得到該有的治療。

旅客們魚貫步出中華航空公司波音 747 客機。等候於洛杉磯國際機場的家人們看見一到兩年前仍然福福胖胖的黃老先生在黃老太太攙扶下舉步維艱緩慢地步出飛機。他的小女兒那一刻看見父親如此消瘦和弱不禁風，不禁心疼落淚。

那年年中，黃老太太來美國前感覺右胸不適，經醫生檢查後發現她罹患肺癌。所幸發現尚早，醫生們迅速將它割除。

她住院期間，黃老先生獨自一人在家照顧自己。從未進過廚房的他不得不自己烹食，因此消瘦很多。那時，潛伏在他體內的癌細胞已開始蔓延。

他感覺腹中時有隱痛但卻不知原因何在。醫生最初猜測可能是腸神經痛。黃老先生在那時的 13 年前曾經行過手術，割除罹患癌症的大腸片段。13 年來，他身體無恙，想想應該不會重患，但卻事與願違。

醫生給黃老太太進行手術時，移除三根右肺前肋骨。手術相當順利，她身體復元迅速，她也下決心停止數十年抽煙習慣。

黃老先生和黃老太太住在南加州大女兒和大女婿家。經由台灣大學醫學院畢業自行開業的宋大夫介紹，一位印度裔行醫於美國的癌症專科醫生開始負責醫治和照顧黃老先生病體。

醫生開始治療黃老先生一段時間後要黃老先生住院接受化學檢驗和化學治療。黃老先生住院期間吃了不少苦頭，忍了不少疼痛。他頭髮也

因化療而逐漸脫落。後來他開始感覺疼痛，但卻堅持不願服用醫生為他配的止痛藥。

1978 年秋天，洛杉磯道奇（Dodger）棒球隊和紐約洋基（Yankee）棒球隊當時正進行最後決賽。黃老先生那時或因癌細胞暫緩擴散，也或因為迴光反照，他似乎感覺身體比較舒適。

黃老先生坐在深綠色太師椅，與女兒、女婿、黃老太太一同觀看球賽電視轉播。每逢洛城得分，他表現出格外歡喜和興奮。每逢紐約獲勝，他就搖頭而垂頭喪氣走向臥室，一邊走一邊嘆氣說：「看得不起勁啊。回去睡覺吧。」

他過世前最後一次住院期間，某日病床上突然向黃老太太述說前晚做的夢：「我夢到和同一個病房裡的幾位老病人賽跑。」幾天後，他說：「我夢到已經過逝的二哥。他對我說：你的身體裡頭有魔鬼在作祟。」

11 月 16 日晚上，虛弱的黃老先生撥電話給黃老太太，上氣不接下氣說：「……我吃不消了，我吃不消了，……妳一定要接我回去，一定要接我回去，……」

11 月 17 日早晨，當護士替他擦澡時，他看了她一眼，就過去了。親人們都未能即時趕到醫院送終。

- 2 -

之後那些年中，黃老太太有時住在近海的大女兒和大女婿家，有時住在近山的小兒子和媳婦家，往來走動於兩處間。

那時住在 San Diego 的小女兒曾陪她教她學坐巴士。她年齡雖大但腦筋非常靈活，很快就學會自己乘坐公共汽車。

她從近山小兒子家到近海大女兒家需乘坐幾趟巴士，有時需花三到四鐘頭時間。

黃老太太能自己乘坐巴士去洛杉磯中國城買東西和吃老人餐。

1979 年中，黃老太太回台北一趟，在某一寺廟燒了一些銀紙替先夫超度。

1981 年初，黃老太太結拜姐妹陳老太太打算去中國大陸探望親友。也有許多親戚在大陸的黃老太太便和陳老太太相約年中時連袂搭機前往

大陸探親。

　　她們兩人乘坐泛美航空公司（Pan Am）客機，從洛杉磯起飛經由夏威夷抵達東京。她倆停留東京一天，然後轉機飛往上海。

　　黃老太太旅途中沒睡好覺，因這旅程擾亂她平日起居習慣。平常在南加州時，她每天清晨六點前起床，穿上跑鞋快走於自家附近馬路旁，前此兩三年中持之以恆從未間斷。

　　陳老太太有弟妹在上海。她弟弟是高幹。她幾位妹妹中有當法院庭長的。

　　黃老太太在陳老太太的弟弟家稍微休息後與她先夫大哥任職復旦大學的四女兒和女婿取得連繫。

　　她告別陳家，叫了出租車，請人把塞滿禮物的兩件沉重行李箱放到車上。出租車帶她到上海復旦大學附近四姪女和女婿家。

　　四姪女的大姐在溫州當外科醫生，大姪女的「愛人」是執教於溫州的中學老師，之後到上海某大學選課受訓，準備將來教大學。兩位姪女分別嫁給一對兄弟，兩兄弟分別在不同學校教書，哥哥執教於溫州中學，弟弟執教於上海復旦大學。

　　黃老太太在姪女兒家裡睡了一晚。她清晨醒來時突然聽到有人敲門。黃老太太聽到有人開門，也聽到因黃老太太到來而特別請一天假的姪女兒問門外人說：「請問你們要找誰啊？」

　　門外男子說：「我要找我的姐姐，她剛從美國回來。」

　　黃老太太聽到這話便連忙下床，穿好衣服，走到前屋，看見門外一位個子很高、身體結實的中年人，他身後有一位女子。

　　那男子看到黃老太太，露出笑容說：「妳是大姐？」

　　黃老太太興奮說：「你是嚮南弟？」

　　黃老太太 30 多年前因中國內戰離開溫州家鄉逃難時，嚮南僅是十來歲小男孩，如今已是 50 歲左右中年人了。30 多年未見面，如今重逢，黃老太太在嚮南臉上略見他童年時的稚影。

　　嚮南身後的婦人是黃老太太已逝大哥的女兒，她家在杭州。

　　數日前，嚮南剛好在杭州出差。某日晚上，他在旅館接到黃老太太先夫大姪女從溫州打電話來，告訴他黃老太太將抵上海的消息。

嚮南得訊後，連忙找到了黃老太太姪女兒，兩人連袂從杭州奔向上海。

　　幾位親戚在上海東北市郊復旦大學附近姪女兒和女婿家與黃老太太相商，用「走後門」方式買到從上海去杭州的火車票。

　　黃老太太、五弟嚮南、姪女三人連袂乘坐火車去杭州，大家擠宿於姪女兒家。

　　黃老太太在杭州幾天中，她的三弟嚮天從南京趕到杭州。她的四弟嚮東也乘出差之便從河南到達上海，間接得知姐姐下落後，也乘火車趕到杭州。

　　當晚，黃老太太的姪女和她「愛人」準備一桌飯菜，讓黃老太太與30多年未見的三位親弟弟在杭州團圓。

　　黃老太太還有一個二弟，多年前受到鬥爭，以拉板車為生，受盡人間折磨，幾年前已吐血而逝。

　　黃老太太娘家當年在溫州是富有的地主和商號，也是樂善好施的大戶人家。大陸「解放」後，她的兄弟姐妹們都吃盡苦頭。

　　從南京來的三弟嚮天當年曾在李宗仁麾下擔任通訊方面的職務。國共內戰時，共產黨軍隊南下，他帶著妻子逃回溫州家鄉。他妻子是南京人，不願跟隨丈夫留在溫州，吵著要回南京。嚮天不得已只好帶她再回南京。

　　然而他的妻子卻將他拋棄而與他人相姘。不但如此，她還向共產黨官方誣告嚮天與國民黨軍隊暗中私通。嚮天生性忠厚老實，但脾氣卻很倔強，因他前妻的誣告毫無根據，堅決不肯認罪，因此而被鬥爭，在監獄受刑吃苦，被帶上「反革命」帽子。數年來，上級聽說他有親戚在美國，才摘下那頂「反革命」帽子。

　　國民黨和共產黨823炮戰期間，嚮天下顎生了腫瘤，痛苦非凡。他輾轉寫信給台灣的姐姐和姐夫，信中附了下顎生瘤的照片，希望他們救助。黃老太太和黃老先生連忙頗費周折寄錢給他，助他進行割除腫瘤手術，並獲得所需治療。

姐弟們在杭州歡喜重逢，黃老太太飯後請人用她從美國帶去的 Polaroid 瞬時照相機給大家拍照，以為留念。照片中，三弟嚮天臉上帶著白色口罩，遮掩他下顎開過刀的痕跡。

當年，五弟嚮南小學還未畢業就因戰亂而休學，數十年來在工廠做工為生。1966 至 1976 年十年文化大革命時期中，大家鬥來鬥去，你不鬥人，人便鬥你，烏煙瘴氣，亂七八糟。

有人逼迫生性忠厚的嚮南鬥爭他的廠長，但他不願昧良心激烈鬥爭廠長，僅溫和做做樣子意思意思。如今文革狂風暴雨已消縱匿跡，當年被鬥爭者得到平反。曾被鬥爭的廠長因嚮南當時未無情對他猛鬥，感念在懷，因此對他很好，且多方面照顧他。

黃老太太弟弟們中，唯獨四弟嚮東生涯尚稱平順。他自幼過繼給叔父，有機會接受大學教育，在某大學讀機械工程。

他大學畢業後，上級分配工作給他。他家鄉雖在溫州，卻被派到距家鄉很遠的河南省某一城市的空氣調節器工廠工作。他聰明能言，已晉昇為主任工程師助手，在主任工程師辦公室工作。比起其他兄弟們，他過得還算不錯。

姐弟們於 30 多年後總算重逢相見，他們在斗室圍桌歡敘。已逾中年的三位弟弟聆聽黑髮中間雜些許白髮的親姐姐如行雲流水般滔滔不絕談前此在美國和台灣生活鉅細。

他們對國外生活極感興趣。

四弟嚮東問姐姐說：「妳的大女兒和大女婿在美國有幾輛汽車？」

黃老太太據實說：「他們家裡有三部汽車。」

五弟嚮南問姐姐說：「他們家裡頭有幾個人開車？」

黃老太太說：「兩個人開車。」

幾位弟弟齊聲驚訝說：「兩個人開車，卻有三部車子呀。」

這在美國當時並不稀奇，但三位弟弟卻聽得驚訝和羨慕。

幾位弟弟也向姐姐訴說國內情況。十年文化大革命期中，人們被逼加入不同派系互鬥。溫州家鄉文革時期，兩派人馬動槍耍刀爭來打去，子彈颼颼飛越溫州市區上空，城中某大街旁屋舍焚燒殆盡。

弟弟們說文革時日子真不好過，相較下現在日子舒服多了。

黃老太太那時（1981年）親眼目睹親戚們食衣住行狀況，覺得大約數十年後才能達到美國生活水準。（20年後，中國變得富有，人民生活水準大幅提升。中國經濟水平漸有超越美國的潛能。）

他們飯飽酒酣，來自各地的三位弟弟擠睡在黃老太太姪女小屋地上。那真是難能可貴的姐弟重聚。（黃老太太另外還有兩位弟弟：嚮西，嚮北，但他們兩位年幼時都已先後夭折。）

數十年來，無數黃帝子孫經歷了多少國破家亡和生離死別。

四弟嚮東需去廣州出差。三弟嚮天需趕回南京上班。三位弟弟與姪女和女婿商量用「走後門」方式託人購買兩張去溫州的汽車票。

五弟嚮南於是便陪姐姐乘坐長途公共汽車，從杭州朝南駛向臨海的溫州故鄉。

- 4 -

長途公共汽車的車窗是透風的，沒有玻璃，下雨時該當如何？

十二到十三個小時車程中，大多經過灰沙漫揚的土路和佈滿碎石的公路，僅有極小段路面是柏油路面。汽車顛簸十幾個小時，累壞了黃老太太。

她之前在台灣乘坐計程車（大陸叫出租車）、公共汽車、長途遊覽車，在美國隨大女兒和大女婿從洛杉磯連開十小時的車到三藩市，都途經平坦、舒適、寬大的柏油馬路。

如今故國和故鄉的土石馬路上顛簸行駛的汽車上，她頭上和臉上被風沙吹滿灰塵。那時氣候相當濕熱，烈日透過無玻璃的車窗照到她身上，使她滿身汗水與灰泥相混。如此車程讓60來歲萬里回鄉探親的黃老太太吃盡了苦頭。（數十年後，祖國大陸交通已變得四通八達，公路已達世界水準，縱貫全國的高速鐵路更是聞名於世的傲人成就。）

汽車中途稍停時，乘客下車休息。休息處有廁所和路旁小吃店。黃老太太閉目掩鼻強忍進入她此生從未見過的髒臭廁所，然後再閉目掩鼻而出。

五弟嚮南在小吃店買了些食物站著吃了。黃老太太看見店裡所賣食品，深恐它們骯髒不潔，不敢買來吃。

他們回到車上，繼續朝南趕路。

黃老太太心想：幸好有五弟嚮南在身旁陪伴，否則真不知該如何撐過那十幾個小時的艱苦車程。

-5-

姐弟兩人熬過那段辛苦旅程，終於抵達甌江盡頭臨海的溫州故鄉。

三十多年以來，黃老太太除了在睡眠中曾夢過溫州以外，一直未能親睹故鄉。如今她重歸故里，人事全非，但街容市貌似與三十多年前無大不同。

黃老太太惋惜先夫命苦未能陪她同歸故園，但轉念一想：如果先夫此刻在身旁，他或許會輕聲對她說：「我們在台灣，只消數年光景，台北市容就與從前大不相同：高樓大廈，車水馬龍，白天樹木花草，晚上燈火輝煌。而這個號稱『小上海』的溫州故鄉都市似乎白白渡過三十多年時光。」（那時是 1981 年。曾幾何時，數十年後，祖國大陸的發展包括溫州都市的發展卻已遠遠超越台灣的發展。真所謂「風水輪流轉」。）

黃老太太娘家當年在溫州是樂善好施的商號和大戶人家，他們原先的興盛產業在「解放」以後已經全部充公。她幼年時居住的大房大院仍然存在，但已被分割成 30 多間小居住單位分配給 30 多家佔用。她此次無法住回原屬自己的娘家房產，不得不住到五弟嚮南家。

五弟嚮南與他妻子、女兒、兒子、媳婦五個人一同住在一間正方形屋宅，它的面積僅是她大女兒美國家的家庭間（Family Room）和廚房加起來一般大小。嚮南用巨形厚紙板當做牆而將此屋隔成四間小室，把白色薄紙貼在厚紙板上。

嚮南分兩間小室給兒子和媳婦住，另兩間給自己、「愛人」和女兒住。黃老太太從美國回來，他特別在後面小室加一個床給姐姐用。

每間小室放張床，靠牆放個櫃子，室內空間所剩無幾。大家屋裡行來走去相當礙手礙腳。

嚮南家上面有個很矮的樓閣，住著他媳婦家三代人：她祖父母、父母、兩位弟弟。六個人擠住在上面。他們可勉強在閣樓一小部分面積站著吃飯，其餘大部分地方都需低頭彎腰趴伏於地，否則頭觸屋頂。

黃老太太某日聽到嚮南媳婦的祖母說：「我死不暝目啊。這一輩子，我總要想方設法住進一個可以讓我抬得起頭來的屋子啊。」

　　嚮南的家有電表和水龍頭，已算很不錯。他把電線接幾個支線給附近鄰居使用，每家都各自裝分表。他繳交電費時，鄰居依所用電量算錢給他。鄰居們也從他家水龍頭接水來用，也依所用水量分攤水費。

　　嚮南的家裡有一個移動式輕便小形馬桶，是為婦女們夜間緊急時用的。她們用過以後每晨將它置於門口路旁，等候專人前來傾倒。

　　男人需要小便時可在屋外就地解決。一般男女老少平時小便時需步行到附近公廁，大便時則需走到更遠的公園或其他公共場所的廁所，有時需坐幾分鐘公交車才能抵達上廁所之處。此外，因公廁裡不提供衛生紙，人們需自己帶草紙去。

　　黃老太太在美國時就曾聽說那時大陸上大便和小便都是非同小可和不得了的大事，因此她早已有心理準備，如今回到家鄉總算親身體驗。黃老太太想到在台灣和美國用抽水馬桶的方便，真是人在福中不知福啊。

　　1981 年左右，洗澡在大陸也是大問題。一般男人天熱時端一盆冷水到家門口，全身略施肥皂，然後將盆內水向身上沖澆一番了事。天冷時則能不洗就不洗了。女人洗澡時把水倒進大洗腳盆，在屋內隨便擦洗了事。許多人為避免麻煩，乾脆在工作地點附近公共浴室洗了澡以後才回家。

　　黃老太太在美國和台灣用慣了大浴缸，回到大陸實感不便。她在溫州家鄉那段時間中沒去街旁澡堂洗過澡。她之後途經杭州，曾去澡堂見識過，覺得那裡其髒無比。

- 6 -

　　嚮南全家包括媳婦在內五口人都需工作賺錢才能維持一家人一般的生活水準。大多數家庭都需夫妻兩人都去工作才能過起碼的生活。

　　大多數工廠和商號都是公營。因人們拿固定薪水，替公家辦事，大家缺乏拼命工作的動機。工廠內一天 24 小時中有三班，每一班照理應工作八小時，但是實際上每人每天能工作三小時已算不錯了。

　　工人在工廠加班時可拿加班費，大家為賺取額外收入，每逢有加班

機會就加班。有時有些人為三毛錢加班費也去加班。

黃老太太某日外出剪髮，進入一家公營美容店。店裡一位婦女抬頭望她一眼，沒理會她，繼續打毛衣。店裡角落有個嬰兒。黃老太太找了一把椅子坐下，看小嬰兒，心想這婦人必是帶孩子上班。

婦人打一陣毛衣後，示意黃老太太過去，坐在水盆旁椅上。她壓低黃老太太的頭，用大調羹從水缸盛起水澆到她頭上，猛力抓洗她的頭髮。

婦人的服務態度使黃老太太非常不悅，但只能忍著，心中暗想：「她對我好或對我壞，都賺那麼點錢。她既便得罪了客人，客人不再上門理髮，她仍然每月拿那麼點薪水。難怪她會有如此態度。最好顧客不要上門，她也樂得輕鬆，可以照顧嬰兒，打打毛線。

一般年輕人剛開始在工廠工作時，起薪大約 20 多不到 30 塊人民幣。他們工作三到四年後，月薪加到大約 30 多不到 40 塊人民幣。之後就不怎麼再加，除非上級做全面調整。

大學畢業生像黃老太太四弟嚮東在畢業後被分配工程師職位，被分派到距家鄉溫州數千里外河南省某工廠。他做了 20 多年工程師，只加過兩次薪，現在（1981 年）每月拿大約 80 多塊人民幣，比起一般工人好多了。

黃老太太先夫的大姪女兒是溫州胸腔外科醫生，她月薪稍多，但仍未滿 100 元人民幣。

黃老太太先夫的二哥在「解放」前是溫州名醫，「解放」後因怕上級懷疑而未與台灣弟弟書信往來。因他經驗較多、年資較深，月薪曾達到 160 餘塊人民幣，比起醫院院長還多。文化大革命期間，膽小的他聽說有人要鬥爭他居然活活嚇死。他比住美國的三弟早一年過世。

黃老太太與弟弟們談到在美國和台灣人民都需繳所得稅，工廠和商號也都需報稅和繳稅。他們聽後感覺驚訝，因那時（1981 年）大陸上人民不需繳稅。黃老太太心想：不是不繳稅，而是稅已從薪水扣掉。

那年代（1981 年左右），幾乎所有企業都是公營，大家都替公家做事，講得漂亮點是為人民「服務」，拿點公家的薪水。大家仗著有所謂「鐵飯碗」工作都不帶勁。大家掙的錢反正就是那麼點，多做額外工作無任何特別好處。

賣肉的業者領到肉以後，先把較好的肉分給有關係和「走後門」的人。剩下不太好的肉則賣給持有「肉票」來店買肉的一般老百姓。其餘賣不掉的肉反正不是自己的就隨它腐爛去。黃老太太深感似乎百事都需「走後門」和拉關係才能做成，否則諸事似乎都行不通。

黃老太太好奇地問他們說：「如果『後門』走不通怎麼辦？」

他們說不會走不通的，說只要不斷到處拉關係，遲早就會走通的，只是時間花得久些。

「走後門」事例真多。黃老太太幾乎天天都聽入耳。西瓜在台灣和美國是司空見慣的水果，但黃老太太卻聽他們說：他們買西瓜時，需「走後門」拜託醫生開出「身體有醫療上需求」的證明，然後才能買西瓜。至於西瓜是好是壞，那就另當別論了。

-7-

黃老太太五弟嚮南是心地善良和忠厚老實的人，見親姐姐從美國南加州萬里回鄉探親，心中非常歡喜。

他在一家工廠做採購和銷售工作，一年中大約有 200 多天在外出差和奔走。

黃老太太住他家日子中，他每晨去班，上午 10 點左右回家，做好飯菜給姐姐吃。

他經過多年自我訓練和學習，磨練出很好的手藝，能烹調酒席級菜餚。姐姐住他家，他總想方設法烹調一些故鄉溫州海味給她吃。

他家和大多數人家一樣，放兩個煤球爐在門口外，在爐上生火烹調煮飯炒菜，做好後端飯菜到屋裡餐桌食用。

黃老太太四弟嚮東前不久在杭州見到姐姐後，暫別姐姐去廣州出差，處理工廠明年去廣州參加商展事宜。他辦完公事後就匆匆北上，經過福建抵達故鄉溫州。

嚮東多年中離開家鄉到外省工作，此次回家鄉，雖然惦念河南的「愛人」和兩個兒子，但很高興能再度見到親姐姐。

嚮東此次停留溫州十幾天中住他嬸母家，因他從小過繼給叔父和嬸母。

姐弟們除南京的響天外都團聚於故鄉溫州。大家一起閒話家常，漫談天南地北各種事物。

黃老太太從美國回鄉探親，並非以華僑觀光客身份來此遊玩，而住親戚家，親身體驗他們日常起居，對一般老百姓生活狀況有較深刻的認識和了解。

隨觀光團參觀和遊覽大陸的外國人和華僑們都以走馬看花方式觀賞各地名勝古蹟，住宿吃食於外似堂皇內仍簡樸的觀光旅館和飯店，因此對中國大陸僅有皮毛和膚淺的認識，無法深知老百姓生活實況。

姐弟們有時一塊上街去館子吃飯。那時餐館多半公營，但已逐漸有少數私營餐館出現。

私營餐館比公營餐館辦得好一些。某次他們去一家餐館吃飯，黃老太太點了一份炒麵。店裡人立刻就從大鍋盛起一碗已炒過多時的冷麵，端來給她吃。她勉強吃下去。

餐館椅子不夠多，運氣不好的食客只好站著吃飯。黃老太太某次見一位站著吃飯的客人瞥見一位坐著吃的客人暫離位子，便走去把椅子拿來自己坐。人們有時為爭椅而發生爭吵。

私營餐館內，食物較香也較乾淨，管理也較佳，因執業者為自己事業忙碌，希望客人能多回來光顧，可多賺些錢。

黃老太太五弟響南曾與其他三位朋友合開一家售賣溫州魚丸麵的小餐館。他們開張一個月後賺了約 700 塊人民幣，其中客人欠帳約 300 塊人民幣左右。

他們開業一個月後，響南廠裡幹部書記找他談話，說小餐館生意影響到他工廠工作。響南與其他三友商量後決定放手不幹。客人欠的 300 塊錢也不去追究了，剩下 400 元人民幣四人均分每人得 100 元。

那時 100 塊錢相當於響南一個半月多薪水，已算是相當不錯。他們若繼續經營下去，並收回客人欠款，四人每人每月可賺 175 元，比資深醫生賺的還多。更何況這是自己事業，幹起來比較帶勁。然而書記已講了話，他們只得無奈停止經營。

　　黃老太太回大陸前在南加州橘郡和洛杉磯選購一些不太貴的各種禮品，像原子筆、修剪指甲全套小工具、大人和小孩男女適用各種衣褲裙衫鞋襪巾帽、小型電子計算機等，將各類大小物品裝滿兩大皮箱。

　　她兩年前從台北來美國時買的送給兒子、媳婦、女兒、女婿、孫女兒、外孫兒女仍然全新和未穿過的各種衣物，大家都主動交還黃老太太，讓她帶去大陸送人。黃老太太生怕有所不妥，就把新衣物上「製於台灣」小商標全都剪掉。等到她回大陸後才發現此舉完全無必要且多餘。

　　她在五弟嚮南家打開裝滿禮品的皮箱，親戚們看望她時她能送就送，有時連看都不看隨他們喜歡甚麼拿甚麼。她後來也不清楚到底何人拿去何物。

　　出生大戶人家娘家的黃老太太天性爽快大方，待人厚且毫不在乎。

　　親戚們拿去禮物後都高興，黃老太太自己也歡喜。親戚們見到那些紅藍黃綠來自海外各地的貨品都很讚美。許多親戚連包裝塑膠紙都捨不得丟棄而小心摺起來存留。

　　她從美國帶去一部小女兒借她用來拍照的 Polaroid 瞬時照相機。親戚們見到此數分鐘內就可洗出照片的攝影機，感到無比好奇和驚訝。

　　前面提過，黃老太太回家鄉後才知毫無必要將「製於台灣」小商標剪掉，因那時（1981 年左右）大陸老百姓們都知台灣貨品比較好。某些店面也可看到和買到台灣貨品，但它們價錢較貴，品質較好。（數十年後，風水輪流轉，情況比起從前已大不相同。）

　　來自台灣的走私貨品也常出現市面。公交汽車到站時，往往可見某人雙手十指每一個指頭掛一枚來自於台灣的手錶，向車裡乘客亮貨兜售。買錶的人相當多。百餘元成交後，好壞暫且不論，全憑運道了。買賣交易時間很短，因人們怕警察逮捕。

　　黃老太太某日聽到如此一個故事：兩人在公交車上交談。一人亮出戴在左腕的台灣手錶向另一人說：「你看看我這個手錶好不好？」那人說：「你他媽的還不是蔣經國犒賞你的。」意思是說：「如果沒有台灣的蔣經國，你怎麼會有這個錶。」

　　黃老太太也聽見市面上到處響著鄧麗君和青山等台灣歌星的歌聲。

不但民間如此，機關、工廠、商號等處也照樣播放這種歌聲。錄有台灣歌星歌聲的小錄音帶也行銷各處。

某日，她問附近一位年輕人說：「奇怪耶。你們為什麼放的和聽的都是台灣歌星的歌？為什麼不聽你們大陸上的歌？」

那年輕人說：「這裡的歌不好聽麼。妳假使要聽，我去借來放給妳聽。」

黃老太太連忙說：「不必了。不必了。」

那時在大陸，人們都知台灣生活水準較高，嚮往台灣生活。（數十年後，風水輪流轉，台灣人反而倒過來嚮往大陸的生活了。）

老百姓敢收聽「美國之音」廣播，也聽來自對岸台灣的廣播，只需稍微調低音量。黃老太太某一位親戚喜歡談「對岸」廣播的事，尤其喝兩杯老酒後，洋洋灑灑大談最近聽到的「對岸」消息。（數十年前在台灣也同樣有人偷聽來自「對岸」的大陸廣播。）

聽說那時大陸官方也承認台灣建設成果較優，人民生活水平也較高。官方也鼓勵大家學習台灣。電視上也曾有報導台灣進步的消息。報紙上也有關於台灣的報導。

聽說他們把蔣介石母親奉化的墓地修整得美觀漂亮，陳老太太曾去參觀。（我曾於 2002 年 9 月 12 日與妻子菊齡隨旅遊團觀光奉化。）

聽說他們把陳誠母親位於青田的墓地也修整一新。（青田靠近溫州，我曾於 1993 年 10 月初和 2002 年 9 月以及 2005 年 10 月遊溫州，後兩次我與妻子菊齡相袂前往。）

（數十年後，風水輪流轉，中國大陸的非凡成就已經是所有海外華僑們有目共睹的事實，大家驕傲於自己是中國人。）

-9-

談到電視，黃老太太五弟嚮南家有一部小型黑白電視機，那時應算是稀罕物品。溫州距上海相當遠，從上海傳來的電視訊號接收情況不佳，螢光幕上影像也常疏鬆不清、恍恍惚惚。

嚮南自己其實並不想要那部電視機的。他購買那部電視機完全是為了女兒。他女兒患了一種遺傳性怪病：腦內無法排除體中的銅。銅長期

積留腦中，引起各種病象。

　　她九歲左右罹患此病，曾長期睡臥在床，行動不便，言語不清。多年前，醫生曾說她已無藥可救，可能早逝。近年來，醫生找到病因，多方求治，稍見成效，病情逐漸有所改進。

　　此女兒生性倔強，脾氣惡劣。她喜看電影，尤其喜看電視。當初家裡無電視機時，她常到鄰居家看電視。每天如此，趕她不走，鄰居當然不悅。

　　嚮南賣掉自己和兒子的手錶，向工廠借支幾百塊半年左右薪水，用「走後門」方式忍痛購買這部 14 英寸小型黑白電視機。

　　黃老太太以美國華僑身份回到溫州家鄉，帶給親戚們不少所謂「榮譽」，親戚們在幹部眼中似乎也長高幾寸。她被招待得像是重要人物（VIP）一般。

　　親戚們輪流請她吃飯。她臨別前在一位親戚新建的較大屋裡擺了兩桌酒席，還請親戚們。

　　她弟弟們逢人便說：「我姐姐大女兒和大女婿在美國家裡有三部汽車。」他們說起來感到驕傲，聽到的人聽起來也很羨慕。

　　黃老太太在台灣和美國時一向不注重衣著，回大陸時依然如此。但她隨便穿在身上的衣褲鞋襪在那時大陸本地人眼中總顯得突出和不同。

　　商店的店員們從她穿著似乎就看出她是華僑，常臨時將價錢漲上幾倍。她心中很不悅，討厭如此雙重標準。

　　黃老太太來大陸前在美國時曾多方面聽說：大陸民眾常寫信給美國親戚索求金錢和電視機、照相機、錄音機、計算機等物品。她也聽說曾有大陸親戚索求兩輛大卡車的故事。

　　她自己也有類似經驗：當初先夫仍在世時，他們想要與許多年未聯絡的親戚們重新聯絡，便寫信寄去家鄉舊址。那封信不巧被黃老太太小妹截到，自私地把它藏起來，不願轉告其他親友們，甚至未通知幾位親哥哥。

　　黃老太太母親去世時，她寄錢到家鄉給媽媽置墳。那筆錢居然被小妹吞了，沒有下落。小妹最初還不肯承認，後來卻不得不承認了。她還寫信給黃老太太美國大女兒，向黃老太太和子女們合起來要三千美金，

提供她和「愛人」建屋之用。

黃老太太大女兒（我的妻子菊齡）深感不悅，便寫一封不太客氣的信給她，回絕她的要求。她從此懷恨在心，不再寫信給姪女兒。

此小妹索錢碰壁後，寫信給黃老太太說：很多華僑戀家鄉，唯獨像黃老太太大女兒之類的華僑則絲毫不愛家鄉。信中含意大家都很明白，對她也無可奈何。

四弟嚮東需要一個工程上用的小型電子計算機，寫信給姐姐希望她買一個寄給他。貪心的小妹聽到後說自己也要一個。

黃老太太在家鄉分送戚友們衣物時，此貪心小妹拿去最多。

雖然黃老太太是她親姐姐，此小妹卻從未主動邀請姐姐到自己家坐坐談談，或請姐姐到家吃頓家常便飯。直到黃老太太臨走前，此小妹才帶了幾條魚到哥哥嚮南家請姐姐吃了頓飯。

黃老太太之前從未見過此小妹，對她無所謂好感或惡感。但黃老太太見其人和觀其行後逐漸對此小妹看不順眼，不太理會她了。

可恨的是：當初此小妹把姐姐美國通訊處私藏而不願通知其他親戚們，致使南京親哥哥嚮天多戴幾年「反革命」帽子，多吃幾年苦。

倘若他早些知道姐姐美國住址，便可早些向上級呈報有華僑親姐姐在美國，那頂「反革命」帽子就可早幾年摘下來，也可少吃些苦頭。

那時在大陸，華僑們購物時需用「外匯卷」，可在「友誼商店」購物。當地老百姓若得此卷，也可到「友誼商店」以較便宜價錢購買某些物品。此自私自利小妹為多拿些外匯卷去購買小冰箱，向黃老太太兌換幾百塊人民幣的外匯券。

四弟嚮東知道此事後，對她說：「嚮南兒子想要買一輛腳踏車已經很久了。妳為什麼把姐姐的外匯券全部都換走了？剩下一點給嚮南買一輛腳踏車吧。」

那時在大陸，買一輛腳踏車居然是如此大事，需用外匯券，需「走後門」，還需耐心等候。黃老太太心想：在台灣和美國，隨時到店裡付錢就能買到腳踏車。

嚮東和嚮南要求姐姐到「友誼商店」走一趟。黃老太太說：「為什麼？我才不要去。」

嚮東說：「妳是華僑。我們從來沒有進過『友誼商店』。妳進去看看，我們也好跟著進看看。」

她聽後才答應帶弟弟們去「友誼商店」走一遭，滿足他們好奇心。

- 10 -

黃老太太給五弟嚮南幾百塊錢，請他整修先母墳地。

親戚們來家聊天時候談到現在日子比文化大革命時舒服多了。黃老太太一向心直口快，某次毫無顧忌對他們說：「你們這裡說『解放台灣』。我們那裡說『反攻大陸』。你們說你們現在過得舒服了。我告訴你們：比起來，你們這裡是地獄，我們那裡是天堂。」（那是 1981 年。數十年後，風水輪流轉，祖國大陸已完全改觀。）

黃老太太覺得大陸人都很會講話，或許是多年鬥爭生涯磨練出來的吧。黃老太太在公交車上時常看見一些工廠做工的年輕人，嘴裡斜叼香煙，口中說粗言，左一句「他媽的」，右一句「他媽的」。

嚮南和嚮東的孩子們則都是忠厚老實，不但學校功課好，工作也認真。

談到公交車，黃老太太在街上看到其髒無比的公交車在人潮中走走停停。司機師傅猛按喇叭，車掌小姐把頭和手伸出車窗外，用手猛敲車身，大聲吆喝說：「讓路，讓路」。

黃老太太本性不喜在外走動，不喜到處遊逛。她在台灣和美國時候就如此，回家鄉後亦然。她未去各地名勝古蹟觀賞，多半待在五弟嚮南家，有時到遠近親戚家走動。

碰巧那時正是梅雨季節，海邊溫州故鄉落雨紛紛。她撐一把可伸縮的雨傘，走不少爛泥路，各處探訪親朋戚友們。她大陸故鄉每天走不少路，等於取代她在美國時每晨快走運動。

老太太在親戚家裡用溫州鄉音與他們談天。他們告訴她一些真實故事：30 多年前，剛「解放」不久，她一位嬸嬸在鄉下的弟弟被共產黨槍斃。他是忠厚善良的好人，雖無學問，卻有家當，也是樂善好施的地主。

二次大戰初期，日本軍隊侵入溫州。那時還很年輕的黃老先生和黃老太太每逢日軍入城便扶老攜幼全家逃到鄉下這位嬸嬸的弟弟家避難。

他每次都善心安置他們躲到自家對面大穀倉內。

國共內戰後，共產黨得到政權，因他是地主，便被捕入獄。地方上老百姓們知他是善人，紛紛群起為他做保，但他卻仍然被槍斃了。

四弟嚮東在溫州故鄉與姐姐、弟弟和其他親朋們團聚十幾天。某日，嚮東在弟弟嚮南家脫下外衣，露出破爛的汗衫。嚮南的愛人看在眼裡，心中不忍，便對嚮東說：「你也是大學畢業生和工程師了，為什麼還穿這樣破爛的汗衫？這裡有一點衣票，你拿去買一件汗衫穿吧。」

嚮東在外時日已久，需趕回河南向工廠報到，不得不向姐姐告別，依依不捨離去。

他臨行時懇請姐姐務必北赴河南一行，到他家裡看看。

黃老太太原先並無北上計劃，但經不住四弟苦苦央求，只好心軟答應。

黃老太太在溫州故鄉待了將近兩個月後，收拾行囊準備離去。

五弟嚮南陪她開始北上的行程。

他們兩人從溫州到杭州，又是十幾小時巔簸的車程，又是無玻窗的破爛汽車，又是風沙吹得滿面塵泥，又是烈日照得滿身膩汗。

他們在杭州小停，然後乘坐火車到上海，再從上海乘坐火車到南京。嚮南陪姐姐去看他哥哥嚮天。

嚮天仍然戴著口罩。當年下顎腫瘤經手術割除後使他失去所有牙齒。他吃飯時無法咀嚼，需很辛苦用上下牙床將較軟食物擠吞入肚。

嚮天當年因冤枉的「反革命」的帽子，再加他命苦生瘤，多年來吃盡人間困苦。他現在日子比較從前稍微好些。

從週一到週五，嚮天和大兒子同睡家裡一張床上。鄉下教書的大兒媳婦週末回城裡家，嚮南便把房間和床位讓給兒子和媳婦，自己則到工廠或朋友家打地舖睡。夏日天熱，他有時露天睡在公園椅上。

嚮天家小得不能再小了。他放一片大型硬紙板在屋頂下遮掩屋頂下烏黑的木頭。硬紙板中間日久下垂，嚮天兒子釘了幾條鐵絲在下面支撐。

他們房屋的狹小、簡陋、骯髒是黃老太太此生從未見過的。她看在

眼裡、疼在心裡。

　　嚮天有四個兒子，都是那離棄他而改嫁他人的前妻所生。妻子離開後，他就不曾再娶。

　　他的次子在年幼時因家境貧困無力撫養送給他人收養當養子。養父是擔任人民公社幹部的北方人，家境還算不錯。養父房子雖小，但比起嚮天的住屋好多了。

　　次子養父母對他很好，但他們都已先後過世。

　　嚮天長子某年到鄉下公社出差時，突聞有人朝他叫他弟弟名字。原來他和弟弟長得很像，當地公社人誤認他為他弟弟。

　　他原先並不知此地有送給他人當養子的弟弟，但經多方詢問和解釋，並親眼見到和自己形貌相似的弟弟後，才恍然大悟。

　　他連忙寫信給父親說：「我找到了弟弟。」

　　嚮天接到大兒子信後，派第三兒子趕往鄉下公社。三兄弟終於重逢，抱頭痛哭。

　　黃老太太和嚮南在嚮天陋室小坐。嚮天為接待從美國回來的華僑姐姐，囑咐大兒子用「走後門」方式買花生招待她。

　　黃老太太知道此事後，罵他不該如此，說：「這東西在國外根本就不稀罕，而且我也不愛吃。你幹嘛費心花錢去買。你們常年連花生都吃不到，叫孩子們自己拿去吃。」

　　兄弟姐妹中，嚮天生活最苦，黃老太太心中不忍，給他幾百塊錢讓他用。

嚮天陪嚮南和姐姐去附近中山陵參觀。黃老太太一向不喜遊玩，對弟弟們說：「我只想去看看中山陵裡面的孫中山先生遺體，其他的就不去看了。」

　　嚮天說：「上級說的，說中山先生的遺體早就已經被國民黨拿走了。現在放在陵裡的只是一個石膏像。」

　　黃老太太說：「這真是胡說八道。要是孫中山先生的遺體真的在台灣，我們那還會能沒有聽過和看過的道理。他的遺體如果真的不在陵裡，我也懶得爬上去了。算了，不去看了。」

- 12 -

　　當天下午三點左右，嚮南陪姐姐乘坐北上的火車，經過十七到十八小時車程，抵達河南省四弟嚮東居住和工作的城市。

　　一路上，黃老太太車位在臥車廂內，嚮南則在僅有普通座位的一般車廂裡。他們途中曾去餐車吃東西，但那些都是溫冷的食物，毫無滋味。黃老太太勉強咽下充飢。

　　黃老太太見到嚮東、他的「愛人」、兩個男孩，發現他們在中原河南的生活比浙南的溫州更為困苦。相較下，溫州還算比較舒服。

　　嚮東曾向上級要求調至杭州某工廠去工作，他也和杭州方面連繫過了。但河南廠方不肯放人，他只得繼續支撐在此。

　　嚮東「愛人」在醫院做醫技方面工作。兩個孩子都老實忠厚，學校功課名列前茅。他們或許自幼營養不良，兩位兒子看起來都很瘦，身上沒長多少肉。每餐飯桌上沒有多少菜，但孩子們卻能吃上三大碗白米飯，吃得津津有味。

　　嚮東大兒子看見姑媽送給爸爸美國德州儀器公司（Texas Instruments）生產的小型電子計算機，歡喜不已，拿手上把玩。

　　黃老太太在溫州時，曾經特別留一些衣物和文具用品給嚮東家。他們收到後都很高興。

　　位於中原的河南風沙較大。黃老太太從小在江南溫州長大，之後又在台灣亞熱帶溫暖氣候中渡過大半輩子，近年又在氣候甲天下的美國南加州定居，實在不習慣河南的氣候。她企盼四弟嚮東終能如願調往江南

工作。

黃老太太在嚠東家停留幾天後，為早些趕往上海搭機返回美國，整理好行囊準備南下。

她臨行前一天，嚠東工廠的廠長得知黃老太太迢迢萬里來訪親弟，為奉行當時上級討好華僑的政策，特派專車邀請黃老太太遊玩附近名勝古蹟，也邀請嚠南和嚠東兩位弟弟相陪。

黃老太太本想婉拒，但為給四弟嚠東面子而勉強同意。她途中遇到有石階之處，便藉口年老爬不動為由未去遊覽。

嚠東當初雖知有親姐姐在美國，但深恐當權者翻雲覆雨，初時不敢寫信給姐姐。他之後拿寫好的信向廠長請示，得廠長首肯後，才敢寄信給姐姐。

黃老太太和五弟嚠南經 20 多小時輾轉車程後抵達上海。

黃老太太和結交的姐妹陳老太太在陳老太太弟弟家會面時，陳老太太當著諸多弟妹面前用上海話大聲問黃老太太說：「三妹呀，妳這次來大陸，有什麼感想沒有？」

黃老太太當著五弟嚠南的面說：「我苦死了呀。我從來沒有這樣苦過。」

黃老太太和陳老太太乘坐當時泛美航空公司（Pan Am）飛機，從上海起飛，經過東京和三藩市，飛回洛杉磯。

她回到大女兒和大女婿家，見到兒女們、媳婿們、孫輩們都在家等候，滿懷好奇心想聽她講述大陸經歷。

她說：「大陸上的事情，我三天三夜不停講都講不完。」

然而，她當晚還是談了些。

大家聽在耳裡，想到親戚們和同胞們都正過著令人心疼的困苦日子，心中不禁興起如下的問題：「那一年，那一天，他們才能像世界上其他各地的中國人一樣過比較好的日子？」

這實在不是簡單的問題。（數十年後，風水輪流轉，祖國中國大陸已成為全球第二大經濟體，國民享受很好的生活，且有餘錢環遊世界。）

黃老太太痛快洗了熱水澡，舒服躺在自己床上睡覺。

天堂兩日夜 1984 冬

1984 年 12 月中旬，當菊齡和我乘坐的 747 飛機飛臨夏威夷歐湖島（Oahu）時，我們向下望去：海的藍、島的綠、白色的雲霧濕意，不同於我們熟悉的加州海岸。加州的海也藍，但不如此地的海這般藍，加州的岸也綠，但不如這個島這般綠，加州當然比此島乾燥很多。

飛機降落於島南端 Honolulu 國際機場。我們兩天後將繼續飛往台灣參加「第十屆近代工程討論會」，因此暫將行李存貯在機場鎖櫃，僅攜帶隨身簡單提包離開機場。

我們在機場租了一輛 Toyota 汽車朝 Oahu 島東南方的 Waikiki 駛去。因不熟悉當地的路，我們未上高速公路而僅行駛於市街上。

那時剛好是下班時間，我們車走走停停，沿途經過當地中國城，終於抵達華人經營的位於酷海鷗（Kuhio Ave）大道上就在海灘旁的美麗華大旅館。

我們進入 14 樓房間，打開窗簾後看到一幅亮麗景觀：寬廣眼界中到處都是十幾層和幾十層高樓旅館，幾乎每一個房間都有陽台。

那時已近黃昏，我們穿上舒適和隨便的衣褲，步入夏威夷如春冬日的溫暖和舒適空氣中。怡人的海風輕輕吹拂到我們臉上和身上。

那時，美洲大陸的紐約和芝加哥正刮著寒冷冬風，飄著細細白雪，既便是除了高山之顛以外從不落雪的加州也很寒冷，然而此島卻是四季如春。

2

晚餐後，我們沿著緊靠 Waikiki 海灘之北的 Kalakaua 街上散步，此街是 Waikiki 人流不息的主要街道之一。

我們在街上看到各類人種都有：有來自美國大陸的各色人種，有來自台灣講華語和台語的旅客們，有來自日本屬於一個個旅遊團的旅客們，有來自歐州的旅客以及土生土長和體內流著多種血液的當地夏威夷人。

我們在此看到真正的文化和種族大熔爐。我們在某一些本地夏威夷

人臉上能看到幾個種族的融合，包括 Polynesian（棕色人）、Oriental（華人、日人、韓人）、Caucasian（白人）等。

Kalakaua 街兩旁有數不清的旅館、商店、餐館、市場 ……。我們步入 International Market Place（國際商場），其內有很多販售各類紀念品的攤位、商店、餐館，也有幾棵極大、極高、綠葉繁密的熱帶樹木。這些樹上除主幹以外，四周長滿許多氣根。樹上棲息著許多發出悅耳聲音的幾種夏威夷當地鳥。

大多數攤位都在大樹下，很多攤位售賣珍珠，也有很多售賣裝飾品如項鏈和手鐲之類，大多數產品似乎都源自亞洲諸國。

經營各種攤位的業主大多數是來自亞洲各國的東方婦女，包括來自日本、韓國、香港、台灣等地。我們看到同種人、聽到熟悉話語，心中感覺十分親切。

-3-

我們第二天早晨去 Kalakaua 街南邊靠海的 Outrigger 旅館用早餐。我們吃肉、蛋、麵包、水果，喝果汁、茶、咖啡等，食物豐富到無所不有，而且毫無限制能吃多少就吃多少，價錢也便宜，不需給小費。

我們選擇一處緊靠海灘的露天桌，閒逸、輕鬆、緩慢地享受早餐。清晨第一杯濃濃、香香、熱熱的 Kona 咖啡，甜甜、酸酸、可口的夏威夷鳳梨，……。

曉日已升起一段時辰，此夏威夷歐湖島冬晨，空氣中能吸到溫暖、舒適、恆久的春天氣息。

我們上身僅穿短袖衣裳，坐海邊，望藍海、藍天、黃沙、綠椰，望著那些手牽手散步海灘的情侶，望著那些晨泳浪中的人影……。

鄰近餐桌上幾隻不畏人的白色小鳥啄吃著剩食，侍者前來清收杯盤時，牠們才振羽飛走，伺機再來。

妻子菊齡把麵包屑擲到桌旁地上，幾隻吱吱不停不懼人的麻雀飛來啄食，似乎唱著我們從前常唱的歌：「我是隻小小鳥，飛就飛，跳就跳，……。」

前此碌碌人生中，不可能有機會欣賞如此輕鬆、愉悅、可口、充實

的早餐。公司裡的勾心鬥角，無休無止的辛勤工作，單調不變的日常生活，將它們拋到數千里外的南加州吧，將它們當做八百年前與我無關的陳年歷史吧。那些被拋到天邊的八百年前的事物真正是不屑一顧和不值憂慮啊。

那些都是人間的事，而此地是天堂。在人間做人間的事，在天堂就做天堂的事吧。

這早餐足足吃了超過一個小時後，我們才依依不捨離開。我們免不了以藍天、藍海、黃沙、綠椰、高樓、亮舟、人影等為背景而攝影留念，表示曾來天堂一遊。

然後，我們開上 H-1 高速公路，離開 Waikiki，朝西駛往珍珠港。

- 4 -

珍珠港最著名的觀光處是 USS Arizona Memorial（阿里桑那號軍艦紀念館）。我們抵達時，艷陽普照，很難想像那時美國大陸大多數區域都鎖在冰凍中。

那時，夏威夷福特島和歐湖島之間的海道上，巨大的 Enterprise 核能航空母艦適巧將要啟程駛往加州。

艦上滿載著飛機和身著白色海軍制服的官兵們。兩艘小拖船一左一右一推一拉幫著移動那艘巨艦，小小的拖船居然能推動如此大的巨艦。

阿里桑那號軍艦有如下一段歷史：1941 年 12 月 7 日，突然來臨的日本軍機偷襲珍珠港時，大約早晨 8 點 10 分那一刻，USS Arizona 被一枚 1,760 磅的穿甲炸彈擊中，濃厚的煙火升至高空。軍艦 9 分鐘內沉入海中， 1,100 位官兵瞬時陪葬。實在是令人傷痛的整體損失。

除了阿里桑那號、猶他號、奧克拉荷馬號等三艘軍艦以外，其他軍艦日後都修復而重新役用。阿里桑那號被炸得最慘，官兵死亡也最多，因而也成為最有名的軍艦。

珍珠港就在艦沉之處建立供人憑弔的紀念館，每日國旗在此升起。人們從空中下望時可約略看見沉於海面下的艦影，也可看見露於海面上沉艦的金屬圓管。

人是健忘的動物，前往憑弔的遊客們不可能體會那短短的 9 分鐘之

中一千一百個生靈經歷的瞬間極度恐慌、痛苦、祈禱。

艷陽和藍天下的海面上，一千一百個 9 分鐘的痛苦似已不存在。一個如二次大戰時的日本為了本國經濟和其他原因而用武力爭奪所需，毫不顧及一千一百個生靈的感覺。

- 5 -

我們駛離珍珠港，開上 H-1 高速公路，轉到東北方的 Pali Highway（巴里公路）。我們朝高處爬行，到達 Pali Lookout（巴里瞭望台）。在此可居高臨下觀賞歐湖島全景。

我們接著駛到巴里公路盡頭，朝西北轉到沿海的 Kamehameha 公路。

海影一直在我們右邊，海洋一直在呼喚。我們時而經不起海的呼喚而停車、下車、攝影、小憩。

我此生第一次見到海的那刻便決定將來居住之處或許不能直接見到海影，但旅遊之處最好能輕易看到海影。我們那時到那島，海在身旁，海在呼喚。

我們經過 Waiahole 海濱公園後，看到東邊海面上那座名為 Chinaman's Hat（中國人帽）的小嶼。此名或與它的島形有關，其形遠眺時看似一頂笠帽。夏威夷人稱此小島為 Mokoli'i（翻譯成「小蜥蜴」），傳說中夏威夷女神 Hi'iaka 催毀 Mokoli'i 後，其殘骸就變成我們看見的小嶼。此小島距 Kualoa 地方公園僅數百碼，海水低潮時人們可直接步行過去曬太陽或探險。

- 6 -

近中午時辰，我們抵達著名的 Polynesian Cultural Center（玻里尼西亞文化中心）。

大門口售票處位於一座高大的以乾椰葉為建材搭成的建築內，其形狀非同尋常格外引人，我們難免拍照留念。

玻里尼西亞文化中心位於歐湖島北邊 Laie 海灣，其附近有 Mormon Temple（摩門教會）和該教會創立的楊百翰大學（Brigham Young University）。

攝於 Waikiki 海灘。（作者，作者妻菊齡拍攝）

USS Arizona Memorial。（阿里桑那號軍艦紀念館）

Enterprise 核能航空母艦。

Pali Lookout（巴里瞭望台），歐湖島美景盡收眼底。

天堂兩日夜 1984 冬

文化中心小冊有如下描述：「……玻里尼西亞文化中心是摩門教派為保存玻里尼西亞文化傳統及為提供數百位就讀楊百翰大學的學生們工作和得獎學金的機會而設立。

　　……其根源始於 1844 年摩門傳教士初登大溪地島，他們之後從大溪地傳至夏威夷和整個玻里尼西亞。他們與當地居民共同生活並學習他們的語言和文化。

　　來矣（Laie）1865 年成為摩門教派聚集地。Laie 的摩門教堂成立於 1919 年感恩節。1955 年楊百翰大學成立更使 Laie 海灣附近成為太平洋諸島嶼和亞洲摩門教的精神和教育中心。

　　楊百翰大學的學生們需錢維持學業，因此玻里尼西亞文化中心便於 1963 年在此 12 英畝土地上成立。」

　　小冊子內還有如下有關玻里尼西亞人的描述：「玻里尼西亞（Polynesia）意思是『許多島嶼』，地理上包括一千六百萬平方英里海面，從最北的夏威夷到西南的紐西蘭到東南的伊斯特島（Easter Island 或復活島）。此巨大三角形區域內包含數千相距甚遠的島嶼，島大者有白雪蓋頂的崇山峻嶺，島小者最高點就是椰樹頂。

　　許多個世紀前，玻里尼西亞人具有同一個傳統。有些學者說他們從亞洲遷移至此，也有些學者說他們來自美洲。依照他們自己古老的傳說，他們來自一個古老的故鄉。勇敢的先民們駕駛巨大獨木舟，利用風向和風力、海向和浪力、及星相等航海技術乘風破浪穿洋過海至此……。

　　距夏威夷最近的玻里尼西亞鄰島居然遠在兩千英里外，相當於五小時的噴射機程。

　　此區域被發現始於 16 世紀後期的西班亞人。當歐洲人發現玻里尼西亞時，他們發覺島與島間距離雖遠，但大區域內各島嶼上所有人種都具有相似的語言、習俗、獨特的生活方式。

　　此三角形巨大的太平洋區域內包括：夏威夷群島（雖隸屬美國但仍然是 Aloha 之土）、薩摩亞群島（Samoa，群島上的人是世上最快樂人種之一）、大溪地（Tahiti，南太平洋法屬的社會群島中心）、斐支群島（Fiji，位於玻里尼西亞和美拉尼西亞之間的交叉路口）、紐西蘭群島（New Zealand，偉大航海者後代）、東加群島（Tonga，玻里尼西亞僅

存的王國）、馬貴斯群島（The Marquesas，過往文明已喪失很多的法屬島）。」

　　文化中心 42 英畝土地上，每一群島都有屬於它自己的特別村落。遊客們或走路、或乘車、離此村、至那村，觀看和欣賞各人種的習俗、建築、技藝等。

　　一條人造溪貫穿其中，不時可見屬於某族的小舟上有那族的人在舟上載歌載舞，帶給駐足溪旁觀賞的遊客們不少歡樂。

　　給我們印象最深的是薩摩亞村，難怪他們說這群島上的人種是世上最快樂的人種之一。他們的確不同於其他人種。幾位薩摩亞的大男孩分別表演鑽木取火、攀爬椰樹、敲開椰殼、鑿取椰肉等活動。

　　表演過程中，他們自然流露無憂無慮的態度和風趣幽默的言談博得許多掌聲和笑聲，那種喜劇性表演可上電視節目。

　　那時，剛好有一批來自台灣的遊客到達薩摩亞村，他們導遊是一位身著綠衣綠裙、頸繞夏威夷花圈的年輕貌美東方女孩。

　　她手持擴音器用華語講解和翻譯表演的內容和程序。那位就讀楊百翰大學的薩摩亞大男孩就地取材和臨機應變地開了一些「製於台灣」（Made in Taiwan）的小玩笑。

　　當時台灣製造的產品行銷全美國（如同現今時代中，中國製造的產品行銷全世界一般。），美國本土電視節目中常會有「製於台灣」的笑話，如同那時代之前的「製於日本」的笑話一般。（隨歲月流轉，最先「製於日本」，其次「製於台灣」，接著「製於中國」。）

　　我看到不只一批來自台灣的遊客，心中感到親切。那些台灣經濟奇跡和經濟繁榮的年代中，賺很多錢的台灣人有餘錢後就吃喝玩樂或遊遍五洲大洋。

　　午後斜陽中，那些身著鮮艷的當地土族衣裙的玻里尼西亞年輕人在一艘艘屬於自己族的小舟上坐著、站著、跳著、舞著。他們皮膚稍帶棕黑色，男孩子們一個個露著滿身肌肉，女孩子們中有不少引人注目、清秀貌美、身材健美的姑娘們。他們的歌聲、鼓聲、舞姿、笑容在在顯示與世無爭的自然快樂。

　　當我們依依不捨離開時，他們歌聲依然繼續著……。

第二天早晨，我們在 Outrigger 旅館海灘旁餐館重溫一次像前一天早晨一模一樣的早餐。Kona 咖啡的香味，鳳梨的甜美，白鳥和麻雀的啄食……。

我們去歐湖島東部走了一遭，看一下 Waikiki 水族館和鑽石頭（Diamond Head）灣景。

我們繼續欣賞美的藍海和美的藍天。

兩日兩夜實在是不夠過癮啊。歐湖島僅是夏威夷群島中一個島而已。我們下次再來，帶全家來，來一星期，遊遍各島，玩個痛快，吃個痛快，享受天堂，忘卻俗慮（此事於 1995 年夏天果然成真，請見我的〈從菜鳥工程師開始〉一文。）。

1984 年 12 月冬天，Polynesian Cultural Center（玻里尼西亞文化中心）。

1984 年 12 月冬天玻里尼西亞文化中心。

里尼西亞文化中心。

1984 島之歸

1965 年 8 月底，我離開台灣赴美國留學 19 年後，首次於 1984 年 12 月飛回台灣。

1967 年 9 月，我曾飛回台灣一次，娶了當時未婚妻菊齡為妻，短暫停留台灣兩週。

其後 17 年中（1967 至 1984 年），我在美國工作打拼、養兒育女、購房置產。那些歲月中，台灣似僅是遠在太平洋彼端與我無緣的島。

17 年歲月中，國際政局風雲變幻，艱苦越戰，伊朗變動，美國社會劇變，迷你短裙流行，嬉皮出現，反越戰運動爆發，色情泛濫，GoGo 舞廳隨處可見，X 級影院所在多有，宗教運動復興，電視宣教普及，科技產品突飛猛進，大型聚集電子線路（LSI）加速開發，超大型聚集電子線路（VLSI）萌芽，微電子科技（Microelectronics Technologies）大幅衝擊人類文明和大眾生活，……。

17 年中，台灣對我而言僅是太平洋彼端遙遠的夢。我未能親睹台灣從貧困演變至繁榮的經濟奇蹟過程，僅間接經由媒體得知一二。

17 年後，1984 年 12 月中旬，我與其他 50 多位來自美國各州的科技和工程界同儕，先聚於東京，再飛往台灣，參加為時兩週的「第十屆近代工程討論會」。我們講員加上家屬有 100 餘人。

西北航空公司波音 747 班機從東京飛往台灣。飛機著陸桃園中正國際機場跑道那一刻就是我 17 年來首次重歸台灣的剎那。

我們步下飛機時已是次晨一點多。我們在機場得到特別禮遇迅速通關，然後乘坐專用大巴士到達著名的圓山大飯店。我們抵達旅館時已是清晨兩點多。

次日早晨八點鐘，所有被邀參與此次討論會的講員們聚集一樓餐廳，一面吃中西合璧早餐，一面聽總召集人吳丁凱博士和所有幹事、顧問、各組召集人等講述此次「近代工程技術討論會」的目的和宗旨，及對大家的期望和要求。

我們吃完早餐回到房間，見到 17 年未見的菊齡的表姊和表姊夫及

19 年未見的菊齡的大哥和大嫂。

　　大家在客房外陽台上拍照留念。我們在宮殿式陽台上，朝後可見長滿樹林的圓山，朝左和朝右可遠眺台北和士林市景。

　　圓山大飯店此後兩週中是「近代工程技術討論會」總根據地。12 月 17 日開幕典禮、12 月 31 日綜合討論會、閉幕晚會、數次酒會和餐會等都在此舉行。

　　我們在圓山大飯店也見到當時俞國華行政院長、嚴家淦前副總統、李國鼎、趙耀東、徐立德、虞兆中、陳立夫等知名人士。

　　那段時期中，中央研究院的院會也同時在台北舉行，從國外各地回歸的許多中央研究院的院士們也大多留宿於圓山大飯店。

　　某一天清晨，我在圓山大飯店一樓大廳親眼目睹獲得 1976 年諾貝爾物理學獎的丁肇中博士帶著他女兒步出飯店正廳。

-2-

　　工研院的電子工業研究所負責主持和安排所有「微電子組」在近代工程技術討論會中的各項活動。

　　「微電子組」獲得全友、大同、宏碁、聲寶、電信研究所、電子研究所等 20 餘家公司和機構的贊助，因而此組活動經費比較多，討論會大多舉行於比較豪華的來來大飯店。

　　微電子組討論會的諸多講題包括：辦公室自動化、工程工作站結構、磁碟工程和科技演進、區域網路、極大聚集線路（VLSI）、微電子工程科技、軟體作業程式系統等。

　　微電子組討論會的講員們包括：電子研究所漆慕陶和王輔卿，GTE 董仕榮（他也是「微電子組」美國召集人）、Bell Labs 何瑜生（「微電子組」副召集人，也是邀請我參加此次活動的台大電機系同班同學）、王大倫、王楊平、許濬、全友電腦謝志鴻（我的前 XEROX 公司老同事和老朋友）、IBM 伍道沅、劉兆寧、俞士綸、Sun 微系統何邦儀、XEROX 公司李偉宗（我自己）。

　　討論會期間，我有幸認識來自美國的 80 餘歲聲如宏鐘的趙曾鈺顧問和對於電子研究所成立有巨大影響的潘文淵。我也有幸認識那時台灣電

子界諸多青年才俊，包括工業研究院副院長胡定華和電子研究所副所長楊丁元等。

四天正式會議期間，我們每天中午在來來大飯店地下室餐廳吃午餐，也有數晚在 17 樓來來會員俱樂部吃晚宴。

我們進出來來大飯店，深深感覺到台北富裕和大宴小酌等各種應酬活動頻繁，並強烈體會到那時候常聽人說的：「台灣人每年可以吃掉一條高速公路。」

12 月 24 日聖誕夜，我們在來來大飯店 17 樓參加「銀色聖誕之夜」舞會。晚餐後有抽獎摸彩、霹靂舞蹈示範和樂隊伴奏的舞會。大家跳舞跳得盡興，直到午夜方才停止。我在舞會中跳扭扭舞跳得滿身大汗。

舞會完後，我們步出來來大飯店，步入台北寒冷冬夜，乘坐專車返回圓山大飯店。

寒流那晚以後侵襲台灣，陰雨綿綿濕冷氣候持續到 1985 年 1 月 1 日我們離開台灣飛回美國那一天。

1984 年 12 月，圓山大飯店和親戚們合影，前排（從左至右）：表姐，作者妻菊齡，作者，表姐夫。後排（從左至右）：大哥，大嫂，表姐和表姐夫的女兒小泓。

1984 年 12 月，圓山大飯店，台大電機系同班同學何渝生和夫人全華震。

　　我多年前就讀於台灣大學工學院電機系時在台北渡過四年大學生涯。那酸甜苦辣的四年歲月是我人生中的青春黃金期。我此次重回台北，感慨萬千。

　　我離開台灣 17 年後回來，很難能可貴與幾位親戚和朋友重逢重聚。

　　我們初抵台北的次晨，菊齡的大哥雨萍駕駛台灣製造的 Honda Civic 汽車帶我們前往台北市區的寧福樓餐廳去赴表姊夫蔡瑞圖和他們全家的午宴。

　　我那時對台北的印象是：高樓大廈林立，汽車數量似乎比美國還多。我趁著回台灣的機會比較更多地觀察台北。

　　我 1984 年底至 1985 年初「第十屆近代工程討論會」期間所觀察的台北顯然異於我多年後親身經歷和體驗的逐漸演變中的台北。（數年後，從 1986 年到 2004 年，我的人生旅程發生很大的轉變，因此得以親自花不少時間在台灣。）

984 年 12 月，圓山大飯店，作者與妻李黃菊齡。

1984 年 12 月，圓山大飯店，何渝生（Edmond Ho），作者。

回到台灣後第一週某夜，我走上莊敬路旁那棟樓房三樓。開門的是17年未見的胡遠應大姊，她身後站著胡季寬舅舅。他其實並非真正有血緣的親舅舅，但因我母親也姓胡並且也是湖南同鄉，數十年來待他如親舅舅一般。

我那次拜訪他的20多年前曾經在他當時新竹的家吃過他親自下廚烹炒的辣椒炒魷魚，並且曾與他豪爽共飲高粱酒。半生戎馬生涯的舅舅在在流露出一股剛毅和豪邁之氣。人盡皆知他心地赤誠和豪爽大方。

此次與舅舅重逢的兩年前，舅媽已病逝。此事對舅舅影響深重。我曾在湖南文獻中讀過舅舅的弔妻短文，文中顯露無限真情和極深傷痛。

此次與舅舅重逢覺得他老了和胖了，坐立行走間顯露老態，已無當年沙場上的英姿豪氣。

我告別舅舅，摸他頸後與他擁抱道別。（1984年12月中旬重逢胡季寬舅舅，再次見到他時是數年後在告別式中向他的遺體鞠躬和敬禮。人生的生離死別啊。）

- 4 -

幾天後，我和妻子菊齡前往台北縣（今天的新北市）永和去拜訪萊叔和雲姑。

雲姑和家母的情誼始於數十年前的新竹。那時，這位年輕貌美的湘女嫁到也是湖南人的萊叔家。萊叔也姓李，名為李萊。雲姑娘家姓丁，名為丁友雲。

我們家與他們家是鄰居，住在靠近中華路省道旁日本式房子。他們家房子靠馬路，我們家在他們家後面，在省道和鐵道之間。

那時就讀於竹師附小我們李家三兄弟常隔窗朝向鄰居望去，想窺看漂亮的新娘子。

雲姑連續生了三個兒子，如同家母也生了我們三兄弟。

他們家後來從新竹市搬到當時台北縣（今日新北市）永和鎮。

數十年前某一年，我們去萊叔和雲姑永和家。萊叔在他們家庭院用相機捕捉了我們「六兄弟」的「階梯」型照片：照片中，我是老大，站在最後。其他五位弟弟們一位比一位低一個頭站在我前面，後者將手臂

搭在前者的肩膀上，如同階梯一般。那是一張極為珍貴的「李家六兄弟」階梯照。

我已有 19 年未見他們三兄弟了。我當初出國留學時，他們仍僅是小孩子。我們此次在滿臉鬍鬚的老大伯符家重聚，當年的『階梯』已不復存在，身高和年齡已無關連。每一位弟弟都已娶妻、生子、生女。他們仍如孩童時一樣稱我為大哥哥。

菜叔在許多年中曾擔任中華航空公司機長，駕駛波音 747 飛機往來於美國和台灣之間。他曾對我說過：「最理想的安全航行是永遠在天空飛行，沒有起飛，也沒有降落，因為起飛和降落最耗損機身。」

我們那晚在伯符家所談不多，因那時台灣正播放收視率極高的《一剪梅》電視連續劇，大家專心看劇而無心講話。

-5-

葉榮嘉是我新竹中學同學。他中學時家境清寒，住在新竹市頭前溪南岸的田間農舍。我曾在一個狂風大雨的颱風日去他家看望他，至今猶憶與他在風雨中談天的情景。

老葉畢業於新竹中學後考入台南成功大學建築系，成大畢業後進入建築業。那時適逢台灣奇蹟式經濟起飛時期，他勤奮努力於經營自己建築事業，發達致富。

某黃昏，老葉駕駛他的裕隆豪華汽車來接我去他北投家。他說這型汽車那時相當於台灣的 Mercedes Benz。

汽車沿著溫泉路爬上北投的山，抵達半山腰他自建的別墅。車子駛入車房。

老葉說：「常常有人在半夜的時候帶著雞蛋到下面的溫泉溪那裡去煮蛋來吃。」

我們從地下室車房走到一樓時，我驚訝見到室內游泳池。兩位菲傭前來迎接。

我們再上至二樓，見到一個可容納大約 30 餘人開會的豪華大客廳。客廳旁的餐廳有昂貴的圓型餐桌。客廳和餐廳牆上都懸掛名貴的國畫。

二樓前面有很大的陽台，陽台上花崗岩走道旁有噴泉、流水、奇花、

兩李家六兄弟階梯照。

1984年12月，台北永和，我和妻子菊齡與棻叔和雲姑全家合影。
後排：（左2）作者妻菊齡，（左3）雲姑，（左5）棻叔，（左6）仲休弟，（左7）叔僅弟。
前排：（左1）作者，（左2）伯符弟。

異草。我們朝高可眺望到對面山上旅社，朝低可見到路旁冒著蒸氣熱騰騰的溫泉溪。「不錯吧！」老葉頻頻說，「不錯吧！老李。」

我們再走上五間臥房的三樓。當晚別墅無其他家人，因老葉那天剛送走夫人和兩位兒子搭機前往日本旅遊。

別墅內有兩間辦公室，其一是接見客人的。

別墅地下室有溫泉澡池，天然熱溫泉水直接從地下抽入池中。老葉說：「要不要坦誠相見在這裡洗個溫泉浴？」

別墅四樓設有「神房」，供放著剛去世不久他父親的遺像，牆上懸掛當時副總統李登輝的題字。

1984 年 12 月，北投老葉豪華別墅，作者（左）與新竹中學高中同學葉榮嘉（右）合影。

老葉當晚開車經過關渡大橋送我回圓山大飯店。那時已近半夜，我未能看見橋下淡水河的美景。

-6-

12 月 21 日是第十屆近代工程討論會在來來大飯店開會的最後一天。

會後下午五點左右，講員們和幾位召集人在來來大飯店樓下咖啡店喝咖啡、喝茶、吃冰淇淋。當時在座有工業研究院胡定華、電子研究所楊丁元、全友電腦公司王渤渤和曾憲章等。

王渤渤是我的 XEROX 公司前同事，他 1980 年離開美國洛杉磯 XEROX 公司，回台灣與幾位創業夥伴共同創立全友電腦公司（Microtek International Inc.）。陸續離開 XEROX 而加入全友公司的濟濟人才包括：曾憲章、胡忠信、梁欽曙（Leo Liang）等，之後又有周才強、陳令（Philip Chen）、謝志鴻等。

各有專長的幾位前同事相繼離開美國 XEROX 公司，加入台灣全友公司，確實是 XEROX 的損失，也是全友的獲益。（1986 年中，我自己也應王渤渤的邀請加入全友公司。我在全友工作 6 年多後在 1993 年的年初離開。）

我們那晚在來來大飯店正廳大門分別時，王渤渤對我們說：「你們下星期三參觀新竹的時候，歡迎來我們公司看看。」

12 月 26 日早晨，我們五人乘坐電子研究所（簡稱為電研所）交通車從圓山大飯店駛往新竹。

我們抵達工研院，步入裝璜現代化的會議室。我們首先聆聽院方人士以宣傳電影為主和宣傳小冊為輔的簡報。我們再次見到副院長胡定華和副所長楊丁元。

工業研究院的電子研究所是僱員最多和經費最豐的所，成立於 1974 年 9 月。電子研究所（英文簡稱為 ERSO）前此十年中累積了下列成就：（1）成立台灣第一座金屬氧化物半導體聚集線路生產廠（1975～1979）。（2）建立聚集線路設計能力（1978～1983）。（3）1983 年 7 月開始發展極大聚集體線路（簡稱為 VLSI）工程技術五年計劃。（4）前此十年中設計超過 150 種聚集體線路然後轉讓給民間工業運用。（5）發展電腦系統和周邊設備硬體和軟體（1979～1983）。（6）從 1980 年開始完成諸多微電腦系統硬體和軟體設計，完成 8 位元和 16 位元微電腦系統軟體開發。

我們步出工研院總部辦公樓，看見週圍環境展現眼前。工業研究院和電子研究所位於新竹東邊高地上。我們居高臨下朝西可以遠眺連綿不斷的平原、綠野、山丘、池塘。那裡環境頗似北加州 Palo Alto 附近如 XEROX Palo Alto 研究中心等研究機構的環境。

我們參觀電研所各實驗室和參加一次座談會後去院內中興餐廳吃午餐。我們在餐廳見到工研院院長方賢齊、副院長胡定華、史所長、楊副所長、章組長、金組長以及一些經理和資深工程人員。我們午餐時吃了一道我此生從未吃過的「菠菜炒蛋」，蛋呈綠色，很有創意。

我們離開工研院，前往下一站科學工業園區管理局。我們聆聽業務推廣中心諸葛芬女士和莫景星主任講述「投資、創業機會、程序」等科

學園區相關事宜。他們給我們介紹前此成就和展示今後藍圖等宣傳性書冊。

我那時深感若一切順利十幾年後這些計劃將會使新竹科學工業園區成為「亞洲矽谷」或「台灣矽谷」。（多年後，果然成真。）

- 7 -

我們繼續參觀下一站：全友電腦公司。

王渤渤總經理在全友會議室向我們簡介全友公司，說明公司名字「全友」意指大家都是朋友。

我當時猜想公司取名為「全友」的另一原因或許與全錄（XEROX）公司名裡的「全」不無關係，因王渤渤和其他幾位重要創始人都來自美國 XEROX 公司。

我另外猜測「全友」和「全有」諧音，似乎有「全都有」的涵意。（我之後旅遊於中國大陸時，常看到路邊有「全友」商標閃過，後來才知大陸的「全友」公司是傢俱公司，與台灣的「全友」科技公司毫無關連。）

全友電腦公司（Microtek International Inc.） 成立於 1980 年 12 月，創始資本額是 200 萬美金。

我們拜會他們時，全友已成立 4 年。他們產品行銷全球，包括：（1）MICE（Micro In-Circuit Emulator），此系統性產品在微電腦系統硬體、軟體、整體開發、設計、測試過程中提供工程師們不可缺的協助。（2）CHIP 產品系列協助中文資訊處理。（3）CNC 系統產品協助工廠自動化和電腦數據化控制。

全友當時剛推出光電輸入器（或「影像掃描機」）。我們拜會他們公司前不久，王渤渤、謝志鴻、周才強等幾位 XEROX 公司老同事和老朋友曾前往洛杉磯 XEROX 公司展示和介紹此新開發產品。

全友公司當時選擇適當產品和市場並妥善經營公司，因而獲利頗佳。

他們 1985 年的年初遷入佔地大約 25 萬平方英呎面積的全新 5 層大樓，包括大約 14 萬平方英呎的製造廠房。

全友公司總部設於新竹科學園區，其後在美國洛杉磯成立分公司，延用當地人才從事產品行銷和部分研發工作。

1984 年 12 月，金門，第十屆〈近代工程討論會〉金門訪問團。

1984 年 12 月，金門，作者與妻菊齡合影於古寧頭戰史館前雕像旁。

1984 年 12 月，金門，作者與妻菊齡合影於花崗石醫院前。

1984 年 12 月，金門，妻子李黃菊齡放出心戰宣傳汽球。

王渤渤當天下午開車送我回圓山大飯店，臨別時對我說：「全友公司的經營哲學應該是『勤儉』兩個字。」

我回到圓山時，陰雨綿綿，寒冬籠罩著北台灣。

我來去匆匆新竹之行中未能重訪我的童年故居以及竹師附小和新竹中學兩個母校。來日方長，將來必有機會重訪。（我於 1986 年中加入全友公司後，果然如願以償重訪我在新竹成長的故居和兩個母校。）

- 8 -

第十屆近代工程討論會主辦單位原定於 12 月 22 日（週六）帶我們參訪金門，但臨時改變計劃而讓中央研究院的院士們先去，我們則晚一天週日才去。

星期天早晨，我們乘坐特約的巴士到達松山機場（那日的 19 年前，我是在此機場搭機赴美國留學。）。吳丁凱博士帶領近代工程技術討論會金門訪問團搭上飛往金門的波音 727 飛機。

飛機起飛後，我睡著了。飛機下降時，我醒過來，發現因金門氣候不佳我們又飛回松山機場。

我們在松山機場吃簡單早餐後再度搭機，這次總算飛成。我們飛越台灣海峽，開始時高飛，然後低飛，飛機接近金門時我看到附近海面上閃爍的波紋。

我們步下波音 727，踏上金門土地。我們把太陽帶給金門，整天都是白日青天。金門的海風很冷但空氣清新。

代表金門司令部前來接待我們的中校軍官安排我們 40 多位訪問團團員分別搭上兩部軍用交通車，帶我們走馬看花遊覽幾處金門名勝。為要趕搭下午 4 點飛回松山的飛機，我們如同一陣旋風來去匆匆。

我們車上的導遊是一位帶著近視眼鏡在台北長大的預備軍官。他在金門服役不久，但對金門卻所知甚多，講話也很風趣。

那位中校軍官說我們都是從美國回來的洋包子。我們說 20 多年前也都曾在成功嶺受過預備軍官基本訓練，也曾在出國留學前當過少尉預備軍官。

我覺得金門很有綠意，也看見許多松樹。聽說鄭成功當年至此，為了打造船隻渡海去台灣，幾乎砍光島上所有樹木。

國民黨軍隊在國共內戰時來到此島，一人種植一樹，用極稀少和珍貴的淡水澆之，一日日、一月月、一年年綠化了金門。因為樹林增多，氣候也蒙其利。雨水增多，淡水也就多了。金門的太湖和古崗湖便是兩個見證。金門原是荒島，此刻卻是綠島，真是得來不易。

我們在強勁海風中登上莒光樓，居高臨下，可欣賞金門的島景灣色，也可遠眺對岸的故國江山。

我們參觀古寧頭戰史館，流覽那一次國共戰役的前因後果，也在館外雕像旁攝影留念。

我們參訪金門陶瓷廠，大家爭相購買高粱酒、陶瓷品、貢糖等當地名產。

我們參訪金門軍方播音站，經由望遠鏡眺望對岸廈門和其他島嶼。陪行的軍官說：「天氣好的時候，可以經由望遠鏡看到廈門大學的學生們在那裡打籃球。」（2002年9月，我和妻子菊齡遊覽廈門時，反過來眺望金門，實有不勝今昔之感。）

金門軍方副司令官在「迎賓館」招待我們吃午餐，我們享受到著名的金門高粱酒和可口的金門大白菜。

迎賓館當時應算是相當夠格的旅館。我那時想道：如果金門是國家公園，迎賓館應會享有眾多的進出旅客。

我們參訪金門民俗文化村，體會古老舊時家居情況。文化村房宅原本屬於清光緒年間王德經先生。房宅內有禮儀館、喜慶館（包括新娘花轎和壽堂）、休閒館（飲茶、下棋、說書）、武館（練拳、習藝、玩劍、耍刀）、生產館（農具、漁具、織具、百工）等。

房宅內也有幾處引人遐思的房室，其一為洞房，其二為小姑房。小姑獨處的房間位於屋頂，當時人若想見她還真不容易，需爬上僅容一人通過的狹窄階梯。小姑若有金蓮小足，則她上下樓梯時還真頗費周章。

我們參訪著名的擎天廳時，官兵們正在廳內觀看電影。我們因需趕搭返回松山的飛機，使他們暫停看電影。陪同我們去的中校軍官向官兵們解釋說：「他們都是從國外回來的參訪團員。」

擎天廳果如所傳給人一種偉大感。能在太武山下巨大花崗岩內鑿出如此巨大高深的擎天大洞實非易事。聽說金門地下是一大片花崗岩，許

多重要軍事裝備都藏於此。花崗石醫院也從花崗岩中鑿出，真不簡單。

我們之後在「心戰館」外空地上將一個個懸掛宣傳物品的氣球放上天空。或因金門風大，氣球上升快速有力，令人驚訝。

我那時胡思亂想：說不定妻子菊齡放的氣球最終飄流至甌江畔菊齡的故鄉溫州，我放的氣球則遠飄至洞庭湖畔我母親的故鄉，或更遠飄流至長江與嘉陵江交接口我出生之地重慶的江津。

我們從金門飛回松山機場，降落前在飛機上眺望圓山大飯店矗立於基隆河畔，也看見綿綿細雨飄向寒流中台北市區。

- 9 -

當講員們在來來大飯店開會期間，主辦單位為夫人和其他家屬們安排一些特別活動。

12月18日上午，她們遊小人國。

12月20日，她們遊日月潭，宿了一宵在涵碧樓。

美麗的日月潭山光水色中，妻子菊齡、華震、凱英、May、領隊吳丁凱夫人（日後成為張忠謀夫人）等相處非常愉悅。

12月17日下午，我們在行政院舉辦的茶會中見到當時俞國華行政院長，並與他合影留念。

同一天下午，我們拜會總統府，圍繞成圓型坐在府內大會客室，聆聽當時副總統李登輝講話。那是我首次見此呼風喚雨的台獨政客，當時他的台獨真面目和狐狸尾巴仍藏而未露。

-10-

我們在來來大飯店開會期間，某日休息和飲茶時，當時大同公司總經理林蔚山先生主動走過來與我和何瑜生相談。

我問他是否認識孫黔，因那時孫黔是林挺生女婿之一，是當時美國大同公司總經理。

我多年前就讀於南加大時曾在孫黔的婚禮中擔任 usher（招待員）。

1984年最後一日（12月31日）上午，何瑜生和我應林蔚山之邀前往大同公司台北總部，向經理們和工程師們重講我們在討論會期間在來

來大飯店會場所講內容。

1984 年最後一日（12 月 31 日）下午，主辦單位在圓山大飯店敦睦廳舉行最後綜合討論會。

第十屆近代工程討論會的七位小組召集人在李國鼎、趙耀東、徐立德、虞兆中、方賢齊等官員前分別報告各小組的總結論。七個小組分別是：微電子、化工、金屬工業、航空太空、大地工程與地下結構、 垃圾處理、能源有效利用。

我們微電子組的結論有五項，其中最重要的是：及早順應國際潮流，規劃和推動下一代智慧型工作站技術和產品開發。我們建議國科會先在大學研究所推動人才培育，再經由政府的研究機構與工業界參考美、歐、日等各國發展模式，集全國之力合作開發相關的硬體、軟體、系統產品、技術等。

此次工程技術討論會電子組的主題是工作站，我們當時推介的方向是採用 32 位元微處理機和 UNIX 作業系統軟體（Operating System Software）。

12 月 31 日晚的惜別晚會由阮翎主持，會中有歌有舞，輕鬆愉快。

我們在台北最後一晚宿於妻子菊齡大哥雨萍家。

次晨（1985 年 1 月 1 日，新年日），雨萍全家送我們去桃園中正國際機場。

我們搭機飛返美國。我們向台灣說再見，祝願台灣經濟發展持續發光，新竹科學園區有朝一日成為亞洲矽谷（硅谷）或台灣矽谷（硅谷）。

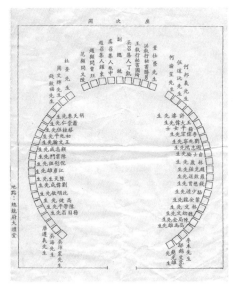

1984 年 12 月，台北總統府，拜會當時副總統李登輝時座位圖。

1984 年 12 月 31 日，圓山大飯店惜別晚會：
趙耀東講話。

1984 年 12 月 17 日，台北行政院，與當時行政院長
俞國華合影。
（左一）作者妻菊齡，（左二）作者，（右三）謝
志鴻（XEROX 老同事老朋友）。

34 年 12 月 17 日，台北行政院，與當時行政院長俞
華合影。

1984 年 12 月 31 日，圓山大飯店惜別晚會：
Edmond and Lucy Ho（台大電機系同班同
學何渝生和夫人全華震）與陳立夫（何渝
生親戚）合影。

1984 島之歸

藍堡之憶

藍堡（Robert "Bob" Rhomberg）是奧地利裔美國人，也是性情溫和的紳士。據他說他奧地利祖先中曾有也姓藍堡的著名音樂家。

他自幼成長於北加州紅木區海邊，原是新教基督徒，後因娶愛爾蘭裔妻轉奉天主教。

藍堡高中畢業後入美國空軍，穿藍色制服跑遍世界各地。北非利比亞靠海 Tripoli，他啜飲當地既濃且黑味重咖啡。太平洋關島，他隨部隊守衛機場。他駐防北加州太和湖（Lake Tahoe）東北角雷諾賭城（Reno），玩遍所有賭場，徹底賭膩，其後終生未再賭。

他退伍空軍時從關島乘軍艦回三藩市（San Francisco）。迎接他回家的親朋好友個個皮膚白白，他皮膚則已被關島太平洋烈日曬成紅棕色。

藍堡利用美國聯邦政府為照顧退伍軍人的 GI Bill 進入 UC Berkeley（柏克萊加州大學），得電機工程學士後開始工程師生涯。

他最初在軍事太空工程界工作數年，之後轉換跑道至商業電腦界（包括我任職的 XEROX 公司）。

1977 年秋天，藍堡、德維斯（Jim Davies）、貝克（Paul Paek）、我四人共組 Car Pool 輪流開車上下班。

1981 年，我們又組成以 4 人為核心 XEROX 公司辦的 10 人 Van Pool，藍堡是主駕駛，德維斯是副駕駛，我是備份駕駛。

我們輪流開車那些年中，藍堡常遲到。大家早晨在聚集處等他出現他卻遲到時會開玩笑揶揄他。但他絲毫不以為杵，和善微笑對我們說：「將來既便我自己葬禮，我也會遲到十分鐘。」

藍堡一向倡導長跑慢跑，慢跑蔚成風氣前他很早就已開始慢跑。我自己數十年慢跑習慣不無些許受他影響。

藍堡很少感冒，既便在很冷寒冬，他也不怕冷，只穿很少衣服。他雖少生病，但一旦生病就大病特病。

他脊椎骨一直有些毛病，每隔數年就需重新拉直。他某次為此脊椎問題請假休養在家整整三月。

數年前，他得風濕性熱毛病，燒至心臟損及心肌，是一般人不易患

得的病痛。

他大病初癒後暫時休息短時，然後繼續慢跑習慣。

他參加數次馬拉松賽跑，每次跑至最後都有腿抽筋狀況。某次馬拉松賽跑中，他腿又抽筋，只好走完最後數里路。

藍堡當兩年工程經理後發覺自己個性不適做管理工作，決定放棄經理而繼續扮演純技術資深工程師角色。個性淡泊誠實的他不願為他人觀感而活，不願為自己面子而活，只願為自己真正興趣而活。

1980 年代初期，他十數年前購買的橘郡芳泉谷（Fountain Valley）平房，每月房貸僅剩微不足道 100 美金左右。房雖不大，但後院有游泳池，他家附近有著名「哩平方」區域公園（Mile Square Park）。他以工程師頗高薪水給妻子和三男一女舒適家庭生活。

藍堡唯一女兒 7 歲時受到被送往托兒所業者青少年兒子性侵害。此事對藍堡而言是椎心之痛。他女兒並非托兒所唯一受害者，其他尚有包著尿布的女嬰。

藍堡女兒非常聰明外向。犯性侵害罪青少年的律師在法院雖想方設法欲置藍堡女兒於不被信任境地，但她天真無邪自然無飾的回答博得大家喝采，也使性侵者得到法律上該得的有罪判決。

審判過程中藍堡表面看似平靜，但他實強忍椎心之痛。1980 年代中期那日，他在 car pool 車上告訴我有關女兒性侵案件審判結果時，我明顯看出他累積許久內心壓力終獲舒解。

性侵害案審判結束一週後週一晨，我們如往常在 Van Pool 聚集處等主駕駛藍堡開車過來接大家上班，但久久不見他車影。我心想或許藍堡鬧鐘又出毛病他又睡過頭。

遲到二十多分鐘藍白相間公司 Van Pool 小巴士終於姍姍來遲出現，車原本該由主駕駛藍堡開來，但我們發現副駕駛德維斯在駕駛座。

德維斯眼角似有淚痕，略帶哽咽對我們說：「羅勃藍堡今天凌晨睡眠中過世。」

天主堂告別式中，玫瑰經儀式完畢後，我隨大家走至聖壇前棺旁，藍堡仍帶生前眼鏡，十分安穩平和。我與他夫人握手，見他十歲男孩哭泣，七歲女兒強忍淚水。

我走至教堂後面，威爾斯裔德維斯夫婦對我說：「我們沒有到前面看他，因我們願記著他生前美好形象。我們基督徒認為過世是喜悅事，因我們能立刻見到愛我們的主耶穌基督。」

　　我突憶起藍堡生前說過一句話：「將來既便我自己葬禮，我也會遲到十分鐘。」

　　數日後，藍堡死因公布：他小腿血管形成的血塊鬆脫，流至心臟，卡在心臟，導致死亡。

憶伯符

雲姑已離世多年，去世前她長子伯符早已先她而去。

我人生歷程中有時難免想到他們，尤其是早逝的伯符。

20 世紀 80 年代中期一個冬盡春至一月底，我因公事從美國飛抵台灣。某日午前，我步入新生南路旁教堂，週六安息會禮拜正進行。

我坐教堂最後一排，朝前張望尋覓，終於見到雲姑、棻叔、兩位孫女兒坐在右邊第二排。

教會傳道人略帶粵腔普通話講述一家人團聚的喜悅。我感覺雲姑似哽咽拭淚。她似突有所感轉首朝後見我向她招手。

她走過來拉我去前面坐於他們間座位。禮拜儀式繼續進行。

我前此在南加州還沒來台灣時，母親從紐約打電話給我說伯符已過世。我震驚之餘不敢相信那是真的。

此刻我身畔雲姑抽泣和淚水提醒我此事真實性。年輕三十四歲伯符確已過世。

我們半世紀前在新竹時，僅是小學生我目睹伯符誕生成長。

雲姑和棻叔那時是我們鄰居，住較靠外近中華路旁日式房，我們家日式房夾在中間，靠裏較近南北縱貫鐵道是鄰長日式房。我們兩家數年鄰居後，雲姑、棻叔、伯符搬台北。

棻叔和雲姑生伯符後生仲休，仲休後生叔僅，三兄弟各隔三年。此很似我們三兄弟李家，也各隔三年。他們家最大比我們家最小約小六歲。

某年母親帶我們三兄弟拜訪他們台北永和家。棻叔在他們家庭院替我們六人拍一張階梯照：六人一字排開，我老大排最後，手置於老二耀宗肩，再前燦宗，更前伯符，伯符前仲休，仲休前叔僅，一張兩個李家六兄弟階梯照，一位比一位約高出半個頭。

伯符從小就是善良可愛老實胖小子。我在台灣大學唸書時偶訪他們家，胖伯符稱呼我大哥哥。我遠赴美國留學兩年後飛回台灣台北與當時未妻菊齡結婚時曾見伯符於婚禮，其後十五、六年就未再見。

一九八四年底，我飛回台灣參加「近代工程研討會」。聖誕夜後某黃昏，伯符和棻叔來圓山大飯店接我和菊齡去他們永和家。

伯符開車非常小心謹慎，乘車者都覺安全。伯符蓄鬍鬚，看來有個性，他忠厚老實本性自然流露臉上。

那晚，我們在他們家團聚。他們全家都在：雲姑、棻叔、伯符、伯符妻、兩位女兒、仲休、仲休妻、兒子、叔僅、叔僅妻、一兒、一女。

滿桌伯符妻和雲姑烹調的佳餚豐盛可口。我從小喜吃雲姑烹的湖南菜，此次充分享受。

晚餐後我們回到圓山大飯店。我萬萬沒想到那次團聚是我此生最後一次見伯符。

莊嚴教堂氣氛中，雲姑略帶哽咽述說伯符過逝的事：那年十二月十八日，伯符駕駛他裕隆汽車去換新漆，留車於修車廠後在機場附近丁字形路口站著等候弟弟仲休來接。

一輛巴士司機為與一輛小轎車爭先後猛然加速左轉當場撞得伯符飛起來。

那瞬間仲休開車接大哥，見一人身體被巴士撞得飛起落地，萬未想到那人是自己親哥。

就在那刻此善良 34 歲生靈就突然如此不甘無奈進入另一境界，拋下年輕妻子、兩位美麗可愛女兒、剛出生沒多久男嬰。

教堂禮拜完後，我們乘車去陽明山伯符墓地，在那裡居高臨下可遠眺台北市景。

雲姑悲傷未下車，留車照顧伯符小男嬰。

我與其他人走至墓地，看見伯符年輕容貌刻印於墓碑。

伯符妻整理墓地，向他獻花，並與兩位女兒向伯符鞠躬致敬。

陽明山上風聲中迴響兩位女兒詢問母親的天真聲音：「媽咪，爸爸是不是睡在這下面？」

我們之後到他們新店新居，見伯符小男嬰剛學走模樣。伯符竟無機會親見獨子跨第一步。

雲姑淚水又流，她說：「伯符啊伯符！你為甚麼要拋下你兒子，把撫養他成長的擔子放在我們兩老肩上？」

那次見面數年後，雲姑也因極端痛苦不治癌症追隨伯符而去。

我們有時難免感覺人生無奈。無垠宇宙繼續。無數好壞成敗福禍美醜各種各類人生繼續，直到永恆上帝說：「停止」。

1993 滬甌秋旅

我出生的那個馬年初夏雙子月中的某一個午夜後的凌晨一點左右，在重慶附近江津的長江之畔，曾經在母親子宮內包裹了我九個多月的衣包依風俗被扔進滾滾的長江。

或許那衣包就如此順流而下，經過浪濤洶湧的三峽，經過浩瀚遼闊的洞庭湖，而在某年某月某日某時經過上海之北的長江口流入屬於西太平洋系統的東海。

當我還僅是六歲小男孩的那個冬日，在兵荒馬亂的動盪時代，我母親帶著我們三兄弟從西安啟程，乘坐飛機抵達上海。我們在上海停留短期，再乘坐輪船經過三天三夜動盪的台灣海峽抵達台灣基隆港。

1993 年對我而言是一個相當異常的年。那年的年初，我離開了已經工作六年多的科技公司，為尋求嶄新的事業機運而數度往來於美國南加州和台灣之間。

1993 年秋天 9 月 24 日，我從台灣桃園國際機場乘坐聯合航空（UA）747 班機經由東京飛往上海。

多年前， 那六歲小男孩和兩位更小的弟弟隨著母親經由上海前往台灣，與先前因為公司的公事（位於西安的母公司在台灣設立分公司）而已先抵台北的父親會合。

多年後，1993 年 9 月 24 日，已經歷練了數十年人生而曾經是六歲小男孩的中年人抵達睽違數十年的上海。

我在虹橋機場取得行李，走出海關。我在一大群接機人當中一眼就認出曾經在照片中看過的妻子菊齡的堂姐素珍和她的兩位公子沈群和沈覺。

他們三人陪我乘坐出租車前往機場附近的虹橋迎賓館。

聽說虹橋迎賓館原先是為了接待中共高幹而建的，據說毛澤東、鄧小平、江澤民等領袖人物都曾在此住過。虹橋賓館之後當做一般旅館經營，開始接待國內外包括來自香港、澳門、台灣的旅客。

聽說我那次去前不久，所謂四大天王之一的劉德華也曾經在賓館停

留短期。賓館大庭院內花木扶疏、綠意盎然，如同寬廣、幽美、安靜、舒適的公園。

素珍工作於上海復旦大學，她夫婿沈大棱也任職於復旦大學生物系。他那時人不在上海，因為他正在香港科技大學幫助一位教授從事半年研究工作。

他之前曾經遠赴美國留學，在 Maryland 州 John Hopkins 大學幫助某一位教授做研究工作，那位教授之後轉任香港科技大學教職，也聘請他前往香港幫忙。

那時（1993 年 9 月），素珍的大兒子沈群已經從大學畢業，在上海一家電子公司工作。小兒子沈覺仍然在大學就讀。

他們三人陪我在賓館安頓下來時已是晚上十點多。我謝了他們，請他們回到上海復旦大學附近的家，也約好幾天後再聚一次。

我在賓館見到一天前已先從台灣抵達上海的好友和好兄弟廷合及他的兩位朋友連欽和新圓。

連欽和他的親兄在台灣桃園合創了一家自動化有限公司，從事研發和製造一系列綜合機械和電子的民生類產品。他此次來上海是為考察一下是否有可能將部分研發工作轉移到上海。

新圓多年前曾在台灣某一家科技公司負責產品生產和製造的工作。他三年前從那公司離職後轉往其他公司做行銷的工作。人生的因緣際遇使他在上海浦西漕河涇某一家電子公司的創始過程中扮演重要的角色。那家電子公司的資金來自台灣和上海中國商銀。

新圓在那公司創始之初代表台資花了許多時間和精力在一家旅館會議廳內徹底培訓新公司內所有核心幹部。在非常專注和緊湊的培訓過程中，他與受訓幹部們同吃同住培養出革命情誼。

-2-

次日，9 月 25 日，廷合在虹橋賓館與拜訪他的三位上海友人聚會。

我當天下午隨新圓前往漕河涇去拜訪那家他曾幫助創始的電子公司。他雖已很久未與那家公司連繫，但曾被他培訓過的男女同仁們依然熱情歡迎他到訪。

我見到負責管理部的陳慧、企劃部的副經理鄒凡、生產部的副經理馮水富。那些年輕人大多畢業於包括上海交通大學在內的優秀大學。

　　他們當中有一些人希望工作幾年以後出國留學。一位年輕人曾經獲得 Cornell 大學入學許可和獎學金，但是卻因當時 64 事件而未能如願成行。

　　那些年輕人在企業經營和管理理念上與美國和台灣已經頗為接近。我在這家電子公司內感覺到一股朝氣和潛力。

　　我當時極強烈感覺祖國大地上有無數的類此大小企業、無數的各方濟濟人才、無數的台資、外資、中資靈活運作於其間。

　　當晚，我們四人（廷合、連欽、新圓、我）相約到上海著名的梅龍鎮酒家吃晚餐。餐館陳設雅致高貴，食客們進出頻繁，女招待們個個大方美麗。我們聆聽悅耳的上海吳儂軟語，欣賞上海女士們的優雅儷影。

1993 年 9 月 26 日，在上海豫園附近午餐。（從左至右：連欽、王小姐、余小姐、廷合、作者。）

1993 年 9 月 26 日，上海豫園。（從左至右：王小姐、作者、余小姐。）

美食下肚，生啤和花雕入口，話匣子就打開了。我們開始談古論今，談台灣科技，談大陸潛力，談當時美歐日澳加等國家經濟不景氣，談頹勢不可挽，談旺勢不可擋，也談到王渤渤等老同事和老朋友們。

酒足飯飽之後，我們帶著微微醉意散步於夜上海街上。我們經過陝西南路附近城市娛樂城時，識途老馬新圓說那是他曾經去過的 KTV 店，我們就這樣進去了。

那場所應是上海台資的錢櫃 KTV，在裡面工作的嫻嫻、麗麗、秀秀等公關主任和副主任等陪唱的女孩子們逐漸相繼出現在廂房內，相間地坐在我們四人當中。

大家所點的歌曲多半是源自台灣的歌，有國語歌，也有台語歌。我們驚訝地發現那些操著吳儂軟語的上海小姐們雖然不會講閩南話卻一個個都會唱閩南歌。

-3-

9 月 26 日（週日）是一個舒爽和晴朗的上海秋日。

老同事和老朋友陳志明在前此四、五個月中曾經幫王渤渤和他的事業夥伴們在上海設立四個「加州陽光食品公司」據點。

他在我們抵達上海前已經先從上海飛回台灣，在回台前幫我兌換了數百元美金的人民幣，也為我們幾個人訂好虹橋迎賓館的房間。

他同時也安排好兩位上海小姐在 9 月 26 日上午 10 點鐘來賓館與我們會合，帶我們遊上海市區。

余小姐在 10 點前從賓館正廳櫃檯打電話來。我們下樓時見到余小姐和她的同學及好友王小姐。

余小姐那時是就讀於上海大學專攻會計的四年級學生，她課餘在「加州陽光食品公司」打工。王小姐也在上海大學念了三年會計，並且已經畢業但是沒有學位。王小姐那時在一家台資顧問公司任職。

余小姐和王小姐都是年輕貌美的上海佳儷，給我們上海之旅增添了朝氣和情趣。

新圓那天剛好有公事，與人相約見面，因此未與我們同行。我們五人訂了兩輛出租車：余小姐與我同車，王小姐、廷合、連欽三人同車。

我們兩輛車分別朝方濱中路和安仁街交口附近的豫園開去。

我們從虹橋路出發，經過延安西路、轉到淮海中路、轉到重慶南路、轉到自忠路，抵達方濱中路。一路上人潮洶湧，車輛阻塞。

我問余小姐：「只有星期天才有這樣的人潮和塞車嗎？」

余小姐說：「平時幾乎每天都是這樣的。你說我們今天經過的地方人多，其實這還不算多。南京東路那裡的人更多，那才叫做真正的人多。」

我們那時還沒有去過南京東路，但是兩天以後就親身體驗到了。

我們經過淮海路時，余小姐說：「這裡是當初的法國租借區。」

街兩旁梧桐樹和歐式老建築驗證了她所說。

我問：「淮海是中國那裡的海？」

余小姐笑說：「這不是海名，也不是地名，而是為了紀念淮海戰役而命名的，那是與國民黨打的一場戰役。」

我說：「原來如此。」

兩輛出租車最初是後車跟前車，但不久就走散了。

余小姐和我在豫園附近觀光購物區流覽一番後在停車場附近與其他的三人重逢。我們五人一塊去吃午餐並遊豫園。

屬於「全國重點文物保護單位」的豫園內有很多明清時期高雅的舊式建築、亭院、花園等。我在豫園外面購票時，售票的老婦見我是從國外來的（但我不知她為何如此猜想），要求我用外匯券付錢。我說沒有外匯券，她就要我多付大約百分之四十的入場費。

我當時無可奈何地接受了那種不合理的雙重標準的要求。（這種不合理的制度在 1994 年的年初獲得改善，可喜可賀啊。）

我們之後走向黃浦江畔的外灘。我眺望江中黃濁的波浪和穿梭其中的船舟，腦海中泛起數十年前六歲小男孩在駛往台灣的輪船上所見的黃浦江面和江中船舟。

我站在外灘，朝東眺望對岸，感到一種無形的潛力從浦東新區傳過來。（多年後的演化證實了浦東的發展是無可限量的。）

我們從江畔公園朝北往黃浦江和蘇州河交接處走過去，無可避免地在那裡聞到蘇州河經過長期污染後的惡臭。（我十幾年後再度經過那裡

1993 年 9 月 26 日，上海外灘。（從左至右：連欽、王小姐、廷合、余小姐。）

1993 年 9 月 26 日，上海外灘。（從左至〔右〕：王小姐、作者、余小姐。）

時，蘇州河的污染情況已大為改善，河中的臭氣也大幅減少。）

- 4 -

　　我和素珍約好在 9 月 26 日（週日）晚上拜訪她，因此便在外灘向幾位朋友告辭。

　　我乘坐出租車從外灘回到虹橋迎賓館，回到房間取出送人的禮品後繼續乘坐同一部車子駛往上海東北方的復旦大學。

　　因為路程相當遠，我們幾經周折才抵達目的地。

　　素珍家在宿舍六樓，因無電梯，我必需爬五層樓梯才走到她家。

　　她的宿舍雖小但五臟俱全。屋內有三間臥室，有包含馬桶、熱水器、洗衣機的浴室，有廚房，有客廳兼餐廳，有音響設備和彩色電視等。

　　素珍說：「對你們而言，這裡顯得小了一些。但在我們這裡，已經是相當被人羨慕了。」

　　素珍準備了很多菜餚接待我這位來自太平洋彼岸的親戚。素珍和兩位公子陪我吃飯和聊天。晚餐後，素珍請我吃山東大蘋果。

　　兩位公子沈群和沈覺都是乾淨俐落，聰明有禮，談吐之間流露著成

3 年 9 月 26 日，復旦大
宿舍，作者與妻子菊齡的
州堂姐素珍合影。

1993 年 9 月 26 日，復旦大學宿舍，作者與素珍的兩位公子沈群和沈覺合影。

1993 年 9 月 30 日，上海「加州陽光食品公司」店面。

熟，對外面世界所知甚多，對香港和台灣影藝界明星也知之甚詳。

　　我離去時拿到素珍幫我購買的從上海飛往溫州的飛機票。我把她先前幫我墊的買機票錢還給她，並贈送他們我帶去的一些禮品，贈送兩位公子見面禮紅包。

-5-

　　次日，9 月 27 日（週一）上午，我陪新圓往訪外灘旁的上海中國商業銀行。

　　新圓那些年往來奔走大陸各處，廣拓人脈，成為大陸通。他也同時向各商號和機構推銷他所代表台灣公司的電腦相關產品。

　　他那天往訪中國商銀某一位高階主管，一是為了敘舊，二是為了簡介他所代銷用於銀行的產品。那位高階人士兼具有下列幾個不同頭銜：某電子公司董事長、某科技發展公司名譽董事長、某國際貿易公司董事長等。

　　我也乘此機會與此高階人士交談，談科技事業和產品構想，並針對電腦業相關事宜與他交換意見。

我們之後參觀商銀的電腦中心，那裡有包括處理自動取款終端機的中央處理系統。

我們就如此結束了拜會中國商業銀行。

-6-

當天（9月27日，週一）晚，廷合約好余小姐和王小姐與我們在揚子江大飯店會合。我們然後從那裡同乘出租車去上海鬧區。

我們又去一次梅龍鎮酒家，此次有余小姐和王小姐兩位上海小姐做陪。豐盛的菜肴和充分的生啤使大家興致高揚，話匣暢開。

余小姐在上海大學上課之餘在「加州陽光食品公司」打工。她提起「加州陽光」公司老闆之一王渤渤曾經與他的事業夥伴宴請公司同仁。她當時也在場。這引起了大家談王渤渤。

1972 年前後，王渤渤從加州大學洛杉磯分部（UCLA）拿到碩士學位畢業以後加入台灣稱為「全錄」公司的 XEROX 公司南加州洛杉磯的電腦部門。

他初時的 assignments 之一便是測試我當時為 16 位元 XEROX 530 電腦系統設計的命名為 MCM 數據化電子線路板。

王渤渤在 XEROX 公司的職業生涯不斷地成長和茁壯。1979 年的年底，在新竹科學工業園區成立之初，王渤渤與其他幾位技術夥伴和資金夥伴決定回到他們成長的台灣創業，創立了全友電腦公司（Microtek International Inc.）。

全友公司在其後幾年中成為台灣傑出的科技公司之一，王渤渤也逐漸獲得國內外良好的名譽和聲望。

1986 年的年中，我在美國的 XEROX 公司已經工作滿 17 年了，那時想要轉換人生道路而得到當時位於南加州橘郡某一家科技公司的聘請。

當我準備要向 XEROX 公司提出辭呈時，接到一通那時剛好從台灣來美國出差的王渤渤的電話。他邀請我去 Torrance 的峨嵋餐館與他見面。

我們吃午餐時，他用一張餐紙簡介全友公司，包括產品和技術等等。那個餐會改變了我人生的方向，我也因此決定加入王渤渤等創立的全友電腦公司而開始了其後六年半中有如空中飛人一般的生涯。

王渤渤在 1992 年第四季離開全友公司，而我也在 1993 年的年初離開全友。

王渤渤的遠見、衝勁、豐盛的人脈使他無論在科技領域或非科技領域都能施展他的抱負和才華。

那時，上海加州陽光食品公司便是他在民生領域的一項全新嚐試。（加州陽光食品公司後來雖未持續下去，但是對王渤渤而言未嘗不是值得回憶的嚐試和經驗。）

-7-

9 月 28 日（星期二），我和廷合乘坐出租車進城。廷合需要為朋友購買一些醫治香港腳的藥劑，並且要為他的大哥購買牛皮製的手提包。我們發覺那時上海的牛皮貨比起台灣和美國要便宜很多。

我們走到南京東路旁的「第一食品公司」樓下的「加州陽光食品公司」據點，碰巧遇到課餘時在那裡打工的余小姐。她介紹我們認識據點的女負責人。

加州陽光售賣美式爆玉米花和奶昔，生意相當好。小小店裡展示著：「上海第一家美國奶昔」、「美國爆玉米花」、「試試看！歡樂絕配：一口奶昔，一口爆！」、「特價優惠」等廣告字樣和圖案。據說「加州陽光」的商標和圖案都是王渤渤女兒設計的。

我們看見一波波顧客湧入那據點而為渤渤和他的事業夥伴們感到高興，也深感上海的旺盛人氣和祖國大地的無限商機。

我們在加州陽光食品公司據點附近觀看時，冷不防一位身著破衣、腳穿破鞋的矮小男子突然轉身對廷合說：「大哥呀！我從安徽外地來的，已經幾天沒吃東西了。你看，我鞋子也破了。行行好事，給我點錢吧！」

這突如其來的舉動使我們嚇了一跳。我們幾天前在外灘時的經驗和許多人先前給我們的警告使我們警覺地避開了，躲到附近第一食品公司。

幾分鐘後，那人又神秘出現在我們身旁，他說：「大哥呀！你們要躲我呀！」

我們繼續躲到店外，朝西快走到南京東路旁人行道上。然而，他又第三次鬼祟而神秘地出現在我們身邊，他說：「大哥呀！你們是真不管

我了呀！」

　　廷合感到無奈，便抓一把硬幣給他。我們總算避開他。

　　黃昏時，上海開始落雨。我們沒有帶傘，冒雨朝西而行。我們一面走路，一面試圖攔阻出租車。我們走了大約半小時，攔不到任何出租車。我們之後才知道，那時節，特別是雨天和假日，一兩個小時攔不到出租車是不足為奇和時常發生的事。

　　我們在細雨中走到梅隆鎮酒店一家分店，乾脆入店吃晚餐，趁便躲雨。晚飯後，我們總算在附近貴都大飯店前面等到出租車，坐車回虹橋迎賓館。

　　次日9月29日（星期三）的早晨，廷合飛回台灣。連欽在前一天9月28日已先行飛回台灣。留下我孤單一人在上海。

　　我臨時約了在台資投資顧問公司工作的王小姐吃午餐，趁便請教她一些在上海投資的事宜。

　　當日陰雨濛濛，我沒有出遊的興致，便留在賓館看電視。大陸那時正播放著名的《北京人在紐約》電視連續劇。

-8-

　　9月30日（星期四）上午，我乘坐出租車前往復旦大學大門口與先前已經約好的妻子菊齡的堂姐素珍會合。

1993年9月30日（中秋節），上海外灘。（其一）

1993年9月30日（中秋節），上海外灘。（其二）

她事先安排我們先到附近的上海財經大學計算機中心去會晤兩位工程師兼副主任：王先生和趙先生。他們兩位向我簡介財經大學和學校的計算機中心，並且帶我參觀計算中心的電腦設備。

　　那時在那學校，個人電腦已是經由區域網路連接起來。大多數電腦仍然是比較老舊的 386 型機器，比較先進的 486 型 PC 仍然少見。

　　我看見一位從美國回歸上海的學者在一間近代化的視聽教室教導學生們微軟公司（Microsoft）的視窗（Windows）軟件或軟體。

　　我們離開財經大學後，素珍另外安排我拜訪復旦大學計算中心主任黃教授、電子工程系副主任黃教授、IC 設計研究室主任葉教授。

　　我先後到他們各別辦公室與他們晤談並且交換意見。我對於葉教授的 IC 設計研究室特別感到興趣，因為他們同時也是一家公司，從事相關的工程方面的工作賺取收入。他們缺乏的是微電子製造功能，將製造 IC 的工作外包給國外和台灣公司。我觀察到那時學校裡面有很強烈的創業意願和對外資的殷切企盼。

　　我參訪復旦大學後，向素珍謝別，回到虹橋賓館。

-9-

　　我然候脫掉西裝，換上輕便衣褲，再度回到上海市區。

　　那一天（9 月 30 日）恰好是中秋節，也是 1993 年 10 月 1 日國慶日的前夕。

93 年 9 月 30 日（中秋節），上海南京東路人潮。

　　我乘坐出租車到鬧區，步行到「加州陽光食品公司」位於淮海路旁的據點，買了爆玉米花和奶昔，邊走邊吃。

　　我沿著人民大道和西藏中路朝南京東路方向走去，看見有不少身穿綠色制服的公安人員在街上維持秩序。

　　上海老百姓們在南京東路上朝外灘走去。下午時，上海市街

道已開始實施車輛管制，不許汽車進出。

　　全上海無數市民似乎傾巢而出，如同潮水一般朝南京東路流去，然後再繼續朝外灘流去。

　　那是上海秋之黃昏，南京東路已逐漸亮出各色霓虹燈，照向上海老百姓們和來自各地的觀光客們。

　　我在長長的南京東路上走了久久的路，終於走到黃浦江畔的外灘。那時，外灘在中秋圓月下變成聚滿人潮的巨型廣場，聚合為浩瀚人海。

　　我行走在祖國最大城市的街道，擔心天晚時叫不到回賓館的出租車，便沿著南京東路朝西往回走。

　　我那時步行的方向與人潮恰好相反。我強烈感到自己在一波波朝外灘流去的人河中如同逆水行舟。我前此一生中從未見過如此壯大的像人海、人河、人江一般的人潮，深感自己如同人海中的一粒水滴。

　　我從南京東路走到南京西路，再走到南京西路與延安西路交接處。步行了如此多馬路，我雙腳下面已被磨破了，但卻仍然叫不到任何出租車。

　　我終於跳上一部朝虹橋駛去的公交車。平時上海的公交車擠得如同沙丁魚罐頭一般，但是那晚乘客卻是出奇稀少。我坐在前後兩節車廂相接處，感同似乎跳扭扭舞一般。

　　我在新華路和中山西路交接口附近下車，忍著雙腳下面疼痛繼續步行大約半個多小時後才終於走回虹橋迎賓館。

　　那是永難忘懷的 1993 年 9 月 30 日上海中秋夜。

- 10 -

　　10 月 1 日（星期五）是中華人民共和國國慶日。

　　我上午再去逛了一趟上海市區。我下午打點行李後乘坐出租汽車前往上海虹橋機場國內航空站。

　　我去得太早，等了五個多小時才看見上海航空公司地勤人員姍姍來遲出現。我原是排在最前面第二位，但後來者卻拼命推擠想要搶先劃座。那時大陸各地仍缺乏排隊觀念。

　　我那時比較年輕氣盛，憤怒中強力把我的行李推上櫃台旁行李秤，

大聲喊說：「我先到，先處理我的。」

工作人員聽到我怒吼，立刻給我劃座並受理行李。

上海航空公司波音 737 飛機內外情況都佳，年輕貌美的空服員們把甜麵包和「空中樂韻」流行榜金曲聲帶分發給乘客們，聲帶錄有當時流行的〈花心〉、〈選擇〉、〈謝謝你的愛〉、〈讓我歡喜讓我憂〉等源自香港和台灣的歌曲。

飛機從上海起飛，經過 40 分鐘飛程抵達溫州。

我下飛機拿到行李後，走向溫州機場出口。我立刻就看見來接我的親戚們在門外向我招手。我之前曾見過他們照片，此次初逢居然能認出他們。

來接機的親戚有六人：素梅（妻子菊齡的大堂姊、大伯父的大女兒、上海素珍的姐姐。大伯父無子而有八女。），大模（素梅之夫、大姊夫），素裳（大伯父之七女，亦稱阿七），大樑（阿七素裳之夫），雲金（阿八素秋之夫），圓圓（阿八之女）。那時曾在溫州一個機構當過駕駛的素秋之夫雲金安排此次接我的小巴士。我聽說那時司機薪水比一般人高。

我們從溫州機場到溫州市區大約花了 50 分鐘車程。

我們抵達大姊和大姊夫家。他們把自己臥室兼客廳讓出來給我用。大姊素梅是退休的某大醫院胸腔外科醫生。大姊夫是退休的中學老師和教育工作者，其實他退而不休，他朋友辦的私人學校仍高薪聘他任教職。

大姊那晚烹了可口的溫州餛飩湯給我吃。

溫文爾雅、和藹可親、君子學者的大姊夫對我說：「想不想看一看溫州的夜市？」

溫州那時還未改建，他們家附近的狹窄街道旁隨處可見露天或搭棚的小吃店面。溫州著名的海產像魚丸湯和魚丸麵等小吃隨處可見。許多溫州人在街旁吃宵夜、喝啤酒。

我也看到一些販賣新舊雜誌、書籍、香菸、口香糖等的小攤。

那個溫州秋夜的確是非常清爽和宜人。

-11-

次晨（10 月 2 日，星期六），大姊夫帶我去他們家附近山丘上的公

1993 年 10 月 2 日，溫州親戚們聚餐。

1993 年 10 月 2 日，溫州親戚們聚餐：年輕一輩。

1993 年 10 月 2 日，溫州親戚們聚餐：年長一輩。

1993 年 10 月 2 日，溫州親戚們聚餐：女性親戚。

園去看一看。

　　我們看見市民們在那裡打太極拳、做韻律操、跳交際舞、爬山、談天等。

　　我們經過一個公廁時聞到一股令人欲嘔的惡臭，一般市民似乎毫無感覺，這是否應證了「久而不聞其臭」那句老話？

　　當天中午，大家在阿八素秋家聚餐。

　　那時，八姊妹中，老五已病故，老二素華人在廣西，老四素珍人在

1993 年 10 月 3 日（週日），溫州，江心嶼，江心寺。

1993 年 10 月 3 日，溫州大姐和大姐
夫家：溫州黃家五姐妹。

1993 年 10 月 3 日，溫州大姐和大姐夫家。
從左至右：大姐夫，外孫女，我，大姐，大姐和大
姐夫女兒。

上海（我在上海拜訪的妻子菊齡的堂姐素珍），其餘老大（素梅）、老三（素蘭）、老六（素莉）、老七（素裳）、老八（素秋）五姐妹都在故鄉溫州。

五姐妹分工合作準備出兩桌豐盛酒席，包括有溫州海邊的魚蝦蟹蚌等海鮮。我們所喝的酒包括有溫州當地的啤酒、白乾、他們自己用梅子浸泡的米酒等。

五姐妹與她們各自的「愛人」及子女們坐滿兩個圓桌。他們初次見

到來自美國加州的溫州女婿，相見甚歡，不斷向我敬酒，我也回敬。

我在不知不覺中已聽不清楚他們說的溫州話了……。

當天下午某時，我突然有感，從床上醒來，原來我已醉倒幾個小時了。他們之前讓我喝的浸泡梅子的米酒的酒質頗佳但後勁很大。我醉倒前沒有嘔吐，醒來後也覺腦清體暢。

- 12 -

10月3日（週日）早晨，大姊夫抱著外孫女兒湉湉帶我到他們家附近逛逛。

剛出門時，我看見門口對面有一座基督教堂。我對大姊夫說：「我進去坐坐。」。

主日崇拜那時正在進行，教友們禱告和歌頌。我靜靜坐在最後一排椅上，心中感觸良多。

國共內戰後，新中國（中華人民共和國）成立，共產黨在中國大陸執政，社會主義和無神論環境已持續多年。讓我感到非常驚訝的是有朝一日我居然在祖國這大城市內親眼目睹基督徒們在教堂向神崇拜、祈禱、歌頌。

我在教堂待了幾分鐘行將離去時把一些人民幣塞入教堂後面的奉獻木箱。（我多年後寫此文時，祖國大地已有超過一億基督徒，而願接受主耶穌基督成為他們救主和永恆上帝的同胞們正與日俱增，有人預估2030那年中國大陸可能會達到2億5千萬基督徒的目標。感謝讚美主。）

- 13 -

星期天上午，阿八素秋的丈夫雲金、女兒圓圓、阿三素蘭的先生周駿陪我遊覽甌江河中的江心嶼。

我們在甌江畔溫州港乘坐輪渡前往江心嶼，嶼上有遊樂區和江心寺。

江心寺前有一幅著名對聯：「雲朝朝朝朝朝朝朝朝散」和「潮長長長長長長長消」。 聽說此對聯是北宋政和二年時生於樂清的四都左原（今日浙江省樂清市）梅溪村的王十朋才子所寫，可在聯上加標點如下：「雲，朝朝，朝朝朝，朝朝朝散；潮，長長，長長長，長長長消」，並

可解讀如下：「雲，早朝，日日朝，早朝早散」，「潮，長漲，常常漲，常漲常消」。真是絕妙對聯啊。

我們那天從溫州市區到江邊港口是乘坐當時溫州隨處可見、波蘭製、一汽缸、稱為「飛亞特」的出租汽車。那時在溫州市乘坐這種小出租車，不論從何地至何地都只付 15 塊人民幣，比起上海出租車要便宜很多，但乘此小車不很舒適。

我們遊畢江心嶼後從江邊港口回到溫州市區。回程中，四人分乘兩輛三輪車。我們在車上輕鬆和舒適地欣賞路旁街景和行人。

-14-

當天中午，我們在大姊素梅家吃午餐，親戚們再度相聚。

大家席間難免談到過去，而十年文化大革命是無可避開的話題。

八姊妹的父親（妻子菊齡的大伯）在國共內戰前在溫州從事銀行業。政權轉換時，他隻身逃往台灣，留下髮妻和八個女兒在溫州。

因為八姐妹的父親在台灣，三叔（妻子菊齡之父）也在台灣，她們全家在那個時代被套上了「黑五類」的帽子，受盡人間苦難。

菊齡的大伯（八姊妹之父）在台灣孤苦伶仃，抑鬱而終。他的骨灰被放在台北某一寺廟。大伯生前無子，因為特別喜歡三弟的大兒子雨萍（妻子菊齡的大哥），視他如子，雨萍等於是過繼給大伯為子。

雨萍在我那次去溫州數年前為了回溫州故鄉探親想尋覓已不知去向的大伯骨灰。他某日開車去某一寺廟時，翻開寺內記錄冊中某一頁，大伯的名字赫然出現眼前。那尋得骨灰一事真是如蒙神助一般不可思議。

雨萍那年捧著大伯骨灰回溫州，眾親友重逢的喜淚自然不在話下。

我在 10 月 3 日下午向親戚們告別，飛往上海。

我當晚再回虹橋迎賓館宿一夜。

次日（10 月 4 日，週一），我乘坐聯合航空公司波音 747 班機從上海虹橋機場起飛，經由東京，飛回台灣。

1993 年為時十天上海和溫州秋之旅有似我人生中一場仲秋之夢。

2006 半世紀後重逢

-1-

2006年6月18日週日晨，雲淡天藍，艷陽高照，典型南加州好日子。

我和妻子菊齡從濱海墾丁灘市（Huntington Beach）開車去天普市（Temple City）基督教信義會伯利恆堂（Bethlehem Lutheran Church）。

我十一點前按時入教堂，坐堂內右後方中間座位，等候國語主日禮拜開始。

數分鐘後，一位洋人出現我身邊，我站起與他握手擁抱。那是遲來的近半世紀後的重逢。他的熱情誠摯數十年後絲毫未改。柏大恩（Don Baron）是當天被邀至伯利恆堂講道的牧師，也是我半世紀後重逢的故人。柏大恩與我寒暄數語後走向教堂前面座位。

數分鐘後，另一男士走近我身畔，他手執一本基督教環球彩虹雜誌，翻開雜誌內第20頁，讓我見陳榮庚寫的〈懷念信義學舍〉一文。我起身

2006年6月，陳榮庚寫的〈懷念信義學舍〉一文。（刊於《環球彩虹》雜誌）

面對此人，認出 35 年未見的陳榮庚，與他握手擁抱。

近半世紀前，柏大恩、陳榮庚、我都住於台大附近新生南路旁真理堂信義會辦的信義學舍。我那時未滿二十歲。

我此次與柏大恩重逢一事數月前已預知，但陳榮庚出現卻是意外驚喜。

柏大恩牧師那天講道題目是「革新的義」（Radical Righteousness）。我錄影他全程講道（sermon），數日後將部分視頻錄像和全部音頻錄音置於我當時特為他製作的 Don Baron Sermons 網站（http://donbaronsermons.aaapoe.net/）。

柏大恩此次來是回應信義會伯利恆堂趙蔚然（David Chow）牧師邀請。半個世紀 50 年前，當時僅 20 來歲他倆相識於香港受訓時。

那時，趙蔚然被台灣基督教信義會派往香港，柏大恩被美國基督教信義會派往香港。兩人共處香港一段歲月，培養出「革命」情誼，兩人都希望日後能共建理想教會。

兩人傳佈基督福音生涯雖各走不同路，但卻殊途同歸，都以拯救靈魂為終生職志。他們兩人欣喜此次重逢，但同時不免感慨。

三天教會活動後，趙牧師帶老友柏牧師稍遊加州附近。然後柏大恩

2006 年 6 月 18 日，基督教信義會伯利恆堂（Bethlehem Lutheran Church）週日禮拜柏大恩（Don Baron）牧師講道。

2006 年 6 月 18 日，基督教信義會伯利恆堂（Bethlehem Lutheran Church）週日禮拜。

攜妻子雅美飛回夏威夷家，稍停短期後再飛回紐西蘭北部信義會教會繼續司牧。

聽說大恩離南加州那日，臨行流淚。有情有義大恩難免流淚，因人生苦短。人生命長短掌之在神。誰知下次能否再見朋友。既便能再見，何年何月何日何地？

- 2 -

柏大恩雖已退休，但卻退而不休，他說這叫做「重燃」（re-firement）。他當初從原先司牧的夏威夷教會退休後，恰好紐西蘭北島 Tauranga 市一個信義會教堂需牧師，他便應邀帶妻子雅美前往任職。他原先只擬去一年，但卻留數年。他幾年前決定卸職，便離秀麗紐西蘭回美麗夏威夷。

大恩和來自台灣妻子雅美相識於雙雙就讀夏威夷大學時。他們兩人所生獨子克里斯多夫（Christopher 或 Chris）是中美混血兒。

Chris 幼時第一語言是中文。大恩和雅美規定他小時在家需講中文，若講英文便被罰減少零用錢。

他畢業 Duke 大學，專攻有關中國歐洲地區比較性研究。他後得國際關係碩士學位於夏威夷大學。

Chris 曾任職國務院中國桌（China Desk）和 Condi Rice 國務卿帶領的國家安全組織。

Christopher 因父親激勵參加紐西蘭「愛你鄰居」教會間活動，傳佈救世主耶穌福音給尚未認識祂的紐西蘭人民。

- 3 -

漫長的 45 年是 16,425 個一天天渡過的日子。1961 那年我十九歲，台大新鮮人後，我開始大學二年級大學生涯。

我從兒時玩伴蔣木（她當時就讀台大化學系。蔣木已故，見我的〈蔣木仍在〉一文。）得知台大附近新生南路旁有基督教信義會真理堂辦的信義學舍可住。我獲父母親同意申請入住。

我搬進學舍那日驚訝發現我同房是金紅髮色美國學生 Don Baron，他中文名字是柏大恩。我和柏大恩那學期是同房室友。

紐約出生柏大恩曾學中文於耶魯大學，講一口近似北京腔中國話，也能用中文寫文章。1964 年 5 月 18 日，台灣《中央日報》副刊登出他以涵意深遠「狄仁華」為筆名寫的〈人情味與公德心〉一文，觸動當時台灣年輕人心，也激起所謂「自覺運動」。

　　此運動轟轟烈烈。此美國學生對他關心的台灣社會提出誠摯中肯善意建言，引發如此巨大震撼，非他始料所及。「自覺運動」過程中，柏大恩保持謙卑君子低調。我某日見他時對他說：「你這篇文章影響力很大。」他卻謙卑低調說：「我不願當英雄。」

　　1961 年那學期，柏大恩和我相處很好。我們同吃每日三餐於台大對面羅斯福路後小路旁自助餐館，有時換口味到附近小吃店吃炒米粉吃冰。

　　我住信義學舍那學期是我人生中特別時期，包括秋始冬盡清純初戀（見我的〈那冬〉一文。）。我某夜從校園回學舍，柏大恩見我時說：「你眼睛閃爍天上星星。」

　　某週末，我邀柏大恩和其他幾位好友至新竹我家。白天，我和曹超賢（超賢家也在新竹）帶大恩步行至東山。我們走很多路，至可遠眺灰藍中央山脈的高原。我們原可從高原七彎八轉走至有塔有水青草湖畔，但時已近黃昏，我們未去青草湖，卻沿他路返回我家。

　　我父母當晚在家擺兩桌酒席款待諸賓，包括一些同學朋友。我們飯飽酒酣談笑風生。柏大恩當晚宿我家，睡前對我說：「你將來如果經過美國佛羅里達州，我已退休的爸媽一定好好招待你。」

　　其實大恩父母去過台灣，在台北一家國際級旅館請我們吃西餐。我在那場合初次知道餐桌上那碟檸檬水是為清洗手指而非當檸檬飲料喝。

　　我住信義學舍某日在學舍房間唸書，一位陌生人突然出現房門口，說柏大恩之前與他約好請他來拿打字機帶去修理。我無疑有它讓他帶走打字機。他從此一去不返。

　　此事發生後，我對柏大恩極感歉疚，當時用李綠電為筆名寫了篇〈湯姆的打字機〉一文，刊載於《中央日報》副刊（見我的〈湯姆的打字機〉一文。）。文中湯姆就是 Don Baron，學舍的黃信變成黃誠。很難想像我那時十九歲。

2006 年 06 月 18 日，半世紀後重逢：Bob Chen（陳榮庚），Don Baron（柏大恩），Bill Lee（作者）。

The Baron Family: Pastor Don Baron，Mrs. Ia-Mei Baron，Christopher Baron.

1960 年代攝於信義學舍（Lutheran Student House）。（其一）
Bob Chen（陳榮庚）（左），Don Baron（柏大恩）（右）。

60 年代攝於信義學舍。（其二）
n Baron（柏大恩）（左），Bob
en（陳榮庚）（右），曹超賢（右）。

1960 年代攝於信義學舍。（其四）

1960 年代攝於信義學舍。（其三）

我與柏大恩 2006 年在天普市基督教信義會伯利恆堂重逢數年後某日，我購買一部筆記本型電腦寄去給剛從紐西蘭回夏威夷正式退休的柏大恩。

我經由 UPS 郵遞電腦去夏威夷，然後打長途電話給大恩，說剛寄出一部電腦送給他。我電話中感覺到他的驚喜（我知他那時老舊電腦已壞，家中無電腦可用。）。

我繼續說：「這部電腦是我送給你的 humble gift，可說是 40 多年前因我不查和疏忽而丟失的你那部打字機化身為筆記本型電腦回到你身邊。」

他之後用此電腦撰寫 sermons 並與世界連接。大恩過世後，他孀妻雅美續用此電腦。

我與柏大恩重得連繫相逢要感謝俞繼斌牧師（俞繼斌當時是新竹市中華信義神學院院長，四十多年前俞繼斌牧師也住信義學舍。）。我大學一年級台大新鮮人（Freshman）那年，俞繼斌是我台大電機系同學，之後轉修心理，最終轉學神學。

2001 年 6 月 16 日那天（此日是我出自母體陽曆生日，與身份證和護照正式生日不一致，因父母當初註冊我的陰曆生日為正式生日。），我等於是重生的人受洗於新竹市信義會勝利堂成為基督徒。

感謝俞繼斌院長當日親臨觀禮，並送我《活得精采》（Devotions for a Deeper Life, by Oswald Chambers, 1874～1917）一書。他在書內頁題如下字：「送給偉宗弟兄：賀您成為在基督裡的新人（加拉太書 2：20）主內　繼斌 聖芳 賀　2001 年 6 月」。

我多年前在台灣創業時，某黃昏在新竹市亞太量販店購物時偶然重逢數十年未見的俞繼斌，相談中向他提起柏大恩。他數日後電郵給我柏大恩電子郵件住址，我因此重新連繫 Don Baron，也促成半世紀後重逢。

大恩過世前數年中，我每日晨跑一邊慢跑一邊祈禱過程中不斷向神提起柏大恩：「……請神賜他健康長壽。請助他從數年前小中風回復健康。請賜我機會將來重逢他於夏威夷……。」

2007 年中，我收到 Don Baron 寄來附上他回憶錄（Memoirs）的電子

郵件，信中提起只給了兩人（其一是我）此回憶錄，特別提起尚未到將回憶錄公之於世時刻。我珍惜那份珍貴文件。其後 6 年中，我每日祈禱祈盼有機會與柏大恩重聚於夏威夷。他也於信中希望我去。

但事與願違，2013 年 9 月 21 日，我突接 Don Baron 妻子 Ia Mei（雅美）和他們獨子 Chris 所寄電子郵件，信中說：「Don Baron 已於 2013 年 9 月 11 日晚上 9 時病逝於 Honolulu, Hawaii。病因是第四期末期癌症」。此突如其來電子信件使我震驚悲哀。

我懷著悲情花了四天時間在我亞太世紀網站設「In Loving Memory in Christ of Pastor Don Baron」特別網頁，其中函括如下：

・柏大恩安息禮拜：2013-09-11: Honolulu, Hawaii: Don Baron taken Home with Jesus: Memorial Service 2013-09-28, Honolulu

・柏大恩自傳：Memoirs: written in 2007 A.D. by Pastor Don Baron（May 6, 1931 ~ Sep 11, 2013）

・柏大恩講道：Selected Sermons of Pastor Don Baron（May 6, 1931 ~ Sep 11, 2013）

・柏大恩人世之旅：Glimpses of Earthly Journey of Pastor Don Baron（May 6, 1931 ~ Sep 11, 2013）

大恩：老室友、老朋友、主內弟兄：安息主懷吧，雖此世無機會見你最後一面，但我們必將「後會有期」於永恆天堂。

從菜鳥工程師開始

-1-

凡人凡事都從一小丁點兒開始，人生事業生涯又何嘗不然。

2004 年 10 月底，我決定離開畢生事業舞台退隱至當時已住近 30 年號稱 Surf City USA 濱海城市 Huntington Beach。

眸然回首看曾經歲月，雖僅平凡人生，不也包含些許何去何從、南來北往、東觀西賞、遠眺近盯、這個那個、此此彼彼、或可緬懷、或可分享人事物。

1964 年夏，我畢業於台灣大學工學院電機系後，如那時代所有大學畢業男生一樣需服為時一年預備軍官兵役。

1964 年仲夏至仲秋三個月中，我們大多數電機系畢業生受訓於高雄岡山空軍通信電子學校。1996 年 8 月 1 日，此校與空軍機械學校合併為空軍航空技術學校，2002 年 8 月 1 日再改制為空軍航空技術學院。我們結業後有資格穿上領子縫有一條槓少尉軍銜空軍制服。

1964 年底至 1965 年 8 月初，我在新竹空軍機場當了約 8 個月預備軍官少尉電子官。我工作地點是跑道旁航管導降雷達車系統（美國 Sylvania 公司製造的 Ground Controlled Approach（簡稱 GCA，譯為「地面控制降落」雷達系統），包括兩部車，其一雷達車，其二提供電力和空調的電力空調車。

台灣軍方當年從駐台美軍接手老舊雷達系統提供在大霧和下雨等天候不佳能見度很低時導引飛機下降的重要功能。

真正負責導降飛機者是輪流值班的航管中隊航空管制官，他們經由無線電話與飛機駕駛員保持通話連繫，坐於雷達車內面對上下兩個雷達螢幕。

他盯著位於上方的搜索雷達（search radar）螢幕搜尋將要導降的飛機，藉無線電通話指引駕駛員正確方向和高度將飛機導航至跑道一端。

他轉而盯著位於下方顯示兩種資訊的導降雷達（guidance radar）螢幕：其一飛機距地面高度，其二飛機方向。管制官藉無線電通話導引駕駛員調整下降方向和高度，駕駛員回應說「Roger」表示確認。

我那時雖是少尉電子官，但剛從大學畢業無此系統實際工作經驗，且開始時不熟悉此複雜電子系統。我就任後短期內經一番努力了解此老舊用真空管設計和製造的系統，包括費時看線路圖和用測管器撿驗真空管。

真正了解此雷達系統的是累積了維修此系統十多年經驗的李士官長和其他兩位空軍士官。他們三位加上我四位技術人員輪流當班，陪著也同樣輪流當班的管制官合作達成於不良天候中導引飛機安全降落的任務。

我此生電子電腦事業始於認識真空管。雷達車電子系統由很多「電子抽屜」組成，每一個「電子抽屜」是一個子系統，子系統間經由「電子抽屜」後面的連接器（connectors）連接起來。每一個「電子抽屜」相當於一個「電子模組」（module），其內包含真空管和其他電子零件共同組合達成子系統負責執行的功能。

八個月機場跑道旁雷達車上工作經驗給了我很好的系統概念。

我在空軍渡過的那年是當時現實環境中別無選擇必需經歷的一段時期。我若是女大學生就可早一年留學美國，但我積極正面態度將那無可避免一年視為人生歷練。（見我的〈曠野〉一文。）

1965 年 7 月底我從空軍退伍，8 月 28 日前往美國留學就讀於洛杉磯南加州大學研究院。

-2-

我讀了兩年南加大電機系工學院研究院，1967 年 6 月 8 日獲 MSEE（電機工程碩士）學位。

我兩年中所選課程都與電子電腦相關。我通過碩士考時也同時通過博士資格考獲得讀博士學位的資格，但因結婚和養家不得不放棄攻博士學位。

我 1966 年暑假尚未畢業南加大時幸運被洛杉磯機場附近 Inglewood市 National Cash Register（簡稱 NCR）公司僱用為助理工程師（Associate Engineer）。

我暑假在 NCR 做了三個月全時（full-time）工程師，其後三個月續做

半時（half-time）工程師：一半時間在 NCR 上班，一半時間在南加大做 Professor Whelan 的研究助教，同時在校選課攻讀。

我初到 NCR 當「菜鳥」工程師時很幸運參與並負責一部電子系統的設計、製造、測試。此系統是一個「模組測試機」（Module Tester），用來測試所有用於 NCR 公司各種電子系統產品中各類模組。

我從擔任「菜鳥」工程師開始就對產品系統有很好的概念，也在研發、製造、測試此系統產品過程中歷練每一步驟。

1966 年秋天那學期，我除繼續半時在 NCR 上班外，也幫南加大電機系 Whelan 教授做研究助教。我為教授實驗室的化學研磨器（chemical polisher）製做一部馬達速度控制器（Motor Speed Controller），那是我一生中製作的第二部機器，比之前在 NCR 設計製作的第一部機器（模組測試機）簡單很多。

- 3 -

1967 年 6 月 8 日，我畢業南加大（電機碩士學位）。

我費些時找工作，7 月 17 日開始以助理工程師頭銜在橘郡 Santa Ana 市 Raytheon Computer 公司上班。

Raytheon 公司是國防太空工業界極大公司，Raytheon Computer 是 Raytheon Corporation 母公司投資商業界專注電腦數位系統子公司。

我剛進公司時被分配至有三個辦公桌的辦公室：我的辦公桌在右邊，資深工程師（Senior Engineer）Jerry Gray 的辦公桌在中間，畢業於 MIT 的顧問工程師（Fred Cox）的辦公桌在左邊。

1960 年代中後期，美國聯邦政府 Federal Aviation Administration（簡稱 FAA，聯邦航空管理局）啟動一個很大的航管系統計劃（Air Traffic Control System Project），由 IBM 公司負責開發整個系統，系統中與雷達介面和雷達螢幕展示器相關的 CDC 子系統（Computer Display Channel）由 Raytheon Computer 公司研發、設計、製造。CDC 子系統本身在此特大整體系統中就已是很大系統。

1960 年代後期至其後 20 餘年中，FAA 使用此複雜大型航管系統於美國境內所有主要機場，管控所有飛機在機場週圍、附近、跑道的環繞、

起飛、降落等運作。

　　航空管制員（Air Traffic Controller）面前數位化雷達螢幕顯示所有環繞機場附近的飛機。每架飛機在螢幕上有與其相關的如飛機航號等簡短資訊圖標（icon）。地面航空管制員與天上飛機駕駛員經由無線電通話導引飛機環繞、起飛、降落等運作。

　　此複雜大型系統包括大電腦、數位化電子硬體系統、很大的航管與雷達螢幕顯示軟體系統。我們三位（顧問工程師、資深工程師、我）負責開發 Raytheon 公司承擔的雷達螢幕介面數位化電子硬體系統。

　　我們設計的電子硬體系統安裝於當時標準大小（約 21 英寸寬、 24 英寸深、 72 英寸高）的電子櫃（Cabinet），櫃內下方約四分之一空間裝置電力供應器，其上四分之三空間裝置看似「書」一般電子硬體系統。

　　此「書」由 6 至 8 個電子「頁」構成。每一個電子「頁」左邊插置小型和中型「集成電路」（集成線路、積體電路、積體線路、芯片。Integrated Circuit，簡稱 IC）。每一個電子「頁」右邊是連接集成電路和其他電子零件的繞線板。每一個電子「頁」包括一或數個子系統。電子「頁」與電子「頁」之間經由連接器或其他繞線板相連。1960 年代後期那年代，大型積體電路（LSI）和超大型積體電路（VLSI）等技術和產品尚未誕生。

-4-

　　Raytheon Computer 公司高層於 FAA 計劃開發過程中決定進入迷你電腦領域，抽調我出來加入另一研發小組（包括資深工程師 Jim Konsevich、助理工程師 Bill Lee 我、技工 Alan Omstead），讓我們三人打先鋒，啟動 Raytheon Computer 公司第一部 16 位元 Raytheon 706 迷你電腦研發計劃。

　　1968 年夏末，我們三人小組設計研發的 16 位元 706 迷你電腦經過月餘辛苦測試後圓滿成功，得以準時參加每年一度舉辦於南加州橘郡安納罕展示中心的秋季聯合電腦大展。不分晝夜分成兩班進行的測試過程中連工程部經理格雷帝（Robert Grady）都捲起袖子親自下海參與電腦測試工作。

我們三人是此電腦研發計畫核心小組，其餘還有20餘位不同部門同仁參與支援工作。愛爾蘭裔數位工程部（Digital Engineering Department）經理格雷帝於參展那週前的週五下午帶領大家至公司附近的披撒餐館參加由秘書小姐臨時安排的慶功宴，大家吃喝歡笑輕鬆半日。（見我的〈慶功宴〉一文。）

　　那年代 IBM 在大型電腦（Mainframe Computer）領域是最大廠商，DEC（Digital Equipment Corporation）在迷你電腦（Minicomputer）領域是最大廠商。Raytheon Computer 公司希圖扮演嶄新的重要角色於當時迷你電腦領域。

　　我完成 Raytheon 706 迷你電腦研發工作後適逢洛杉磯機場南邊 El Segundo 市 SDS 公司（Scientific Data Systems）徵才，便於 1968 年底應徵，應試後收到聘函。

　　我工作於 Raytheon Computer 公司時，我和妻子菊齡於 1967 年底至 1968 年 2 月中租屋居於公司附近 Santa Ana 市公寓。

　　1968 年 2 月 12 日，我搬至洛杉磯市中心附近靠近 Wilshire Blvd 的

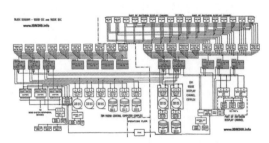

1960 年代中後期，當時航管系統方塊圖。

Sigma 7 Computer System（Sigma 7 電腦系統），我參與此電腦系統研發設計。

這是我參與 Sigma 電腦系統開發後得到的感謝狀。（每位參與者都得到類似感謝狀）

El Segundo（洛杉磯機場南邊城市）XEROX Building，我在此優美雅致辦公大樓渡過 17 年職業生涯。

1974 年中，參與開發 XEROX 530 電腦系統 XEROX 公司同仁合照。（我在前排最左邊）

公寓租房而居。其地區在其後數十年中逐漸演變為洛杉磯韓國城（Korea Town）。

我因先已搬至洛杉磯，去 SDS 上班時不需再搬家。

-5-

1969 年 1 月 12 日，我開始任職於 SDS 公司。

我從前在 Raytheon Computer 上班時，每晨從洛杉磯駛往 Santa Ana，每晚從 Santa Ana 駛回洛杉磯，來回費時約兩小時於高速公路。

我去 SDS 上班後，從公寓到公司僅費時 30 分鐘，市街來回費時約一小時。

我開始工作於 SDS 沒多久，SDS 被 XEROX 公司併購，改名 XEROX Data Systems（簡稱 XDS），成為 XEROX 公司洛杉磯一個 Division（大部門）。

聘我的 Andy Ling（凌德安）是來自香港畢業於 MIT 的極聰明幹練可敬主管。（Andy 2017 年 2 月 17 日病逝。我與他失聯多年，聞死訊難免傷感。）

我在 XDS 第一項工作是設計 XEROX Sigma 5/7 電腦（32 位元大型電腦）記憶系統（memory system），包括一至多個記憶單位（memory unit），每一個記憶單位佔一整個標準大小電子櫃（約 21 英寸寬、24 英寸深、72 英寸高），櫃內有一至兩個記憶庫（memory bank）。每一個記憶庫可存取 8K bytes（8 千個字節或位元）至 16K bytes（1 萬 6 千個字節或位元）。當時記憶體技術是屬於隨機存取記憶體（random access memory）型態的磁芯記憶體（magnetic core memory）。

隨著時間流轉和科技發展，當時電腦內佔如此大體積卻存取如此少資訊（8K bytes 至 16K bytes）的記憶體如今已發展至隨處可見佔極小體積卻存取極大量資訊如 512G bytes（512 x 1,000,000 bytes）記憶體，不但用於電腦也用於多種各類其他產品。

我從事電子電腦產業多年，對科技和產品飛速發展感受特別強烈。

XEROX Sigma 5/7 電腦和下一代 Sigma 9 電腦的記憶庫都是 4-port 至 8-port（4 個港口至 8 個港口）。具有多個港口和多個記憶庫的記憶系統

可增整體電腦系統速度和效能。同一時段中，Central Processing Unit（簡稱為 CPU，中央處理器）可經由某一個港口從某一個記憶庫存取資訊，同一時間 Input/Output Processor（簡稱為 IOP，輸入／輸出處理器）可經由另一個港口從另一個記憶庫存取資訊。同時做兩件事自然增加整體電腦系統速度和效能。

- 6 -

我完成 XEROX Sigma 5/7/9 電腦系統記憶系統開發後，1972 年初加入 Ken Issac 領導的 Ursa Department，在他麾下 Howard Mock 所領導的部門參與一部全新 XEROX 530 電腦系統研發設計。

1972 至 1976 四年多時期是我電腦電子事業生涯中較快樂時段，主因是 Ken Issac 和 Howard Mock 兩位主管的開明、溫暖、鼓勵性、激發性管理風格。如此的管理風格深刻影響我日後自己的管理風格。

我那時段中設計 XEROX 530 電腦系統幾個子系統：Memory Control Module（簡稱 MCM）、Direct Memory Access（簡稱 DMA）、Floating Point Processor option（浮點數計算器選項）。

我技術能力在此電腦系統的設計、研發、測試過程中大幅快速成長，為日後電子電腦事業生涯奠定良好基礎。

Memory Control Module（簡稱 MCM，記憶器控制模組）子系統管控中央處理器（Central Processing Unit，簡稱 CPU）和輸入輸出處理器（Input/Output Processor，簡稱 IOP）等子系統存取資料於記憶器的需求。

記憶器有四個港口，一個港口接中央處理器子系統，另一個港口接輸入輸出處理器子系統。記憶子系統可有兩個以上記憶器。中央處理器在任何時間可從一個記憶器存取資料，輸入輸出處理器同時可從另一個記憶器存取資料，「一時做兩事」增加整體電腦系統速度和功能。

Direct Memory Access（簡稱 DMA，直入記憶系統控制器）子系統是管控來自其他非 CPU 或非 IOP 的子系統直接存取記憶器的需求，也為增加整體系統功能而設計。

Floating Point Processor option（浮點數計算器選項）大幅增加 530 電腦系統處理 Floating Point number（浮點數）的計算速度和功能。

7

我們完成 XEROX 530 電腦系統開發後，公司開始籌劃開發下一代暫取代號為「Leo Computer System」大型電腦系統。

我參與此全新大型電腦最初系統結構的探討、研究、初步系統設計。我費很多時間功夫寫一份 70 頁 B-sized 工程報告書（相當於 140 張 Letter-sized 頁數），包括系統方塊圖、幾個子系統方塊圖、將來電腦實體計劃圖、系統內各子系統間界面時程圖、各子系統功能規劃、各子系統模組數量預估、各子系統內各模組硬體零件數量種類預估等。

我們萬沒料到就在那時（1975 年中）XEROX 公司紐約州 Rochester 總部做了退出電腦研發、生產、行銷的重大決定，將電腦產品和業務轉賣給 Honeywell 公司。

此項公司決定使我暫離 XEROX 公司。

我和其他幾位 XEROX 同事先後應聘進入美國的國防、軍事、航空界巨大的諾斯洛普公司（Northrop Corporation）。

我剛入 Northrop 公司時不很適應，因前此成長茁壯於商業界頂端科技研發環境中，至 Northrop 後發現其研發環境落後於 XEROX 公司很多。但我們於半年內逐漸習慣了新環境，陪養出「既來之，則安之」心態。

我逐漸發覺 Northrop 公司長官們都較有人情味，與部屬相處親切良好，且較能欣賞我們從 XEROX 公司帶來較高水平技術能力。

我們在 Northrop 公司數位電子研發部門所做諸事多與飛機上電子電腦設備有關。我曾開發一個與某戰機相關的的展示系統（demo system，非產品），簡述目的和功能如下。

大多數那時代飛機內繞有很多很重電線（或電纜），駕駛員所見控制板上每一按鈕和顯示燈都有一條電線從按鈕連接至被按鈕控制的裝置或機器，每一個裝置或機器的狀態或情況有一條電線從裝置或機器連接至控制板上的顯示燈。如此多電線增加了飛機整體重量。

我所設計測試的展示系統是為證明僅用一條通訊電線（而非傳統性

很多電線）將命令從駕駛員所掌控的控制板傳送至欲控制的裝置或機器，將所要觀察裝置或機器的狀態和情況傳送至駕駛員所關注控制板上的顯示燈。我們用的技術是一種 Time Division Multiplexing（分時多工）標準介面，將「命令」從控制板按鈕傳送至裝置或機器，將「狀態」從裝置或機器傳送至控制板。駕駛員可經此通訊線管控空對陸飛彈或操作攝影機攝像機等。

我們原先在 Northrop 公司洛杉磯機場附近 Hawthorne 市廠房辦公，但約於三個月後公司將大部分研發同仁遷往洛杉磯西南端近太平洋海邊 Palos Verdes 半島靠近山頂一處如同大學校舍一般辦公建築，居高臨下看美麗太平洋海景和洛杉磯市景，享受極佳工作環境。

我在 Northrop 公司工作約半年後得到 Virginia 州 Manassas 市 IBM Federal Systems Division 聘書（我之前某晚睡夢中曾夢到我去 IBM），因此辭去 Northrop 工作而於美國兩百歲 1976 那年第一季攜帶全家四口橫跨美國大陸抵達 IBM 所在地 Manassas。

-9-

我倉促中賣掉南加州 Cerritos 房子，IBM 運送我們所有家當至 Virginia 州北邊的 Manassas 市。

我們全家四口開一輛紅色 Plymouth Duster 車拖一輛黃色 Chevrolet Vega station wagon 車，費時 9 天從 Cerritos 市駛至 Virginia 州北邊近首都華盛頓的 Manassas 市。

1976 年第一季作者攝於 IBM Federal Systems Division 總部前。（其一）

1976 年第一季作者攝於 IBM Federal Systems Division 總部前。（其二）

從菜鳥工程師開始

我向 IBM 報到後開始準備打拼。我們最初暫住於 Holiday Inn 旅館兩星期，之後租了李姓華人房東整棟房子準備長住。

然而被南加州美好氣候慣壞的我們全家四口實不習慣首都華盛頓附近時冷時熱非常潮濕的氣候。我們很想念南加州的氣候。

我們人生地疏舉目無親。我工作之餘見妻子菊齡、女兒心笛、兒子凱翔每日過著單調無趣的生活，心中不忍且無比自責為了自己區區事業帶他們至如此陌生難過的境地。

我為了更正錯誤的人生決定，在 IBM 工作未滿兩個月時就忍痛辭職，打電話給前公司 Northrop 主管問他們仍否歡迎我回去工作，得到正面回覆。我決定打道回府重歸故里。

先前從南加州搬至 Virginia 的所有家當（IBM 公司付運費）尚未從搬家公司存放處搬出就全數運回南加州了（Northrop 公司付回程運費）。

我攜帶全家大小費時 5 天從東往西橫跨美國大陸回到我們熟悉熱愛的南加州。

- 10 -

我再度回到 Northrop 公司 Palos Verdes 辦公室上班。

美國 200 歲那年（1976 年），我兩個月中橫跨美國大陸兩次，第一次輕鬆 9 日從西往東，第二次匆匆 5 天從東往西。

我在此過程中賣掉原住 Cerritos 市房子，簽租 Manassas 市房卻僅住幾天就撤租啟程回南加州。那是我人生一項錯誤決定。

我們回南加州後暫時無屋可住，妻子菊齡、女兒心笛、兒子凱翔短期暫居 San Diego 菊齡妹妹和妹夫家。我暫居當時攻讀生化博士學位於加州理工學院小弟燦宗為剛移民美國父親和母親租的 Pasadena 公寓。

我們為迅速解決居住問題匆忙購買 Fountain Valley 市較近鬧街房子，住入未滿一年就賣屋搬至較安靜 Huntington Beach 房子。

我為自己倔強的錯誤決定導致全家四口 1976 年經歷極大變動感到十分內疚抱歉，特別有愧於妻子菊齡，因我為就 IBM 職堅持己見未聽她勸。

我工作於 Northrop 公司數月後聽說 XEROX 公司成立了嶄新的 Electronics Division（電子部）大部門，也聽說 1969 年 1 月聘我入 SDS

的 Andy Ling 在電子部內成立了專門研發設計大型積體線路（Large Scale Integration，簡稱 LSI）的部門。

我連繫到 Andy，他立刻聘用我。XEROX 公司對我引力太大，我無法拒絕。我懷愧疚心向 Northrop 公司遞辭呈，也還給公司幫我付從 Virginia 回南加州的搬家運費。

- 11 -

我 1969 年 1 月進入 SDS，SDS 後被 XEROX 公司併購成為 Data Systems Division 大部門，1969 年初至 1975 年底七年中研發設計大型至小型電腦系統。

我 1975 年 8 月暫離 XEROX 而工作於 Northrop 和 IBM 約一年，短期開發軍事航空電子系統，1976 年 9 月重歸 XEROX。1975 年夏至 1976 年夏對我而言是動盪的一年。

我 1976 年夏幸運進入嶄新先進的 LSI（大型積體線路）半導體系統領域。

我 1976 年夏至 1978 年初約一年中在 Andy Ling 麾下規劃了三個大型積體線路（LSI）系統：

• Low Cost Controller（簡稱 LCC）Chip（芯片）：

此 LSI 系統是微電子控制器（Microcontroller），用於各類控制器的小型微電腦系統。XEROX 公司當時在此領域比著名的 Intel 公司起步還早，在 Intel 公司推出知名的 8048 和 8085 等微電子控制器產品之前已開發了類似功能的 LCC 芯片。

• Floppy Disk Controller（簡稱 FDC）Chip（芯片）：

我們當時為 XEROX 公司德州達拉斯市（Dallas, Texas）分部的 XEROX 800 Word Processor（文字處理機）產品規劃了兩個 LSI 芯片，其一管控 Floppy Disk（軟磁盤機或軟磁片機）資訊存取。此芯片包含 LCC 微控制器大部分的線路，加上 Floppy Disk 介面線路。此芯片可減低 XEROX 800 Word Processor 產品整體造價。

• XEROX Display Controller（簡稱 XDC）Chip（芯片）：

我們為 XEROX 800 Word Processor 規劃了另一個控制顯示器的 XDC

芯片。此芯片包含 LCC 微控制器大部分的線路,加上 Display(顯示器)介面線路。此芯片也可減低 XEROX 800 Word Processor 產品整體造價。

我那時段中幫 Andy Ling 出差北加州 Hayward 市 Diablo Systems Inc. 公司。此公司 1972 年被 XEROX 公司併購,成為 XEROX 公司 Diablo Data Systems 大部門。

我們那時建議並與他們討論印表機和軟磁片機產品採用我們芯片的合作可能性。我們訴求他們若採用我們建議的極大型積體線路系統(VLSI)芯片可大幅降低產品造價。

我每逢出差至 Hayward 的 Diablo 公司時都住於 San Mateo 市旅館,早晨開出租車經過橫跨 San Francisco Bay 海灣的 San Mateo-Hayward Bridge 前往 Hayward,下午再經過同一座橋駛回 San Mateo 旅館。那是值得回憶事業生涯中一段時光。

- 12 -

1978 年第一季,XEROX 公司花費很大資金成立全新的具有研發和製造半導體積體線路能力的 Micro-Electronics Center(簡稱 MEC,微電子中心)部門。

我隸屬的 XEROX 公司 Electronics Division 系統部門也因 MEC 的成立導致組織變動改組,我隸屬的 Andy Ling 啟始的部門改名為 VLSI Development(極大型積體線路研發)。Andy Ling 本人被來自其他公司的 Bob Markle 取代黯然離去。Andy Ling 之後加入一家南加州研發電腦公司。

我老闆換成 Bob Markle,他從南加大請來一位博士(George Mager)成為他副手。

我逐漸成長於此部門,沒多久擢升為經理(Manager, VLSI Processor Design Group,極大型積體線路處理器研發經理),進入負責管理工程師和在較高位階上管理技術和產品研發的技術性管理階層。

我 1978 年初至 1982 年中約 4 年半任職此部門時期中, XEROX 公司內部在相當前衛的半導體科技領域開發了兩個先進的 VLSI Chips。兩者都是整個子系統功能都包涵於極大型積體線路芯片內 systems on chip 產品:其一是 Shared Line Controller(簡稱 SLC)芯片,其二是 Mesa

Processor 芯片。

　　Shared Line（分享線）是 XEROX 公司規劃的類似於 Ethernet（乙太網）但僅應用於 XEROX 自己的複印機和印表機產品，此類產品內都有數個 Control Unit（控制單位），每一個控制單位負責管控一部分機器功能。所有的控制單位都經由此 Shared Line（分享線）連接起來，大幅減少連接電線的數目和重量，大幅簡化機器內部結構，同時降低整體機器造價。

　　每一個控制單位都有一 Shared Line Controller（簡稱 SLC，分享線控制器）芯片於其內，所有控制單位經此芯片互通訊息共同達成整體機器功能。此是那時代相當先進的科技應用。

　　XEROX 那時是全球複印機和印表機領域翹楚，扮演著相關科技和產品的領袖角色。

　　1980 年中至 1982 年中約兩年中，我以 VLSI Processor Design 經理職位帶領十幾位工程師（包括 VLSI Development 數位工程師、MEC 線路設計工程師、積體線路實體設計繪圖師等）研發、設計、測試 Mesa Processor。

　　Mesa 是 XEROX 公司發明的一種名為 Mesa Language 的電腦語言。XEROX 原有意圖推廣此電腦語言成為電腦工業界標準語言之一，但未成功達到目的。

　　Mesa Processor（Mesa 處理器，或 Mesa 中央處理器）原先的目標和遠景是直接用它執行以 Mesa 語言設計的軟體。但因 Mesa 語言未被推廣成為業界標準，Mesa Processor Chip 便於策略上改弦易轍更換角色成為應用於 XEROX 公司複印機和印表機內具有較強功能較快速度的 Programmable Controller（可程式化控制器）。

　　開發如此先進的 Mesa 中央處理器極大型積體線路實非易事。我們經兩年努力初次製出的 prototype devices（極大型積體線路的最初樣品）於第一次測試時幾乎就能執行大部分功能，那是奇跡般不可思議的事。我

很驕傲我帶的團隊達到那不可能達到的里程碑。

我在此產品開發過程中主持無數次會議，為求溝通順暢盡量減少犯錯機會。最後結果證明整個團隊表現良好，達到極為不易成果。

這是我進入管理階層一項成就。我此後事業生涯逐次成長於管理階層，也從工程技術領域管理逐漸演化至高階公司管理。

我帶領的跨部門團隊中有一位名叫 Lamar Baker 的線路設計工程師（circuit design engineer）。身高頗矮的他年紀較大，曾自己創業開過小公司，是技術能力很強的紳士。他有一項特異功能：測試類此需要經由顯微鏡才能看見的極大型積體線路系統過程中，假使某些線路稍有錯誤，他能經由顯微鏡使用特別切割用的小刀切斷錯誤的線路，致使系統測試得以繼續進行而不致影響整體產品的開發時程。此幾乎近似微手術性（Micro-surgery）測試大不同於一般的電子電腦系統測試。

我多年前帶領的團隊中有兩位來自台灣的工程師，其一是畢業於新竹交通大學的 Jack Wood（我已忘他中文名），其二是畢業於台灣大學的 Dah-Juh Chyan（錢大柱）。他們兩位數年後相繼離開 XEROX 公司遷至北加州矽谷（Silicon Valley，中國大陸稱「硅谷」）。

Jack Wood 至矽谷加入一家初創公司（startup company），研發 Graphics Chips（控制圖像顯示極大型積體線路）創業有成，他們芯片產品大量應用於當時暢銷的個人電腦。

錢大柱工作於 XEROX 公司時，一邊工作一邊攻讀博士學位，終得南加大博士學位。他得博士後離開 XEROX 公司前往矽谷。

錢大柱在矽谷與夥伴合創開發幫助工程師設計積體線路實體的軟體公司，頗有成就，其後賣給一家更大軟體公司獲利致富。大柱是基督徒，在宣教上出力。

我為 Jack Wood 和 Dah-Juh Chyan 兩位老同事在矽谷創業成功感到驕傲。

-15-

我在 VLSI（極大型積體線路或集成線路）或 System On Chip（芯片系統或系統芯片）領域約 6 年時光，實在應該持續衝刺於此先進和前瞻的

嶄新領域。

　　但我開始懷念 6 年多前電腦系統事業生涯及產品技術，有意轉回系統產品研發設計。

　　1982 年中，Electronics Division（電子大部門）Controller Development（控制器研發部門）經理 Norm Quan 給我機會轉至他部門擔任 Advanced Controllers（先進控制器）經理，帶領工程師開發設計用於 XEROX 公司複印機（Copiers）產品的電子系統。

　　XEROX 公司的複印機和印表機（Printers）產品都在紐約州 Rochester 總部開發生產，我們南加州電子部門負責提供產品內的電子系統。我那兩年中常出差至 Rochester 總部。

　　我出差於美西美東之間因東西岸有三小時的時差，初時有時差問題，但隨時日逐漸克服。

　　1983 年中或後半年，XEROX 公司 Office Systems Division（簡稱 OSD，辦公室系統大部門）為更新 XEROX 8010 Star Workstation（8010 星星工作站）產品啟動了研發替代 8010 工作站具有很強功能的專業電腦工作站（XEROX 6085 Professional Computer System，6085 專業電腦系統）產品計劃。

　　辦公室系統大部門有很強的軟體開發能力，我們電子大部門有很強的硬體開發能力。辦公室系統大部門計劃將 6085 專業電腦系統硬體研發、設計、測試交由電子大部門負責。

　　我上司 Norm Quan 基於我在電腦系統和 VLSI 或 System On Chip 多年的經驗和累積的成果將此計劃交給我啟動。

　　我因大部分時間專注於此嶄新的計劃，將「複印機電子系統」的管理工作全權交給印度裔資深工程師 Sharad Dandekar（他後成為該單位經理）。我自己便將所有時間和精力專注於「6085 專業電腦系統」計劃。

- 16 -

　　我覺得對此嶄新「電腦工作站系統」的興趣高於對「複印機電子系統」的興趣。

　　我做的首件事是徹底了解當時已在市場銷售的 XEROX 8010 Star Workstation（8010 星星工作站），然後規劃整個嶄新系統架構，包括

1987 年 11 月，Las Vegas Comdex Show，作者與 Diamond 文件影像處理系統產品合照。

1988 年 11 月 Gardena 市，全友公司美國子公司完成□種大型灰階掃描機原型或樣本機的研發設計。

1990 年，Santa Clara 市，全友公司北加州小型研發部門，我本人在 Santa Clara 辦公室。

1990 年，Santa Clara 市，全友公司北加州小型研發部門，Jim Bowlby 在 Santa Clara 辦公室。

全友公司美國子公司馬拉松接力賽隊。我穿黃色上衣，從右算起第二位。

Jimmy Stewart 和 Robert Wagner。

規劃和定義 4 個應用相關積體線路（Gate Array Application Specific Integrated Circuit，ASIC Chips）。此 4 個芯片大有助於降低整體系統造價。

我預估整個系統所需子系統模組數量，電子硬體系統開發時程和里程碑。

辦公室系統大部門總部位於北加州 Palo Alto XEROX Palo Alto Research Center（簡稱 PARC，帕羅奧多研究中心），南加州也有部分 OSD 同仁。

我那兩年中經常赴 Palo Alto 市 XEROX PARC 辦公室系統大部門出差，那時常用洛杉磯機場（LAX）和橘郡機場（John Wayne Airport 或 SNA），北加州聖荷西機場（San Jose Airport 或 SJC）和舊金山機場（San Francisco Airport 或 SFO）。

我那時常飛 PSA（Pacific Southwest Airlines）航空公司，其口號是：「世界上最友善的航空公司」，每架飛機鼻上都印有「微笑」商標。PSA 空中小姐和機務員以幽默著稱。

我記得常收到機務員給或我買的小瓶酒（包括 Whiskey、Brandy、其他酒類），我至今家裡仍收藏有此類都已應是 XO 級的小瓶酒。

PSA 航空公司於 1988 年被 USAir 航空公司併購。我相當懷念搭乘 PSA「微笑」飛機往來於北加州和南加州的那段歲月。

Palo Alto Research Center 是聞名於世的研究中心，成立於 1970 年 7 月 1 日，曾在 30 年歲月中是 XEROX 公司的一大研究部門，2002 年變成 XEROX 公司擁有、獨立運作、專注於提供高科技研發服務的子公司。

我 1980 年代中期常去 PARC 出差。XEROX PARC 那時僅有約 300 多位研究員工（比起有數千員工的 Bell Labs 貝爾研究中心少很多），但成就和生產力實在非凡。如此多如今視為當然的科技（如乙太網、視窗、老鼠、雷射印表機等）都源於此研究中心。

我去 PARC 出差開會時，會議室無傳統桌椅，僅有 bean bags（豆袋），

大家開會時坐或躺於豆袋。聽說如此安排有助於發揮想像力創造力。PARC 另一特徵是靈活性而非硬性規定的員工上班時間，只要做好工作隨你何時上班。

由於我和其他同仁的努力，電子大部門終獲辦公室系統大部門撥款啟動 6085 專業電腦系統硬體研發設計計劃。我因此帶五位工程師專注投入此計劃。我們最重要的工作之一是四位工程師在我指導下同時設計 4 個 Gate Array ASIC Chips。

1983 年中至 1985 年中是我事業生涯中最努力的兩年：我每日工作十餘小時，每週不停工作七天，既便在探望親友時也帶著滿裝文件的大黑包。

每週日我和妻子菊齡帶女兒心笛兒子凱翔去爾灣（Irvine）大學高中（University High）讀中文學校時也同樣無例外帶著大黑包去學校。孩子們在中文學校借用的高中教室學中文時，我在車上繼續做公事。

整整兩年不停的工作累壞了我，我兩年後感覺到人們常提到的 burnout（燃盡）。辛苦努力畢竟有收獲：1985 年中，XEROX 公司頒給我一項 Special Recognition Award（特別表揚獎），包括一張 5,000 元美金支票。

我很欣慰驕傲於兩年中「6085 專業電腦系統」的努力和成就及獲得 XEROX 公司的認同、賞識、嘉獎。

- 17 -

1985 年中，XEROX 公司為公司永續發展決定在南加州電子大部門內成立 Advanced Development Group（前驅發展部門），宗旨是為公司未來產品和技術做前瞻性的研究和探討，領導人是副總經理 Ron Rider。

6085 專業電腦系統設計工作那時已進行一段時間。此嶄新的前驅發展部門邀我加入。我將工作站研發、設計、管理工作交給 Norm Quan 麾下另一位同仁，然後加入此新部門。

我們十幾位新部門同仁在技術上打先鋒和從事於前驅的研究和探討，無開發計劃亦無計劃時程。Ron Rider 分派每位同仁就某一領域或題材做研究，每週一次在他三樓副總經理辦公室開會，大家輪流向他報告各自的最新狀況和進展，並互相溝通和分享。

我在此純技術環境待不到一年，漸覺此工作與我事業生涯目標和夢想不相符合。同時在那時段，我萌生了創業心苗，也開始持續了數十年的慢跑、快走、其他運動習慣（此運動習慣一直持續至今）。（見我的〈慢跑人生〉一文。）

　　我同時尋找其他機會，包括當時 Irvine 的 AST Research 公司。AST 公司有三位創始人：Albert Wong, Safi Qureshey, Thomas Yuen。AST 公司的名字源自三人的名字：Albert, Safi, Thomas。

　　我與 Thomas Yuen 談過兩次，AST 也給我聘函邀我加入。（AST Research 公司始於做個人電腦附加卡，1990 年代演變至製造個人電腦，1990 年後期被韓國三星（Samsung）公司併購，後因虧損關閉。）

　　當我向 XEROX 公司提辭呈時，來美國出差的新竹科學園區全友電腦公司王渤渤打電話給我，請我去 Torrance 市一家中國餐廳吃午餐。

　　王渤渤是我前 XEROX 公司同事，他與其他幾位夥伴（包括另外兩位 XEROX 公司老同事老朋友曾憲章和胡忠信）於 1980 年創立全友電腦公司（Microtek International Inc.）。

　　Bobo 午餐時在餐紙上向我簡介全友公司，希望我能加入。

　　我的事業命運就如此改變：我於 1986 年中加入全友電腦公司。

- 18 -

　　我加入全友電腦公司 7 年中，像空中飛人般往來於台灣和美國。

　　全友公司總部設於台灣新竹科學工業園區，也設美國子公司於洛杉磯的 Gardena 市。我那時在太平洋兩邊都有辦公室。

　　我 1986 年中加入全友，工作 6 年半後 1993 年初離開。

　　我初時負責開發鑽石（Diamond）系統產品，包括個人電腦、光碟、影像掃描器、雷射印表機、個人電腦傳真卡等，可稱為文件影像處理系統。

　　軟體研發經理林世釧（Sam Lin）帶領幾位軟體工程師費時一年多開發了 Diamond 相關的應用軟體。此系統產品 1987 年 11 月在 Las Vegas 的 Comdex Show 初次展出於旅館套房，我親自向訪客簡介 Diamond 系統功能。

林世釗後來成為我朋友，也加入我創始的 ABERA 科技公司共同創業。他也曾是當時新竹科學園區鴻友科技公司三位創始人之一。

-19-

我在台灣完成了 Diamond 文件影像處理系統產品後，在南加州 Gardena 市美國全友子公司帶領幾位電子工程師和機械工程師啟動研發設計大型影像掃描機（Large Format Scanner）計劃。

我召集大家開會將頭腦放在一起腦力激盪數次後訂出 D-sized（34 英寸×22 英寸）和 E-sized（44 英寸×34 英寸）兩種大型饋紙型（sheet fed）灰階影像掃描機規格，開始進行兩個掃描機 prototype（原型或樣本機）的研發設計工作。

經美國分部同仁努力，我們把美國開發的原型或樣本機轉至台灣總部研發部和製造部，持續在台灣進行產品化、量產、製造等事宜。

此種大型掃描機銷售量無一般影像掃描機那般大，但應用較特殊，有助於掃描大型工程圖或其他大型文件，產量雖較少但獲利較高。

全友公司那時代在台灣科技公司中在此類掃描機領域走在其他廠商前。我驕傲於啟動此兩種掃描機的研發和設計。

-20-

我後不久被任命為全友公司副總經理兼 CTO（Chief Technical Officer，首席技術官或技術總監），掌管全公司產品研發設計。三個研發部門向我報告：台灣研發部門（人數最多，資源最豐）、美國南加州子公司研發部門（人數較少，資源較少）、美國北加州研發部門（全友公司 1990 年設立僅四位員工的研發小部門於矽谷 Santa Clara 市，聘請原先工作於 Apple（蘋果公司）的資深工程師 Jim Bowlby 主持其事。）

我那時在台灣、南加州、北加州都有辦公室，如空中飛人般往來於三地。

Jim Bowlby 主持開發一部掃描 35 mm 底片的彩色底片影像掃描機。

他與一位來自 HP 的資深機械工程師共同努力將此產品原型或樣本機轉至台灣母公司從事產品化和生產相關事宜。

我很驕傲全友在彩色底片掃描機領域亦走於其他廠商前。

1991 年中，Jim Bowlby 遞了辭呈，我們也於 6 月 4 日關閉 Santa Clara 研發部門。

我與全友公司美國子公司財務長 Stewart Chow 飛往 San Jose 處理關閉部門諸事後，將當地的公務車從 Santa Clara 駛回南加州 Torrance 市全友美國子公司。

我清楚記得 Stewart Chow 駕車於 5 號公路時我們被罰超速。

- 21 -

邀我加入全友公司的我的前 XEROX 老同事王渤渤具有很好的企業遠景、傑出的產品點子、優質的產品策略。

渤渤和我都有向前衝的個性。我於 1990 年代初期當全友公司 CTO 時與總經理渤渤合作無間於公司產品策略，配合他推動新一代產品系列的研發計劃。

1991 年 10 月 7 日，我們在全友公司四樓會議室舉行新產品策略會議。

王渤渤先發引言，我繼之較詳盡解說新一代產品策略，幾位負責新產品開發的計劃經理（Project Manager）繼而更詳盡說明各別的計劃。

那是一次非常成功的會議。我至今仍存有那次會議的視頻記錄，可看到聽到我們較年輕時的講話模樣和所談內容。

我們那日談產品策略時提到一些人名，如 Louise、Lawrence、Maverick、Henry、Butterfly 等。這些名字其實是當時規劃中新產品的計劃代號，每一個名字代表某一個彩色掃描機、彩色底片掃描機、顯示器控制卡等產品的開發計劃。

全友公司能最先量化影像掃描機於台灣科技公司中的主因是：（1）王渤渤傑出的遠景。（2）他聚合頂尖人才共襄盛舉，如光學機械的陳令博士、影像處理的謝志鴻博士等。（3）他智慧選用一種有瑕疵的 Charge Coupled Device（簡稱為 CCD，電荷耦合元件）光學原件。

當時 Fairchild 半導體公司推出一種 CCD 電荷耦合元件，其中有一批有瑕疵的元件原先將被該公司拋棄。王渤渤與 Fairchild 談判出如下結果：全友最初推出的灰階黑白掃描器因其解析度較低可利用不完美的有瑕疵

元件，只需避開有瑕疵元素，利用無瑕疵元素。

全友公司不但因此得以低價購入掃描器中不可或缺的 CCD 電荷耦合元件，也讓 Fairchild 半導體公司得到原先未預期的利益，王渤渤的確智慧地達成雙贏局面。

全友多年中成功研發、設計、推出完整的一系列影像掃描機，長時期佔此領域領導地位。

隨著時日移轉，某些全友員工離開全友成立其他影像掃描機公司，與全友形成競爭局面。

離開全友的全友畢業生另創的其他公司包括：力捷電腦（UMAX）、鴻友科技（Mustek）、虹光精密（Avision）等公司。此類公司創始都始於研發、設計、行銷掃描機。

其他全友畢業生於十數年中創始其他科技公司：Carter Tseng（曾憲章）創始 E-Tech（東怡科技），Peter Chen（陳振田）創始 Aiptek International（天瀚科技），Raymond Wang（王景南）創始 Arlotto（鼎賀科技），Alex Hsia（夏汝文）創始 Altek（華晶科技），James Hsu（徐彰徽）創始 Holux（長天科技），Mark Pond（龐君勉）創始 Brightking（君耀電子），Sam Lin（林世釧）創始 GinDa Technology Corporation（駿達科技），Bobo Wang（王渤渤）創始 Aetas Peripheral Corp.（新采科技）。我因篇幅有限無法列舉所有全友畢業生創始的公司。

我自己 1997 年創始的亞葳科技（Avigramm Technologies）和 1998 年創始的環佳科技（ABERA Systems）都有不少全友畢業生參與其中。

全友公司可謂那時代的「全友大學」，畢業生陸續創始其他科技公司。某些畢業生達致創業致富夢想，但有成有敗。他們畢竟都勇敢努力嘗試，無論成敗似都值得。

- 22 -

我在全友公司 6 年半中遇到一些有趣的人、事、物。

1992 年 5 月 17 日，一個風和日麗的南加州週末，我與四位 Microtek Lab（全友電腦美國子公司）Marketing and Sales 部門同仁去 Los Angeles 的 Griffith Park 參加第 11 屆 Jimmy Stewart Relay Marathon（馬拉松接力

賽）。

那天恰是 Jimmy Stewart 的 84 歲生日。我親睹 Jimmy Stewart 和 Robert Wagner 兩位好萊塢巨星互動，聆聽他倆簡短演說，看見主辦單位送給 Jimmy Stewart 的生日蛋糕，聽大家唱「Happy Birthday, Jimmy Stewart」生日歌。

26 英里馬拉松接力賽中，每隊 5 人，每人跑 5.2 英里。我那天跑 Microtek 隊第一棒。

其實勝負不重要，重要是我們參與。我在活動中拍了不少照片和視頻。

- 23 -

我 1986 年中加入全友電腦公司後發現那時代台灣相當風行唱卡拉 OK。我之前毫無任何卡拉 OK 的知識和經驗，但之後逐漸對它感覺興趣，找到機會便去唱唱，舒發情緒，鍛煉中氣。

我出差台灣時住於新竹科學園區公司宿舍，總務部提供公務車給我晚上和週末使用。他們最初只有手排擋車給我用，我之前從未開過手排擋車。一位蕭姓總務部同仁教我一小時後，我學會開手排擋車。公司兩年後將手排擋汽車換為自動排擋汽車，我很欣悅終可駕駛自動排擋車。

我每次出差台灣數週中，週一至週五忙於會議工作，週末特感寂寞。好在我直接間接在公司內外交了不少朋友。

我的個性和風格是從來不把自己的「官階」看得很重，而願意與一般員工接近交往。每逢公司有大型活動如尾牙等宴會時，我不喜歡坐於前面或中間的高階長官圓桌，而喜歡坐於後面或旁邊的一般員工圓桌。

我交的朋友大多持續數十年之久。我退休後曾數度回台灣，多次在新竹和竹北餐館以食物和好酒訂三桌宴請朋友。他們熱情參與，有些人沒來吃飯卻於餐後來餐館看我。朋友們也多次邀我參與他們做東的大小宴會。朋友相處貴在能給能受。

1991 年尾牙舉行於新竹科學園區活動中心。公司擺了很多圓桌於樓上，全部員工參與吃喝歡樂。餐後在大禮堂舉辦尾牙晚會，知名的男女歌星如殷正洋等在晚會演唱。

晚會也安排我唱一首歌。我當時喝酒有醉意，忘了帶歌譜在身邊，臨時下樓跑回辦公室拿歌譜後再趕回晚會大禮堂。我當晚唱〈我很醜可是我很溫柔〉那首歌。

1992年尾牙舉行於新竹市區大餐廳。我坐在靠後的一般員工桌旁與兄弟們合吃共飲。尾牙有抽獎節目，從董事長總經理至副總經理都提供獎品。我特從 Costa Mesa 的 Fedco 買了帶回台灣當獎品的微波烤箱不巧（或很巧？）被董事長抽中，董事長提供的最大獎冰箱居然被我抽中。我們兩位當然再度捐出此二獎品讓其他員工抽去。

那或然率近於零幾乎不可能發生的事（我和董事長互相抽中對方的獎品）居然發生了。我當晚再唱一次一年前唱的〈我很醜可是我很溫柔〉。

- 24 -

我為拜訪日本伙伴公司 Core 公司和參觀電腦展等出差日本數次。

某次，我與王渤渤和其他幾位公司同仁從洛杉磯飛東京，除了拜會 Core 公司外，也拜會 Mitsubishi 三菱公司印表機部門。

那次日本之旅，Core 公司請我們午餐和晚餐。午餐喝日本生啤，晚餐喝啤酒和清酒。他們晚餐後請我們到涉谷區 Mama-san 店唱卡拉 OK。我們一面唱歌一面互相敬酒互乾放了冰塊的 Whiskey。

我生性豪爽，酒量非特好但酒膽很不錯。我覺得 Core 公司幾位伙伴相當喜歡我這種個性，頻頻與我互相敬酒。日本人說「乾杯」只隨意喝酒，我說「乾杯」就當真乾酒入肚。

1992年10月15日，東京，我（右1）、柯高輝（右2）拜會 Core 公司，Core 公司高階第二把交椅高崗（左1），高崗助手 Kiyoyasu Jack Kitagawa（北川）（左二）。
（高崗和北川次日陪我和柯高輝赴大阪參觀 Core 大阪分部）

我那晚唱一些歌也乾不少放冰塊的 Whiskey，後來我進廁所嘔吐，直至次晨兩點才出，然後昏昏沉沉隨渤渤他們回旅館。那是我人生中一次特別經歷。

那次陪我們吃飯喝酒唱歌的一位 Core 公司伙伴是 Harada-san（原田桑），他是 1980 年代底至 1990 年代初 Core 公司高層第二把交椅。我與他互動良好，他也欣賞我。他能喝幾杯也是很幽默的人。然而我數年後聽說他不知何故切腹身亡，我聽此慘烈消息後難過惋惜。

經由全友公司當時是協理之後升副總的 Andy Chen（陳慶隆）和如 Suzuko Kobayashi（平松）等其他同仁苦心經營努力，全友公司與 Core 公司簽約合作，Core 公司在日本賣全友公司研發製造的 MICE 產品系列，之後也賣掃描器產品系列。

我出差日本那個年代，經濟尚未泡沫化，東京非常繁榮。我了解那時日本社會風氣是男人晚上若回家便被認為沒出息，因此夜夜在外喝酒唱歌。日本經濟泡沫化後，類此風氣似漸消失。

我們在東京去過銀座、新宿的歌舞伎町、秋葉原、澀谷、八王子市等。

我們住過銀座附近旅館，步行於銀座近代化街上。日本旅館多半窄小，住其內有壓抑感。

我們在新宿歌舞伎町集體觀賞相當低級的色情表演。我們某次在新宿吃午餐吃到一種極美味可口的生魚，吃魚時見活生生被刀割下魚肉的魚身仍在盤上蠕動。魚肉好吃，但代價是刀割魚身魚之痛。

我在秋葉原買一部 Toshiba 視頻攝影機（video camera），此機跟隨我5 年， 10 年後在台灣買 Sony 視頻攝影機取代之。

我們曾在澀谷兩處 Mama-san 卡拉 OK 店喝酒唱歌。

我們伙伴公司 Core 公司兩位朋友某晚請我和柯高輝至八王子市一座小山上晚餐。山上一座座小亭，亭外小徑旁一柱柱火炬。四人晚餐於小亭充滿詩意畫面至今猶存腦際。

- 25 -

我在全友公司那些年，公司每年在不同地點舉辦財務年度經營計劃會議。部門主管在會中檢討當年（財務年度）成果，並向董事長總經理

提出下一財務年度經營計劃。

我 1987 年中在石門水庫旁首次參加經營計劃會議，對我是全新體驗。

全友之後在台灣其他幾處景點舉辦財務年度經營計劃會議，留給我較深印象的有恆春墾丁凱撒大飯店、日月潭涵碧樓、南投盧山溫泉等。

如此兩天或三天經營計劃會議除了有助於公司營運成長外，也提供公司各階層幹部享受幾日美好風景的機會，並與其他同仁互動聯誼增強合作的契機。

恆春墾丁如夏威夷般氣候美景、日月潭秀麗湖光、南投盧山溫泉等都留給參與者美好回憶。

我們那次在日月潭開會，董事長某晚帶領所有幹部去附近關帝廟參拜。他篤信關公，在全友公司 5 樓辦公室置放一座關公雕像。

- 26 -

我那時全友同事陳令也來自 XEROX 公司。有遠見的王渤渤籌劃全友第一代掃描器時如虎添翼般邀請機械光學專才陳令加入，致使掃描器產品系列順利推出。

陳令除學有專長外，也是虔誠基督徒。我尚未信主成為基督徒很久前，他已是經常宣教的基督徒。

多才多藝他在 Colorado 州一座山上建有自己設計的別墅。

全友上市不久，股票一路攀升至 300 台幣，比原始股價增值 30 倍。陳令那時決定離開全友自創前程。

陳令的神（也是我信的神）對他真好，他在全友股價最高時賣掉股票投資創立虹光精密（Avision）公司，不少全友畢業生隨他而去。虹光精密表現頗佳，其產品從掃描器演化至包括掃描印表傳真等多功能產品。陳令的成就在我心中是一個衷心信主被主引導福佑的佳例。

我聽說陳令除事業外也在傳揚主耶穌基督天國福音上出力奉獻。

我聽陳令說他是知名作家三毛的堂兄。陳令出差台灣時有時會去堂妹三毛家。我有時需與陳令公事上連繫，因此有三毛台北電話號碼。三毛自殺過世，我深感惋惜並覺得不可思議。

全友 1987 年 11 月在 Las Vegas COMDEX 主要展區展出掃描器和其他產品，同時也在旅館 suite 展出 Diamond 文件影像處理系統。

展覽完畢後，全友參展同仁將所有展出產品和相關設備全部置入公司租的 Ryder 小卡車。我被安排負責將滿載產品和設備的卡車開回 Gardena 公司辦公室。

我一生中除工作於 XEROX 公司時為 van pool 開過較大於一般車的 van 外，從未駕駛過卡車。我膽子較大同意接受此任務。

當時一位年輕全友工程師 William Kuo（郭琛）陪我坐於乘客座，我們兩人傍晚從 Las Vegas 出發駛向洛杉磯。

我們開上 15 號公路約兩小時後爬山坡路時，卡車不知何故突然強烈抖動，車速也驟然變緩。我勉強開車向前行，於路邊加油站停下休息並趁便加滿汽油。

我們休息半小時後重新啟動卡車續朝西行，此後卡車情況好轉回歸正常。我們經 5 小時車程一路趕回洛杉磯於清晨 2 點抵達 Gardena 公司辦公樓。

當晚一路陪我的年輕工程師郭琛於全友工作數年後加入 UMAX，之後任 UMAX 駐德歐洲負責人，再後又任 Avision 駐德歐洲負責人。

他除事業有了不起成就外也有文才且曾出書，已成為常駐德國僑領人物。我為他感驕傲。

28

全友公司 1991 年或 1992 年夏天在著名的亞哥花園（Encore Garden）邀請全體員工參與大型戶外遊樂活動，我也被邀參與。（亞哥花園也是當時台灣中華電視公司戶外綜藝節目〈百戰百勝〉錄影據點。）

員工福委會辦的此次活動有很多節目，我參與其中之一：我和王渤渤背對背站於一個水池中的黃色圓台上，兩人屁股相撞看誰能把對方撞入水池。我其實早已決定自己先入水，象徵性輕碰渤渤後就如跳水般頭朝下衝入水池。

我萬未料到水池很淺因此頭撞水池底部水泥，暈眩數秒後站起來，

1987 年中，石門水庫，全友經營計劃會議。（作者在從右算第 5 位，董事長和夫人身後）

作者和王渤渤背對背相撞。

作者決定自己先入水。

曾經歲月

在亞哥花園試圖翻越好漢坡。（三張照片都有作者在其中）

額雖撞青仍堅持參與後來其他節目。

最後一項節目是好漢坡：坡度很陡三至四人高度倒過來 V 型障礙物，不斷流下泥水。

公司按部門分隊比賽，每隊約 20 人。大家以團隊精神把人當梯試圖將隊裡 20 人全數推上滑坡推至好漢坡另側。

比賽開始，其他團隊都先後艱辛爬越好漢坡。我將我們隊所有隊員全數推過好漢坡後只剩我一人。

我前此推人上坡過程中已精疲力竭，在無人推我助我情況下只能靠自己攀越那坡，但談何容易。我毫不放棄、盡全力一而再再而三試圖爬上流滿泥水的滑坡，衝上去又滑下來，衝上去又滑下來，⋯⋯，不下十餘次。

精疲力竭我終不得不停止。那時幾乎全公司同仁都在看我努力但無法翻越。聽說某些女同仁見我這副總經理如此屢試不過而流淚。

對我而言，如同其後人生中一些不斷不放棄的努力奮鬥，其實只要盡力就無憾，勝敗榮辱不重要，只要「I tried.」就夠。

好漢坡活動完畢，我們草草沖洗於附近水池，然後濕淋淋乘大巴士駛回新竹。

　　我 1986 年中應王渤渤邀入全友，6 年半後 1993 年初離全友。王渤渤在我離全友 3 個月前（1992 年 9 月）為追尋其他理想已先離與創業伙伴 12 年前創始的全友電腦公司。

　　我工作於全友 6 年半中雖如空中飛人般往來於台美兩地，我家一直在美國。妻子菊齡、女兒心笛、兒子凱翔那時都住南加州 Huntington Beach（亨廷頓海灘）家，因此我辦理離職手續於 Torrance 市全友美國子公司。

　　1984 年中當我仍工作於 XEROX 公司時就萌生創業初念。我兩年時光中發憤圖強，每日十幾小時、每週七日、每年 365 日不停工作閱讀，驅動力來自對創業的憧憬。

　　我 1993 年 1 月 11 日至 1997 年 2 月整整 4 年中不屬於任何公司也無任何工作。我那時用英文寫的日記將 4 年歲月寫入 8 本日記。許多事我已遺忘，重讀日記後才知道曾經發生的諸事，才悟到曾經有過的思想情緒。

　　那 4 年中，除 1995 年 2 月至 8 月半年多我短時加入王渤渤與兩位律師伙伴創始的 Aetas Technology Center 外，我不斷尋求創業機會，不斷撰寫很多創業計劃書。

　　我多次往來於美國和台灣之間：我滿懷希望飛去台灣，停留台灣一段時間做各種努力，然後懷失望飛回美國。我在南加州家園停留一段時期，繼續努力寫創業計劃書，然後再滿懷希望再飛去台灣，再停留台灣做各種努力，然後再滿懷失望沮喪飛回美國……。我也曾兩度嘗試在台灣和美國尋找工作，卻毫無結果。我如此周而復始不知多少回。

　　我重讀 4 年日記，相當欽佩自己，驕傲於自己不斷努力從未放棄的精神。孫中山先生歷經 10 次失敗才推翻滿清建立中華民國，平凡我卻歷經超過 10 次以上的嘗試和失敗。我承認曾多時多次氣餒，但我一直未放棄。

　　我那段時期中曾寫過的 Business Plans（創業計劃書）包括：珉天電腦科技（Teemaax Technologies International）、天翔科技（Teemax Technology International）、亞葳科技（Avigramm Technologies）、璟佳科

技（Abera Systems Corp.）等。所有創業計劃書中的公司名都是我取的。我撰寫的創業計劃書涉及如下產品系統：餐館自動化、掃描影像系統、手持掃描機系統、卡拉 OK 系統等。

多麼長久的 4 年 1460 天（一千四百六十天）啊。常聽人說「八年艱苦抗戰」，而我渡過的那些歲月卻是「四年艱苦奮鬥」。

我 4 年中無論在美國或台灣多半是孤獨一人。我在美國，妻子菊齡仍工作，女兒心笛 1992 年畢業於哥倫比亞大學後工作於北加州 San Francisco，兒子凱翔先後就讀於 Orange Coast College（簡稱 OCC，橘郡海岸學院）、University of Arizona（亞利桑那大學）、UC Riverside（加州大學河濱分校），寒暑假也在家附近工作，因此我大半時間（特別是白天）都是孤獨一人在家。

我渡過從前的 6 年多精彩多姿事業生涯後，那種孤獨感格外強烈難忍。

我除了不斷思索未來、撰寫創業計劃書、為下次去台灣做準備外，不停慢跑、體操、打網球、打籃球等，有時無聊也打開家裡的卡拉 OK 系統唱歌。

那 4 年中，我雖仍未受洗成為基督徒，但不斷讀聖經，每晨運動後祈禱，不斷每次用英文寫日記時在最後幾行寫著：「主耶穌基督，請助我、導我、諒我罪、指明前面路……。」

-30-

我 1993 年初離開全友，未滿一個月就在一月底飛回台灣。我先在竹東租了僅有一間屋的小公寓，在狹小屋內待了兩個月。

我在小屋有時感到極度孤寂失望，深覺自己在人生最低潮。我有時也應邀與朋友相聚，但大多是孤獨一人。無論如何，我不斷堅持每晨慢跑的運動習慣。

我住小屋一段時間後發現電話被人盜用，原來某住戶繞我的電話線至他們房間。我去電信局報案，感嘆世上有此等敗類。

我 1993 年 3 月 28 日用英文寫的日記如下：「……炫爛至平淡。此已發生於我，我需生存於此處境。前此多彩多姿數年已成過去式，今後

1993 年 1 月 19 日（我於 1 月 11 日離全友，1 月 19 日應邀回去吃餞別宴。），我離職前於 Torrance 市全友公司美國子公司我的辦公室與同仁拍照留念。

將是安靜無聲歲月。我必須屈就、滿足、快樂。我將會沒事的（I will be OK.）。……」

我費了很多時間和精力寫 Teemaax Technologies 創業計劃書，但卻沮喪無功而返。

我三月底退租小公寓而於 4 月 1 日愚人節那日從台灣飛回美國 Huntington Beach 家園，在家裡待了漫長的 5 個月。

我回美國第二天（4 月 2 日）就去申請政府失業保險金，那是我此生首次領失業保險金。

我前此 10 週住於竹東小公寓，回家後深感舒適，樓上書房兼辦公室比整個竹東小公寓還大。我回想起來真不知自己如何熬過那 10 週。

我裡裡外外清洗家園，也清理擁有的一些出租房地產。

我為尋找其他可能機會參加了幾次 franchise（加盟）相關的說明會，也與幾家加盟公司談合作可能性。

我重新撰寫、寄出、傳真出履歷書，尋找工作機會。

我 1993 年 6 月 25 日飛往紐約看望耀宗弟和當時仍在世的父親和母親。那時耀弟因痣瘡開刀非常疼痛。

父親那年 85 歲，垂垂老矣。比父親小 6 歲的母親也漸衰老（其後父母親先後辭世於 90 高齡）。我當時日記中提到為父母衰老感悲。（見我的〈1981 探父病於紐約〉一文。）

我 6 月 27 日開車帶母親去紐澤西州看望蔣伯伯和蔣媽媽。他們是已逝蔣木的父母親（見我的〈蔣木仍在〉一文。）。那是我最後一次見蔣伯伯，之後於母親 2006 年 8 月 18 日過世的次日（8 月 19 日）見過一次蔣媽媽。

我 6 月底至 7 月初在紐約 Jarvis Convention Center 參觀與個人電腦產品相關的 PC-Expo 93 展，在各展覽廳走 3 天路詳看各類產品。

此次紐約行，母親高興見我，烹好吃食物給我吃，也鼓勵我。

那 5 個月居家的人生谷底，我難免與心愛的妻子菊齡之間有衝突，吵了好，好了吵，互給對方些許痛苦。

我 5 個月中為家園做很多事，包括親手製作書架和儲物架，為菊齡深愛的不良於行的狗「賀吉」製作推狗車，以便她每晨推牠至附近小學校園散步。

我那時尚未受洗成為基督徒，但不斷追尋主耶穌基督，不斷在日記中求祂諒我罪、佑助我、指引我前面人生路。

我 7 月中撰寫 Teemaxx International 創業計劃書並規劃相關產品系列。

我 1993 年 4 月初至 8 月底在家渡過 5 個月寂寞日子（妻子菊齡白日工作，女兒心笛工作於北加州，兒凱翔就讀於南加州學校。），然後我又不甘寂寞計劃了下一次 1993 年 8 月底開始的台灣和中國大陸之行。

- 32 -

我 1993 年 8 月 31 日從 LAX 機場飛往台灣，一個半月後 10 月 16 日飛回南加州家園。

我一個半月中陸續往來台北新竹間，帶去的民天科技創業計劃書原封未動未派用場。

我 10 月初去國貿中心（World Trade Center）參觀台北電子展，會場上巧遇幾位全友公司老同事（范炳榮、李國良、林朝宗、李嘉莉等）。

此時段中較重要的是我中國大陸行：上海（9 月 24 日至 10 月 1 日），溫州（10 月 1 日至 3 日）。我 10 月 4 日從上海經東京回台灣。（見我的〈1993 滬甌秋旅〉一文。）

我那次台灣、上海、溫州之旅中內心處於天人交戰，在科技創業、非科技創業、尋求職務各種選項間不知何去何從何所適從。

1993 年 10 月 16 日，我在桃園國際機場搭上飛回美國飛機，在南加州家園待了一個半月。

我待在家中的日子非常無聊，有時在二樓書房唱卡拉 OK。我在台灣

買了 16 片卡拉 OK LD，孤獨一人唱一首首國語、閩南語、英文歌。

　　我在此時段做了不少 Handyman 事，修理清洗出租的幾棟公寓，很有成就感。

　　我為三部汽車換機油、過濾器、煞車劑等，使每部汽車駕駛順暢，也有成就感。

　　我 1993 年 10 月 23 日至 25 日飛往紐約看望爸媽、耀宗弟、重芬弟妹，同時也見到那時赴紐約渡假的女兒心笛（她後於 10 月 29 日飛返加州。）。

　　1993 年 11 月中，經全友公司老同事老朋友盧廷合（Timson Lu）和陳志明兩位連繫，與雅新實業公司兩位朋友林國平和呂浩強拉線幫忙於其中，我與桃園雅新實業公司黃恆俊董事長連繫上，安排我 1993 年 12 月初飛台灣向雅新實業簡介我特為雅新實業準備的創業計劃書。我花費不少時間和精力用英文撰寫與影像掃描器產品系列相關的創業計劃書並將其譯成中文。

　　我 12 月 3 日飛台灣前一天，家中狗 Huggie 12 月 2 日晚因中風過世，全家人陷於悲傷。妻子菊齡次日開車送我赴洛杉磯國際機場途中，兩人懷沉重心情緬懷愛狗。（見我的〈懷念 Huggie〉一文。）。

　　我那一個半月居海邊家園人生低潮中某天日記中有如下片段：「……我忽略神很久了，前此自私地追尋人間諸般膚淺事物，應是回歸祂的時候了。……我上週數次帶 Huggie 散步時有一種很強很深的對神的感覺，因此熱切祈禱求助於祂。我衷心知曉只有祂能幫助我，引導我走此後人生道路。……此一個半月中，我與菊齡關係有改進。…… 我看清並感知她是極有愛心的女人，心中都為我好，她是我人生中極珍貴的人。她如此勤儉持家，如此在乎此家，如此關心女兒心笛兒子凱翔，更如此關心熱愛我們家的狗 Huggie。這世上無人比她更愛 Huggie。…… 」

　　1993 年 12 月 3 日，我搭機飛往台灣，在台灣停留 21 天後於 12 月 25 日耶誕日搭西北航空公司班機經關島和夏威夷飛回南加州。

　　我此時段中 12 月 11 日（週六）在桃園龜山雅新實業公司總部向黃恆俊董事長和幾位重要幹部講述創業計劃書。我表現應算不錯，但未懷很大希望，坦然處之，心想：「成就成，不成就不成。」他們會後請我

們（兩位朋友兄弟陪我前往）在公司地下室餐廳吃午餐。

我 12 月 11 日至 12 月 25 日往來台北新竹間，等候雅新實業願否投資的決定，他們透露正面但不明確的意願。

我 12 月 22 日如此寫於日記：「……我過幾天將再見家人，多好的事：Daisy 心愛妻子，Cynthia 心愛女兒，Kenneth 心愛兒子。……。」

我 12 月 25 日聖誕節當天飛回南加州 Huntington Beach 家園。

- 33 -

我回美國後生活非常無聊，日記常出現「……前幾天無何可寫。……美國無聊日子。……日子每天都一樣。……」

我 1994 年 1 月 17 日寫於日記：「……今晨 4 點 31 分大地震，Daisy 和我被震醒。強烈地震發生的剎那，我迅速移動身體至 Daisy 身上試圖保護她。此 Richter scale 6.6 級大地震比 1977 年 6.4 級地震還要大。好在地震發生於清晨睡夢中，人們尚未駕車於高速公路。如此強的地震居然 20 年後再度發生於幾乎同一地點。……

我 30 分鐘前打電話給敏泰（我台大電機系老同學老朋友，他和夫人維秀的家住於震央附近。），得知他們房子受到傷害，他們和鄰居都被此次特大地震嚇壞了。」

我 1993 年底帶回台灣創業計劃書未得雅新實業確切和正面的回應。我感覺似乎又失敗一次。Teemaxx 創業計劃書再度無疾而終，我人生似乎再失奮鬥動力。

我 1994 年 1 月 25 日寫於日記：「……我厭惡此刻孤寂無為。我該如何改進目前狀況？似乎又回原點，我該何去何從？我只能依靠神的導引走出目前霧境。……」

我 1994 年 2 月 6 日寫於日記：「人生持續著。我 1993 年 1 月 11日離全友公司至今已逾一年。一年中我努力開拓新徑，但至今仍無所獲。…… 我此時不斷閱讀思索。……」。

我 2 月 18 日寫兩封信（包含我的簡歷）傳真給兩位 XEROX 公司和全友公司老同事老朋友曾憲章和梁欽曙，請他們幫我在台灣求職。

我前此一年中試圖創始科技公司但卻毫無結果，難免失望，興起放

棄創業之念思欲尋職。其實我欲工作、活動、與人互動的意念高於對金錢的追求。……我不知會否有任何結果，對任何事都不確知。我那時人生充滿失望，真不知何去何從。

我 2 月 21 日收到梁欽曙回覆傳真，他說要將我的簡歷轉給他人。

我 2 月 23 日傳真簡歷至獵頭公司 Charles Luntz and Associates，試試美國有否求職機會。我其實只懷不妨一試的心念而不存任何希望。那公司 Joy Brother 女士沒多久就打來電話稍談，我直覺不會有任何結果便忘了那事。

我 2 月 25 日收到曾憲章從台灣傳真來回覆，說要幫我在台灣尋職。他提到工研院（ITRI）和電研所（ERSO）可能性。

我因此訂了飛往台灣機票，準備赴台尋職。就在那時，妻子菊齡面臨她公司 PG&E 將從 Irvine 遷往他州，因此不得不尋求其他工作。

- 34 -

1994 年 3 月 14 日，我搭西北航空公司航號 001 班機從洛杉磯出發經東京飛往台灣。

出發前，母親從紐約打電話來說父親病危，有意要我飛往紐約。我在那緊張時刻連繫到耀宗弟重芬弟妹告知他們我正搭機飛往台灣。他們說我不必臨時改變計劃，不必因突發父親狀況飛往紐約，仍依原定計劃飛往台灣。感謝上帝，父親之後轉危為安，神多給他數年時光。

1994 年 3 月 17 日，我在台灣寫日記如下：「……我需降低身段，降得很低，如低階人一般。我此刻只需一份有收入的穩定工作，能在辦公室做事，能有與人互動機會。處權勢高位並非福事，我寧願待在平穩、快樂、懷年輕心境的低位。……」

我那次赴台灣住於台北市菊齡大哥雨萍家。

王渤渤 3 月 18 晚在台北新葉餐廳宴請包括我在內許多全友公司老同事。我很高興與老同事老朋友見面重聚，其中包括解建新。建新邀我改天與他相聚談談合作可能性。渤渤也邀我覓機與他聊聊。

我 1994 年 3 月 19 日晨往訪回應我老同事老朋友曾憲章之請而見我的人力科技公司總經理余宗澤。我與他相談甚歡，談話中得知他是虔誠

基督徒。我那時尚非基督徒。我談到他辦公室身旁聖經，也談到我旅行時攜帶聖經。他談到對耶穌基督信仰，並邀我一同與他祈禱，他為我信仰、尋職、創業祈禱，並求神導引我前面人生路。他甚至邀我住他家用他辦公室。我離時向他致謝並表達衷心感激。

我 3 月 20 日晨應邀往見王渤渤並與他早餐會商。他談到一個與高科技 printers（印表機）相關的創業機會或許我有加入機會，說若資金確定會通知我。渤渤夫人清秀（Christine）其時也在場，我很高興能於離全友公司一年後再逢他倆。

我 1994 年 3 月 22 日寫日記如下：「……這本日記寫到最後一頁。這日記本記錄我人生最低點，包括一年中無任何工作收入，包括三度帶創業計劃書來台灣希圖創業。我未能成功籌措資金，因此改變策略決定此次來台覓職。……」

我 3 月 23 日清晨 4 點半即起趕往新竹，晨 8 點 45 分抵達新竹工業研究院大門。

我在工研院最先會見光電所林耕華，然後會見電通所林寶樹，之後會見劉沅組長，再後與黎偉權經理、陳冠州經理、李鎮樟博士、連耀南副組長等吃午餐。

無論結果如何，此次經老同事老朋友曾憲章介紹訪談工研院是相當愉快的經歷。我當晚宿於老同事老朋友好兄弟盧廷合湖口家。

我 3 月 25 日晨打電話給當時任職力捷電腦的王正明（David Wang）。他邀我去新竹他們公司拜訪他與他相談也請我吃午餐。

我多年前仍任職全友公司副總經理時，我們為往 Las Vegas 參展 Comdex Show 兩人同機從台灣飛往洛杉磯。王正明那時在研發部從事掃描器產品相關機械設計。我們兩人飛機上坐同排，相談甚悅，對他有良好印象，深覺他來日必然前程無量（後來果真如此：他成就高位。）。

我在力捷公司也見到 Umax 總經理伍道沅（T.Y. Wu）。我 1984 年底在台北舉行的近代工程技術討論會中與當時工作於美國 IBM 的伍道沅同屬「微電子組」，在來來大飯店大會議廳舉行的討論會中做講員（見我的〈1984 島之歸〉一文。）。我很高興 10 年後與他重逢。

我對比我年輕很多的王正明很敬重，向他坦言此次為尋職來台灣。

他向我透露數日前（3月21日，週一）曾與 Daniel Chen 和力捷公司董事長 Frank Huang 拜訪王渤渤、夫人傅清秀、事業夥伴 Stephen Chen。。

我3月26日（週六）應邀搭公共汽車經不少週折找到解建新（Simon Hsieh）台北家，與他誠懇相談。他提到或許將來能合作創業。

3月29日台灣青年節那天剛好是大安森林公園開幕日，公園未完全建好卻先開幕。

我4月3日晨去新生南路懷恩堂，在教會一個半小時中感到心中寧靜。我祈禱也唱詩歌。我離去前在教會書店花200元買一本中文聖經。我那時除隨身攜帶 King James Bible 外，加上這本中文聖經。

我4月4日英文日記有如下片段：「……我感到極大回家願望，回南加州家園。我感到極大為親愛家人貢獻一切的願望，因我如此深愛他們。還有約一週就回家了，那是多美好的事。」

我那次台灣行中在雨萍家讀很多包括聖經在內書和文件，大多時都在讀讀讀，可謂讀書之旅。

我4月7日4點25分步入台北市南京東路力捷電腦公司（Umax）大門，會見 Umax 董事長 Frank Huang、他得力助手王正明、掌管 Umax 收購的 OCRON 公司的 Bobby Chao。

Frank Huang 告訴我他們籌備幾個大計劃，情況至5月或6月才較清楚，到時若有機會與我連繫。Frank Huang 和 David Wang 也提到他們之前與王渤渤會見。

我1994年4月13日在桃園國際機場搭西北航空公司班機經東京飛返洛杉磯。

我回家後4月15日（週五），王渤渤來電話邀我下週一去他 Torrance 辦公室會談。

我1994年4月18日（週一）晨開車去 Bobo 辦公室。我與 Bobo、他夫人 Christine、他夥伴 Stephen Chen（陳寬仁）開會。

我在他們辦公室感到舒適，覺得自己似乎又回到朋友中。我對他們三人都有好感，對首次見到的陳寬仁律師也尊敬。

我同意在 Laser printer（雷射印表機）相關計劃上協助他們，將來或有可能參與一些計劃，也同意初時不支薪，相信他們將來不會虧待我。

我 4 月 19 日收到 Bobo 傳真說已訂了我去日本和台灣的機票。我開始閱讀有關 Laser printer 資訊，為東京之行做準備。

Bobo 秘書 Ghazala Khan 4 月 27 日（週三）來電話說原訂 5 月 5 日機票改為 5 月 15 日（週日）飛東京，16 日（週一）抵東京。

我 4 月 30 日（週六）晨跑至兩英里外 Santa Ana River 與 Hamilton Ave 交接處的路橋。我那晨有些懶不想跑太多路，為少跑約四分之一英里而朝路橋下河畔水泥路一躍而下。我當時不經思考倉促下跳約 16 英尺高度，觸地剎那極強烈感覺此生在那刻就完結了。我極度疼痛躺在河畔水泥地不能動彈。（見我的〈慢跑人生〉一文。）

我受傷後躺在床上療傷，背上疼痛漸消失但仍不良於行。我 5 月 12 日（週四）傳真給 Bobo 說我因跳橋傷背無法 5 月 15 日陪他去東京。他要我好好休息，說以後再連繫。

- 36 -

我 1994 年 4 月 28 日（週四）突接 Dynatech 董事長（南加州著名人物）Denny Ko（柯如甦）一通電話，邀我去他公司談有關與他投資的一個科技公司合作的可能性。

我 4 月 29 日（週五）下午 3 點抵達 Torrance 他寬敞辦公室與他會談愉快。他談到台灣新竹科學園區欣象科技（Visionics）公司，問我有否意願扮演重要角色做該公司總經理。

柯如甦是南加州相當知名人物，我為能被他邀請與他相談感到與有榮焉。

我 5 月 5 日傳真我的簡歷至他家。

我那段時間因跳橋受傷背部疼痛（特別在晚上）。

柯如甦 5 月 8 日（週日）來電話說高興收到我傳真去的簡歷，說要安排包括他、我、台大電機系同學和 XEROX 公司老同事也是柯如甦重要助手 James Liao（廖和健）三人會議。

我 5 月 11 日（週三）中午到 Dynatech 與柯如甦和廖和健午餐，並相

談約兩小時。Denny Ko 說我與 Visionics 似乎相配，叫我撰寫一份如何改變 Visionics 策略方向的 Proposal（提案或建議書）。

我 5 月 18 日（週三）中午依柯如甦建議應邀與台大電機系老同學 XEROX 老同事老朋友 James Liao（廖和健）和 XEROX 和全友老同事老朋友曾憲章會見並午餐。我很高興多年後重逢敬愛的 Carter Tseng。

我那時段中花費不少時間閱讀、思考、計劃，5 月 26 日完成了 10 頁「Proposed Plan for Visionics International」。

我 5 月 30 日（週一）去柯如甦辦公室與他共進午餐並在開會時向他解說我撰寫的「Proposed Plan for Visionics International」。他聽後說很好並說可能 6 月中請我飛台灣一趟往訪 Visionics 公司。

1994 年 6 月初，Denny Ko 秘書 Christine 訂好我 6 月 16 日至 27 日飛台灣的機票。

我 6 月 8 日（週三）上午去柯如甦辦公室開會，與會者包括廖和健（James Liao）、他部門同仁、Visionics 美國行銷經理 Jay Gedanken。

我 6 月 9 日（週四）去 Anaheim Convention Center 參觀「Infocomm 94」展覽，對通訊產品感興趣也收集相關資料。

我 6 月 10 日（週五）晨步行至兩英里外 Hamilton Ave 與 Santa Ana River 交接處路橋（我一個多月前 5 月 30 日從此處一躍而下跌落 Santa Ana River 旁的步行道水泥路而受重傷。），用卷尺量橋高度為 16 英尺（相當於兩層樓屋頂那般高）。我見那數目時心中閃起瞬間恐怖。感謝神救我於那刻，賜我重生機會。

我 1994 年 6 月 16 日（週四）乘西北航空公司 NWA 001 號班機經東京 Narita 機場飛往台灣。我 6 月 17 日（週五）抵達台灣，一位 Jack Tsao 來接我，送我至 Denny Ko 國父紀念館附近公寓。

欣象科技董事長林志宏（C. H. Lin）6 月 18 日（週六）來電話說要見面。

我終於見到 C. H. Lin 第一面，初時對他印象不好，因他講話冲，講話時雙目不直視，但與他談罷分離時握手還算有勁（我一向不喜握手軟趴趴者。）。

林志宏 6 月 20 日（週一）來公寓接我去新竹科學園區欣象科技公司。

我上午與林志宏、David Wang（王法禮）、Chi-Chung Jui（芮奇中）等人開會，午餐於天外天餐館。

我之後分別與 David Wang、Chi-Chung Jui 開會。我對王法禮印象很好。我去新竹那幾天，他們安排我宿於公司宿舍。

我 6 月 21 日（週二）隨林志宏去台北開會時覺得不愉快感覺受挫失望。我 6 月 22 日（週三）與林志宏協同拜會交通銀行和行政院開發基金，過程還算友善。但午餐時，我與林志宏為某事（已忘何事）起爭執。

我心中已決定不與欣象續談合作，但林志宏連繫到我尊敬的老同事老朋友曾憲章勸我不要止談。

一位彭先生 6 月 25 日（週六）開車送我去台北交通銀行參加欣象科技董事會和年度股東會。林志宏會中將我介紹給大家，我也與一些董事交談。

林志宏 6 月 27 日（週一）晨來電話，談話似示友善，兩人雖曾對罵但似已和解。兩人畢竟都是真人直人。我當晚乘西北航空公司 NWA 002 號班機經東京 Narita 機場飛回洛杉磯。

我此次與柯如甦、林志宏、欣象的關係應是無緣份就如此無疾而終。此次經歷是我人生低潮中的插曲。柯如甦多年後因胰臟癌過世。

- 37 -

我又回到南加州海邊家園，在無所事事無聊日子中花費不少時間在樓上書房兼辦公室觀看那時電視上轟動全美 O. J. Simpson 殺死已離婚前妻的特大新聞。O. J. Simpson 原是我南加大讀書時候代表學校打美式足球的英雄，那時卻成為我鄙視的狗熊。

感謝神，我背傷逐漸好轉，也恢復每日慢跑和其他運動。

我又想創業了，此次想從小開始（start small）。我為下一個創業計劃取公司名為「偉盟」（Avimaxx），此英文名適用於與 Audio（音響）、Video（視頻）、Imaging（影像）等科技相關的公司。

我 1994 年 7 月 20 日晨開車去數十英里外 Hollywood 的 OpAmp Tech 書店買了如下四本書：

- Television Production Handbook

- Troubleshooting & Repairing Camcorders
- Digital Photography: Pictures of Tomorrow
- How to Digitize Video?

我讀上列書有助於規劃 V-Cam 產品系列計劃。

妻子菊齡 1994 年 8 月 5 日（週五）離開她工作了 10 年的 PG&E 公司。此能源相關公司遷總部至美國南方某州。她立刻去加州政府機構申請失業救濟金，公司也給她 9 個月裁員費（severance pay）。

我們夫妻倆同時失業在家沒有工作。兩人大幅清理整個屋子，整理出 20 包衣物，將它們捐給 Goodwill Industries。我們清理時，我心感莫名傷感。Daisy 將房子清理得乾淨整齊。

王渤渤 8 月 11 日（週四）上午來電話說下星期我們拜會一個科技公司。我很高興聽到他聲音，因已有一段時間無他消息。

南加州氣候那段時間極濕熱，我們靠海家附近亦如此。我們在家日子非常單調無聊。Daisy 看在眼裡說我不快樂，我不得不承認她說得對，我的確不快樂。

我那時段用英文寫日記中常加如下句子：「謝謝主耶穌基督，請助我。」

我 8 月 22 日（週一）日記中寫：「Daisy 仍積極尋找工作。此 gutsy lady 非常可欽可敬。我已學會與她平和相處無太多爭執。我要珍惜與她長久夫妻愛。她是我多年美好的女人。」

我計劃再去台灣，開始規劃取名 Capt-n-Cam 產品系列並構想相關創業計劃書。

我 9 月 15 日（週四）寫完 48 頁 Capt-n-Cam（其後更名為 Capt Play Cam）產品規劃書，其次要寫 Avimaxx 創業計劃書。

我 9 月 21 日（週三）完成所有產品規劃書和創業計劃書，也完成 Capt Play Cam 系統方塊圖（system block diagram）。

我向 Daisy 解說 Avimaxx 創業計劃書，驚訝於她居然毫無異議專心聽完。

我 1994 年 9 月 22 日（週四）再度乘西北航空公司 NWA 001 號班機飛往台灣。Daisy 送我至機場時對我說些鼓勵話。說也奇怪，我此次飛

台灣前將家內外包括三部汽車全都整好修好，至少可維持一年。

- 38 -

我 1994 年 9 月 23 日（週五）抵達台灣桃園國際機場。老同事老朋友好兄弟 Timson Lu（盧廷合）帶他姪兒來機場接我。我當晚宿於 Timson 湖口家。

Timson 前不久偶遇我 XEROX 和全友公司老同事老朋友梁欽曙，告訴他我將抵台灣。Leo 說歡迎我停留台灣時期住於他新竹科學園區靜心湖畔公司配給他的公寓宿舍。

我因此從 9 月 24 日開始住於梁欽曙宿舍公寓。我很感謝 Leo 讓我住在他有三間臥室的宿舍，每次離台回美時必留下足夠現金以求彌補住他公寓之擾。

我在 Leo 公寓能看到有線電視上的美國 CNN 節目。

全友公司老同事老朋友好兄弟 Jason Pao（小包）很大方把自己私人汽車借給我用。此車給我很多方便，讓我在新竹來去自如。

我 9 月 28 日（週三）邀幾位老同事老朋友好兄弟來 Leo Liang 公寓向他們解說偉盟創業計劃書（Avimaxx Business Plan）和 Capt Play Cam 產品系列規劃書。

他們當中大多表示願加入。我談到假使從小開始最初資本額，提起願投入台幣一百萬，其他六位兄弟表示願各投 50 萬台幣。我們那時暫定 1995 年 2 月 1 日成立公司。

我繼續改善產品規劃書和創業計劃書，也同時嘗試尋找願加入的研發人員，但如我預期此事並不順利。我 10 月 25 日日記寫：「我需建立一個團隊，無此團隊便無法成就此事。」

我每天慢跑、打籃球、打網球、走很多路，有充分運動。

妻子 Daisy 每週六從美國打電話來，夫妻倆談心聊天，是我極度孤寂中最愉快時光。

我停留台灣約兩個月，1994 年 11 月 17 日再度飛回美國南加州家園。

我 1994 年底回家後不像以往那般寂寞了，因夫妻倆都失業在家。

感恩節時，女兒心笛從北加州灣區工作地點回家，兒子凱翔從 Arizona 州 Tucson 市 University of Arizona 回家。全家四口團圓。

我 11 月 27 日（週日）向包括菊齡和我在內的 12 位有數十年情誼叫花幫朋友們講解偉盟創業計劃書（Avimaxx）和產品規劃書，他們大多表示願意支持我創業之舉。

我 1994 年 12 月 1 日（週四）飛往紐約，耀宗弟來機場接我。耀宗 12 月 3 日（週六）開車帶我去 Staten Island 看望住於養老院的父親。他那時身體尚可，握手還很有勁。他很不喜歡與他同房不停抽煙的室友，在那裡過得不很愉快舒適。

我趁紐約之行與那時住耀宗弟和重芬弟妹家的母親談很多話。她那時身體狀況尚可，減少了我些許希圖創業之際的後顧之憂。

我離紐約回南加州前向耀宗解說 Avimaxx（偉盟）創業計劃書和產品規劃書。耀宗說若公司成立他願投一萬美金。

兒子凱翔 12 月 5 日（週一）晚從 Tucson 學校宿舍來電話說他收到加州大學河邊分校（University of California, Riverside，簡稱 UCR）電腦學系（Computer Science Department）1995 年春季入學許可。我聽後很高興，因他可回加州。

我 12 月 7 日（週三）送傳真給王渤渤告訴他我的 Avimaxx（偉盟）創業計劃書和產品規劃書，不知他會有何反應。

妻子菊齡 1994 年 12 月 8 日（週四）開始去某公司做兩至四週臨時性會計工作，將來能否轉為全時工作仍未得知。

我那些年從未停止過清晨慢跑、下午籃球、擊打網球等數十年基本上未曾間斷的運動習慣，帶給我健康身體和年輕樂觀心態。

王渤渤 12 月 15 日（週四）下午四時不知從世上何處打來越洋電話說已收到我傳真，要我 12 月 19 日（週一）上午 10 時去他辦公室談談。此通電話讓我驚訝，因我基本上已不存任何 Bobo 與我連繫的希望。

我 12 月 19 日（週一）去王渤渤和 Steve Chen 的 Torrance 辦公室與他們會談。我向他們簡介 Avimaxx（偉盟）創業計劃書和產品規劃書，

他們也向我提到將在可能在台灣設辦公室，問我願否考慮加入那計劃。此事使我當晚失眠。

我 12 月 21 日（週三）應邀去 Bobo 辦公室開會，基本上同意初時以不支薪方式與他們合作。這表示我前此 Avimaxx 創業計劃似乎暫停，然而之後的發展使得我不得不承認 Avimaxx 努力並非全然浪費而是當時未能預見將來發展的伏筆。

我與 Bobo 似乎突然間又開始一起工作了。這是我一個多月前從台灣回美國時完全沒有預料到的。

我 12 月 22 日（週四）撰寫我們（Aetas & Associates）與日本 KVIO（Konomi-san 公司）在印表機技術上初步的 Business Proposal（合作提案計劃），傳真給他並電話溝通。

我與王渤渤和 Steve Chen 的了解是我 1995 年 2 月初正式加入 Aetas。

我 1994 年聖誕節左右幫王渤渤擬了一個 Aetas 預算，並搜集閱讀電池科技相關資訊。

王渤渤 1994 年底邀全友老同事黃福生（Roger Huang）來美國。我們幾位 12 月 28 日（週三）同去拜見一位南加州發明家 Peter Tsai。他有很多發明，包括用磁當做能源與磁相關的產品技術。Bobo 說他前此曾拜訪 Peter Tsai 不下 24 次。

有數十年情誼的叫花幫朋友們 1994 年 12 月 29 日（週四）相約來家裡，說要把投給 Avimaxx 的支票交給我。

我很感動並感謝他們，向他們解釋最新與王渤渤合作機會，也提到將來或許仍有機會讓他們投資。（此事之後果然成真，此是我當時未能預見的未來發展的伏筆。）

我 1994 年 12 月 31 日（週六）送走另一個我曾經奮鬥過、曲曲折折、已成人生歷史的 1994 年。

- 40 -

我 1995 年第三天（1995 年 1 月 3 日，週二）至洛杉磯國際機場搭

長榮班機飛台灣。

　　我在 LAX 機場打一通電話給 Bobo，他兩天後（週五）也隨後飛台灣於 1 月 6 日（週六）抵台灣。我希望那次台灣之行是好開始，也是人生轉折點。

　　老同事老朋友好兄弟盧廷合 1 月 4 日（週三）晚接我於桃園國際機場。我住入老同事老朋友梁欽曙新竹科學園區靜心湖畔宿舍公寓。

　　我 1 月 6 日（週五）晚上去 CKS 機場接 Bobo，回到 Leo 公寓時是次日（週六）清晨。

　　我和王渤渤 1 月 7 日（週六）見到兩位全友老同事 Aleko 和 Kent，也參觀 Aetas 將要租用進駐的新竹市光復路旁 8 樓辦公室。

　　我和王渤渤當天在 Leo 公寓見到華邦（Winbond）CEO 楊丁元，與他相談甚歡。

　　王渤渤、我、Leo 三人 1 月 9 日（週一）同去拜訪旺宏 CEO 胡定華，在他辦公室與他相談甚歡。

　　我和 Bobo 1 月 10 日（週二）晨散步靜心湖旁時，偶遇老同事老朋友曾憲章，與他在湖畔相談甚歡。

　　小王 1 月 11 日（週三）晨載王渤渤和我至台北世貿中心參觀多媒體展（Multimedia Conference）。

　　當晚是小包的婚宴。我在大宴席中見到很多老同事老朋友好兄弟。我在大家喝酒歡談之餘深感似乎又回到往日曾有的人氣歡樂。

　　我當晚日記如此寫：「感謝主耶穌基督在前此 1993 年和 1994 年兩個特殊年中引導和幫助。雖然日子曾經很苦，但最近發展看來不錯。我要珍惜。」

　　Bobo 1 月 13 日（週五）飛回美國。我也次日（1 月 14 日，週六）飛回美國。那次台灣之行是人生轉折點（我當時未料將來仍有其他轉折點。）。

　　我事業人生如此繼續。

-41-

　　我 1995 年 1 月 18 日（週三）去 Huntington Beach Central Library 借

了六本有關電馬達和電力車（electric motors and electric vehicles）的書。

當天日本發生大地震，超過三千人喪生，也有很多人不知去向。就在次日（1 月 19 日，週四）Konomi-san 從日本飛來洛杉磯，早上九點抵達 Aetas Associates 辦公室。

他立刻展示他申請專利的 Voice I/O device（音響輸入輸出器），給我們深刻印象。我們與他談技術和策略相關諸事。我們會後送他去 LAX 飛返東京。

我 1 月 20 日（週五）在 CompUSA 買了 Toshiba 1900CS 筆記型電腦和 Motorola Data/Fax Modem。此二者在一起等於是我的可攜式辦公室，我帶它們至世上任何有電話線處就能幹活。

我一月底又買 Portable Canon Bubble-jet Printer（可攜式印表機）。此三者合在一起就是我的 Portable Office（可攜式移動性辦公室）。

1 月 23 日（週一）清晨，一件我直到數十年後今日仍然不解的非常奇異事情發生。我和菊齡已睡著，兒子凱翔突然敲門說有人打電話給我。

我迷迷糊糊接過電話，聽到對方一位女人說：「This is Shirley and this is Leor.」我說：「Hello.」但對方無反應。

我之後幾分鐘中聽到一些奇怪雜音，然後聽到一些電子機器聲音，此狀況持續兩個半小時。我握電話機坐在椅上很久很久，然後站起短時，然後躺在書房沙發很久很久。

電話機彼端無任何人聲。我清晨 3 點 30 分左右實在累得吃不消，便掛斷電話。此事直至數十年後今日仍是不解之謎。

我那時段中如同上班一般天天開車至王渤渤和 Steve Chen 在 Torrance 市 Aetas & Associates 辦公室，與王渤渤等開會並做 Aetas 相關諸事。

我 1995 年 1 月 26 日（週四）下午隨王夫人 Christine 去 West LA 拜會 Leor Warner。那是我此生首次也是最後一次付 75 塊美金請人算命。

40 歲左右的 Leor Warner 是彬彬有禮謙謙君子的美國人，他依我生辰口述一小時左右替我算命的結果，同時錄於錄音帶。

Leor Warner 對我個性描述得相當準確。他對之後短期中發生的諸事預測得似乎也頗準。有基督信仰的我應不會相信此類算命，那是畢生僅此一次的有趣經驗。

我有那次算命是因 Christine 和王渤渤為某些原因希望每位參與 Aetas 者都算一次命。

我後來聽說 Leor 是同性戀者，但他是相當可敬的謙謙君子。

我 1995 年 2 月 3 日（週五）在 LAX 乘長榮航空公司班機飛往台灣，2 月 4 日（週六）抵達台灣。負責 Aetas 總務的王邦偉來桃園國際機場接我，送我至光復路旁 Aetas 辦公室辦公大樓後面公寓大樓的 20 樓宿舍。

那時是台灣農曆新年期間，我聽到遠近鞭炮聲。

我和王邦偉 2 月 6 日（週一）去桃園國際機場接從美國飛來的 Bobo，送他至 Aetas 宿舍。我和王渤渤同住於此公寓宿舍，他宿於主臥室。

我每日清晨去公寓後 18 尖山慢跑 40 分鐘，然後回宿舍再陪 Bobo 爬 18 尖山。

Bobo 和我 2 月 9 日（週四）上午飛往香港與兩位 Thomson CSH 公司高階主管開會談合作可能性。

Bobo 和我 2 月 10 日（週五）前往經全友老同事 Freda Feng 引介安排的台北 Wang Films Production 公司拜會談合作可能性。

我當晚（其實是週六清晨）睡夢中被鬼壓身。一個強有力惡靈試圖壓我身控制我，我幾經掙扎才得解脫。那是我人生中首次被鬼壓身。鬼壓身之事短期內又發生兩次。

我數年後出差日本時發生一次被日本鬼壓身經歷。我此生被鬼壓身四次。鬼壓身與一般夢魘不同，不可同日而語。

Bobo 與他兩位律師夥伴 Steve Chen 和 Bill Lee 2 月 11 日（週六）在辦公室新建的會議室開會，我被邀旁聽。

與我英文名同名的美國律師 Bill Lee 是中歐混血兒：爸爸是華裔，媽媽是法蘭西裔。媽媽曾任職南加州 Disney Studios。Bill Lee 另一綽號是「Bill Lee the Tiger」（他屬虎，我屬馬）。Steve Chen 和 Bill Lee 兩位當晚都住宿舍，因次日和下週都有會議。

我 2 月 12 日（週日）在 8 樓 Aetas 辦公室選用最左後方近窗的 cubicle（隔間），在那隔間渡過不滿一年異於前此人生和之後人生的歲

月。

欲知後事如何，且待將來發展。

Aetas 光復路旁辦公大樓 8 樓辦公室已裝潢得有模有樣，我希望在此能大有作為。

Steve Chen 和 Bill Lee（the Tiger）週日和週一都在 Aetas 會議室開會。大家為辦公室取名 Aetas Technology Center（簡稱 ATC，Aetas 技術中心）。Aetas 做為產品技術孵育中心有此名是相當貼切的。Aetas 是拉丁文，其意為：「lifetime, age, generation, period, stage, period of life, time, era.」。中文譯為「時代」，象徵「新時代降臨」。

我和 Bobo 2 月 13 日（週一）去 ITRI（工研院）與他們談電動摩托車（Electric Scooter）產品技術。我試騎他們開發的電動摩托車 Prototype（樣機），騎起來相當順暢。

Acer Peripherals, Inc. 幾位高階主管 2 月 21 日（週二）來 ATC 拜訪，他們是李焜耀（K. Y. Lee）、嚴鴻銘（H. M. Yan）、盧煌煬（Louis Lu）。王渤渤和我在會議室與他們會談並交換意見。

建邦顧問股份有限公司（Champion Consulting Group, Inc.）的李執鐸（Jyr-Dwo Lee）和鄭金泉（Jacy Cheng）也同日來 ATC 拜訪、開會、交換意見。

王渤渤同日亦主持有關 Book-sized Laser Printer（簡稱 BLP，書本大小的雷射印表機）和 Color Laser Printer（簡稱 CLP，彩色雷射印表機）會議，日本飛來的 Yuji Hiraoka-san 在會中解說他發明的雷射印表機。

那時是 Aetas Technology Center 初創期，王渤渤篤信佛教的夫人 Christine 旅行印度。她請王渤渤搜集我們幾位（Bobo、Steve Chen、Bill Lee the Tiger、我）簽名字樣傳真給她，她請當地 Guru 分析。我雖好奇卻不好意思問，但至今仍不知當時 Guru 分析結果如何，尤其是我的簽名。

我 2 月 22 日（週三）陪日本 Yugi Hiraoka-san 和 Wataru Ohara-san 去台北 Acer Peripherals, Inc. 公司（施振榮所創宏碁電腦集團一部分）拜訪。

我們與 Acer 工程師討論他們新開發的雷射印表機，雙方討論雷射印表機相關的產品科技。我台北會後送兩位日本來客至桃園國際機場飛回東京，在機場適逢剛從印度飛回台灣的 Bobo 的夫人 Christine。

大家都很高興 Christine 旅印歸來。她回到 Aetas 宿舍後送一些禮物給一些人，包括給妻子菊齡的貓眼石（我們很珍惜此石。）。

王渤渤和 Christine 2 月 26 日（週日）飛回美國。

王渤渤不在此時，我幫他暫管辦公室，包括保管 Aetas 銀行帳戶本、付幾位初期員工薪水等。我們那時去看汽車，也幫王渤渤下決定買了 Toyota Accord 為公司車。下次王渤渤回來時，我們就開此車接他。

我 1995 年 3 月 1 日（週三）打電話給菊齡（Daisy）。她說世上最大房產管理公司之一的 Koll 公司聘她為會計，雖薪水比從前公司低，但畢竟是好消息。奇妙的是就在那刻我們夫妻倆同時有工作。感謝讚美天父和主耶穌基督。

我那時撰寫 ATC 針對當時（1995 年代）大陸市場 e-Bike（電動腳踏車）產品規劃書。

我們 3 月 20 日（週一）與日本 Masao Konomi-san 開會，就他的 KVIO 專利技術與他簽合作約定。將正式加入 Aetas 全友老同事老朋友好兄弟牟卓吾（Joe Mou）將負責此計劃。

王渤渤 3 月 21 日晨乘 UA 班機經三藩市飛回南加州，我當晚乘長榮航空公司 BR012 班機直飛洛杉磯。兩人約在同時抵達洛杉磯。

我 3 月 21 日（週二）至 4 月 4 日（週二）停留整整兩週於南加州海邊家園。我和菊齡 4 月 2 日（週日）送兒子凱翔（Kenneth）至 University of California, Riverside（簡稱 UCR）去加州大學就讀。

我那時因 Aetas 整體內部和個人因素漸萌些許不安於心，預感人生道上似又昇起烏雲。雖如此，我心中已做好應對準備。

我 1995 年 4 月 5 日（週三）又飛回台灣。

- 43 -

美國 1995 年 4 月 15 日（台灣 4 月 16 日）發生 Oklahoma City Federal Building 被炸悲慘事件，死 168 位美國人。我當時日記有如下片段：「……我為 Oklahoma Federal Building 遇難者祈禱。做此惡行者應槍斃一千次。……」

全友老同事黃福生（Roger Huang）1995 年 4 月 17 日（週一）正式

加入 Aetas Technology Center（簡稱 ATC）。

王渤渤和兩位律師夥伴（Steve Chen 和 Bill Lee the Tiger）在沙地阿拉伯拜訪 Aetas 投資者時，全友老同事陳志明（Kent Chen）4 月 18 日（週二）晚邀請王夫人 Christine、黃福生、我去南寮海邊吃海鮮。

我們吃喝短時後，Timson、他老同學劉武洲、他們兩位朋友老葉、老葉姐夫突然出現我們桌旁打招呼。他們四位找到另桌吃飯喝酒。

他們之後再來我們桌旁，我們介紹他們給 Christine。她突然開始告訴他們對每位的直覺、感到每位的將來、感到每位的個性。我震撼於她說的話，覺得她或能看透我整個人。

Christine 次日飛往土耳其（Turkey）。

我和陳志明 5 月 2 日至 6 日去上海出差。

我們 5 月 3 日（週三）晨去上海浦東參觀 Micro Motor Company。我們當天下午拜訪一位對電池馬達頗有研究的溫州人氏孫宏廉先生。他有很好人脈，是我們大陸可用的顧問人才。

我們 5 月 5 日（週五）上午參觀代理很多上海地區電機公司產品的批發商，但所獲有限。我們當日中午會見帶著兩個鉛酸電池與會的高先生，中午請他午餐於廣式餐廳。我們當日下午拜會一家電馬達公司，拿到兩個樣品帶回台灣，頗有收獲。

我們 5 月 6 日（週六）從上海飛回台灣。我隨即 5 月 7 日（週日）從台灣飛回美國。

我那時雖然辛苦飛來飛去，但忙碌中感覺人生較豐富。我 1993 年初開始孤寂兩年多後特別珍惜與人互動的機會。

我 5 月 8 日（週一）開車至 LAX 機場 EVA Air 櫃台問他們有關飛機上遺失老花眼鏡和 Toshiba 電腦老鼠兩事，他們說無法找到。我本想直接回家，但突然想起王渤渤華航 CI006 班機將要降落，便決定在機場等候。

我居然等到王渤渤、Christine、Roger Huang 他們三位。王渤渤女兒小龍開他們家的 Lexas 車來接，但無法將三個人和所有行李全塞進去，我剛好陪送到他們 Palos Verdes 家。

Roger Huang 此來為見難相處難合作的 Peter Tsai，但是 Aetas 與 Peter 在產品技術上的合作終於就如過眼煙雲不了了之。

Christine、Bobo 、Steve Chen、Bill Lee the Tiger 5 月 18 日（週四）開董事會於 Torrance Aetas 辦公室。Bobo 和 Steve Chen 告訴我說要我做新竹 Aetas 辦公室的 GM（General Manager，總經理）。我說可以但此事那時不能也不宜對外公布。我那時感覺他們四位對我很好。

我在南加州待兩週後 5 月 20 日（週六）乘長榮 BR011 班機飛回台灣。

我們 5 月 27 日（週六）下午舉辦「全友校友會」，很多全友老同事都出席。我在會中替王渤渤簡介 Aetas Technology Center（簡稱 ATC），之後大家討論。Aetas 當晚宴請大家，喝不少啤酒，老同事老朋友吃喝之餘相談甚歡。

我和王渤渤 6 月 2 日（週五）參觀木柵動物園。我們入園時很詫異一位年輕人見到我們時問說：「你們是新黨的嗎？」。

我和王渤渤 6 月 3 日（週六）去台北菊齡表姐夫和表姐家晚餐，席中也有菊齡大哥雨萍和大嫂雪琴。

我那時非常忙碌，但有時晚上也偶爾輕鬆一下參與老同事老朋友好兄弟邀請參與如唱卡拉 OK 等活動。

Christine 6 月 16 日（週五）晨與我稍談，此談使我不安，心想此後願否續待於 Aetas 仍是問號。

我們 6 月 20 日（週二）整日開有關第二階段 e-Bike 產品、技術、業務會議。

6 月 22 日（週四）晚，Christine、我、如哥兒般與我互敬的張先智（Cynthia Chang，Aetas CFO，也是全友從前投資的光大公司 CFO。）開會，會中 Christine 提出將請 Roger Huang 任 Aetas 執行副總（Executive VP），問我是否 OK。我說當然，心中鬆一口氣，想到以後不必傷腦筋管人事，也不必向 Aetas Technology Center 董事會報告。

公司當晚宴請員工，餐後 Cynthia Chang 和我散步新竹街頭、傾心相談、講心中真言。我更多了解她前此的人生，也更增對她的尊敬。

- 44 -

我 6 月 25 日（週日）待台灣一個多月後又飛回南加州家園。

我 6 月 27 日（週二）收到王渤渤任用 Roger Huang 為 ATC Executive VP 的公文。

我此次待在南加州訂了我們全家四口9月2日至9日夏威夷之旅的飛機票。我訂機票時全未想到當我們九月遊夏威夷時我將已離 Aetas。世事真難料。

Christine 7月2日（週日）來電話談很久，她叫我考量並寫下我自認在 Aetas 的角色。我寫了兩頁簡述次日（週一）交給她和 Steve Chen 看。

我此次停留美國南加州兩個多星期中無大建樹，但很高興與菊齡共渡美好時光。

我7月9日（週日）乘西北航空公司班機經已六月未見的東京 Narita 國際機場飛回台灣。我覺得西北機上食物比長榮好吃。我飛程中閱讀很多資訊，也思想很多事。

我此次回台灣，心情又觸人生低點。我全未料到好日子僅維持不到半年，真所謂好景不常世事難料。

我1995年7月23日（週日）英文所寫日記如下：「……我不滿此刻人生。我1984年或更早就開始想要創業。我十年中一直欲創始一些事。雖或有人說我已老，但我實仍年輕。我真想自己做出些什麼，或許我一些最值信賴的朋友兄弟能提供一些幫助。……」。

我那時非常沮喪深覺無法再待在 Aetas。我7月25日（週二）中午打電話給妻子菊齡告訴她最近事態並請她做好面對我將辭職的決定，也告訴她我們全家四口9月2日至9日仍將去夏威夷享受全家之旅。我同時也將心態坦告兩位信賴的老朋友好兄弟 Joe Mou 和盧廷合。

我7月26日（週三）送傳真給美國的 Bobo，告知我決定將一個月後8月25日辭職。王渤渤來電話過說看了我辭職傳真信後思索約30分鐘。他說10天後回台灣再與我面談。

當晚 Timson 在客棧粵菜餐館請晚餐，席中有全友老同事老朋友好兄弟 Dragon Wang（王玉龍）和劉武洲相伴。他們都已知我狀況並希望我心情好些。我告訴他們我將再度計劃此後人生，也坦承全然不知今後將如何。

我1995年7月27日（週四）日記有如下片段：「我突然間又面臨今後人生何去何從。我思想、分析、列出幾種決擇和選項如下：

（1）最簡單或最困難是啥事兒都不做。我回美國南加州家園妻子菊

齡身旁，靠積蓄和房產應過得很好。菊齡仍有工作和公司提供的健康保險。我在家讀書寫作或能出書。

（2）第二選項是再度創業成立科技公司，希望能聚集一個隊伍最終達成多年的追求和夢想。我若選此項則應詳思、計劃、撰寫全新創業計劃書。此選項是之前嚐試多次最熟悉的選項。

（3）第三選項是在美國加州家園附近開創家庭事業，希圖有不錯的業務和金錢回收。此選項可讓我與妻子菊齡緊密相連共渡餘生。」

我 7 月 29 日（週六）參加安鴻科技股份有限公司開幕式。

安鴻負責人是李清吉先生，經理人是先前任職於全友公司製造部我的老朋友好兄弟小包和許志清。我很高興他們採用我為他們公司取的英文名 Amanco，選此名有二因：（1）名字始於 A 排列時較前，（2）Amanco 意為「A manufacturing company」。我在取名過程中其實取了 22 個英文名，最後建議用 Amanco。

我那時應是 Aetas 辦公室最寂寞無聲者。

我 7 月 30 日（週日）送兩位老朋友好兄弟盧廷合和 Joe Mou 飛日本與從美國飛往日本的 Bobo 和 Steve Chen 會合去拜訪 Minolta 公司。

Timson 8 月 3 日（週四）從東京飛回台灣。Timson 回來後安排當晚相聚某餐廳，席中包括 Timson、Dragon、劉武洲、葉倫陸、我五位。大家喝 Timson 從東京帶來的 Whiskey，我也喝不少。

我醉中不知是否聽到 Timson 或其他人說到觸動我心悲傷的話而痛哭起來。Dragon 和 Timson 坐我身邊安慰我，我感到好兄弟們對我溫情。

王渤渤 8 月 5 日（週六）下午從東京飛回台灣後找我談我辭職事。他說話讓我更覺需離 Aetas。我之後去新竹市區走很長很久路，居然偶遇長久未見的離全友後創始 Avision 公司的 XEROX 和全友老同事陳令。

陳令是虔誠基督徒（我那時尚未受洗成為基督徒。）我覺得在新竹街頭見到陳令並非偶然乃是神安排。見到他增強我離開 Aetas 的決心。

我 1995 年 8 月 7 日（週一）上午向王渤渤和 Roger Huang 呈遞正式的辭職函。我離開 Aetas 非因對錯恩怨，只因緣盡。

我那時正撰寫一份〈Proposed Strategic Plan for E-Scooter Joint Venture in Taiwan〉文件。我已遞辭呈，無事可做，等候正式離職飛回美國。

1995 年 8 月 25 日（週四）是我在 Aetas 最後一日。當晚，我的朋友們兄弟們在南寮一家餐廳給我餞行。我離開前一位接一位擁抱他們。

我原訂 8 月 26 日（週五）乘西北航空公司 NW002 班機飛回美國，但飛機臨時發生引擎問題。西北安排我們轉乘其他班機經 Oregon Portland 飛回洛杉磯。我下午 2:50 PM 抵達 LAX，比原訂 NW002 班機遲了將近五小時。

- 45 -

1995 年 9 月 2 日至 10 日，我、菊齡吾妻、心笛吾女、凱翔吾兒在夏威夷渡過 9 天美好假期。我們四人去夏威夷的飛機票是用西北航空公司里程換來的免費機票。

我們遊 Oahu、Maui、Hawaii Island（Big Island）三島，非常享受那次難得的全家之旅。菊齡是她最甜蜜的自己，心笛和凱翔也都很欣賞那次旅遊。

我在旅途中有空就讀 James Michener 寫的小說《Hawaii》，很欣賞此書，James Michener 成為我最喜愛作者之一。我此後人生中搜集閱讀幾乎他所有著作。

我們於我和菊齡 28 週年結婚紀念日 9 月 10 日半夜飛回洛杉磯。

我從夏威夷回家後又開始面對下一段人生。將來會如何？Doris Day 唱的那首 Que Sera Sera 歌不是說「The future's not ours to see.」嗎？

全友老同事也是越南華僑 Loi 9 月 15 日（週五）來電話問我有無興趣根據他的一項產品創意成立公司創業。我說好，Loi 說次日就來與我談。

美國全友子公司老同事 Loi 和 Carol 9 月 16 日（週六）來我家，我請他們午餐。

我們下午在我書房兼辦公室會談。Loi 簡介他的一項與影像掃描相關的產品構想。我聽後覺得構想頗佳。我們三人同意向前進行。

我立刻傳真給台灣幾位老朋友好兄弟就此新機會相告。我暫定用 Avimaxx 為此新機會的公司名。

我那日起又開始「發奮圖強」，不斷閱讀、思索、計劃、撰寫另一冊創業計劃書。

我 1995 年 10 月 14 日（週六）解說初步的創業計劃書給 Loi 和 Carol。他們兩位 10 月 17 日（週二）又來我家。我們在小魏川菜午餐開會，坦誠談論相關諸事。

他們兩位對此創業機會似很認真。我前此兩年多已多次做類此創業努力，只能說盡我全力維持最好希望但也隨時準備面對最壞結果。我如此心態之後證明正確。

我 1995 年 10 月 19 日（週四）從美國飛台灣。又暫住老朋友老同事梁欽曙科學園區靜心湖畔宿舍公寓。

我 10 月 21 日（週六）向三位老朋友好兄弟簡介最新的 Avimaxx 創業計劃書。他們反應似乎不錯，但我知那只是初時感覺。

我那段寂寞時期常閱讀隨身攜帶的聖經，也常為我自己和許多人祈禱。我希望和祈禱神引導、幫助、保護我於今後將走的人生路。

我除不斷更新創業計劃書外，也撰寫我訂名為 ScanDrive 產品規劃書，其構想源自 Loi。

Loi 10 月 31 日（週二）飛來台灣。我 11 月 2 日（週四）晚與他共進晚餐，也談創業計劃書。他也傳達 Carol 請他轉達的建議和批評。

Loi 和另外兩位老朋友好兄弟於 11 月 4 日（週六）下午來公寓開會。我簡述目前狀況，也簡介並共同審閱 ScanDrive 產品規劃書，也略談將來公司組織架構、技術股份架構、大家共投五百萬台幣現金投資，也談尋找願投資八千萬台幣投資者的重要目標。

Loi 11 月 6 日（週一）下午來電話說了些讓我很不舒適的話。我們當晚在信義牛肉麵吃晚餐。他向我說了些讓我不悅的話，我也毫不客氣直接回覆他。

我發覺我與 Loi 和 Carol 有太大的距離和誤解，深感不值花如此多時間、精力、金錢再度做一次毫無收益的白工。

我 1995 年 11 月 14 日（週二）乘西北航空公司班機飛回美國南加州家園。

我 1993 年初開始奮鬥近三年，1995 年尾再度無功而返。

- 46 -

我回到海邊家園後，每日白天都與寂寞相伴，因菊齡白天上班。

我每天日記中常見的字句是：「我不知如何走前面人生路。（I don't know what to do with my life ahead.）」。

我 1995 年 12 月 1 日（週五）飛紐約。耀宗弟重芬弟妹來機場接我至他們長島附近家。

耀宗次日（12 月 2 日，週六）帶我去 Staten Island 老人院看望父親和母親。

我中午請他們在附近中餐館午餐。那是很好的小團圓，只差 San Diego 燦宗弟沒在，否則我們三兄弟從小至大五口小家庭就都到齊了。爸媽似都很高興見到我，我也很感欣慰。

我 12 月 6 日（週三）在一個中文連續劇中看到故事中某公司前總經理尋找計程車司機或出租車師父工作養活一家三口人。我那時想：那不就是我自己目前的寫照？

我 12 月 11 日（週一）英文日記如此寫：「凱翔吾兒週六從學校宿舍打電話回家說他生病不舒服（可能是流行性腸胃病毒）想回家。我和菊齡開車去 UC Riverside 接他回家休養。他在家裡睡了整個週六晚至週日晨覺得舒服多了。我們週日下午送他回學校。本週是他的期終考試，希望他能考好。

主耶穌基督：請幫助引導凱翔吾兒，請保佑他此時學校的學業和將來畢業後的事業。請保佑他與其他人在基督裡的團契和人際關係。感謝主耶穌基督。

主耶穌基督：請保佑心笛吾女的事業和她能找到最好是基督徒真正永遠愛她疼她的丈夫。感謝主耶穌基督。

主耶穌基督：請保佑我父親和母親有比較愉悅和健康的日子，今後日子中開始閱讀我送給他們的聖經，願意追隨信仰基督。感謝主耶穌基督。

主耶穌基督：請保佑耀宗吾弟有好的婚姻關係和改善與兒子的關係，有好的健康和萌生對基督的信仰。感謝主耶穌基督。

主耶穌基督：請保佑燦宗吾弟有與妻子較好的關係（燦弟那時尚未與前妻分離）。感謝主耶穌基督。

主耶穌基督：請保佑菊齡吾妻有較好工作、健康身體、對耶穌基督

從菜鳥工程師開始

信仰、對我將來努力的了解和支持。感謝主耶穌基督。

　　主耶穌基督：請在我將來人生路和事業上導引幫助我，請佑助我做正確決定。我已疲於長久待於家中無所事事。請佑助我達至人生創業理想。感謝主耶穌基督。」（我那時尚未受洗成為基督徒，但不斷閱讀聖經和祈禱。）

- 47 -

　　嶄新的 1996 年在 1 月 1 日（週一）開始了，對我而言可能又是無趣無聊的一年。我甚至未立新年的決志。1996 年缺乏興奮的啟始。

　　我 1996 年 1 月 14 日（週日）日記寫著：「我很好奇 1996 年底我將會渡過何樣的一年。我希望這一年將會是很好的一年。」。

　　我又開始從事再一次嘗試。我應算是相當倔強的人，不論遭遇多少次失敗卻從未放棄。我不斷閱讀書籍文件（包括技術、非技術、管理、行銷、業務等各方面），繼續撰寫新創業計劃書和產品規劃書。我也為新創業計劃書取了嶄新的公司名：「Avigramm Technologies」。兩個多月就在如此的努力中過去。

　　我 1996 年 3 月底向台灣老朋友好兄弟 Timson 透露最新創業計劃書。他 4 月 1 日（週一）從印尼旅遊回來後打一通越洋電話來說他次日要與一位鄭先生（日文發音 Tei-san）談談。我說好，但經過三年多折騰其實不懷厚望。

　　我 4 月 5 日（週五）清晨收到 Timson 傳真。我於菊齡離家上班後打電話給 Timson。他說曾與 Tei-san 提起並談過我最新創業構想和計劃書，Tei-san 說願意考慮投資 Avigramm。

　　我 4 月 8 日（週一）日記寫著：「我過著極為無聊的人生，每日似乎是前一日的翻版。我的人生如同是損壞的錄音機，每日播放著同樣無聊的音樂。」

　　我 4 月 11 日（週四）日記寫著：「重讀數年前的日記，那時是多麼多彩多姿的人生。很多人，很多事。此刻卻是無聊和不值過的人生。我極需儘快有人生的轉折點。這使我想起喜聽的陳美鳳唱的台語歌〈繁華攏是夢〉，過去繁華攏是夢啊。」

父親四月中在紐約行手術，割去腸內瘤，尚不知良性或惡性。耀宗 4 月 30 日（週二）從紐約打電話來說爸爸腸裡割出的瘤是癌性。他因不吃任何東西，已瘦成皮包骨。

耀弟和燦弟都希望我飛一趟紐約。燦宗弟於 5 月 9 日（週四）從 San Diego 打電話來說父親病危。

我 5 月 10 日（週五）傍晚飛抵紐約。耀宗弟重芬弟妹接我後直奔 Flushing Community Hospital 去見父親。

耀宗 5 月 12 日（週日）載我去 Staten Island 看望住於老人公寓（Nursing Home）的母親。我們當日下午帶她回耀宗家暫住一星期。

耀宗和重芬週一週二都在曼哈頓聯合國辦公室上班，我陪媽媽每日看望爸爸兩次。

我 5 月 15 日（週三）乘 USAir 97 號班機飛回南加州。

我費時規劃 Avigramm 產品系列並更新相關的創業計劃書，同時計劃再飛台灣一試。

我 1996 年 5 月 28 日（週二）再度飛往台灣。

我初到新竹兩星期中有很多老朋友好兄弟聚餐機會。我只要找到適當時機就簡介一下 Avigramm 創業計劃書。我同時也尋找將來可能的合作夥伴，特別是研發方面的未來員工。好兄弟 Timson 在此過程中一直在旁協助。我同時費時撰寫 ScanWare 168 和 ScanWare 368 兩種產品系列的產品規劃書。

Timson 和我 6 月 24 日（週一）開車至鄭老板（Tei-san）工廠與他會談。Tei-san 說他會幫忙募資讓 Avigramm 得以成立，並說週四回覆我們。

我每週一步行至園區辦公中心附近的投幣式洗衣店去洗衣乾衣。我 7 月 1 日（週一）去洗衣店取衣時遇奇異事：一雙雲雀鳥數度朝我飛來、飛我頭上、向我唱美麗歌。歌聲似乎在說：「Greet-You, Greet-You, Greet-You, ...」，然後飛離。我站於原地良久，回頭看著飛離的牠們。我那時心想：「是神差天使藉兩隻雲雀送訊息給我嗎？」

我一星期後 7 月 8 日（週一）中午走向科學園區第二餐廳，似乎就是一週前那雙雲雀鳥兒再度飛我頭上，翅膀發出奇怪聲音。我覺得牠倆似乎認識我，牠們動作似乎專門針對我。我當時有點被嚇到感覺，心中

又興起「難道是神差天使藉那對雲雀向我傳達某種訊息嗎？」念頭。

我和 Timson 7 月 11 日（週四）去桃園見 Tei-san（鄭老板），與他吃飯、喝酒、唱歌。他說他會再與朋友們溝通有關願否投資 Avigramm 事。我從他口氣看出對此事不確定性。

我 7 月 12 日（週五）去台北拜訪敦南科技（LITEON Semiconductor）。我如約早上 10 點半抵達，與行銷工程師針對敦南接觸式影像感測器（contact image sensor）開會。此感測器在未來的 Avigramm 產品系列中將扮演重要角色。

那時適逢台灣夏季，天氣濕熱。我每次外出交通工具不是雙腿就是公共汽車，每日炎熱烈日下大量流汗極感煎熬。我在那種情況下，再加籌措資金、網羅人才、尋覓夥伴等等的不確定性，有時感嘆此次來台灣可能又是一場空。但我已奮鬥了三年半多就繼續奮鬥下去吧。

我雖辛苦但仍盡可能維持數十年不斷的運動習慣：每日慢跑、其他運動、打籃球、打網球，保持自己身體於最佳狀況，使我能不斷奮鬥前行。

全友老同事和有機械工程研發背景的曾煥德 7 月 18 日（週四）下午來電話說願意加入 Avigramm 創業計劃。我很高興因他能負責機械設計和研發及將來的生產事宜。

全友老同事和有電子硬體研發背景的陳陵堅 7 月 20 日（週六）早上來電話說要與我見面。我們下午 2 點 15 分在我住的宿舍公寓見面，談了約兩小時。我感覺他有興趣加入 Avigramm，但需要多考慮後再告知決定。

我 7 月 21 日（週日）晚上 9 點 15 分左右突收到耀宗弟和母親打來的越洋電話，說父親仍然缺乏活下去意志，不想吃食，只想去死。醫院將液體養分直接注入他腸部。父親病痛如此實在可憐，我遠在大洲大洋之外無法做任何事。我告訴他們目前 Avigramm 狀況，他們知我已奮鬥多年祝我成功。

我 7 月 22 日（週一）日記寫著：「主耶穌基督：請幫助我父母親，賜他們多活幾年舒適日子，讓他們有機會萌生對祢信仰。請保佑我父親並賜他願活的意志。感謝祢。」

全友老同事和有軟體研發背景的 Newton Chiu 7 月 23 日（週二）

中午來宿舍看我，與我相談甚歡。他說願以半年為一期分三期投入兩百五十萬台幣現金給 Avigramm。

Newton Chiu 和我 7 月 25 日（週四）去台北 Award Software Hong Kong Limited Taiwan Branch 軟體公司與 Richard Lu（呂紹龍，Director of Marketing）和 Richard Chen（陳振順，Director of Engineering）會談，雙方在軟體事宜上溝通交談。

我和 Timson 7 月 27 日（週六）下午與 Tei-san（鄭老板）開會，他會中表示可能以借貸而非投資方式投入 Avigramm，但表達不很明確。鄭老板如此拖延反覆讓我更多認識他。

我 7 月 29 日（週一）晚未睡好，因聽到一隻小狗哭叫於公寓附近。我起床，把一些餅乾、肉鬆、水混在一起，然後去找小狗。

我在公寓旁某處找到牠，置準備好的食物於牠身邊讓牠吃。但那小狗要的是一個家、牠的父母親、原來的主人。

一位出現於附近公寓的鄰居不滿我將給狗吃的食物置於他的公寓附近，叫我置它於越遠越好之處。我不得已照做把放食物的塑膠盤移到距公寓很遠的小樹林旁，那小狗跟我走到那裡。我見牠開始吃食物就離開。我很抱歉無能力照顧牠，只能餵牠食物使牠暫免飢餓。我回公寓準備睡覺，幾分鐘後又聽牠叫，再隔幾分鐘後寂然無聲。我不知那位自私的鄰居是否做了不可原諒事。

我 8 月 5 日（週一）晚安排與 Timson、Newton、曾煥德晚餐會議，向他們報告 Tei-san（鄭老板）投資 Avigramm 一事上出爾反爾不確定性，請他們回去想想該當如何並提供想法和意見。

我 1996 年 8 月 8 日（週四）經過光復路旁 Aetas 辦公室時趁便進去看看。我見到老同事好兄弟 Joe Mou，他告訴我一項令我驚訝的 Roger Huang 即將離開 Aetas 的消息。

Roger 1995 年 6 月底正式加入 Aetas 任執行副總，我於當年 8 月 7 日正式向 Aetas 提出辭呈。我此次在 Aetas 辦公室未與 Cynthia Chang 談，因她忙於處理事情。我之後打電話給她才得知一些內幕消息，如此隨風而逝的消息讓我感嘆世事難料。

Timson 和 Newton 都表示希望我繼續向前推動 Avigramm 創業一事。

我那時心中陷入放棄或繼續之間的天人交戰。

　　曾煥德 8 月 9 日（週六）安排下週一（8 月 11 日）向一位可能的投資者簡介 Avigramm 創業計劃書。我其實不懷任何希望，但他既已安排我就前往。

　　我 1996 年 8 月 11 日（週日）撰寫 Avigramm 行銷計劃並次日（8 月 12 日，週一）印出，準備向曾煥德安排的可能性投資者簡介。我不知那人是誰，也不懷任何希望，因我前此三年半中已經歷太多次失望。

　　我 1996 年 8 月 12 日（週一）晚首遇林俊謙（David Lin）董事長和劉邦龍（Bill Liu）。David Lin 是「大西河」、「億晉」、「恆進」、「毓富」等公司董事長。Bill Liu 是「大西河」、「億晉」、「恆進」等公司行銷長。

　　我和曾煥德與 David Lin 和 Bill Liu 見面地點是附高爾夫球場李登輝住的鴻囍山莊。我首次見 David Lin 董事長感覺特別良好，直覺此人是值得為他效力君子。我心中升起死灰復燃感。

　　我當晚與林俊謙董事長雖僅相聚兩小時，對他印象極佳。他不喝酒、不睹博、不玩女人、孝敬父母、敬愛兄弟姐妹、疼惜妻子兒女、關愛公司員工。我對他評價是「很值得交的朋友」。

　　然而就在那時我暫時喪失鬥志，似有斷羽而歸心境，心想回家吧回到摯愛妻子菊齡身旁。

　　我 8 月 16 日（週五）送傳真給菊齡，那是我給她第一封情書後的最長信，向她深深致歉，說我終於覺悟她都對，我不該荒廢近四年時光為求創業，很多時間留她一人在美國。我向她說我要回到她身邊，要改好火爆脾氣，願與她共渡平凡簡單老百姓日子。我傳真之尾通知她回美班機是 1996 年 9 月 10 日（週二）西北航空公司 NW002。

　　菊齡 8 月 18 日（週日）晨從美國家裡打來電話中顯得非常溫暖，不同前些時日不悅態度。她說已收讀我兩頁傳真，說要我真知人生所求為何。我告訴她：我要回家，回她身邊，做平凡人，渡平凡日。

　　老朋友們好兄弟們 8 月 26 日（週一）晚在楓榮小館為我餞別，席中有 8 位：Joe Mou、小包、Vincent、Jason、Dragon、三哥、Timson、我。我與大家吃喝之餘心想不知何年何月何日才能再回台灣。

　　我原訂 9 月 10 日飛回美國，但因得到後補機票早幾天於 8 月 27 日

（週二）乘西北航空公司 NW012 號班機經東京飛回美國。

我那次在台灣熬過漫長兩個半月多特別濕熱的夏日時光。

- 48 -

我 1996 年 8 月底回南加州家園。我此次回家，除如往常般因菊齡白天上班感寂寞外，也沒停止努力。我暫改人生策略再度嘗試尋職，寄出很多履歷信，盡力而為但心中不存希望。

我回家後將一塊黑火山石寄回夏威夷的夏威夷島（Big Island，大島）夏威夷火山國家公園（Hawaii Volcanoes National Park）。

此事有如下背景：我們全家四口 1995 年 9 月 2 日至 10 日 9 天中渡過美好的夏威夷之旅。我們遊遍了 Oahu、Maui、Big Island 諸島。

我們遊大島火山國家公園時找到一小塊黑色火山岩，帶它回南加州家。之後家中發生不少壞事，包括我和菊齡夫妻不和，兒子凱翔無緣無故生病（Dehydration，身體缺水），其他不順諸事。

我於 8 月 28 日（週三）將小火山岩寄回夏威夷火山國家公園後，家裡平順多了，凱翔病好了，我和菊齡關係改善了。

隔一段時間後，家裡又發生不順事，未料兒子凱翔也拿了另一顆小火山岩，未告知我和菊齡。我某日清理他臥室時找到那石，同樣寄回 Hawaii Volcanoes National Park。

從那以後家中諸事順遂多了。原來火山岩石是不可帶出那島的，否則會生不祥事。

如我預料，我 9 月初至 11 月底三個月中無任何公司回應我的求職函和履歷信。我深感凡事靠己不必再求職依靠他人。

我去書店買 Clint Hicks 寫的《Using C》那本厚書，開始學習用 C 和 C++ 語言寫軟體。我學得津津有味，很驕傲自己是很好的能寫軟體程式的人才。我前此多年事業生涯都在技術管理和高層管理領域，居然寶刀未老學寫程式，自我感覺相當不錯。

當我準備要做放棄決定而在家裡做些什麼時，1996 年 11 月某日，突然接到大西河公司林俊謙董事長（David Lin）打來一通電話，邀我去 Las Vegas 見他和 AOC International（冠捷科技有限公司）宣董事長。

我 11 月底去 Las Vegas 三天，與林俊謙董事長同宿於他在 Circus Circus Hotel & Casino 所訂房間，與他一塊參觀 1996 年 Comdex 電腦展。那是很好機會讓兩位陌生人近距離互相觀察和了解對方。

我不知他對我印象如何，但我對 David Lin（林俊謙）董事長有極佳印象。我感覺與他一起很舒適，也覺得他是可敬、可信、可為他效勞工作的君子。

我從 Las Vegas 回家後 1996 年 11 月 25 日（週一）送 5 頁傳真給 David Lin。他中午（台灣清晨 4 點左右）打電話來請我撰寫將來向他和 AOC 公司提出的創業計劃書。我 1996 年 12 月花很多時間功夫撰寫創業計劃書。

我 1996 年最後一月中與林俊謙董事長、AOC Jason Hsuan 董事長、他助手張式雄數度連繫。他們表達願與我合作的興趣和意願，邀請我去台灣與他們商談。

我 1997 年 1 月 5 日（週日）乘中華航空公司 CI005 班機飛往台灣。未料華航班機因太平洋強烈西風延遲兩小時，飛機因此繞道至 Anchorage 加油續航。

我在 Alaska Anchorage 等機時有很強感慨：多年前當我首次乘坐飛機來美國求學時就是乘坐飛虎航空公司留學生專機從台灣起飛經 Anchorage 飛往三藩市（San Francisco）。

我此次在 Anchorage 等機時想到此次反方向經 Anchorage 飛往台灣是否象徵好運。此次華航班機正副機長都是美國人，他們良好的駕駛技術可於降陸時極度平穩感受到。

我 1 月 8 日（週三）費時一天在台北：上午與大西河林俊謙董事長開會，下午與 AOC 的 Jason Hsuan 和 S.S.Chang 以及 David Lin（林董事長）開會。

林董事長 1 月 13 日（週一）帶我飛福州，此是我人生中首次至此著名城市。David Lin 1 月 14 日（週二）帶我參觀他福州工廠，帶我參觀 AOC 福州工廠。兩個廠房都給我相當深刻印象。David 當晚請我和他一些

員工晚餐，席間互相敬酒。

David Lin 1 月 15 日（週三）帶我去福清參觀他福清另一廠房。我們之後開車回福州，然後我飛回台灣。林董事長次日（週四）半夜飛回台灣。

我回台灣後生一場病，原因是福州之行水土不服身體尚未產生對福州當地細菌的抗體。我上吐下瀉病了一星期。

我 1 月 17 日（週五）早晨打電話給 David，他叫我去台北，我拖病體撐著前往。我經由 David 介紹首次見到廖某人，他是 David 加拿大 Montreal 鄰居，也是台北縣（今日新北市）一家醫藥機器設備貿易公司老板總經理。我向他解說 Avigramm 創業計劃書。

David 當晚帶我見 Jerry Hsu，他是台大教授也是富商。我也向他解說 Avigramm 創業計劃書。

David 說他要再找兩位投資者，希能湊足 5 千萬台幣初始資金創始 Avigramm，一年後再考慮增資。

我從台北回新竹後因仍在病中週六週日在床上整整睡了兩天兩夜。

David Lin 1 月 23 日（週四）下午來電話說他將去歐洲。我那時對 David 充滿好感、敬意、感謝之情。他讓我在奮鬥四年毫無成就的黑暗期後感到曙光微露。

我當天傳真給 Jerry Hsu 和廖某人，同時傳一份給 David Lin，基本上告訴他們我願積極配合創立暫時訂名為「亞威科技」的 Avigramm 公司。

盧廷合 23 日下午來電話說 Cynthia Chang 要與我談話，邀我去 Aetas 辦公大樓 23 樓西式餐廳吃有人在旁彈鋼琴唱歌助興的美味晚餐，未料王渤渤和 Kent Chen（陳志明）也出席。我雖然 1995 年 8 月離 Aetas，但仍與 Bobo 和其他 Aetas 老朋友老同事維持良好關係。

我 1 月 24 日（週五）被邀參加怡安科技（RF Links）尾牙宴，席中遇見老同事老朋友曾憲章和 John Chow（周才強）。John Chow 是 XEROX 公司老同事，他也曾於全友公司創始之初加入短期。（我數年後有一段與周才強事業上的緣份。欲知後事如何，且待後文分曉。）怡安科技當時是台南紡織大公司翁家投資巨額資本的無線電科技公司，周才強在怡安扮演舉足輕重的角色。

我 1 月 29 日（週三）應邀去 Jerry Hsu 台北辦公室與廖某人、Jerry Hsu、D.Y. Chang 開會。他們對成立 Avigramm 有積極意願。廖某人會後邀我去他家，見他夫人 Beatrice。他們兩位之後帶我去泛亞旅館參加『台北民權扶輪社』每週一次的聚會，見到不少有頭有臉的人物。

我 1 月 31 日（週五）應 David Lin 邀去台北會見 David Lin、Jerry Hsu、廖某人、Shiu-Hsiung Chen，他們幾位都表示願意成立 Avigramm。

David 當晚邀我參加他『億晉』公司的尾牙宴，見到他助手劉邦龍（Bill Liu）和女性楊財務副總。我前曾於 1996 年 8 月 12 日晚首遇林俊謙時也遇劉邦龍。我對 David Lin 感覺良好，深覺他對我好也尊敬我。他尾牙後開車送我至台北北站，我乘國光巴士回新竹。

我 2 月 1 日（週六）晚去竹北劉武洲的天線廠參加他公司的尾牙宴，見到所有老朋友好兄弟。我感覺似又回到四年多前較輝煌的日子。當我告訴也在現場的老同事好兄弟 Joe Mou 有關最近發生於我的一些較正面情況時，看到 Joe 流出替我高興的淚水。Joe 和其他朋友兄弟們都深知我前此四年中屢敗屢試的奮鬥史。我們兩人互擁而泣。因他醉了，我們先送他回家，再回劉武洲廠房。

我 2 月 3 日（週一）連繫到全友公司老同事資深電子硬體工程師王效忠（Jason Wang），當晚與他在我住的 Leo Liang 宿舍公寓見面相談，然後我開小包借我用的汽車送他回家。

我 2 月 4 日（週二）下午與生產製造測試人才盧廷合和機械工程設計人才 Hudson Tseng 開會，告知他們最新的發展，也請他們看我規畫和構想的初步公司組織圖。

我當晚在竹北原味菜館宴請 David Lin 和廖某人兩位投資者與當時已決定加入的技術團隊成員合聚一堂互相認識。我也請 Jason Wang（王效忠）簡介展示他在英群公司研發的數位視頻照相機（digital video camera）產品。大家相聚甚歡，我也很感愉悅驕傲。

我 1997 年 2 月 15 日（週六）下午與 Jason Wang 乘國光巴士去台北參加 Avigramm 第一次籌備會議。我在此會議前費時數日撰寫和列印了 12 份簡介資料。會議進行順利，所有投資者對我的 Avigramm 簡介都表示同意。林俊謙董事長會後在日本餐廳宴請大家。

David Lin 和廖某人 2 月 18 日（週二）為決定 Avigramm 辦公室事宜從台北開車至新竹。我們在新竹市北邊省道中華路旁巨漢辦公大樓內尋得一處不錯的辦公室所在。

David Lin 和廖某人 2 月 21 日（週五）來新竹與巨漢大樓簽租約，也去竹風會計師事務所開會。他們也簽了給技術團隊成員的聘書，包括給他們的技術股份。諸事進行順利。

王效忠（Jason Wang）當晚突來電話說醫生疹斷出他有肝癌，影響到加入 Avigramm。我立刻打電話給 David Lin 告知此事。

David 和廖某人次日（2 月 22 日，週六）來新竹關切此突發狀況。我們召集大家（包括原本跟隨王效忠一同加入的團隊）共商此事。Jason 建議我們繼續向前行，他願意扮演顧問角色看將來發展如何。

我們四人（我、David Lin、廖某人、Jason Wang）閉室密談後向大家宣布繼續進行成立 Avigramm 諸事。

廖某人乘機分發我先前準備好並列印出的聘書給在場的技術團隊諸員。然後大家全都去已簽了租約的巨漢辦公大樓內 Avigramm 將來的辦公室相會，都覺得相當不錯。之後 David Lin 在楓榮小館宴請大家。

此次 Jason Wang 的突發事件對於 Avigramm 成立的負面影響暫時消除。

妻子菊齡 2 月 23 日（週日）早上 6 點（南加州週六下午 2 點）來電話說 Koll 公司基於她的優秀工作表現已正式晉昇她為 staff accountant。

我聽後非常高興，也為她感到驕傲。

我告訴她最新 Avigramm 的發展，她聽後也很高興。

我們夫妻倆那刻似漸從人生的谷底爬起。

-50-

我 2 月 27 日（週四）晚在原味菜館訂了三桌宴請大家同聚一堂，席中包括：Aetas 老同事老朋友群（Cynthia Chang、Joe Mou、Vincent Lee、Jason Chang、盧廷合）；RF-Links 朋友群（Dragon Wang、Tony Wong 翁茂榮、John Chow 周才強、Dr. Jimmy Row 羅博士、Shirley、Judy）；Tei-san 鄭老板朋友群（鄭 -san、 洪 -san、羅 -san、冉 -san）；Avigramm 夥

1997 年 2 月 27 日（週四），竹北原味菜館，
朋友們、兄弟們、夥伴們同聚一堂。
照片中從左至右：廖某人、Bill Lee（作者）、
David Lin（林俊謙）。

1997 年 2 月 28 日，新竹巨漢辦公大樓五樓
Avigramm 第三次籌備會議，同聚一堂，投資者和創
人與部分經營和技術團隊合影留念。

1997 年 5 月 18 日（週日），新竹市 Avigramm
（亞葳科技）辦公室。
公司 5 月 16 日（週五）在此舉辦慶祝公司正
式成立儀式。

伴群（David Lin、廖某人、Jason Wang、我自己）；其他朋友群（Leo Liang、Tracy Li、Jack Chiu、Jason Bao、劉武洲、三哥李汶昶、Mark Pond 龐君勉）。

我帶去 XO，Cynthia Chang 帶去 XO Brandy，Dragon 帶去 vodka。我另備很多 Miller 和日本啤酒。大家吃喝愉快。David 和廖某人因廖喝多了酒當晚留在新竹沒回台北。此次我做東晚宴，很成功和有紀念性，是我奮鬥四年多來難得的人生高點。

我們大家（包括投資者和家人與技術團隊成員）1997 年 2 月 28 日（週五）去巨漢辦公大樓 5 樓 Avigramm 未來辦公室參觀並合影留念。

然後我們去望高樓餐廳輝煌廳晚餐。我席中講解先前撰寫的『第三次籌備會議』資料。我很高興那日見到 David Lin 夫人 Catherine 和廖某人夫人 Beatrice 和其他幾位夫人。

Timson 1997 年 3 月 1 日（週六）陪我去竹北市三民路 108 號全新的御花園公寓看房子。一位邱芸女士帶我們看幾間全新的房間。

我當日簽下了第 4 號公寓的租約（4 臥室、2 廁所、客廳），每月一萬台幣租金是很合理的房租費。

我費時一週買了所有該買的（廚房、臥室、廁所等），訂了所有該訂的（水、電、瓦斯、電話、有線電視等）。我很喜歡我的電話號碼：03-553-2262。

我開始住於此舒適公寓。我傳真給 Leo Liang，感謝他前此讓我每次來台時住在他科學園區靜心湖畔公寓。

我即刻托人送越洋傳真給菊齡告知她我竹北的住址和電話號碼（那年代尚無手機可用。）。

Avigramm 8 位夥伴 3 月 8 日（週六）在我新居開會，與會者包括：David Lin、廖某人、Sherry Tai、Hudson Tseng、盧廷合、Joseph Chang、Howard Chueh、我自己。我們會後在公寓對面原味菜館晚餐。那時刻諸事順利。

Daisy 次日清晨從美國南加州來電話說家裡一切安好。我告訴她此地近況，她很欣悅。她聲音如此甜美。

David Lin 和廖某人 1997 年 3 月 10 日（週一）那重要的一日從台北

來新竹辦理公司相關的諸事。

我們決定以「亞葳」為正式中文公司名，英文公司名仍延續用我自認為取得很好且具深意的 Avigramm。此名內包含了 audio（音響）、video（視頻）、graphics（影像）、multimedia（多媒體），可謂無所不包。

廖某人和 David 在第一銀行開了幾個公司帳戶，在中華電信訂了兩個公司電話號碼，為初始夥伴們訂了幾盒名片。名片上公司的 logo 是我親自設計的。

David 和廖某人的積極行動顯現出他們成立亞葳的決心。

我 3 月 12 日（週三）在巨漢辦公大樓與全友老同事 Steven Chen（陳陵堅）見面時邀他加入亞葳。他說回家與太太商量後再回覆我。

他三日後決定加入，我任他為電子硬體研發經理（Manager, Hardware R&D）。

我辦公室辦公桌 3 月 20 日（週四）送到。公司雖尚未正式開始，我實已開始上班。

內部裝潢工人次日（週五）為辦公室隔間（cubicles）。

幾乎所有經營團隊成員已將各自投資 Avigramm 的現金匯入了亞葳科技公司籌備處銀行帳戶。我們也將董事會給與每位經營團隊成員的技術股份（非現金投入股份）的證書於廖某人代表董事會簽名後分發給每位成員。

盧廷合於 Avigramm 創始之初協調進行辦公室裝潢，協調安裝電線、電話線、電腦系統等，功勞很大。

我 3 月 23 日寫於日記：「Daisy 今晨來電話，我們談很久欲罷不能。我如此愛她。我們經過這些年折騰，情況似漸好轉，仍然互相深愛互相關切對方。」。

我和 Joseph Chang（張學彰）3 月 25 日（週二）去林口長庚醫院探望剛行了手術的王效忠（Jason Wang）。醫生已將他肝臟有癌部分切除。我們祝願他一切安好儘速恢復健康。

我在強烈的工作壓力下堅持著行之十數年不斷慢跑和做其他運動的習慣，幫助我抗壓也維持身體於良好狀況。

我 4 月 3 日（週四）拿到首次 Avigramm 總經理薪資。

我 4 月 8 日（週二）將小包借我用的汽車還給他。我極感謝此好兄弟在亞葳創始之前和之初借我用他車，使我來去自如。

我無車可用當然不方便，但住於稍北湖口的好兄弟 Timson 每晨來竹北接我去新竹公司上班，每晚送我回竹北後再返回湖口家。

全友公司老同事我全友秘書 Linda Chiu 4 月 9 日（週三）中午來公司拜訪，我和公司管理部經理 Sherry Tai 與她談加入 Avigramm 的可能性。

會後，Sherry 開車送 Linda 回全友公司。Sherry 回公司後，我繼續與她懇談於小會議室，觸及很多事物層面。我深感如此年輕的 Sherry 竟如此成熟，且說話帶智慧。

我、David Lin、廖某人 4 月 13 日（週日）在台北 American Club 與 AOC Jason Hsuan 和 S.S. Chang 開會，談 OEM 合作機會。

- 51 -

我待於台灣近三個半月後 1997 年 4 月 18 日（週五）乘中華航空公司 CI006 號班機飛回南加州。妻子菊齡到 LAX 機場接我回家。

我們全家四口在我回家不滿兩星期中有難得的美好團聚。心笛從北加州飛回來，凱翔從 UC Riverside（加州大學）回家，菊齡是最甜美的妻。

我在短短 12 天中真正感受到被神福佑，心中充滿感恩。神將我從四年多低谷拉拔出來。祂前此讓我跌入低谷必有深意，我接受並感恩。

我在此珍貴的短時假期中去 San Diego 看燦宗弟，在 Los Angeles 與久未謀面有數十年友誼的「叫花幫」朋友們相聚。

我 4 月 28 日（週二）依依不捨離家園飛台灣，繼續為 Avigramm（亞葳科技）奮鬥。

我 5 月 3 日（週六）去新竹福特汽車公司現鈔自費訂了一部 60 萬台幣 Liata 車，5 月 6 日（週二）領到全新的 Liata，心中興奮，終於有自己車可用而來去自如了。

我們 5 月 16 日（週五）舉辦慶祝公司正式成立儀式，我做簡短演講。許多老同事、新舊朋友、公司行號贈送花草植物以為祝賀，老朋友老同事 Mark Pond（龐君勉）送我一個特大的牛角以為護佑。大家晚上聚餐。

我身為亞葳科技總經理承受很大的工作壓力和其他壓力，盡可能靠

每晨慢跑、其他運動、每晨祈禱等來抗壓，身心靈三方面尚稱均衡。

廖某人 5 月 25 日（週日）在台北辦他因肝癌去世父親告別式。我帶領其他 7 位員工代表 Avigramm 前往弔祭。

David Lin 因事飛加拿大和美國而沒去。

我 5 月 27 日（週二）寫了一份公司內部文件要求大家加班，希能六月底向董事會展示亞葳研發兩部最初產品雛型。

1997 年 5 月 30 日（週五），我從台灣飛回美國南加州家園，在家只待一天就於週日（6 月 1 日）在 LAX 乘機飛往 Georgia 州 Atlanta 市。

我在那美國南方大城待了 4 天，參觀三個同時舉行的展覽：Comdex Spring（春季電腦展）、CES Spring（春季消費性電子展）、Windows World（視窗世界展）。

我幾乎走遍了 World Congress Center 所有展攤展亭，參加了三個最重要的 keynote speeches（主要演說）。

我趁便於週四（6 月 5 日）飛往紐約看望耀弟、重芬弟妹、父親、母親。爸爸那時在醫院情況好轉些，我每晨祈禱似得神的回應。我 6 月 6 日（週五）飛回南加州。

我和菊齡次日（6 月 7 日）下午和晚上去參加有數十年友誼的好友傅建烈與何小鶯女兒 Isabelle Fu 的婚禮（女婿是 David Mah）。

我 6 月 8 日（週日）馬不停蹄飛回台灣。前此十日美國之旅道道地地馬不停蹄。

我回辦公室後繼續為 Avigramm（亞葳科技）努力打拼。加入公司的員工逐漸增多，我考慮將來增租四樓的可能性。

我 6 月 15 日（週日）去清華大學對面信義會勝利堂參加主日崇拜，驚喜發現當日講道的牧師是新竹市中華信義神學院的院長 Dr. Thomas Chi-Ping Yu（俞繼斌）。他是我台大新鮮人時電機系的同班同學，與我同時住過信義學舍。繼斌那天的 sermon 講舊約聖經 Abraham 將其子 Issac 獻給耶和華當活祭的經典故事。

那是我離台大 30 多年後首次重逢俞繼斌。我感謝神給我偶遇繼斌的

機會。此事應是神的安排，數年後俞繼斌在此教堂參加我成為基督徒的受洗儀式。

我禮拜後走到前面向他打招乎，我們短談甚歡。他說十多年前在美國《世界日報》副刊上曾經讀過我的文章。重逢舊友帶給我喜樂，尤其是如此傑出的老同學。

我 6 月 17 日（週二）主持會議討論研發中的兩個產品近況。我很驕傲於努力為公司打拼的研發同仁。Canon 公司延遲提供我們 Contact Image Sensor （簡稱為 CIS，接觸性影像感應器）模組和 Application Specific Integrated Circuit （簡稱為 ASIC），原定六月底展示產品雛型的目標向後順推。

David Lin（林俊謙董事長）6 月 19 日（週四）像一陣輕拂春風來公司，所有員工都很高興見他。

我 6 月 23 日（週一）日記如此寫：「Daisy（妻子菊齡）今晨來越洋電話，我如此歡喜，也與從學校回家的 Kenneth（兒子凱翔）稍談。我最親愛的妻子、最親愛的女兒、最親愛的兒子，我如此愛他們每位。家中諸事似乎都好。聽到她聲音給與我這星期的動能。My old girl for 32 years.」

6 月 23 日（週一）下午開董事會，參與者有 David Lin、廖某人、Jerry Hsu、D. Y. Chang、我自己。會中一切似乎都 OK，但我因廖某人說了一些不恰當的話而心中不悅以致講話聲音高於平時。當晚我們五位晚餐於原味菜館。

由於我的推動和努力，Avigramm（亞葳科技）公司的方向已更清楚。我努力建立公司團隊，預計 8 月將有包括我自己在內 24 位員工。

D. Y. Chang 6 月 24 日（週二）來辦公室見我。我與他互動良好，觸動一些創新想法。我對他心生尊敬，也坦告他我對廖某人不滿。我希望將來與張達義有更多互動合作。

六位新人 7 月 1 日（週二）早上向公司報到，包括全友老同事和我全友時秘書 Linda Chiu。她任職於 Sherry Tai 的管理部，掌管人事和其他事務。

我開始留意產品行銷相關事宜，計劃參加兩個主要電腦展，也計劃

設計廣告和公司網站。我們 7 月 11 日拿到巨漢大樓四樓鑰匙，計劃開始擴張至四樓。

我和 Timson 7 月 14 日（週一）去台北會見 David Lin 林董事長並參訪他的兩個廠房。David 希望亞葳將來掃描器產品能在他的台北廠房生產。

我與 Timson 商量後向 David 表示希在新竹建廠生產。David 並未堅持，也請 Timson 在新竹尋找可建廠房之處。（我多年後思及此事，覺得那時決定錯誤。當時若能利用 David 現成的廠房和現成的生產員工應是再好不過的事，但我卻未如此做，是人生敗筆之一。）

Ulead 軟體公司 Bill Hsiun（熊肇峰）和 Christine Tseng（曾櫻娟）經由軟體研發經理 Joseph Chang（張學彰）安排 7 月 23 日（週三）拜訪公司，談到使用他們影像軟體於亞葳科技的彩色掃描器產品。

我 7 月 25 日（週五）上午在公司大會議室召開經裡級以上會議，講述我對亞葳科技公司的願景和方向，也宣讀我撰寫的〈亞葳公司文化〉一篇短文：

「（基本態度）

尊重員工，照顧員工。

無論上下左右，相互尊重扶持。

（基本精神）

同心協力，團隊為重。

互助合作，相輔相成。

頭銜官名勿強調，實力人格均重視。

（基本氣氛）

開放，活潑。健康，朝氣。

樂觀，進取。相誠，互信。

不玩政治，不耍鬥爭。不弄派系，不搞圈圈。

（基本原則）

自動自發，充分發揮。敢做決定，敢負責任。敢於授權，敢於擔當。

（基本哲學）

每人頭上一片藍天，陽光給您照。每人腳下一塊沃土，養分讓您吸。

（基本環境）

員工敢於善意進言，公司樂於八面溝通。

開門敞心平實講話，事攤桌上理智協商。

寧可叫我名喊我號讓我喜，何必稱我官呼我銜讓我憂。

外在形式排名排座無必要，內在實質能力貢獻在人心。

字母筆劃隨意排列無不可，位高位低刻意安排無需要。

（管理之道）

推之壓之表面從之，拉之吸之心中服之。

官位威權促反感之，實力熱忱使說服之。

教之誨之，引之導之，使其成，使其長。來日接班，水漲船高，你也福，我也福。」

　　我在總經理工作壓力下每週日都去新竹市清華大學對面信義會勝利堂做禮拜，欲求心靈安寧和繼續前行的動力。我那時雖尚未受洗成為基督徒，但每日不斷祈禱，祈求神幫助導引。

　　我和管理部經理 Sherry Tai 花費很多時間和精力準備並撰寫將向董事會報告的公司業務計劃。

　　我們 8 月 5 日（週二）下午舉行董事會，我在會中講述前此辛苦準備多時的業務計劃。會議氣氛之後變壞，廖某人開始對我攻擊，我因怒而輕拍會議桌。我其實對廖某人已反感有些時間了，他或許也感覺到我對他不悅。

　　董事會完畢，大家似都還客氣，但我心中預知戰火將啟，感覺與他八字不合、性情相冲、性格相異，難以和平相處。

　　我和 Vivian Huang 8 月 6 日（週三）去台北拜會歐利利公司會談該公司將為亞葳設計裝潢 Las Vegas 將舉行的 Comdex Fall 電腦展的展覽攤位一事。

　　我們於會後前往附近的 David Lin 辦公室。我向林董事長坦言對廖某人不滿。

　　David Lin 聽我陳訴後基本上對我說可以儘管為 Avigramm 尋找新的投資者，他仍會與我同行繼續是我朋友。

　　我曾有一段難得的美好時光，但突然殺進了廖某人攪亂全局，人生又陷入鬥爭性的低潮。我忍著撐著渡過 8 月初至 9 月底兩個多月人生另

一段低谷時光。

產品研發持續進行，我們相繼推出兩部彩色掃描機雛型樣機，已經可以掃描並捕捉影像。

我 1997 年 9 月 29 日（週一）傳真給 David Lin 正式辭職函，並打電話給他與他略談。他告訴我他的尷尬立場和投資者間的困難處境。

我說了解，了解他不得不對不同人露不同面孔的苦衷。

（不像永遠只有一張面孔的我，這也是區區小我的人生敗筆：我無法隱藏心中的真實感情和想法，無法堅忍某些人加於我身的不公不義。

我未能做到人們常說的「退一步，海闊天空」。我自認守正不阿有情有義，對不公不義的人或事特別反感。

但我退休多年後回想：我若當時能夠壓抑倔強的個性而堅忍一時，則今天必有完全不同的結局。與廖某人的關係是一例，其後事業人生中仍不止一回有他例。

結論是：個性影響命運。我的「未能忍於一時」的人生教訓和經驗對他人或者有些助益和借鏡。）

我 10 月 1 日（週三）日記如此寫著：「今天是 10 月第一日。我此月將從主要因我的構想而創立的 Avigramm（亞葳科技）辭職。前此的公司名、公司名號、產品規劃、產品命名、團隊建立、產品研發推動等全都是我的作為，我能不感慨嗎？我等待 Daisy 到來，我們夫妻倆將停留台灣兩星期。」

我 10 月 12 日（週日）去桃園國際機場接菊齡，見她美麗笑容而感到如此歡愉。老同事老朋友好兄弟 Joe Mou 當晚在凱撒大飯店上海樓做東為 Daisy 接風，大家相見相談甚歡。

我次日（13 日，週一）帶著 Daisy 去巨漢辦公大樓 5 樓見 Avigramm 所有的前員工和夥伴們。

XEROX 和全友老同事老朋友 Leo Liang 10 月 15 日（週三）在台北亞都大飯店天香樓做東請 Daisy 和我，席中有王渤渤和他夫人 Christine。

我們餐後去 Bobo 和 Christine 台北家吃水果並喝紅酒。（我那段人生低谷將辭離 Avigramm 時，與王渤渤、Leo Liang、Cynthia Chang 老同事老朋友連繫計劃籌備另一個有嶄新的產品科技和相關的未來公司。）

Avigramm 1997 年 10 月 17 日（週五）在新竹華麗東急海鮮餐廳為我和 Daisy 餞行，出席者包括所有主要投資者和大部分亞葳員工。

老同事老朋友好兄弟們（特別是 Timson 和小包）10 月 24 日（週五）晚在靠近南寮佳美餐廳替 Daisy 和我餞行。原先只有兩桌，後來增至四桌，至少有 50 位弟兄姐妹前來為我和菊齡送行。我非常高興、感恩、驕傲。

我和 Daisy 於 10 月 25 日（週六）飛回美國南加州海濱家園。

- 53 -

我 1997 年 10 月底回美國後並未閒著，繼續費時為此前略提的嶄新

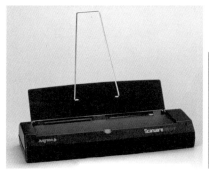

Avigramm（亞葳科技）1997 年產品 2：Scanware 168 F/P Flatbed Scanner（平板式彩色掃描機）。

Avigramm（亞葳科技）1997 年產品 1：Scanware 168 S/P Sheetfeed Scanner（饋紙式彩色掃描機）。

1997 年 10 月，離別前與大家合影留念。（其二）
（此照片中同仁都是研發菁英團隊：機械、電子、軟體等。）

1997 年 10 月，離別前與大家合影留念。（其一）
（我花費很大功夫努力聚合此團隊，很遺憾離開他們。）

產品科技相關的未來公司做準備性包括撰寫專利等工作。

Leo Liang 和他夫人 Tina 11 月 8 日（週六）下午來我家，之後王渤渤的夫人 Christine 和她乾兒子 Philip 也到。我們先去小魏川菜晚餐，然後再回家續談。

此次招待老同事老朋友和未來的創業夥伴 Leo Liang，一來大家聚聚，二來感謝他前此兩三年中讓我每次去台灣時住於他新竹科學園區靜心湖畔的宿舍公寓。

我 11 月 9 日（週日）至 11 月 11 日（週二）費時三天撰寫 23 頁的 NoteTaker 專利申請書。我和 Leo Liang 11 月 13 日（週四）去 Santa Monica 附近 Merchant & Gould 專利律師事務所會見專利律師 Ted R. Rittmaster。我向他簡介我撰寫的專利文件，並與他談合作可能性。之後我開車去 Brentwood 看 Leo Liang 和夫人 Tina 購於高爾夫球場旁的 condo 公寓。

Leo Liang 11 月 17 日（週一）駕駛他租的 Dodge 車來我家。我們兩人輪流開那車去 Las Vegas 參觀 Comdex 1997 電腦展。

Cynthia（女兒心笛）當時正好人在 Las Vegas，她那時是計劃經理（Project Manager）代表 Peoplesoft 軟體公司幫助 Vegas 最大旅館之一開發特為該旅館客制的軟體計劃。

心笛幫我和 Leo 安排在她手下工作的同事 Jeff Alan 公寓住兩夜。

我和 Leo 其後兩日走遍了大多數展攤展亭。

我途經 Avigramm（亞葳科技）的展覽 booth。那攤棚是我數月前親自經手籌備，展出的產品也是我代領團隊開發的。我見到廖某人在展棚內，心中感慨。

我在展覽場遇見 David Lin（林俊謙董事長）四次。我與他在 Vegas 見面相談甚歡，他很讚美 Daisy（妻子菊齡）並請我代為問候她。

我遇見 David Lin 難免感慨：David 一年前此時邀我去 Las Vegas 與他相聚，我陪了他三天參觀 Comdex 1996 電腦展。我們之後 1997 年 5 月中成立 Avigramm（亞葳科技），我之後 1997 年 10 月中因與廖某人不合而辭職離去。

我在展覽場中見到 20 多位老同事老朋友（包括 Kai Lam、Sam

Samimi、Alex Hsia、楊英哲、王台興、劉清和、許銓裕、王正明、Joseph Chang、Howard Chueh、Steven Chen、Daivd Lin、Wayne Lee、Mike Feng、Ann Shen、Michael Chen、Carter Tseng、Peter Pan、Liming Chen 等。）。

我 11 月 29 日（週六）再度飛往台灣，住回我租於竹北的公寓。

-54-

我回竹北後從 12 月初開始日以繼夜撰寫全新的創業計劃書。

我 1997 年 12 月 12 日（週五）從我公寓經由電腦傳真（WinFax 電腦傳真軟體）將一份 21 頁創業計劃書傳至 Leo Liang 公寓的傳真機。

Leo Liang 那時已從園區宿舍搬至竹北租我同棟公寓大樓另一間公寓。我和 Leo Liang 根據我撰寫的 NoteTaker 產品構想、專利申請、相關的 trademark（商標）申請而成為合作夥伴，合力推出嶄新公司的創業計劃書。

我和 Leo Liang 12 月 19 日（週五）去王渤渤 Aetas 辦公室，四人（Bobo、Cynthia Chang、Leo、我）開會審閱我們的初步創業計劃書，Bobo 就產品做些建議。我們策略上的想法是從小開始，希望半年內研發出 NoteTaker 產品樣機，然後再考慮下一步。

我和 Leo Liang 當時考慮在同棟公寓大樓內另租一間公寓做為初時辦公室。

全友公司老同事 Chin-Ho Liu（劉清和）12 月 23 日（週二）來公寓與我和 Leo Liang 談加入我們的可能性。

我 1997 年底寒冷潮濕的日子中在竹北公寓過著無家人在身邊的孤寂日子。我已渡過近 5 年如此的日子。（我回想當年，相當佩服自己。）

我 11 月 26 日（週五）聖誕節次日用英文寫日記如下：「我漸覺此地是舒適家，我花大多時間於此。我經由下列介面與外界接觸：
- 電視機（有線電視）。
- 電腦（Internet 和 WWW）。
- 公寓四周門窗。
- Liata 汽車（駕此車可來往各地）。
- 電話機。

從菜鳥工程師開始

．祈禱（與神溝通）。」

我 11 月 27 日（週六）下午接到 David Lin（林俊謙董事長）一通很友善的電話，相談甚歡。他問我有關塑膠產品的想法。

我當時想到將來或仍有合作的可能性，譬如將來產品或能用到他的塑膠工廠的產能。我與他雖然在 Avigramm 一事上面未能達至好的結果，但是我對他仍然敬愛。誠如他電話中所說：「我們有緣分。」

我有太多向他學習之處，特別在 EQ（情商）方面。我若有他的情商而凡事能夠堅忍並「退一步，海闊天空。」則我的成就必高於目前。

我坦承個性脾氣決定了我事業上的命運。

我 1998 年 1 月 1 日（週四）在寒冷的公寓中渡過了孤獨和平靜的新年。1998 年就如此在濕冷中無聲無息地到來。

我 1 月 12 日（週一）下午去 Chin-Ho Liu 竹北家拜訪，與他談兩個半小時就諸事交換意見。他數日後決定加入我和 Leo Liang 成為建立新公司三位創始夥伴之一。

我們三位 1 月 15 日（週四）去 Aetas 辦公室拜會王渤渤和 Cynthia Chang。雖然諸事未定，但可能性逐日升高。

1998 年 2 月 16 日（週一），華航 676 號班機（CI676）於下降時因機上駕駛的人為錯誤導致悲慘的桃園大園空難。我記得當時看電視直至凌晨。

我、Leo Liang、Chin-Ho Liu 2 月 17 日（周二）到公寓附近尋找將來的辦公室。我們在靠近我和 Leo Liang 住的公寓大樓附近市場對面大樓找到可能成為新公司辦公室的不錯處。

我們三位 2 月 19 日（週四）去 Aetas Peripherals Corporation（新采科技）向胡定華董事長簡介創業計劃書。他給了些意見，我也依建議稍調計劃書。

我們決定用我取的 ABERA（意為「A Better ERA」）做為新公司英文名，用「環佳」做為新公司中文名。（我最初取的英文名是 Avenew，意為「新道」。）

我和 Leo Liang 2 月 27 日（週五）下午去上圓房地產簽約租下看中的辦公樓。我和 Leo Liang 3 月 4 日（週三）去竹企銀行開「環佳科技籌

備處」銀行帳戶，是成立 ABERA 第一步。

我們開始邀請親朋好友投資，Leo Liang 在台灣人脈廣，在募資上扮演重要角色也有大功。

投資者數目漸多，募得資金也漸增。

Leo Liang 在 ABERA 創業計劃書對我們三位創始夥伴描述如下：他描述我是 Leader Person（領導人）、他自己是 Organization Person（組織人）、Chin-Ho Liu 是 Management Person（經裡人）。

1998 年 4 月 2 日（週四）是值得一提的一天：我人生中首次練打高爾夫球，最初的兩位老師是創業夥伴 Leo Liang 和 Ching-Ho Liu。

我 4 月 3 日（週五）去高爾夫練球場，遇到 64 歲高爾夫教練林先生，他給了我一些指點。我已能將小白球打直打遠。

我們 1998 年 4 月 18 日（週六）下午三點舉行 ABERA Technologies Corporation（環佳科技）創辦者會議，公司終於正式成立，4 月 20 日（週一）在全新辦公室開始運作。

我和 Leo Liang 住的公寓就在辦公室附近，上下班步行往來。

我 1997 年 11 月底至 1998 年 4 月 23 日（週四）待在台灣近五個月，終於正式成立了 ABERA 公司，該回家看看了。

我 4 月 23 日飛回美國南加州海邊家園。

我 1998 年 4 月 27 日（週一）用英文寫的日記翻譯如下：「這是我真正的家，有世上我最愛的 Daisy 的家。Daisy 週四下午來 LAX 機場接我。五個月未見，見到她真好。菊齡回家路上告訴我她弟弟祝春（Simon）肺癌情況惡化的壞消息。我聽後無法控制眼淚。週四晚，我們一家四口吃重逢晚餐，Daisy、我、心笛、凱翔分離數月後重聚。家中諸事看好。」

我們 4 月 26 日（週日）晨去祝春家。他見我時哭起來，我們互擁時我也無法控制淚水。他那時已停止化療，之前化療使他毫無食慾。我們離時，他又哭，我擁抱他，心中為他祈禱，求神賜神蹟治愈他。

我們 5 月 2 日（週六）看祝春時，他已不能呼吸。我見他極度痛苦，在他身前跪下，淚水猛流，為他祈禱。他居然在不能呼吸的痛苦說：「偉

宗，你不要跪著，你坐起來。」

我們之後送他去 Brea Community Hospital。醫生給他注射嗎啡使他失去知覺不再感到不能呼吸的極端痛苦。他 5 月 3 日（週日）凌晨 1 點 45 分停止呼吸與世長辭。

我們 1998 年 5 月 6 日（週三）在 Westminster Memorial Park 為祝春舉辦由何崇熙牧師主持的安息禮，葬他於他父母親墓的左旁與他們做伴。

我 5 月 10 日（週日）飛回台灣。我萬沒想到回家兩週竟是為祝春送終，人生之一悲啊。

-56-

我 1998 年 5 月 23 日（週六）離開原住公寓，搬至配有地下室停車位的竹北「轟動天下」公寓大樓 10 樓公寓。

Angela Li 和 Doris Kao 兩位新人 7 月 15 日（週三）向公司報到。我們那時有三位員工（我們三位創始人）在三樓，兩位員工在二樓。此辦公室逐漸看起來像個公司了。

我在公司創始的那些日子中不曾停止過每晨慢跑、其他運動、祈禱等。

我每日白天在公司約九小時，晚上再去辦公室再待兩小時。我在那段人生中除了工作還是工作。自己是老闆，壓力來自於自己。

我日常飲食簡單：午餐多半從附近市場素食餐廳買便當，晚餐常在附近龍山自助餐店買便當。我在煩忙工作中日常食衣住行很簡單。

我 7 月 24 日（週五）上午至下午花費很大功夫將 NoteTaker 產品系列向公司同仁講解。公司員工數目突然間從 5 位增至 14 位。

我 7 月 31 日（週五）晨與研發部門同仁開會談 NoteTaker 產品系列的目標和相關事宜，也談研發主管 Cheerson Jeng（鄭清松）企劃的產品研發時程表。

緊湊的研發進度帶給研發同仁們很大的壓力。

我 1998 年 8 月 29 日（週六）飛回美國停留兩星期於南加州海邊家園，9 月 13 日（週日）飛返台灣，兩週中完成如下兩事：

（1）我 8 月 31 日（週一）下午兩點與專利商標律師 Ted Rittmaster 和他助手 Anna Vradenburg 開兩小時會議談 NoteTaker 專利和商標的申請

事宜。

（2）我9月8日（週三）去加州 Secretary of State（州務卿）辦公室申請將來美國子公司「ABERA Technologies, Inc.」的公司名。

我兩週中也乘機與親愛的家人（妻 Daisy、女 Cynthia、子 Kenneth）相聚。

- 57 -

我們1998年9月26日（週六）在公司辦公室舉辦璟佳公司（ABERA）公司成立慶祝會。許多老同事老朋友前來參加，也有諸公司商號贈送盆景。亞葳董事長 David Lin（林俊謙）送了兩個盆景。我特為此隆重場合穿上從美國帶來的義大利式西裝以總經理身份招待大家。

台北親戚（菊齡大哥雨萍、大嫂雪琴、菊齡表姐夫、表姐、他們兒子克禮、女兒小泓）都前來。我晚上在香慶餐館宴請他們。

我們慶典後繼續努力於產品開發，並持續任用新的同仁。我在 Leo Liang 和 Chingho Liu 兩位夥伴協助下完成了璟佳公司五年業務計劃（Business Plan）。

我不斷為創業夥伴和公司其他夥伴合作無間友善相處禱告。我儘可能每週日去清華大學對面信義會勝利堂做禮拜。我那時尚未受洗成為基督徒，但終於在21世紀第二年2001年我肉體生日當天重生而受洗於勝利堂。

我1998年11月12日（週四）飛回南加州海邊家園，主要為參加 Las Vegas 舉行的 COMDEX 1998，也順便去 Merchant and Gould 律師事務所辦理專利和商標事宜。

我11月16至20日費時5天在 Las Vegas，走遍所有展覽場地、看到很多產品、收集很多資料，也在會場遇到如 Raymond Wang、Peter Chen、Keming Yeh、SJ Lue 和他的夫人 Liz 等老朋友老同事。

我待於美國兩週後11月28日（週六）飛回台灣。我們原計劃1999年1月在 Las Vegas 的 Consumer and Electronics Show（簡稱 CES）會場展出 ABERA 產品，但研發進度無法趕上時程，於是決定參展1999年3月德國 Hannover CeBIT 1999 展。

貼心的女兒心笛用她航空公司累積的里程幫我換得機票使我得以年底飛回美國渡 1998 年聖誕節和 1999 年新年。我 1998 年 12 月 20 日（週日）以私人（非出差）方式飛回南加州。

父親 1999 年 1 月 1 日（週五）新年清晨 3 點左右疲憊地離開人世。女兒心笛用她航空公司累積的里程幫我換得來回紐約飛機票使我得以 1 月 2 日（週六）飛往紐約。

我們 1 月 4 日（週一）去 Little Neck 殯儀館向父親的遺體致敬。我站於棺材旁凝視他良久，心中生悲而淚流於面。

我們 1 月 5 日（週二）葬了父親。我那些歲月中常為父親祈禱希望他能多活幾年，但他仍去了。他此刻在何處？我當時日記中如下寫着：「我為母親感到悲哀，她 84 歲高齡住於那公寓，如此脆弱。我希望祈禱神福佑保護她給她接受基督為救主機會。主耶穌基督：請諒我罪，福佑我、我家庭、親戚們、朋友們、ABERA。感謝讚美主。」

我 1 月 9 日（週六）清晨飛往舊金山。女兒心笛接我去她 Berkeley Hill 山上房子看一下然後下午送我至 SFO 機場乘兩點起飛的 UA 班機飛回台灣。

ABERA 研發同仁為了達成公司產品在 CeBIT 展出的目標， 1999 年 1 月至 3 月中盡全力製做了產品 prototypes（原型）。電子硬體工程研發經理 Herman 3 月 15 日（週一）在公司做到次晨 4 時，機械研發設計經裡 Julian 做到次晨 6 時。

我們 3 月 15 日傍晚 7 點半在桃園國際機場乘 KL878 班機出發，稍停 Bangkok（曼谷）短時，3 月 16 日（週二）低達 Amsterdam，再乘 KL1753 班機飛往德國 Bremen，然後乘坐一個半小時巴士抵達 Hannover。

已先經巴黎低達 Hannover 的 ABERA 行銷主管 Leo Chia 在巴士站接我們。

我和 Leo Chia 住於 Hannover 一位 70 餘歲德國寡婦 Fran Gerda Schuler 的民宿公寓。Cheerson 和 Herman 住於 Gerlinde Immer 德國家庭的民宿公寓。我們首晚在 Taipai（太白）中國餐廳晚餐。

我們 3 月 17 日（週三）費大部分時間在 CeBIT Hall 9 的 ABERA Booth 放置和測試將要展出的產品，整理和安排產品展出的細節。

3 月 18 日（週四）是 CeBIT 展的第一天。我們 3 月 19 日（週五）至 3 月 24 日（週三）全都在 ABERA Booth 辛苦忙碌於展亭的任務，無時間觀展。來我們 Booth 參觀者人很多，我們得到很好的正面反應。

我們除一晚至 Hannover 市中心德國餐館吃著名的德國豬腳餐外，大多晚餐於北京餐館。餐館廚師夫人程小姐很高興得知我太太菊齡與她同是溫州人。（我退休後與菊齡環遊世界時發現全球各地都能見到溫州人。）

來自英國的兩位訪客於展覽期中邀我和 Leo Chia 午餐。他們對我們公司和特殊的產品有很好印象和很大興趣，希望我們將來投資於英國。

Leo Chia 的一位間接朋友林先生對我和 Leo Chia 進行採訪，寫了新聞稿登出於台灣經濟日報，給與 ABERA 公司和產品曝光的機會。

我們 3 月 25 日（週四）輕鬆一下在 Hannover 城市附近看看，3 月 26 日（週五）乘 KL1760 班機，轉 KL877 班機，於 3 月 27 日（週六）飛回台灣，完成此行參展任務。

我們 4 月 9 日（週五）下午為目前和將來的投資者開了一次小會議，我在會中簡介我們 ABERA 在德國的 Hannover CeBIT 1999 展出相關諸事。我們也在會後趁機展示 prototypes（產品原型機）。

我 6 月 18 日（週五）乘長榮 BR016 班機飛往美國，待一個月。7 月 19 日（週一）飛回台灣。此次出差美國有如下諸事。

我於 6 月 26 日飛往 Oregon 州 Portland 見全友老同事 Joe Ouyang，待於他家一夜。我次日飛往 San Jose，在 San Jose 機場會見 Tatao Chuang 和 Eriko Junus 與他們談 ST106 芯片事宜。我在兩處都談將來合作的可能性。我 7 月 15 至 16 日（週四和週五）再去了一趟 Portland。

我那時考慮著設立 ABERA 美國分公司於何處比較恰當一事。

我出差一月中也乘著難得的機會與家人和朋友團聚。

我去 El Segundo 市 Aviation Blvd 旁 XEROX Building 看望 XEROX 老同事老朋友們。

我也去 Redondo Beach 的 Doolittle Drive 旁 Microtek（全友）辦公室看

從菜鳥工程師開始

望老同事老朋友們。

王渤渤和夫人 Christine 6 月 27 日（週日）在 Redondo Beach 一家著名餐廳宴請全友一些老同事老朋友，包括 Bobo、他夫人 Chrsitine、我、妻子 Daisy、Leo、他夫人 Tina、Jon Hu、他夫人宗才贏、Liming Chen、他夫人 Joann、Cynthia Chang 等。

我們餐後去 Bobo 和 Christine 在 Palos Verdes 山上的豪宅續談。大家難得重聚，興致很好。如此多老同事老朋友能同在一處相聚一堂的機會實在是難能可貴。

我們數日後去 Irvine 的 Aetas 辦公室（100 Innovation Drive, Irvine）拜訪 Bobo，次日邀 Bobo 和 Cynthia Changa 至 Fountain Valley 小魏川菜餐廳午餐。

我另約 Bobo 和當時從台灣來 Irvine 出差的老朋友老同事 Vincent Lee 和 Kent Chen 在 Aetas 辦公室附近一家中國餐廳午餐。

我 7 月 19 日（週一）飛回台灣。

我們 8 月 4 日（週四）董事會中特別談到設立美國分公司一事。

公司研發同仁 9 月 6 日（週一）組裝了四部『Grayscale 灰階 /Color 彩色的 NoteTaker868 G/C』可攜式影像掃描機，每部運作都很良好。我對此最新發展感到很高興。

Leo Chia 和 Andy Chang 兩位行銷同仁及研發同仁 Gene Hung 當時正在日本東京參加 World PC Expo 展，他們帶了 NoteTaker 868 G/C 產品在 Expo 中做產品處女秀。

-59-

1999 年 9 月中，ABERA 公司諸事順利進行。我經過前此長時間辛苦壓力後決定成就一次中國大陸之旅，與妻子 Daisy、好友 Peter、他夫人 Angel、其他一些新交的朋友共享兩週難得美好的中國大陸之旅。

我 1999 年 9 月 18 日（週六）經香港飛往上海，經過兩週多的旅遊之後於 10 月 3 日（週一）經香港飛回台灣。

16 天中國之旅給我充電的機會，我也得以有一段與菊齡在一起的美好時光，並有機會看看當時的中國並欣賞祖國大陸的優美江山。

我 1999 年 10 月 11 日（週一）用英文所寫日記如下：「……我正在做一項重大的人生決定過程中，此決定將影響今後數年的人生路。我考慮把 ABERA 公司總經理職位轉給 Chingho Liu（執行副總經理），回美國為推銷公司產品到美國市場做努力。我如此也得以有較多時間與家庭在一起，我長期在外已有很多年了。……」

我們 10 月 29 日（週五）ABERA 董事會中宣布公司重組：Chinho Liu 接替我成為 ABERA 總經理，我成為 Chairman of Executive Committee（此公司最高決策 Committee 包括我、Leo Liang、Chingho Liu 三位公司創始者）。我將來成立美國分公司後也將任美國公司董事長兼總經理。

公司重組宣告後 11 月 10 日（週三）至 11 月 12 日（週五）三日中每晚都有晚宴。週三公司請，週四小包請，週五 Vincent Lee（李汶雄）請。我心中很高興也喝不少酒。

我辛苦奮鬥七年後達成創始 ABERA（環佳）公司的目標，終於能夠回到 Daisy 和孩子們身邊。兒子凱翔那時住於南加州近海的家，女兒心笛工作北加州，住於 Berkeley 附近山上。

我 1999 年 11 月 8 日（週一）乘長榮航空公司班機飛回美國南加州家園。

我此次回美國，前 5 天（11 月 8 至 12 日）待在家裡，之後 8 天（11 月 13 至 20 日）在 Las Vegas 參加 COMDEX 1999 電腦展。

我們在 ABERA Booth 展示 NoteTaker 868C/G 產品，公司從台灣派了 Andy Chang、Leo Chia、Cheerson Jeng、Julian Yeh 等同仁前來支援展覽諸事。

我從 Las Vegas 回家後在家續待了 9 日，忙於處理成立 ABERA Technologies Inc.（美國分公司）諸事，包括搞定辦公室和其內各種裝備等諸多事宜。

我乘機與家人、親戚、朋友、老同事相聚。我們 11 月 11 日（週四）與大陸之旅認識的新朋友們相聚相談甚歡於 Monterey Park。我帶著筆記型電腦於晚餐後向大家展示 ABERA 公司的 NoteTaker 868C/G 產品。

我 11 月 29 日（週一）乘長榮班機飛回台灣， 11 月 30 日（週二）

晚抵達台灣。

　　ABERA 公司那時已搬至竹北市新泰路 31 號 8 樓全新五臟俱全（包括製造和測試產品功能）的辦公室。此里程碑是公司的嶄新開始，將來是福是禍且待後敘知曉。

　　我待於竹北 11 天後 12 月 10 日（週五）再飛回美國。

　　我 1999 年 12 月 10 日（週五）至 2000 年 1 月 17 日（週一）待於美國家一個多月，那可以說是我一生中最忙碌的時期。

　　我忙於處理成立美國分公司各種事宜，包括在 Fountain Valley 市租辦公室，架設電話、傳真、網路、購置傢具。我也在 Yahoo 網站登徵人廣告面試求職者。除妻子菊齡兒子凱翔略為幫我，我一人做所有事，除了工作就是工作。

　　我忙於美國公司諸事至某階段，2000 年 1 月 17 日（週一）乘長榮班機飛回台灣。

　　我此次回台灣近兩星期中，除辦公事外費時一週廉價拋售公寓所有傢具、設備、Liata 汽車等。我賣得爽快，購買者也買得爽快。

　　我因退租公寓不得不最後數晚住於 Leo Liang 公寓。

　　我 2000 年 1 月 29 日（週六）飛回美國。

　　我 1 月 29 日至 3 月 12 日六星期中在美國拼命工作，於 Fountain Valley（芳泉谷）設立 ABERA 美國分公司（ABERA Technologies Inc.）。

　　我先聘越南裔 Jasmin 為 Office Manager（兼管財務的辦公室經理），之後聘 UC Riverside 學生 Jonathan 為技術支援（Tech Support），再後聘 Seanpatric 為主任技術 / 行銷支援（Head of Tech/Sales Support）。我們購買一部 Mazda MPV 做為公司公務車。

　　「17050 Bushard Street, Suite 200, Fountain Valley, CA 92708」成為正式的 ABERA Technologies Inc 美國公司住址，此地至我家約僅 5 英里短距。

　　我雖遠在美國但經由電話、傳真、電子郵件等與台灣伙伴同仁們保持良好溝通。

我六週中無比忙碌，但過著有妻兒在身邊女兒在北加州不遠處的正常家庭生活。

我歷經 1993 至 1999 年七年多的奮鬥折騰終於回到家享受天倫樂，也乘此時日與家人、親戚、朋友、老同事等珍貴重聚。

兒子凱翔那時在 Connexant 科技公司做 Information Technology（簡稱 IT，信息科技）重要工作。他在 ABERA 美國分公司成立之初在電腦網路等方面提供很大幫助。

我 3 月 14 日（週二）回台灣待一週左右處理公司事宜，3 月 22 日（週三）返美國。

我 3 月 22 日至 5 月初在 ABERA 美國分公司處理很多事情：

• 我因他不誠實上班時做私事而開除 Jonathan。

• 我聘兒子凱翔 UC Riverside 同學朋友 Michael Lin 做 Tech Support（技術支援）。

• 我聘原在 OfficeMax 做 support 工作的墨裔 Camilo。

• 我仍觀察先前聘的 Seanpatric，尚未對他產生信任。

• 我飛 San Francisco 會見 WIRED 雜誌編輯 Paul Spinrad，向他介紹 ABERA 公司 NoteTaker 868C/G 產品，留下一部 NoteTaker 868C 產品供他操作把玩。Paul Spinrad 之後在 2000 年 8 月份 WIRED 雜誌登出介紹 NoteTaker 868C 產品的照片和簡介文字。此是我市場行銷一項努力。

• 我們設計簡介公司產品的行銷傳單（product brochure）、產品注冊卡（product registration card）。

• 我們與 Bay Micro 和 ABBYY/Micro 3 等行銷公司商談合作可能性。

• 我們去 Santa Ana 世界上最大經銷商（distributor）Ingram Micro 與 Donna Wilksen、Cynthia Garcia、Richard Sandoval 等開會。他們對 NoteTaker868C 產品很感興趣。

我 6 月初飛回台灣兩個星期，6 月中飛返美國前參加 ABERA 股東會。

我 7 月初因 Seanpatric 不適用（經一段時間觀察後感覺越來越不信任他）將他開除。美國分公司於他離開後有 Jasmin、Camilo、Michael、我自己一共四位同仁。

8 月份的 WIRED 雜誌 7 月中就出版了，其中以短文和照片介紹

ABERA 公司 NoteTaker 868C 產品。此文打開了多扇門。

西班牙文 Discovery Channel 電視頻道來電話說在當年 8 月節目中將會介紹 NoteTaker 868C 產品。

Dingbat 雜誌說要介紹我們產品。一份色情雜誌說要介紹我們產品（一笑）。一位美國海軍人士來電話說對我們產品感興趣。Reader's Digest 的 Willie 寄電子郵件來說要訂購一部 NoteTaker 868C 產品。

我 2000 年 7 月底回一趟台灣參加公司董事會，於會中做簡報。我在竹北待了短短四天就趕回美國分公司。

我於 8 月初開除 Camilo Fischer，前此運氣不好，僱用的幾位壞員工，已先後解僱。

我 8 月 10 日（週四）乘 America West 班機經 Phoenix, Arizona 飛往 Boston，當晚住於 Dedham Hilton 旅館。

Boston 一家經銷商負責人 George Urban 次日（8 月 11 日週五）晨來旅館接我至他們辦公室開會。

我於早上 10 點與他們公司的 George、Richard Geer、Sally 等談合作事宜。我向他們解說並展示 ABERA NoteTaker 868C 產品，他們很感興趣。

George 提供一些有助於他們推銷 ABERA 產品給 TechData 和 Staples 等公司的建議。

George 會後送我去火車站搭乘 10 點 39 分 Amtrax 173 號列車前往紐約，這是我首次在美國坐火車。我趁出差 Boston 順便去紐約看望耀宗弟、重芬弟妹、母親。我 8 月 12 日（週六）飛回南加州。

我 8 月 12 日至 8 月 23 日在 Fountain Valley 辦公室和家裡辛苦工作，每週工作 7 天，每日工作 12 小時。我在那時期中將美國分公司的網站正式搬上網路。

我 2000 年 8 月 24 日至 25 日去北加州 San Francisco、Fremont、Mountain View 拜訪 Upside Magazine、ZDTV (Tech TV)、T3 Magazine 等媒體公司，也拜訪經銷商如 Mighty Micro、ActiSys、Micro 3、iBuyLine 等。

我出差 San Francisco 時趁便看望工作於 startup 軟體公司 Evolve 的女兒心笛。Evolve 初時興興向榮但未能持久。

我 2000 年 9 月中飛往英國倫敦。我之前收到倫敦市郊 Dixon Group 的 Matt Franklin 電子郵件，說他在英國 Daily Mirror 報紙讀到一篇介紹

ABERA 公司產品的文章，願與我連繫談合作可能性。

我 9 月 15 日（週五）乘地鐵從倫敦去倫敦市郊的 Alton 與 Peripheral Corner 公司的 Ben Perrin 和 Simon France 會談。France 是他們公司的 Director。他們說有可能經銷我們產品。

我乘出差英國機會週末乘 Hop-on/Hop-off 巴士繞倫敦觀光。

我某日下午在前往中國城的地鐵上被扒手從後面褲袋錢包扒去現鈔，當時並不知情，但當我在中國城餐館吃完晚餐付錢時發現錢包僅剩足夠錢付餐費。扒手技術高超，未扒去全部現鈔。

我從英國回美國後 2000 年 9 月中至 10 月中在 ABERA 美國分公司和家裡拼命工作。公司產品那時逐一受到媒體的注意和介紹。

我 10 月底去台灣一週談各類公事，包括 11 月 12 日將舉行於 Las Vegas 的 COMDEX 2000 展。

COMDEX 2000 展 11 月 12 日開始。來自台灣母公司的 Chingho Liu、Andy Chang、Teresa Tseng 與來自美國分公司的 Jasmin、Maurice、Michael Lin 等都在 ABERA booth 支援展出產品。

我 2000 年 11 月 27 日飛往台灣，在竹北 ABERA 辦公室待了一個半星期。

我們那時談公司整體策略，包括產品策略，決定由晉升為執行副總的 Andy Chang 負責執行既訂策略。

我 12 月 8 日（週五）飛回美國。

我 2001 年 2 月中旬花了些時間在台灣。

我 2 月 20 日（週二）去新竹科學園區 W-Link 公司拜訪 John Chow、Dragon Wang、Gary Ko，參觀他們的廠房和產品，並與他們初步談 ABERA 代理銷售數種 W-Link 無線電產品（wireless products）的可能性。

我 2 月 28 日（週三）傍晚散步於新竹市區時不知為何突感欲往亞太量販店的念頭。我逛了店內一圈離店時突見一位面熟者微笑著朝我走來。那人是俞繼斌，當時是新竹中華信義神學院的院長。

俞繼斌牧師是我台灣大學電機系一年級時同學。不知為何，我覺得那時那地見到他是神安排對我的福佑，也是那次台灣之行的亮點。（四

2000 年秋季，Eurotrade Magazine 頒給 ABERA「Best of Taiwan's Best」特別獎。

個月後，我在新竹清華大學對面信義會勝利堂受洗成為基督徒。俞院長蒞臨參加並目睹我的受洗儀式。感謝讚美主。）

我 2001 年 3 至 4 月兩個月中繼續經營 ABERA 美國分公司。我那時發現 Office Manager Jasmin 假造我簽名盜用公款一萬多美金。她管理公司線上購物店（Online Store）時也暗中匯兩筆 credits 至她自己的銀行帳戶。

我一向所持的「用人不疑、疑人不用」待人之道在那次事件中徹底被挑戰和摧毀。我即刻撤去她職並向 Fountain Valley 市警方報案，也通知銀行凍結她的銀行帳戶。

我對此事的憂慮和錐心之痛使我胃出血，排出大量黑色帶血大便，血壓大降心跳劇升，急送醫院止血。那次是我人生中首次住醫院三天。

我在那非常時期重新燃起對耶穌基督的信仰，決定在台灣 6 月 17 日（美國 6 月 16 日）受洗於台灣。我連繫清大對面信義會勝利堂梁敬賢主任牧師，安排下次出差台灣時間與此日期相符。我 6 月 6 日（週三）飛往台灣。

梁牧師 2001 年 6 月 17 日（週日）下午為我施洗，我正式成為基督徒。

ABERA Executive Committee 2001 年 7 月 30 日（週一）上午 10 點開會後決定停止所有與現有的 DigiCap 產品系列相關的各種運作。此產品系列雖獲 Eurotrade 雜誌 2000 年秋季頒與的「Best of Taiwan's Best Award」（見所附照片），但可惜叫好不叫座，我們未能把產品的量做起來。我們也決定改組 ABERA 台灣母公司並裁撤約一半的員工，關閉美國子公司並裁撤所有的員工。

ABERA（環佳科技公司）是我創業史中第二次失敗。Avigramm（亞葳科技公司）是我第一次失敗。我曾極為辛苦折騰奮鬥努力，但無天時地利人和運氣的合併大助而未獲成功。我在數年的創業過程中做了不少個人方面的犧牲，但絕不後悔，雖敗猶榮，驕傲於自己的努力、付出、成就。

W-Link 的 John Chow 和 Dragon Wang 7 月 31 日（週二）來 ABERA 看我。我向他們兩位坦言相告 ABERA 的失敗。我們三位也談到我有否為 W-Link 效力的可能性。

ABERA 董事會 2001 年 8 月 3 日（週五）決定由 Andy Chang 任 ABERA 總經理，同時啟動「鳳凰浴火重生」計劃。

我於董事會後前往 W-Link，拿到 John Chow 和 Dragon Wang 給我的 W-Link（旺訊科技）的聘書（offer letter），包括一些 W-Link 的股票。

我 8 月 3 日（週五）晚飛回美國南加州近海家園。

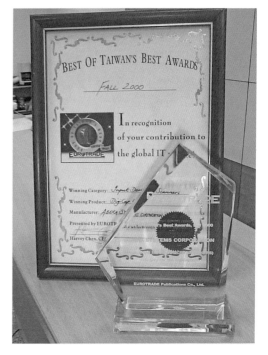

2000 年秋季，Eurotrade Magazine 頒給 ABERA「Best of Taiwan's Best」特別獎。

- 63 -

我 2001 年 8 月費了很大功夫關閉 ABERA 美國分公司，裁撤所有員工，拋售所有傢俱、電腦、各類辦公室機器等，也向加州政府註銷 ABERA Technologies Inc. 公司。

我在那過程中難免有些許傷感，但同時也有舒了口氣的輕鬆感。

我於 9 月 9 日與 Daisy 妻子菊齡出發去中國大陸做一次 17 天中國東北山東之旅，如同是延遲了數十年的蜜月之旅。

我 2001 年 9 月 30 日（週日）飛抵台灣，10 月 1 日（週一，中秋節）開始以抬轎者配角方式從旁協助老同事老朋友 John Chow 和 Dragon Wang 創業於 W-Link 公司。

我 10 月 12 日（週五）用英文寫的日記如此寫著：「時間飛逝，我來此已兩星期。我努力工作，儘速熟悉新僱主 W-Link 一切事宜。」

我 10 月 19 日（週五）日記如此寫著：「我不知已是週五。時間飛逝，我極端忙碌。我每晨很早就來公司，每晚 8 點 30 分左右才離辦公室回宿舍。我努力工作學習，逐漸掌握 W-Link 諸事。……我與 Chow Chow 和

Dragon Wang 相處不錯，我自知自己的處境和位置：我在此是抬轎者是配角。對即將 60 歲的人而言，我的確是極為努力的工作者。」

我 11 月 15 日（週四）日記如此寫著：「幾乎一個月未寫日記。我在 W-Link 工作極努力。我早晨 8 點到辦公室，晚上 9 點才回宿舍，有時更晚。工作，工作，工作。」。

我 11 月 15 日晚飛回美國，此次是璟佳付機票為了 ABERA 公司公事而歸。我終於正式徹底辦好終止 ABERA 美國分公司所有事宜。

Ingram Micro 付清了購買 ABERA 產品的欠款。ABERA 分公司 11 月 20 日正式關閉，銀行帳戶也於 11 月 23 日關閉，所剩 7 萬 4 千美金我帶回還給 ABERA 台灣母公司。

我在此行中也乘便辦理與 W-Link 相關事宜，包括與 San Diego 軟體公司 Widcomm 簽訂合作協議。我也乘此機會與妻子菊齡、女兒心笛、兒子凱翔重逢，相聚珍貴的短短數日。我 11 月 24 日（週六）飛回台灣。

我一月後 12 月 28 日（週五）又飛回美國。

我先待數日在家，並與一些朋友相聚，久違後相見甚歡。

我 2002 年 1 月 4 日（週五）去 John Wayne International Airport 接 John Chow 後同去 Irvine Spectrum 的 D-Link USA 公司開會。

我 1 月 6 日（週日）開租好的 Windstar 車去 LAX 接台灣飛來的 Dragon Wang 和 Jennifer Chao。我們同去 John Chow 在 Palos Verdes 有海景市景的家，晚餐於太湖餐館。

我們三人（Dragon Wang、Jennifer Chao、我）由我開車當晚 8 點 30 分長途跋涉開往 Las Vegas。我們抵達 Circus Circus 旅館時已是清晨 2 點左右。

1 月 7 日（週一），我們起床很晚，去 Hilton 旅館展覽區設置 W-Link 展覽 booth。

我們 1 月 8 至 11 日 4 天中在 W-Link booth 展示產品並談生意。

我們 1 月 12 日（週六）多待 Las Vegas 一日，讓 Jennifer Chao 有機會逛商店，也在 Bellagio 旅館吃了一頓較高級的 buffet。

我們 1 月 13 日（週日）從 Las Vegas 開回 LA。

我們 1 月 14 日（週一）開會於 D-Link USA、Broadcom Pasdena、City

of Industry 的 Aprotech 三處。

我們 1 月中飛回台灣。

我 1 月 20 日（週日）在台灣所寫日記有特殊的記載：「我兩天前晚上做了一夢，夢中一位如天使般靈界個體碰觸我說：「治癒了。」。然後我看到一種亮光，感到一種無法形容的 Joy（喜樂），此種喜樂我數月前在另一夢中也感到過，但已忘記是何月何日。我強烈感覺到一種無法表達的上帝的存在。我覺得有必要將此人生事件記錄下來，雖然它發生於夢中。」

2002 年 2 月 11 日（週一）是除夕，我去台北菊齡大哥雨萍家吃年夜飯。我 2 月 11 至 17 日農曆新年假期孤獨一人在台灣渡過非常孤寂的日子。我照樣每日去公司，搜集閱讀大量資訊，陪伴我的是兩位輪流當班坐於公司大廳的保安人員。

我 2 月 14 日（週四）日記如此寫：「我又在辦公室待了一天。讀很多東西，讓我自覺良好。但我覺孤獨，因 6 天未見任何人，除兩位輪流上班公司保安人員外。此是農曆新年假期，大家回家過年，不可能有人會特別關懷區區小我。我早晨（加州晚上）打電話給 Daisy 與她相談甚歡。我的 gutsy old girl。上帝保佑她出出入入（God bless her in all her going-outs and coming-ins.）。我覺得很尊敬自己，每天來辦公室閱讀、學習、思想。就我近 60 歲（我那時 59）年齡而言，我實有極大幹勁。I simply don't give up easily.……主耶穌，請續幫我、援我、佑我。」

我 3 月 3 日（週日）飛往北京待了兩日，拜會中國普天（China Putian）和清華紫光，也巧遇 ABERA 的 Andy Chang 和他當時拜會於北京的合作夥伴如李強和彭務民等。

我 3 月 4 日（週一）晚與他們幾位同往新疆餐館吃新疆食物、喝新疆葡萄酒、觀賞維吾爾年輕男女表演唱歌跳舞。那兩位唱跳於長方形餐桌上的維吾爾女孩真是美麗迷人。

我 3 月 5 日（週二）從北京飛往南京，江蘇電信（Jiangsu Telecom）魏總裁秘書王小姐來機場接我，送我至公司總部拜會魏總裁和他的助手

Su Yi 和 Zhang Kaijin 等。

我們之後至一聚集多人的大會議室，我簡介 W-Link 公司和產品系列。我們然後至另一較小會議室繼續交換意見。

魏總裁和幾位高階核心助手當晚宴請我於旅館餐廳，我們互敬美味的茅台酒。此次南京之旅是 XEROX 和全友公司老同事老朋友曾憲章博士從中引線介紹 W-Link 與江蘇電信首次接觸會談。Carter 與魏總裁關係良好深厚，他曾多次培訓江蘇電信的高階幹部。

我 3 月 6 日（週三）經香港飛回台灣，完成此次中國之旅任務。

- 65 -

我 2002 年 3 月 10 日（週日）乘長榮航空公司班機經巴黎飛往德國 Hannover 參加 CeBIT 2002 展覽。

我和行銷主管 Margaret Hsuan 3 月 11 日（週一）下午抵達 Hannover 時，行李未隨班機到達。好在我們大行李並未遺失，隨後於次日到達。

我、Margarat Husan、Annas Lee、Ben Kuo 3 月 12 日（週二）至 18 日（週一）在 W-Link booth 忙了一星期展示我們產品。

我前公司 ABERA 也去參展。展覽結果不錯，藍牙（Bluetooth）產品將有爆炸性成長。藍牙產品是我管的第二業務部（Business Division 2）負責研發行銷的產品。

我 3 月 22 日（週五）晨飛回台灣，完成我們 CeBIT 2002 Hannover 展出任務。

我 2002 年 4 月 5 日（週五）乘長榮航空公司 BR012 班機飛往美國 LAX。

我此次在家待了短短一星期左右，大部分費時在 W-Link 公事上，完全未能在家休息。

我 4 月 8 日（週一）開車前往 Irvine Spectrum D-Link USA，與 D-Link USA 總經理 Steven Joe 麾下的技術大師 AJ Wang 會談。

我然後直奔 San Diego，先乘機去 Qualigen 生化公司見我小弟燦宗，也見到他們公司總裁和其他幾位同事。

我下午駛往 San Diego 半導體公司 Broadcom，但可惜未見到負責藍牙

產品的 Tom。我轉而去藍牙軟體公司 Widcomm 會見行銷經理 Linda Liu 和業務主管 Arkady。

　　我 4 月 9 日（週二）下午開車駛往 Pasadena 的 Broadcom 公司會見 Gordon Buck 和 Sherman Lee。W-Link 採用 Broadcom 藍牙芯片於藍牙模組產品。W-Link 經由 Gordon Buck 介紹可能與 Palm 公司合作，向他們提供藍牙模組產品。

　　我寫了很長的電子郵件總結此次出差美國諸事。

　　我 4 月 10 日和 11 日（週三和週四）在家努力處理 W-Link 諸事。我 4 月 12 日（週五）又匆匆飛回台灣。

　　我 4 月 12 日有如下日記片段：「此次回美在家，Daisy 是如此甜蜜貼心。她是我絕不會拋棄的永遠的妻。主耶穌：請保護福佑她，我 33 年之久的妻。」

　　我 2002 年 5 月 13 日（週一）經香港飛往南京，當晚宿於新世紀大酒店。

　　我們 5 月 14 日（週二）在江蘇電信集團總部開一整天會議，其中大多由 W-Link 工程師 Max Chu 講述無線區域網路（Wireless LAN）、藍牙技術、W-Link 產品系列。Max 也設置並測試將於 5 月 16 日（週四）在電信展（Telecom Show）展出的 W-Link 的網路等機器。Max 會議中表現良好，我欣賞他也為他感到驕傲。

　　我 5 月 15 日（週三）飛往北京，先在某旅館會見 Ming-Fu Li 博士和他夫人。然後，我在同一旅館與經由 Ming-Fu Li 博士介紹與 China Electronics Corp.（簡稱 CEC）副總工程師 Ji Wei-Wei 見面會談。我向他簡介 W-Link 無線產品系列，也趁便為老公司 ABERA 向他簡介 ABERA DigiCap 620 產品。我當晚從北京飛回南京。

　　5 月 16 日（週四）是南京 Telecom Show 首日。W-Link 產品在江蘇電信集團展覽攤位（booth）展出。所有展出產品都操作無誤。

　　江蘇電信員工負責站於 booth 內介紹產品，來自 W-Link 的 Max Chu、Jennifer Chao、我輕鬆坐於 booth 旁椅子使用隨身帶去的筆記型電腦

上網和收發電子郵件等。

他們下午送我們回新世紀大酒店休息。我們傍晚去南京市區晚餐並遊覽熱鬧的湖南路附近南京市夜景。

我們 5 月 17 日（週五）上午再去展覽中心（Convention Center），下午在江蘇電信總部會議室舉行江蘇電信與 W-Link 兩公司合作總結會議。江蘇電信 Liu Hong 女士當晚請我們到湖南餐館（Mao's Restaurant）晚餐。

我們次日 5 月 18 日（週六）晨飛回台灣。

我 2002 年 7 月 2 日（週二）日記如此寫：「我長時辛苦工作很久，有時感覺累。」

我次日 7 月 3 日（週三）日記寫：「諸事忙碌非常，我已忙到對任何人而言都是最忙的限度了。此公司和 John Chow 已讓我不停忙碌了整整 8 個多月。」

W-Link 公司 2002 年 7 月 6 日（週五）在六福村舉辦特別休閒活動。剛滿 60 歲我加入年輕同仁中參與幾乎所有驚險的 rides，充分證明我的勇氣、健康、活力、年輕心（young heart）。

盧廷合之後來六福村接我和 Dragon Wang 去龍潭他親戚開的鵝莊吃晚餐喝啤酒。我很高興與老朋友好兄弟們相聚，也見到從大陸回家渡假的張心圓。（見我的〈1993 滬甌秋旅〉一文。）

我 2002 年 7 月 9 至 11 日飛往日本出差三天，除拜會 NEC 公司工程部外也乘機參加當時正舉行的 Open Interface 展覽。

我到東京第一晚入住新宿的 Shinjuku Prince Hotel。我因時已晚也很累，匆匆住入煙味很重房號為 1156 的房間，躺下就睡去。我在睡夢中被鬼壓，此是人生中第四次被鬼壓，壓我者是日本鬼（一笑）。我掙扎醒來至樓下向值晚班旅館員工說：「Ghosto（鬼）！」。他似乎立刻了解，馬上換無煙味房間給我。

我次日拜會 NEC Engineering 與他們工程人員談採用 W-Link 無線藍牙模組產品於 NEC 印表機產品系列的合作可能性。

- 67 -

我 2002 年 8 月 27 日（週二）飛回美國出差兩週，忙碌 W-Link 諸事，一直忙到 9 月 5 日（週四）。我那時已忙得累到精疲力竭接近耗盡

（burnout）的程度。我極需離開短時重新充電。剛好妻子菊齡與一些朋友安排訂妥「名山秀水」中國大陸之旅。

我們 2002 年 9 月 6 日（週五）從 LAX 啟程飛上海，抵達時已是 9 月 7 日（週六）。我們 9 月 7 日至 20 日 14 天中遊中國南方上海、浙江、福建。我將旅遊過程拍成視頻電影。

我們在浙江紹興那天是 9 月 10 日，恰好是 Daisy 和我結婚 35 週年紀念日。來自上海的年輕美麗全程導遊 Rannae Du 當天晚餐送我們紹興女兒紅酒以為慶祝。

我們 9 月 20 日（週五）從上海飛回美國南加州，在家待了一週後 9 月 28 日（週六）清晨飛抵台灣。我這次離開台灣約一個月（2002 年 8 月 27 日至 9 月 28 日），經過一段時間的充電後又回到忙碌的工作人生。

就在那時我所創第二個公司璟佳科技（ABERA）舉行最後一次董事會，決議關閉公司。我雖傷感但無奈，此失敗畢竟是人生中另一次聚散。

我萬未料到我離開 W-Link 去旅遊充電一個月回來後公司發生了巨變。有些員工被調至母公司 D-Link 工作，有些員工想要離職，公司內部士氣低落。身為 W-Link 船長的 John Chow 面臨極大的壓力和挑戰。他 9 月 30 日（週一）那天向我稍微透露正在尋找新投資者。

我 2002 年 10 月 1 日（週二）日記如此寫：「一年前 2001 年 10 月 1 日（週一）我開始工作於此公司。一年後事態突變，發生如此巨變。我一年前感到高昂士氣，一年後士氣轉成如此低迷。我一年前常見同仁工作至很晚，一年後下午 6 點半後很少見研發同仁在辦公室。」

如此不穩定情況持續至 10 月中，我們聽聞消息說 John Chow 可能經 Foxlink（正崴）公司投資另立新科技公司。

我 10 月 21 日（週一）日記中如此寫：「此刻 W-Link 諸事停頓，此公司名存實亡。大家都在等待，無人做正事。…… 我不知自己將如何，其實也不很在乎。我上週五目睹兩個與我有關的科技公司的沒落：ABERA 和 W-Link，一天中就有兩個 downfalls。……

昨夜大雨，是秋天難見的景象，此跡象有特別意義嗎？…… 我心中感覺空虛，需與 Daisy 談談，如此多年我真正能依靠信賴的女人，特別在此危機時刻。……

我散步於新竹市區，走進火車站前中正路旁一家書店，站於店內良

久閱讀《浮生六記》部分內容。我讀至沈復寫到他深愛妻子陳芸過世時感覺欲哭和極度悲哀。Daisy 是我真正疼惜女人。……」

（Daisy 12 年後 2014 年 9 月 10 日我們結婚 47 年紀念日當天過世，我極悲而泣當然不在話下。）

我們 2002 年 10 月 21 日（週一）傍晚去台北市亞力山大俱樂部參加郭台銘之弟正崴公司的郭台強董事長做東晚宴，圍繞坐於極大的圓餐桌。此晚宴象徵嶄新科技公司的成立，被邀者應都是將來新公司的重要幹部。

我 11 月 6 日（週三）與多數其他 W-Link 員工離開我待了一年多的 W-Link。

John Chow 於那之前的 11 月 3 日（週一）請我陪他去土城正崴公司總部協助他處理正崴投資子公司訊強（Microlink）創始的相關事宜。

我基本上 11 月 3 日（週一）已開始在土城正崴總部上班。

我 10 月底前離開了先前所住的 W-Link 宿舍，搬至竹北市 Microlink 將租用的辦公大樓 8 樓對面我每月付一萬台幣房租所租的三臥室公寓。

我 DIY 自裝國王尺寸（King-sized）主臥室床，花 238,000 台幣買了 Nissan Sentra 二手車。公寓舒適，最理想的是將來公司辦公室就在對面 8 樓。

（極奇妙和不可思議是那 8 樓 W-Link 辦公室就是我創始的前 ABERA 公司原辦公室。）

我 2002 年 11 月初至 12 月底將近兩個月中為 Microlink 的創立而工作極為辛勞，有時工作至清晨 3 點。

我們開了很多與 Foxlink、Microsoft 和其他公司的會議，撰寫了幾個呈給某些大公司的提案（Proposals）。

我 2002 年最後一日 12 月 31 日（週二）陪 John Chow 在 Foxlink 內湖辦公室處理訊強（Microlink）公司創始相關事宜。

我們就如此送走 2002 年，迎來 2003 年。

- 68 -

我 2003 年 1 月 1 日新年日（週三）不得休息，去辦公室用英文撰寫

了針對 2002 年的 Executive Status Summary，以電子郵件方式傳給正崴母公司（Foxlink）最高階層的 TC Gou（郭台強）、James Lee、Arthur Wang 三位。

我在那段人生旅程中繼續扮演著低調的抬轎者、副位、配角、支援性角色，幫老同事老朋友 John Chow 為 Microlink Communications（訊強通訊）的創立而效力，辛苦忙碌至農曆新年一月底。

John Chow 顧念我離鄉背井孤身在台助他創業，安排我 1 月 28 日（週三）飛回美國，為 Microlink 公事出差也順便回家過年與家人團聚。

我那時期不停地忙碌工作：

・我 1 月 30 日（週五）駛往 San Diego 會見 Microlink 將採用藍牙軟件夥伴公司 Widcomm。

・我 2 月 2 日（週一）駛往 Brea 拜訪 Foxlink USA 正崴南加州總部。

・我 2 月 5 日（週四）會見 Foxlink 的 Tim Chang 和 Intellon 公司的 Arnauld Perrien 和 Michael Harris。也會見 AntStar 公司的 Dr. Peng 和 Jeffrey Peng。

・我同一日飛往 San Jose 拜訪 Fremont 的 Foxlink 北加州總部，並拜訪 Marvell 和 Atheros 兩家通訊半導體公司。

我 2 月 6 日和 7 日（週五和週六）幫妻子 Daisy 清理家宅。我們週六晚做東宴請一些朋友來家相聚吃喝談笑，客人中包括旅遊中認識的 Susie、Stewart、Connie、Johnny、Luisa、其夫王老先生、數十年老友 Angel 和 Peter。

我餐後與 Stewart Chang 在家庭間相談，他告訴我他一部分人生的故事和與夫人 Susie 創業致富的經歷。我聽後對他十分感佩。

我 2 月 9 日（週一）飛回台灣。

我 2003 年 2 月初至 2004 年初將近一年長時間中未記載任何人事物於日記。我除 2003 年 9 月與 Daisy、孩子們、親友們短期相聚於 Hawaii 的 Kauai 島和 Maui 島外，都為了相關於 Microlink 的諸事而忙碌忙碌忙碌……。

我從夏威夷飛回台灣後繼續幫 John Chow 不停工作，包括 6 至 7 個週

末連續工作毫無休息，撰寫了很多很多的提案。我以資深副總經理頭銜幫 John Chow 做很多高階的幕僚工作。我一生中做各種各類領導（leader）已很久，在那段抬轎時日中完全不願管任何人事，只願用我的恩賜、才能、優點幫助我抬於轎上 XEROX 公司老同事老朋友 John Chow 規劃新產品、開發新業務、撰寫新提案。

我 2003 年最後一季飛往美國，代表 Microlink 子公司 Microlink 陪同 Foxlink 集團副總經理 Spencer Chiu 為向 Apple 公司提供 iPod 相關的提案時拜訪 Apple 公司並從旁協助。

- 69 -

我在忙碌中送走 2003 年，迎接 2004 年。2004 年對我而言是分界點和特別年。

正崴集團 2004 年 1 月 17 日（週六）在當時台北縣（後改名新北市）一座山上大佛廟舉行公司一千餘員工參加的尾牙宴。

公司規定每位員工都需爬山，在山上兩處檢驗點蓋章於抽獎卷才有資格參與抽獎。我和一些年輕同仁在山上走丟了，但我終能帶他們回到大佛廟大禮堂。

舉辦者於尾牙將結束時舉行大抽獎，六位同仁抽到 5 萬台幣現金獎，我是其中之一。我此生從未有過的幸運事居然莫名其妙發生在我身上。獲現金獎者除我外還有 Microlink 兩位同仁 Jennifer Chao 和 Winnie Wu。

當晚 Daisy 從美國來電話時，我告訴她此事，她聽後也很高興。任誰都會為如此幸運事高興的，不是嗎？然而人生如此好運有時可能會付出「壞事或許跟著發生於後」的代價。

尾牙宴是難得輕鬆的一日，其前其後都是不停的工作工作工作。我失去了對時間的追蹤也疏於在日記中記錄下那段人生的軌跡。其實也無何可記，因除工作外就是工作。

John Chow 於 Microlink 成立之初直接向郭台強董事長報告，但正崴集團之後在他倆之間安插了另一位長官，一位多半人對他敢怒不敢言的個性粗直無禮的領導。

我們 3 月 23 日（週二）在內湖辦公室與竹北辦公室間舉行遠程電話

會議。此領導和其他一些同仁在內湖，我和另外一些同仁在竹北。

　　他在會議中針對我們撰寫給美國某大公司的提案中他認為有錯誤之處欲將責任歸罪於我們。我深感他言詞不公而義憤填膺。我們（特別是我）極為辛苦花了很多時間功夫（包括原該休息的週末及有時工作至清晨三點）拼命設計和撰寫提案，他非但不體諒我們的辛苦卻將我認為勿需有的罪名歸於我們。我因此拍桌並提高聲量在電話會議中向他大聲反應，當時兩地的與會者都怔住了。此前無人膽敢在他素常專制的傲慢下對他有任何不敬之舉，我因不能隱忍一時而造成對自己的傷害。（我坦承類此未能隱忍一時的臭脾氣壞缺點在我事業生涯中不只一次傷害自己。）

　　Daisy 4 月 17 日（週六）從美國家打電話來說她已忍無可忍向公司辭職。她老闆對她不公不義，她對他們說：「我不幹了」，掉頭走人。

　　我為我的 gutsy old girl 感到驕傲。我當天日記中寫：「我或許也將短期內辭職，只不知何時。該是我辭去這裡一切飛回美國家園與 Daisy 共渡我們剩下的珍貴在一起的歲月。Daisy 與我已分開太久。」

　　我 4 月 24 日（週六）陪 John Chow 至林口美麗華高爾夫球場與 Broadcom 的 George Chen 和 John 的 30 多年老友 Sam Lin 打高爾夫球。我們打到一半時天降大雨，但我們仍在風雨中打完了 18 洞。

　　John Chow 打完球後請護士量血壓，我跟著前往。讓我極感震驚的是我居然有相當高的高血壓。我從未想過自己會有高血壓，自認經常運動身體很好不可能有高血壓。應是那些年長時間辛苦工作的壓力所導致。

　　我 4 月 25 日（週日）立刻去新竹省立醫院急診。我從那日起至今每日都服高血壓藥。我 4 月 27 日（週二）晚去家樂福量販店買了家用量血壓器。

　　我 5 月 7 日（週五）從桃園中正國際機場出發經香港飛往北京，在北京首都國際機場與 Daisy、老友 Peter、夫人 Angel、其他旅遊團新舊朋友聚合，開始 5 月 7 日至 22 日為時 16 天的絲路之旅。我很高興能在前此數年中扮演著抬轎者角色辛苦工作之餘有此難得的機會與 Daisy 和朋友們同遊著名的絲路。

　　絲路旅遊後，我 5 月 22 日（週六）從上海飛回台灣，Daisy、

Angel、Peter 在上海 Connie 的姐姐 Susie 和姐夫 Stewart 家多待了數日後飛回美國。

- 70 -

我於 2004 年 5 月 22 日（週六）回台灣後感覺公司氣氛已經不同，也感覺我事業人生的航程似已近終點。

我和 Daisy 共同決定已退休的她於 2002 年 10 月初飛回台灣陪我短時。我那時尚未完全放棄事業，仍思再拼搏兩年後才退休。我同時也經由全友老同事好兄弟的引介與獵頭公司連繫欲往中國大陸發展，但此事無疾而終。

我 10 月初到桃園國際機場接 Daisy 回竹北公寓，她在家陪我十幾天。我們有時於週末開車去台北見她大哥雨萍和大嫂雪琴，在一起過一段輕鬆的夫妻生活。

我用累積數年的長榮航空公司里程訂了飛往峇里島（Bali Island）的機票。我們 10 月 14 日（週四）飛往峇里島，在島上遊了 5 天後 10 月 18 日（週一）飛回台灣。我們回程時因機上人少而被升等至商務艙。

峇里島之旅改變了我的人生抉擇，我已不願再打滾於事業人生，我該與 Daisy 相攜飛回美國南加州海邊家園在剩餘的黃昏歲月中遨遊世界享受人生。

我因此向 John Chow 遞了辭呈，廉價拋售所有的傢俱，也賣掉情況尚稱良好的 Nissan Sentra 二手汽車。

我和 Daisy 2004 年 10 月底乘長榮公司班機飛回美國。

我從菜鳥工程師開始的事業生涯就此劃上句點。

（我從 2004 年 10 月底退隱海濱至 2014 年 9 月 10 日妻子菊齡突中風離我而去的 10 年當中，我帶著菊齡環遊世界五洲四海享受人生。那些珍貴的黃昏歲月應該是另外一本人生之書。）

從菜鳥工程師開始

終於確定相信

我 2001 年受洗於新竹清華大學對面信義會勝利堂，此短文是受洗後見證。

數十年來，從少年時簡單天真的相信，到青年時的半信半疑，到後來的懷疑未定，到逐漸重建相信，到終於確定相信，過程可謂數十年長久的演化。

數十年碌碌人生，間雜著對聖經的研讀，電視和網路上對祂的追尋，時有時無的祈禱，有時冷漠淡忘，有時罪思罪行，與祂緊密連接時蒙福受祝，遠離祂時受懲挨罰。這些人生經驗告訴我：祂的永恆存在，及因未與祂全然連接而未得內心完全的平安。

雖然我是諸多缺陷的罪人，但祂一直未放棄我，一直看顧及保護我和我愛的家人。

1994 年一日清晨，為節省一段晨跑路程而在一座陸橋上朝一個洩洪河畔向下跳落 16 英尺約兩層樓的高度，觸地剎那有此生突將結束之感，有一小時無法起來，疼痛無比。後來終於站起來，回家的路途有如數千里路長。

太太看到我死灰臉色，送我去急診。觸地剎那，若角度稍歪，可能就此下半身癱瘓。醫生說我瞬間變矮了二分之一英寸，因一節脊椎骨被壓成三角形，除此以外一切正常。我深知神看顧我、拯救我，給我終將回歸祂的機會。

1997 年，我來台創立公司，家人都在美國。一個夏日，電話中從太太口中得知就讀加州大學的兒子因那學期沒讀好書感覺對不起父母而離家出走、不知何往。

兒子在那段獨立生活過程中尋找到耶穌。同年聖誕夜，兒子於離家數月後決定聖誕夜回家見媽媽姐姐。高速公路上每時 65 英里高速，他駕的車被一位酒醉人所駕車猛撞、轉幾圈、車全毀，而他卻絲毫無傷，真是聖誕夜奇跡。

我深知神照顧我兒子、保護他，給他回歸祂的機會。這些年來，神指引我兒子，助他尋到自己的路，成為電腦、網路系統專家，服務大公司，得到同事、朋友們的敬服。

今年三月初，美國分公司一位員工盜取公款。壓力的累積使我於三月底胃腸大量出血，被送急診，血壓低至85，心跳快至108。此生首次住院三天打點滴。照胃鏡時仍見血液湧流而出，若不及時住院，後果不堪設想。

在醫院向神祈禱求助，祂聽到我祈禱，使我迅速回復，比從前更為健康。除了壞員工被革職外，同時非常奇妙增加幾位好員工。後來發現他們都信基督。

我再次深知祂看顧我、拯救我，給我終將回歸祂的機會。數十年徬徨不安，終能因受洗回歸於祂，加入信祂的弟兄姐妹，得到永久、完整的平安、福佑。感謝主。讚美主。

退隱海濱

我 2004 年 10 月底退休後感言之一。

我對於退休這事一向持有矛盾想法（退或不退），但它畢竟已於 2004 年 10 月底發生，而我也已退隱於美國南加州海濱。

此退休也許永久也許暫時，也許是一段充電時期也許是夢想最終實現。

無論如何，此是人生大轉折點，值得費時思前想後，緬懷前此人生，思維今後歲月。

我深切感覺退隱後歲月加速飛逝，驀然回首感覺人生旅程加速奔往宇宙時空原點。

那戰亂馬年，那雙子月份，當日本侵略者飛機猛炸四川和中國其他土地時，重慶附近江津長江之畔，剛出生嬰兒包衣依風俗被扔進滾滾江中。

六年後，那內戰逃難歲月，那陰雨黃浦江畔，那將離上海輪船，那船邊走道臨時搭成床位，一位母親帶三小男孩（李家三兄弟）等候輪船啟動。

輪船離上海岸朝台灣緩緩駛去。

到達風雨中飄搖的台灣，從基隆至台北至新竹。

風城童年歲月：年少感覺中似永無盡期充滿夏夜螢火蟲的暑假。少年童心中農曆新年的快樂，砲竹聲壓歲錢逐戶拜年的興奮。

高梓校長蘊育下的竹師附小：小小身軀扛著大鼓帶領國歌晨唱和學生們遊行隊伍。加入校隊代表學校參加田徑比賽的驕傲。（見〈憶竹師附小〉一文。）

十八尖山下六年中學生涯：辛志平校長孕育下竹中智德體群平衡發展的教育。每年一度全校越野賽跑。不會游泳就不能畢業的竹中傳統。竹中高升學率。竹中合唱團。（見〈憶新竹中學〉一文。）

四年台大生涯。近山男生第七宿舍。新生南路旁信義學舍黃色小樓。校園中男生第六宿舍。羅斯福路口牛肉麵攤。棕櫚樹下校園中攜手漫步。

傅園中水池旁期盼等待。秋始冬盡短短數月清純初戀後的憂鬱迷失。（見〈那冬〉一文。）

信義學舍同房柏大恩（筆名狄仁華）〈人情味與公德心〉一文掀起年輕人自覺自強運動。（見〈湯姆的打字機〉一文。）

電機電子工程的學習，文學的喜好追求。以「綠電」和「藍雷」為筆名發表文章於報紙副刊。萬未想到數十年後台灣政壇和民間以藍色和綠色劃分黨派分裂族群。

大三後暑假成功嶺上基本軍事訓練（見〈兵〉和〈兵之浴〉兩文。）。台大畢業後空軍通校雷達技術訓練（見〈布克與四大郎〉一文。）。空軍總部分派新竹機場航管少尉電子官任務（見〈曠野〉一文。）。人生伴侶初識，愛情感覺深切。（見〈三載情箋〉一文。）

台北松山機場。起飛時刻面對美洲大陸未知前程的憂慮恐懼。離別愛人親人的悲情熱淚。飛虎航空公司飛機負載百餘名留學生飛抵舊金山。

灰狗巴士帶遊子朝南駛向洛杉磯。車上聆聽美國女士談她遠方越南戰場上作戰的哥哥。

終抵南加州洛杉磯。深夜思家思人熱淚。

南加大電機系研究院學習。畢業後工程師生涯啟始。

數十年職場生涯。航管電子系統，迷你電腦，電腦系統，極大積體線路，工作站系統，影像掃描系統，無線通訊系統。工程，工程管理，公司高階管理。兩個科技公司創立，兩個科技公司完結，朋友科技公司抬轎協助創業。數十年職場歲月隨風而逝。（見〈從菜鳥工程師開始〉一文。）

退隱之際驀然回首，一些較突出人事物長存腦海。

若說人生七十才開始，那此刻我僅是嬰兒。若上帝願賜百年或更長壽命，剩下歲月尚有數十年頭。看似漫長歲月其實很快就過去，過去之後呢？

我對上帝追尋已數十年歲月，從少年時簡單相信，至青年時半信半疑，至更長後懷疑未定，至逐漸重建相信，至終於確定相信，漫長過程歷經數十年不斷演化。

21世紀第一年，雙子座那月中，恰是我肉身生日那日，新竹清華大

學對面信義會勝利堂內，梁牧師抹水於我額，我受洗成為基督徒，得賜靈魂重生。（見〈終於確定相信〉一文。）

受洗儀式不表示所有問題都獲解決，我仍是罪人，仍面臨各種各類誘惑挑戰。

但我深切知曉，將來某年某月某日某時某刻，當上帝召告我人世旅程終點時，我將確知何去何往。

並非每人都有面臨死亡經驗。1995 年某夏晨，我莫名其妙為節省晨跑路程而在一座陸橋上（Brookhurst Street 與 Hamilton Avenue 交接口 Victoria Street 上）一躍而下 Santa Ana 河畔水泥道上。

我當時倉卒誤判 16 英尺兩層樓高度，觸地強震剎那，腦中閃過一切即將完結瞬間思緒。

我極度疼痛躺臥河畔不能動彈。一小時後勉強起身。回家三英里路程感同三千英里。

妻子菊齡開車帶我去醫院急診。數月休養。祂保存我，因只要落地角度稍異，非死即癱。

當醫生說我一節脊椎骨瞬間壓成三角錐形而身高瞬間變矮二分之一英寸時，我疼痛中不禁大笑。那關鍵一瞬，祂拯救我給我回歸於祂重生機會。我之後身體健康如昔毫無異樣。感謝讚美三位一體天父、主耶穌基督、聖靈。

人生週期如正弦曲線般時高時低，1990 年代中期是我人生低潮。那年我們居住的南加州海濱城市亨廷頓海灘（Huntington Beach）被某媒體雜誌評為全美國最安全城市。

某夏晨，當我慢跑街頭，突感左大腿上方被打一槍，驚疼之餘轉頭，見一輛汽車猛朝前逃逸。原來惡作劇頑皮年輕人用戰爭遊戲漆彈槍射我取樂。我立刻報警但無用，因肇事人車早已逃逸無蹤。我只能將大腿上方被槍擊烏青處拍照留念。

同一低潮時期，我加入新竹光復路旁科技中心參與針對於大陸市場電動腳踏車研製推廣。

我居於科技中心辦公大樓後公寓大樓第二十層樓公寓宿舍。我前後三次夏夜睡夢中被鬼壓身，奮力掙扎後才得脫身。此事至今仍記憶猶新。

我後聽朋友說公寓大樓營建期間曾有女人從二十層樓墜樓身亡。有人說人於人生低潮因陽氣不足而易惹鬼壓身。真耶假耶？

　　我 1967 年畢業南加大後開始做電腦研發設計工程師，經歷各種各類電子電腦數位系統等產品研發和工程，從技術層面逐漸轉換至管理層面。（見〈從菜鳥工程師開始〉一文。）

　　1980 年代初期，一些 XEROX 公司老同事老朋友離開美國前往台灣創業。我自己也萌生蘊育創業雛念，但一直未逢機遇。

　　1986 年中，前老同事老朋友邀請下加入總部在新竹科學園區當時年僅六歲科技公司，一直服務至 1993 年初。

　　邀我加入的那位朋友是那公司總經理，不僅有極高智商，也有極佳產品創意，且是有情有義性情中人。

　　1980 年代初，他與其他幾位夥伴提供技術而另一位夥伴提供資金，成立公司七年後公司上市於台灣。

　　我 1993 年初離開那家公司後，於 1990 年代中期頻繁往來美國台灣間，希圖創業。

　　我 1990 年代最後三年中與夥伴們先後創立兩家科技公司。我們經過數年努力後，雖然某些產品曾獲得頒獎好評，但叫好不叫座以致未能將產品數量做大。

　　我雖未成功實現創業致富夢想，但從未後悔經歷艱辛創業過程。我毫無遺憾，因我在人生中冒險了、嘗試了、成就了、學習了。

　　其後數年中，我扮演抬轎者（配角）角色從旁協助老同事老朋友先後參加創立兩家無線電通訊相關科技公司，努力數年後終於決定離開和退隱，終於回歸闊別七年南加州海邊家。

　　我退隱之際欣慰回想往日曾有緣結識的傑出人物。

　　我在風城新竹中學成長歲月中曾有一位很要好同學，他當時家境比較貧窮。某颱風夏日，我去他頭前溪畔農家，猶憶那天淒風苦雨。

　　他竹中畢業後進入成功大學建築系。四年成大的學習和訓練使他成為成功的建築師，在台灣經濟起飛年代中成長茁壯發財成名。

　　他除了如新竹青草湖畔國家藝術園區建築業上傑出成就外也是台灣少數著名收藏家。

我在台灣創業期中曾拜訪過他。他帶我吃新竹小吃。我們在小吃店相談，我提起很敬佩陳文茜。他問我願不願見陳文茜，我說當然。但他顯然忘了此事不了了之。

他為紀念他父親（名青山）在國家藝術園區設立青山雙語小學。我在小學開幕典禮見到新竹市蔡文堅市長和中研院李遠哲，也看到他新竹中學同班同學章（蔣）孝嚴贈送賀匾。

我剛出道在 Raytheon Computer 公司做助理工程師那年參與開發美國航空署（FAA）機場航管系統。

那時辦公室有三人，除我這位助理工程師外還有資深工程師和一位從 MIT（麻省理工學院）畢業的顧問。

那顧問當時為航管系統做產品系統規劃工作。他十數年後在橘郡（Orange County）創立某著名科技公司，成為成功上市公司董事長。

那位當初邀請我加入總部位於新竹科學園區科技公司的老同事老朋友具有世界級頭腦，在產品創意和產品策略上有卓越見解和成就。他帶領下的公司也在當時科技界闖出名聲。

多年前某年某月，美國收視率極佳電視節目《Lifestyles of the Rich and Famous》曾有介紹他故事的片段。他也是為人親切真誠有情有義令人感懷的了不起人物。

另一位老同事老朋友離開與夥伴們合創科技公司後另創通訊相關科技公司。他數年後離開通訊公司前往大陸，退而不休擔任著名南開大學客座顧問教授，並創立宗旨為培訓孕育中國大陸大型企業經營管理人才基金會，並擔任天津南開大學國際管理論壇執行主席。

我某次在台北與他見面打高爾夫球時適逢溫世仁先生過世，我對他說：「在某些方面而言，我覺得你是另一類溫世仁。」

我退隱前五年中遊覽中國大陸多處。

1999 年秋天：上海、杭州、蘇州、無錫、徐州、南京、北京、長城、西安、貴州、廣州、香港。

2001 年秋季：北京、哈爾濱、長春、吉林、瀋陽、大連、旅順、煙台、蓬萊、威海、青島、濟南、曲阜、泰安、上海。

2002 年秋天：上海、杭州、千島湖、紹興、寧波、普陀山、奉化、

天台、雁蕩山、溫州、廈門、武夷山、上海、周庄、同里。

2004 年春天：北京、烏魯木齊、吐魯番、天池、敦煌、嘉峪關、蘭州、西寧、西安、華山、上海、朱家角。

故國壯美江山和優美文化強烈吸引我這在美國渡過大半生的遊子。

我退隱後，2005 年初春，我遊紐約、費城、華盛頓、尼加拉瀑布、波斯頓。2005 年夏天，我遊加拿大溫哥華、洛磯山脈。

中國江山和北美江山一左一右一東一西相互輝映。一方是我出生地祖國，一方是我大半生寄居地美國。一方是二十世紀全球第一強國，一方是二十一世紀崛起舉足輕重世界級強國。

我退隱之後除繼續旅遊中國、美國、世界各地優美江山外也決定重拾史籍閱讀中國史、美國史、世界史。

此外 James Michener 是我最欣賞的美國小說家。我蒐集幾乎他寫的整個系列著作，至今已經讀完他所寫大部分書。我將會繼續讀完他所有著作，並試圖追隨他腳步。

有人說生有一女一子是「好」事，也是一百分，我家恰是如此。我退隱後，孩子們都已成長獨立，各有所長服務於各自事業領域。

我退隱後清晨不必靠鬧鐘匆忙起床，從容地換上短褲跑鞋慢跑快走，做各種各類運動，身體健康精神愉快。

有人說：「年輕時拼命賺錢。年老時花錢治病。」我願享受人生不願花錢治病。

我前面日子尚長，也許繼續過輕閒日子，也許決定再尋創新徑。摩西祖母七十歲才開始學畫，她是值得學習榜樣。

我退隱人生繼續著。

2005 遊大陸四遇連戰

2005 年 10 月 14 至 28 日兩週中，我們 27 人旅遊團（包括 13 對夫婦和一位單身女士）遊覽了廣州、張家界、桃花源、常德、長沙、成都、九寨溝、黃龍、峨嵋山、樂山等地。

我們這團 27 位五十、六十歲一部分都已功成身退的「年輕」女士們和紳士們熱熱鬧鬧歡歡樂樂在一起渡過美好的兩星期。

旅途之初發生的部分行李未隨飛機從洛杉磯抵達廣州的不愉快事件，對之後旅遊的興致和大夥的歡樂似無任何負面影響。我們是一個有福團，旅程中歡笑聲不斷。

我們團尚未抵達九寨溝前，那裡下雨，影響到先前幾個旅遊團的遊興。但當我們團抵達時，九寨溝已轉成晴天萬里好日子。

我們行前聽說台灣國民黨榮譽主席連戰 10 月中將以私人身分前往大陸訪問，當時心中曾閃過「是否有緣能與他擦身而過」的念頭。

萬未想到，我們這有福團與連主席、他家人、他隨扈在九寨溝和成都有過一段難能可貴的四度相遇緣份，簡介描述如下。

2

我們 10 月 25 日遊了九寨溝的孔雀海、熊貓海、天鵝湖、珍珠潭瀑布後，回到九寨溝喜來登國際大酒店晚餐。

餐後，「地陪」小陸（年輕成都美女）突然宣布她剛聽到消息：「連戰今晚將與我們住同一家旅館，待會兒晚餐後會從樓上走下回房間，然後再去隔壁戲院觀賞民族歌舞團表演。」

此消息頓時使大家興奮起來，許多團員本欲回房休息，決定暫不回房而留在旅館大廳等候連戰出現。

數分鐘後，丁遠超先生（連戰辦公室主任）出現在我眼前，我對他說：「以前常在電視上看到你。」

我們在電梯附近看到一些大陸方面派來的安全人員，我們對其中一位說：「我們都是從美國回來的華人，可否麻煩你安排一下讓我們見見

連主席，和他拍個照之類的？」

他笑說可以一試。

數分鐘後，連主席和夫人連方瑀女士相袂從二樓緩步下樓，兩旁有不少陪行者。

他們兩位是多麼亮麗一對明星。他們出現那刻，我們不能自禁興奮驚叫拍手並大聲喊：「連主席。連主席。」

連先生此行是低調私人性質，我們突如其來喝采對他和夫人而言應算是驚喜吧。連戰臉上似露些許靦覥。

我 1960 年入台大當新鮮人時，參加中國小姐競賽的方瑀和我們其他一百多位新鮮人同在一間臨時教室上中國近代史。此次是數十年後第一次見到方瑀。

我們團五十、六十歲「年輕」人特別女士們似於瞬間變成追星族「粉絲」了，在旅館大廳大聲歡叫談論。

連戰夫婦走進電梯時，妻子菊齡突然發現國民黨秘書長林豐正先生，她跑過去喊：「秘書長。秘書長。」

大家圍繞林豐正秘書長要求與他合影留念，他欣然應允。

當晚有人看到連戰女兒連惠心，但匆忙中未有機會接觸。

- 3 -

第二天 10 月 26 日，我們遊過九寨溝附近黃龍風景名勝區後乘坐旅遊巴士前往九寨溝黃龍機場，準備飛往成都。

我們在黃龍機場候機室發現機場安全檢查特別徹底，我突然心中閃過再度見到連戰預感。

果不其然，當我們排隊準備登機時，妻子菊齡和她妹妹靄理發現連戰女兒連惠心在我們前面。兩位女士便如小女孩兒般興奮地左一句右一句向連惠心搭訕。

我們團其他幾位團員包括 Nelly、Tom、Eugenia、Alan、Gordon 和我就在她們後面。

Alice 說：「連慧心好漂亮。」

Daisy 說：「可否安排下飛機後拍個照？昨天遇到林秘書長，也請他

安排拍照。」

　　Tom 說：「等一下下飛機跟我們拍照？」

　　Nelly 說：「我們不想再 miss 這一次機會。」

　　Alice 說：「妳叫妳爸爸去住紅珠山賓館，我們今晚住峨嵋山，明天住成都 Holiday Inn.」

　　連惠心說：「我們明天去熊貓基地看熊貓。」

　　我們當中一位說：「我們已看過了。」

　　Alice 說：「我們好高興。」

　　Nelly 說：「我們好 excited。」

　　我說：「我們要替戰哥加油。」

　　大家笑起來。

　　Daisy 接著說：「連主席加油。」

　　就如此，我們上了飛機。

　　我們坐定後不久聽說連戰也進了飛機，坐在前面頭等艙。

　　我們團除妻子 Daisy 坐在 17 排外，其他團員多半坐於機艙後面座位。

　　在 Shirley 鼓勵下，文筆好的 Catherine 代表大家寫一封信給連戰，介紹我們是來自美國的華人，希能與他見面合照，信中留下來自北京我們「全陪」導遊小王的手機號碼。

　　信寫好後拜託空服員（當天空服員都是特選美女）轉給連主席，她走到前面遞信給林豐正秘書長。

　　黃龍飛至成都只有短短四十分鐘左右飛行時間，我們下機時耽擱很久，因連主席要先下機。他們坐專車先離去。

- 4 -

　　我們當晚住於峨嵋山紅珠山賓館。

　　第二天 10 月 27 日。我們遊峨嵋山和樂山，夜宿於成都 Holiday Inn 旅館。

　　我們晚餐後相繼外出遊街購物。

　　我們未收到連戰電話，以為與連戰見面拍照大概無戲可唱。

　　但當 Daisy、我、May、Eugenia 走回旅館時，剛走出旅館的 Shirley 和

Philip 說：「旅館裡的服務小姐們已經穿上了盛裝麗服，似乎在準備迎接貴賓。」

我們聽此消息後幾乎同時說出：「連戰。Not him again。」

我們於是等候於成都 Holiday Inn 旅館大廳。

我們等了約 20 分鐘。大部分團員們都已聯繫到，大家聚於大廳。

連戰一行人參觀熊貓基地後果然回到 Holiday Inn 旅館。

9 點 23 分，連戰剛入旅館大門就聽到我們福氣團的歡呼聲，這是我們三度見連戰。

連戰舉起右手向我們親切微笑致意，然後與連方瑀走向電梯。

2005 年 5 月 27 日晚，成都，Holliday Inn 旅館，第三度見到連戰和他的夫人，與連勝文合影。

2005 年 5 月 28 日晨，成都，Holliday Inn 旅館，第四度見到連戰和他的夫人。

高大的連勝文出現了，林豐正秘書長隨後也出現。

林秘書長說：「你們和我已經拍過了，你們和勝文拍。」

於是，女士們先與連勝文合拍照片和 Video，男士們接著與他合拍。

我們與連勝文拍完照片後，我與他握手並對他說我曾在小 S 節目看過他。

連惠心接著也出現，女士們搶著與她合拍照片，也與她和連勝文合拍照片。

這是我們此行中首次見到連勝文，連惠心似乎已經與我們熟了，和我們親切涵暄。

我們見到此兩位年輕人，幾乎都有相同感覺：「畢竟是龍鳳後代，多麼優秀的孩子們。」

-5-

次晨（10 月 28 日）早餐後，我們又至旅館大廳等候。

丁遠超、林豐正、連勝文、連惠心等人那時都已先行離去。

7 點 53 分，連戰和夫人在眾人圍繞下從電梯出現。

我們團轟然發出旅途中對連戰和夫人第四次歡呼：「連主席好。連主席好。」

妻子 Daisy 向連戰說：「我們是第四次見面。」

May 對連方瑀說：「妳媽媽好嗎？他曾經是我的英文老師。」

連方瑀說：「她已經過世了。」

連戰和夫人主動停下來，面轉向正在拍攝視頻的我的方向。

就如此，除我自己外，大部分團員終如願與連戰和夫人合照（包括視頻和照片）。

合照後，連戰舉起左手向大家揮動致意。

連主席離去後，大夥們仍然興奮聚於大廳談論此次大陸之旅與連戰相遇四度緣。

此四度緣是美好旅遊中的高潮，也是難以忘懷的美好記憶。

亞太世紀網站

我 2004 年 10 月底退休後決定做一些自己喜歡做的事，建立「亞太世紀網站」便是其一。

-1-

我於 2004 年底退休後（見〈退隱海濱〉和〈從菜鳥工程師開始〉兩文。）決定要做一些自己喜歡做的事，包括建立和設計自己的網站。

退休前事業人生中，公司網站有專人負責，退休後必須一切自理。我從零開始從無到有，在無人教導協助下自學網站設計兩個軟體並尋覓網站服務公司和申請兩個 domain names（網域名稱）：「AAAPOE」和「1China1」。

我取「AAAPOE」英文網域名是基於如下的意義：「Asia Americas Australia Pacific Ocean Era」，因此原先取的中文網站名是「亞美澳太世紀」網站。我請教 XEROX 和全友老同事老朋友曾憲章博士，他建議改成「亞太世紀」為正式網站中文名。（此「AAAPOE」網域名我不必付費，因網站服務公司從我付的服務費中抽付。）

我另取的「1China1」英文網域名是基於如下的意義：「One China One，一個中國第一」。我原想經由此網域進入中國大陸和全球希望中國統一的廣大華人群，但數年後將其刪除，一因其內容與「AAAPOE」全同，二因我需付額外網域費。

亞太世紀網站從 2006 年開始迅速成長，至 2014 年已是很大的個人網站（本應是幾個人一塊共同建立、設計、維護的網站，而我卻獨當一面。）。八年中我在網站上置入很多內容和做了很多事（分享於下文中），但 2014 年 9 月 10 日（我和妻子菊齡 47 年結婚紀年日當天），菊齡突因血栓阻塞導致左腦中風棄我而去。我從那日開始動力全失而不再費時使網站變為更大，亞太世紀網站已有的內容一直會存在。

2006 年至今（2021 年中）15 年中，我置入的內容和做的事情簡述如下。

　　我花了很多時間和功夫計劃和設計亞太世紀網站的整體架構，目標是使其成為一個宏大精深無所不包的大規模個人網站。

　　每一個網頁的上方有一行從左至右的六個按鈕：Home（首頁），Links（鏈接），AAAPOE World（亞太世紀世界），AAAPOE Gardens（亞太世紀花園），AAAPOE Villages（亞太世紀村莊），AAAPOE Campus（亞太世紀校園），Reserved 3（為將來留個備份）。

　　1. 按 Home（首頁）按鈕後出現整個亞太世紀網站的所有按鈕，左側出現一列從上至下的八個按鈕：

　　　　a. About AAAPOE（對 AAAPOE 亞太世紀網站的簡介）

　　　　b. Principals（簡介李家三兄弟，此網站三位主要負責人。我是主其事者，兩位可敬的弟弟李耀宗、李燦宗陪我並給我氣勢。）

　　　　　　i. 三兄弟的履歷

　　　　　　ii. 鏈接至「Bill Lee Writings（李偉宗的文章）」

　　　　　　iii. 鏈接至我的「紅藍綠中美專欄」

　　　　　　iv. 鏈接至弟弟李耀宗的「Yaw-Tsong Lee Translation Works 李耀宗譯作」

　　　　c. Family & Relatives（家庭和親戚成員相關的照片和視頻。）

　　　　d. Friends（朋友相關的照片和視頻。）

　　　　e. AAAPOE Columns（九位朋友加上我自己寫的文章納於各自的專欄，我自己的專欄名是「紅藍綠中美」。）

　　　　f. Send Feedback

　　　　g. Contact Us（連繫我們）

　　　　h. Site Map

　　2. 按 Links（鏈接）按鈕後出現「AAAPOE Links」網頁，其內包括七個 icon（圖標）和一列相關的從上至下七個按鈕：

　　　　a. Links to Friends' Websites（鏈接至六位朋友的網站，包括弟弟李耀宗的網站。）

　　　　b. Christian Links（鏈接至許多基督教相關的網站。）

c. James Michener Links（鏈接至許多 James A. Michener 相關的網站，James Michener 是我最欣賞的小說家之一。）

d. Sayling Wen Links（鏈接至不少溫世仁 Sayling Wen 相關的網站，他是我最欣賞的企業家之一。）

e. Little Dragon Foundation Links（鏈接至不少「曉龍基金會」相關的網站，此會是可敬的老同事老朋友曾憲章博士設立的。）

f. Don Baron Sermons Links（鏈接至一些與老室友老朋友 Don Baron 柏大恩相關的網站。）

g. NTU Links（台灣大學相關的一些網站。）

3. 按 AAAPOE World（亞太世紀世界）按鈕後出現「AAAPOE World」網頁，其內包括 18 個 icon（圖標）和一列相關的從上至下 18 個按鈕：

a. Christian World（基督教世界）：

　i. New Chinese Translation of Bible（我的聖經中文新譯）

　ii. Christian Writings（各種中英文基督教相關文章）

　iii. Christian Slides, Videos, Photos（基督教相關的幻燈片或 Power Point Slides、視頻、照片等）

　iv. Christian Humor & Jokes（基督教相關的幽默和笑話）

　v. Christian Organizations（基督教相關的組織）

　vi. Special Christion Websites（基督教相關的特別網站）

　vii. He is one of us（祂在我們當中）

　viii. Christian Prayers（祈禱）

　ix. In Memory of Father Louis J. Dowd（1911~1990）（紀念杜華神父）（見〈憶杜華神父〉一文。）

b. James A. Michener（有關我最欣賞的小說家之一的 James A. Michener 的許多資訊）

c. Sayling Wen（有關我最欣賞的企業家之一的溫世仁的一些資訊）

d. Little Dragon Foundation（有關我的老同事老朋友曾憲章博士設立的「曉龍基金會」的一些資訊）

e. Don Baron Sermons（有關我的老室友老朋友 Don Baron 柏大恩的一些資訊）（見「2006 半世紀後重逢」一文。）

f. Googled Glimpses of Career: PT Huang（Distinguished Career of Pi-Twan Huang 黃碧端）（有關黃碧端的特別網頁）

g. Web Footprints of Author: Doris Yu（有關作家蓬丹的一些資訊）

h. Author: Feng-Ji Wang 王逢吉（有關作家王逢吉的一些資訊）

i. All About Aiya 愛亞 Author（有關作家愛亞的一些資訊）

j. Gaoz 高梓：Distinguished Educator（有關教育家高梓的一些資訊）

k. Zhen-He Wang 王禎和 Taiwan Author（有關作家王禎和的一些資訊）

l. Author: Linyao Wu Humor Master（有關幽默作家吳玲瑤的一些資訊）

m. World of Uncle Sam, Good Old USA（有關山姆大叔美國的一些資訊）

n. World of Asia Pacific & Americas（有關亞太和美洲的一些資訊）

o. World of European Continent（有關歐洲大陸的一些資訊）

p. World of Africa & Middle East（有關非洲和中東的一些資訊）

q. World of China: Middle Kingdom（有關祖國中國的一些資訊）

r. World: Cleaner, Greener and Less Polluted（有關清潔、綠色、較少污染的世界的一些資訊）

4. 按 AAAPOE Gardens（亞太世紀花園）按鈕後出現「AAAPOE Gardens」網頁，其內包括 15 個 icon（圖標）和一列相關的從上至下 15 個按鈕：

a. Bill Lee Writings（李偉宗的文章，內容同於我的「紅藍綠中美專欄」）

b. Friends' Writings（朋友們的文章）

c. Tours on Earth（有關我所有環遊世界五洲的特別網頁）（我於 2004 年底退休後帶妻子菊齡環遊世界五洲十年直至她 2014 年 9 月 10 日過世，之後 2014 年底至 2018 年中又遊了不少歐亞各地。那 14 年中我停止了數十年寫日記的習慣而把拍照片和攝視頻當作另一類的日記。此特別的 Tours of Earth（地球之旅）網頁以照片和視頻方式記錄下所有的旅遊（包括一般坐旅遊巴

士之旅和遊輪之旅）。我隨時可以點觸 Tours on Earth（地球上旅遊）網頁（其中有數不盡的照片和視頻）就可點選某次旅遊而重溫旅遊之樂。）

   d. Friends' Slides Collection（收藏了極多朋友們分享的 PPT 和 PPS 幻燈片。）

   e. Special Sites Recommended by Friends（分享極多朋友們介紹的特別網站，有些可能已不存在。）

   f. Reminiscences of Zhu-Shi-Fu-Xiao（竹師附小）（緬懷竹師附小的許多相關的網站內網頁）（見〈憶竹師附小〉一文。）

   g. Reminiscences of Lutheran Student House（信義學舍）（緬懷信義學舍的許多相關的網站內網頁）（見〈湯姆的打字機〉和〈2006 半世紀後重逢〉兩文。）

   h. NTU 台灣大學 1964（緬懷台灣大學的許多相關的網站內網頁）

   i. Gallery of Food Dishes: Francis & Patty Tien 食品展示館：食品展示（旅遊時結識的朋友 Francis & Patty Tien 所提供他們餐館的菜色。）

   j. Colama Wang Photo Gallery（朋友 Coloma Wang 拍的照片）

   k. Friends' Websites（鏈接至朋友們的網站）

   l. Memories of Our Dear Mother Yi-Jun Hu Lee 李胡翼軍女士（緬懷過世的母親）（見〈1981 探父病於紐約〉和〈爸媽年輕時〉兩文。）

   m. Happy Birthday, Cynthia（女兒成長的照片）

   n. Huggie Home（緬懷過世的愛狗 Huggie：照片和視頻）（見〈懷念 Huggie〉一文。）

   o. Voices from Past（古老時錄下的聲音）

5. 按 AAAPOE Villages 按鈕後出現「AAAPOE Villages: The World is A Village」網頁（世界是一個村莊：世界村），其內包括 8 個 icon（圖標）和一列相關的從上至下 8 個按鈕：

   a. People Village: 人傑村（全球各地英雄人傑）

   b. Middle Kingdom Village: 中國村（有關中國的各方各面）

c. Orgs & Grps（Organizations & Groups）Village：組織與團體村（有關某些組織）

d. Health & Medical Village：健康醫藥村（有關健康醫藥的各方各面）

e. Humor & Laughter Village：幽默笑話村（匯集許多幽默笑話）

f. Animal Kingdom Village：動物王國村（有關動物王國的各方各面）

g. Sci-Tech-Prod（Science-Technology-Products）Village：科學技術產品村（有關科學技術產品的各方各面）

h. Taiwan Island Village：台灣島村：按此按鈕後出現「Taiwan Island Village：台灣島村」網頁，其內包括 14 個 icon（圖標）和一列相關的從上至下 14 個按鈕：

  i. Slides & Photos Gallery（極多台灣相關的照片、視頻、PPT 或 PPS slides）

  ii. Special Websites Recommended（台灣相關的各方各面特別網站）

  iii. Special Articles to Share（台灣相關的各方各面諸多作者所寫文章）

  iv. Microtek Reminisced 全友回憶（回憶全友各方各面）（見〈從菜鳥工程師開始〉一文。）

  v. In Loving Memory of Peng Ma Ma　彭媽媽（緬懷過世的彭媽

AAAPOE Website Home Page。（亞太世紀網站首頁）

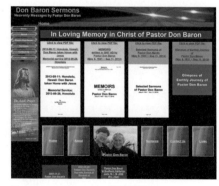

Don Baron Sermons 的子網站。

媽）

　　vi. Support Cultural Activities（支持文化活動）

　vii. The Shame of Taiwan 台灣之恥（有關某些無恥政客）

viii. My Years with Microlink/Foxlink Reminisced（訊強正崴回憶）
（見〈從菜鳥工程師開始〉一文。）

　ix. My Years with W-Link Reminisced（憶旺訊科技）（見〈從菜鳥工程師開始〉一文。）

　　x. ABERA Reminisced: My Years with ABERA Reminisced（憶璟佳科技）（見〈從菜鳥工程師開始〉一文。）

　xi. Avigramm Reminisced: My Year（1997）with Avigramm Reminisced（憶亞葳科技）（見〈從菜鳥工程師開始〉一文。）

　xii. Outstanding People（台灣人傑：緬懷杜華神父、辛志平校長等）

xiii. Hsinchu (Xinzhu) High School Reminisced（憶竹中）（見〈憶竹中〉一文。）

xiv. Special Events（特別事件）

6. 按 AAAPOE Campus 按鈕後出現「AAAPOE Campus」網頁（AAAPOE 校園），其內包括 3 個 icon（圖標）和一列相關的從上至下 3 個按鈕：

a. Geography Hall 地理館

b. History Hall 歷史館

c. One China One（1 中 1）：Greater China（大中國）：Past,

Little Dragon Foundation Website（曉龍基金會）的子網

Googled Glimpses of Career: PT Huang（Distinguished Career of Pi-Twan Huang 黃碧端）網頁。

Present, Future（過往 今日 明天）

7. Reserved（為將來的擴充而保留）

- 3 -

我在亞太世紀網站上為老室友老朋友 Don Baron（柏大恩）設立了一個名為「Don Baron Sermons」的子網站（Subdomain Website）。

每一個網頁的左邊有一列從上至下的六個按鈕：Home（首頁），About（有關），Pastor Don Baron（柏大恩牧師），Sermons（講道），Contact Us（聯繫我們），Links（鏈接）。

1. 按 Home（首頁）按鈕後出現 Home（首頁），包括：

    a. 整個子網站的左側一列從上至下六個按鈕和相關的六個 icon（圖標）（Home（首頁），About（有關），Pastor Don Baron（柏大恩牧師），Sermons（講道），Contact Us（聯繫我們），Links（鏈接））。

    b. 鏈接至 PDF 檔案：「2013-09-11: Honolulu, Hawaii: Don Baron taken Home with Jesus：Memorial Service: 2013-09-28, Honolulu（by Ia Mei and Chris Baron.」（Don Baron 的葬禮）

    c. 鏈接至 PDF 檔案：MEMOIRS written in 2007 A.D. by Pastor Don Baron（May 6, 1931 ~ Sep 11, 2013）。（Don Baron 的自傳）

    d. 鏈接至 PDF 檔案：Selected Sermons of Pastor Don Baron（May 6, 1931 ~ Sep 11, 2013）。（Don Baron 的講道）

    e. 鏈接至「Glimpses of Earthly Journey of Pastor Don Baron（May 6, 1931 ~ Sep 11, 2013).」（Don Baron 在世上的一些軌跡）

    f. 鏈接至「2007-11-21: Pastor Don Baron's 2007 Thanksgiving Message.」（Don Baron 的感恩節訊息）

    g. 鏈接至「2007-06-30: Pastor Don Baron's Keynote Speech at Banquet of BIH (Bible Institute of Hawaii), which he founded 35 years ago.」（Don Baron 的演講）

    h. 鏈接至「Pastor Don Baron in Southern California, June 16~18, 2006 (Fri~Sun) Bethlehem Lutheran Church, Temple City, California, USA.」

（Don Baron 2006 年前來南加州的一些訊息）

2. 按 About（有關）按鈕後出現 About 網頁。

3. 按 Pastor Don Baron（柏大恩牧師）按鈕後出現「簡介 Don Baron 和家庭」網頁。

4. 按 Sermons（講道）按鈕後出現「Sermons」網頁，其上鏈接至 15 篇他的講道，並鏈接至「2007-06-30: Pastor Don Baron's Keynote Speech at Banquet of BIH (Bible Institute of Hawaii), which he founded 35 years ago.」（Don Baron 的演講）

5. 按 Contact Us（連繫我們）按鈕後出現「Contact Us」網頁。

6. 按 Links（鏈接）按鈕後出現 Links 網頁（鏈接至相關的一些網站）。（見〈湯姆的打字機〉和〈2006 半世紀後重逢〉兩文。）

- 4 -

我在亞太世紀網站上為老同事老朋友曾憲章博士設立了一個名為「The Little Dragon Foundation Website」（曉龍基金會）的子網站（Subdomain Website）。

每一個網頁的左邊有一列從上至下的七個按鈕：Home（首頁），About（有關），Dr. Carter Tseng（曾憲章博士），Speeches & Presentations（演講和推介），Press & Articles（新聞和文章），Contact Us（連繫我們），Links（鏈接）。

1. 按 Home（首頁）按鈕後出現 Home（首頁），包括：整個子網站的左側一列從上至下七個按鈕和相關的七個 icon（圖標）（Home（首頁），About（有關），Dr. Carter Tseng（曾憲章博士），Speeches & Presentations（演講和推介），Press & Articles（新聞和文章），Contact Us（連繫我們），Links（鏈接））

2. 按 About（有關）按鈕後出現 About 網頁（簡介此子網站和曉龍基金會）。

3. 按 Dr. Carter Tseng（曾憲章博士）按鈕後出現「Dr. Carter Tseng」網頁（曾憲章博士的簡歷）。

4. 按 Speeches & Presentations（演講和推介）按鈕後出現「Speeches &

Presentations」網頁，鏈接至所有 Dr. Carter Tseng（曾憲章博士）的演講和推介。

　　5. 按 Press & Articles（新聞和文章）按鈕後出現「Press & Articles」網頁（鏈接至所有新聞報導和相關文章）

　　6. 按 Contact Us（連繫我們）按鈕後出現「Contact Us」網頁。

　　7. 按 Links（鏈接）按鈕後出現 Links 網頁（鏈接至相關的一些網站）。

-5-

　　Pi-Twan Huang（黃碧端）是著名的教育家、作家、藝術總監等。

　　1964 年我寫了一篇〈三劍客〉文章（敘述三位台大同學和朋友的友情）登載於當時的《中央日報》副刊上。數日後，當時仍在北一女就讀的黃碧端寫了一篇對應〈三劍客〉的〈我們四人〉文章（敘述她們四位北一女同學和朋友的友情）亦登載於中央副刊上。

　　經由中央日報從中引介，我們七位（「三劍客」三位和「我們四人」四位）得以連繫上，並曾經在我 1965 年出國留學前以「連環信」的方式互通訊息。

　　我 1965 年 8 月 28 日出國那天在松山機場，她們四人中的三位（包括黃碧端）都去機場送我。從那以後我們有 40 多年失聯。

　　那段長時期中，黃碧端 1964 年畢業於台北市立第一女子高級中學，1968 年畢業於國立臺灣大學（政治學學士），1971 年畢業於國立臺灣大學研究院（政治學碩士），1980 年畢業於美國威斯康辛大學（文學博

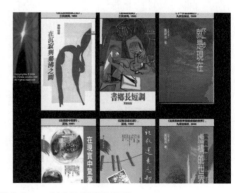

Books written by Pi-Twan Huang 黃碧端（黃碧端的著作）。（部分書的封面）

士）。

　　黃碧端得博士學位後歷經了極為傑出的事業人生：1980 年至 1992 年任國立中山大學外文系並擔任兩屆系主任，1989 至 1990 年任美國威斯康辛大學榮譽研究員，1992 年至 1995 年任國家兩廳院副主任，1995 年至 1997 年任國立暨南大學外文系的創系主任，1997 年至 2000 年任教育部高教司的司長，2000 年任國立暨南大學的人文學院院長，2000 年至 2006 年任國立台南藝術大學校長。

　　我數十年中在媒體和新聞上看到黃碧端的成就，很驕傲在出國前曾經與她和她的三友有過短期的互動。

　　我 2006 年開始設計亞太世紀網站時根據在網路上搜索的結果特別為黃碧端建立了一個「Googled Glimpses of Career: PT Huang（Distinguished Career of Pi-Twan Huang 黃碧端）」網頁，將當時媒體和網路上有關她的資訊一併置於此網頁。

　　當時黃碧端任台南藝術大學校長，我從藝大網站獲得她的電子郵件住址。

　　她於 2006 年 6 月中從台南藝術大學退休前，我很冒昧地寫了一封電子郵件給她簡介我自己，恭喜她將要榮退，並告訴她我已特為她建立了一個有關她的傑出的事業人生的網頁。

　　我們就如此重新連繫上。她也很驚喜得知有我這位 40 多年前的曾經相識者為她做了特別網頁。

　　2006 年 10 月 7 日菊齡與我返台，曾應黃碧端之邀去台北國家劇

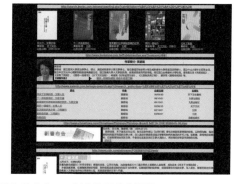

Books written by Pi-Twan Huang 黃碧端（黃碧端的著作）。（部分書的封面）

院觀賞著名的《女兒紅》舞台劇，那是數十年後首次榮幸見到傑出的 gracious and graceful 黃碧端女士。

2006 年黃碧端自南藝大任滿退休後，2008 年至 2009 年復為新政府任命，入閣擔任行政院文建會主委，2010 年至 2013 年擔任國家兩廳院藝術總監（2012 年並為總統府國策顧問），2013 年至 2014 年任教育部政務次長，2014 年卸任後，為中華民國筆會推選為會長，2018 年任滿。

這十幾年中，我也不斷將此網頁增加至目前的狀況，簡述如下：

- 黃碧端傑出的事業人生部分包括有：
  * 黃碧端在國立台南藝術大學（Tainan National University of the Arts）的點點滴滴。
  * Pi-Twan Huang 黃碧端：前文建會主委（Former Minister of Council of Cultural Affairs, ROC）在任內的點點滴滴。
  * 藝術與數位的繾綣共舞：國立中正文化中心黃碧端藝術總監專訪
  * Huang Pi-Twan was elected by AAPPAC (Association of Asia Pacific Performing Arts Centres) as Deputy Chairman of the AAPPAC Exco, filling up the vacancy left by Richard Evans, the Chief Executive of Sydney Opera House, Australia.
- Videos related to Pi-Twan Huang 黃碧端（與黃碧端相關的視頻）：
  * 「好山好水讀好書」座談會
  * 黃碧端感念齊邦媛父女身影：齊邦媛《巨流河》新書茶會
  * 2014 向楊牧致敬記者會現場轉播
  * 西灣歲月載滿黃碧端的高雄回憶：一生最愛文學，強調與藝術結合更能豐富生活內涵
  * 2019-05-04: Speech by Pi-Twan Huang on 五四（黃碧端有關「五四」的演講）
- 黃碧端's Radio Programs on Literature（有關文學的電台廣播節目）：
  * 2015~2016：4 Seasons of Literature 文學四季：Pi-twan Huang 黃碧端：

01. 2015-10-03：文學四季 1：概言
02. 2015-10-03：文學四季 2：概言
03. 2015-10-10：文學四季 1：席慕蓉（上）
04. 2015-10-17：文學四季 1：席慕蓉（下）
05. 2015-10-10：文學四季 2：梭羅
06. 2015-10-17：文學四季 2：艾蜜莉狄金遜
07. 2015-10-24：文學四季 1：劉兆玄（上）
08. 2015-10-31：文學四季 1：劉兆玄（下）
09. 2015-10-24：文學四季 2：王安石
10. 2015-10-31：文學四季 2：蒼蠅王
11. 2015-11-07：文學四季 1：李家同（上）
12. 2015-11-14：文學四季 1：李家同（下）
13. 2015-11-07：文學四季 2：阿嘉莎
14. 2015-11-14：文學四季 2：林語堂
15. 2015-11-21：文學四季 1：蘇來（上）
16. 2015-11-28：文學四季 1：蘇來（下）
17. 2015-11-21：文學四季 2：沈從文
18. 2015-11-28：文學四季 2：大亨小傳
19. 2015-12-05：文學四季 1：王浩威（上）
20. 2015-12-12：文學四季 1：王浩威（下）
21. 2015-12-05：文學四季 2：王爾德
22. 2015-12-12：文學四季 2：嚴復
23. 2015-12-19：文學四季 1：平路（上）
24. 2015-12-26：文學四季 1：平路（下）
25. 2015-12-19：文學四季 2：喬治桑
26. 2015-12-26：文學四季 2：狄更斯
27. 2016-04-02：文學四季 1：黃碧端 陳怡蓁（收藏檔）
28. 2016-04-02：文學四季 2：黃碧端 陳怡蓁（收藏檔）
29. 2016-04-09：文學四季 1：宇文正（收藏檔）
30. 2016-04-09：文學四季 2：張愛玲（收藏檔）

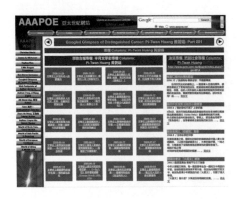

31. 2016-04-16：文學四季 1：胡金倫（收藏檔）

32. 2016-04-16：文學四季 2：唐吉軻德（收藏檔）

33. 2016-04-23：文學四季 1：初安民（收藏檔）

34. 2016-04-23：文學四季 2：亞瑟米勒（收藏檔）

35. 2016-04-30：文學四季 1：王聰威（收藏檔）

36. 2016-04-30：文學四季 2：安妮日記（收藏檔）

37. 2016-05-07：文學四季 1：封德屏（收藏檔）

38. 2016-05-07：文學四季 2：海明威（收藏檔）

39. 2016-05-14：文學四季 1：孫梓評（收藏檔）

40. 2016-05-14：文學四季 2：蘇曼殊（收藏檔）

41. 2016-05-21：文學四季 1：梁欣榮（收藏檔）

42. 2016-05-21：文學四季 2：馬克吐溫（收藏檔）

43. 2016-05-28：文學四季 1：許悔之（收藏檔）

44. 2016-05-28：文學四季 2：瑪莉雪萊（收藏檔）

45. 2016-06-04：文學四季 1：隱地（收藏檔）

46. 2016-06-04：文學四季 2：一九八四（收藏檔）

47. 2016-06-11：文學四季 1：陳素芳（收藏檔）

Columns and articles written by Pi-Twan Huang 黃碧端。（黃碧端的專欄和文章）

48. 2016-06-11：文學四季 2：玻璃動物園（收藏檔）

49. 2016-06-18：文學四季 1：傅月庵（收藏檔）

50. 2016-06-18：文學四季 2：傅雷（收藏檔）

51. 2016-06-25：文學四季 1：秦賢次（收藏檔）

＊ 再讀經典：Pi-twan Huang　黃碧端：

01. 導論

02. 隱居自省的對話《湖濱散記》　梭羅

03. 被世界錯過的偉大詩人 艾蜜莉・狄金森

04. 文政雙棲八大家 王安石

05. 人性寓言《蒼蠅王》　威廉・高定

06. 偵探小說女王 阿嘉莎・克莉絲蒂

07. 幽默大師 林語堂

08. 民初文壇傳奇 沈從文

Yaw-Tsong Lee Translation Works 李耀宗 譯作。

w-Tsong Lee Translation Works 李耀宗 譯作。　　　　我自己寫的一些拙文。

09. 迷惘的一代人 費茲傑羅

10. 妙語才子 王爾德

11. 知識引路人：翻譯家 嚴復

12. 法國驚世女作家 喬治桑

13. 英國大文豪 狄更斯

- Books written by Pi-Twan Huang 黃碧端（黃碧端的著作）：

  ＊ 部分書的封面：

- Columns and articles written by Pi-Twan Huang 黃碧端（黃碧端的專欄和文章）：

  ＊ 黃碧端的專欄：

  ＊ 黃碧端的文章：

- Articles about Pi-Twan Huang 黃碧端 by other authors（其他作者有關黃碧端的文章）

  ＊ 論黃碧端散文（張瑞芬）

  ＊ 理性與感性的交光互影：黃碧端散文印象（亞弦 著名詩人）

  ＊ 點燃知識火炬：閱讀之旅 49，書海有魚，其名為鯨，黃碧端的閱讀世界（陳大為，散文家）

  ＊ 五十年來台灣女性散文評論篇（張瑞芬，逢甲大學中文系副教授）

  ＊ 「不夠知己」的閱讀月誌（傅月庵／文化工作者）

  ＊ 台港散文八大家（泉石書庫）

  ＊ 中華現代文學大系（二）散文卷（第二冊）（精裝）

-6-

亞太世紀網站上另外值得特別一提的網頁是「Yaw-Tsong Lee Translation Works 李耀宗 譯作」，其上簡介我的弟弟李耀宗的譯作（他翻譯的「中翻英」書籍）。（我很為可敬的耀宗弟感到驕傲。）

-7-

亞太世紀網站上我自己寫的一些拙文。

人之根

初寫於 2007 年中。我數年後重新改寫此文，原先基本內容無改變。

-1-

中國人見面常問：「吃飽了沒？」、「貴庚？」、「府上那裡？」等。三者中被問最多的應是「府上那裡？」吧。

對此問題，我妻子菊齡的回答很簡單：「溫州人」。因她的爸媽（我的岳父母）都是溫州人。她是純種溫州人，不像出生於中國重慶市附近江津長江之畔有不同根源的我。

2005 年 10 月，我們遊過張家界、湖南、四川、九寨溝、峨嵋山、成都後飛抵溫州。

菊齡和她妹妹靄理在溫州會合來自台北的大哥雨萍，三位純種溫州人在一次我們做東的八桌酒席宴會中與八十多位溫州附近遠近親戚重聚，八十多位純種溫州人。

我和中川這兩位有不同根源的準溫州女婿在八十多位純種溫州人中應酬和周旋。

-2-

現今世上，同時同地能有如此多純種人相聚的機會少之又少。隨著人類發展，異鄉人、異省人、異國人、異族人之間通婚者愈來愈多。台灣如此，中國如此，美國如此，世界如此。

世界已逐漸變成地球村（The world is becoming a village.）。逐漸朝「地球村」方向演進的趨勢已不可擋。

像菊齡、靄理、雨萍這樣純種人愈來愈少，像我和中川這樣有不同根源者愈來愈多。中川和我愈來愈是慣例，菊齡、靄理、雨萍愈來愈是特例。

我和菊齡都愛狗。1993 年底，我們家名叫 Huggie 純種 Shetland Sheepdog（雪特藍牧羊犬）辭世，全家悲傷痛哭。「純種」英文字是「pure bred」或「thoroughbred」。有不同根源的狗在美國稱為「mud」。

我女兒的名叫 Shaq 黑色狗就是一種 mud，牠身強體壯、奔跑如飛。

純種狗因父母親血緣太近身體不如「不同根源」狗（說「雜種」太難聽）。

人亦如此，中川和我這兩位中華不同根源者身體好、抵抗力強、不易生病、比較健康。

一般而言，根據我與純種人共同生活數十年經驗，不同根源者基因來自血緣較遠雙親，在吃方面較不偏食，能吃多種各類食物。純種人較偏食，對新奇食物不願輕易嘗試。從吃的觀點看，不同根源者較不自我設限。

買純種狗較昂貴，買不同根源狗較便宜。但人非狗，總不能說純種人較貴，不同根源人較賤。歷史上曾有時期人如貨品般被買被賣，但那是過去。現今時代，人不能被買被賣。純種人或不同根源人無貴賤之分。

- 3 -

種族熔爐般的美國，除中華不同根源人外，異鄉人、異省人、異國人、異族人之間通婚不斷增加，像中美混血兒、歐亞混血兒等不同根源人逐漸增多。

中美混血兒、歐亞混血兒常長得漂亮英俊。

數十多年前，我大二上學期住於台大附近信義學舍，與 Don Baron（中文名柏大恩，筆名狄仁華）同室。我倆闊別近半個世紀後於 2006 年中在大洛杉磯 Temple City 教會重聚。

柏大恩和來自台灣妻子雅美在夏威夷大學讀書時相識，兩人的兒子 Christopher（克里斯多夫）是中美混血兒。他小時第一語文是中文，大恩和雅美規定他在家必須講中文否則被罰減少零用錢。Christopher 便是優秀的不同根源人的好例子。

- 4 -

我父親 1999 年 1 月 1 日新年當天病逝於紐約。我母親也於 2006 年 8 月 18 日病逝於紐約。我們三兄弟的父親和母親合葬於紐約墓地的墓碑

上刻有如下字：左邊「山西李若瑗」，右邊「湖南胡翼軍」，顯示我們的兩種根源。

　　年齡越大越有尋根意念。美國 200 年生日 1976 那年，我父母親從台灣移民來美。某晚聊天時我父親提起他先輩從河北石家莊移民至山西。

　　我常開玩笑說：我是「山湖四河」人：「山西、湖南、四川、河北」人氏也。此充分顯示我的「南人北相」、「北人南相」、「中華不同根源人」的背景，很值我驕傲。

-5-

　　若人問我是那裡人，我說四川人，因我出生於四川重慶江津長江之畔。

　　我們四川歷史悠久、物產豐富、風光秀麗、沃野千里，乃天府之國也。

　　我們四川人才濟濟、代出名人。如某網站簡述：

　　「四川地靈人杰，是著名的文化之邦。它地處東西交融、南北過渡的地理位置，多年來既有利於揉合吸收東西民族之長，又是南北文化交流的要衝。

　　長江、黃河兩大流域文明的精華，哺育出了巴蜀地區光輝燦爛的文化。

　　在歷史的長河中，四川是人才薈萃的地方。眾多歷史人物或出生於四川，或成長於四川，或在蜀地為官，或游覽於蜀地，多有遺址或紀念物留存，並留下了千古佳句與著名詩篇。

　　李太白曾從這裡杖劍遠行，杜工部曾在此地望月懷鄉；陳子昂、白居易、蘇東坡、陸放翁、黃庭堅、揚升庵、張大千、郭沫若等恰若燦爛的明星，輝耀着這片浪漫的大地。

　　劉皇叔白帝托孤，諸葛亮六出歧山，武則天皇澤『相會』，唐玄宗劍閣聞鈴，元憲宗『上帝折鞭』，多少忠臣怨主，幾許盛衰歡悲，都留在了這裡的森森翠柏、茫茫白波、重重殿宇之間，留給了風雨樓台，暮鼓晨鐘……」

　　別忘了才華橫溢的李白是四川人。

6

若人問我是那裡人，我說山西人，因我父親是山西人。

我們山西煤礦豐富、北臨內蒙、西臨陝西、南臨河南、東臨河北，有過往和近代晉商輝煌成就。我們山西人才濟濟、代出名人。一個「太原道」網站有如下簡述：

「三晉大地，人杰地靈，兩千多年來，在這塊古老的土地上湧現出一批又一批著名的人物。他們之中，

有著名的君主晉文公，

我國唯一的女皇帝武則天，

杰出的唯物主義思想家荀況，

著名的政治家藺相如、狄仁杰、華士安、田呈瑞、楊深秀，

著名的軍事家和將領廉頗、衛青、霍去病、關羽、薛仁貴、楊業，

著名的文學家、藝術家和學者王勃、王之渙、王維、王昌齡、柳宗元、白居易、司馬光、米芾、白朴、關漢卿、鄭光祖、羅貫中、傅山、閻若璩，

地圖學家裴秀，

治黃專家賈魯……。

他們像歷史長河中燦爛的群星，放射出耀眼的光芒，給當時的社會以積極的影響，給後人留下了寶貴的遺產。」

別忘了忠義千秋的關雲長是山西人。

7

若人問我是那裡人，我說湖南人，因我母親是湖南人。

我們湖南有洞庭湖、湘江、西北的武陵山脈、西南的雪峰山脈、南邊的五嶺山脈、東邊的羅霄山脈……。

我們湖南有「惟楚有材，於斯為盛」的嶽麓書院。我們湖南人才濟濟、代出名人：

造紙術發明人東漢的蔡倫。

清朝的曾國藩。

民國初年的黃興和蔡鍔。

新共和國的毛澤東、劉少奇、胡耀邦、朱鎔基。

文學家沈從文。

別忘了著名的政治家、軍事家、文學家曾國藩是湖南人。

- 8 -

若人問我是那裡人，我說河北人，因我父親先輩來自河北石家莊。

我們河北有北京、天津、石家莊，東臨渤海，西臨太行山，北臨內蒙古的高原，南臨華北大平原。我們河北人才濟濟、代出名人：

三國的劉備、張飛、趙雲。

唐朝宰相魏徵。

宋朝開國皇帝趙匡胤。

清朝作家曹雪芹。

清朝大官和作家紀曉嵐。

別忘了清朝乾隆年間著名學者和政治人物紀曉嵐是河北人。

- 9 -

然而，當人問我是那裡人時，我衷心願說：「我實在告訴你吧，我是出生於四川重慶江津長江之畔、成長於寶島台灣、大半輩僑居於美國南加州的道道地地中國人，也是道道地地被諸多不同泉源孕育滋養的不同根源人。」

佩琪最後遊輪旅

2007 年 8 月底至 9 月初，我們在 Royal Caribbean 遊輪公司船名為「Adventure of the Seas」海洋遊輪上享受一次加勒比海（Caribbean Sea）東邊諸島間遊輪之旅。我們欣賞各地美景，享受各種美食。

我們每晚在船上三樓大餐廳吃遊輪正式晚餐。我們四位（菊齡、我、菊齡妹霭理、霭理夫中川）來自南加州中國人（華裔美人）被分配與四位來自德州土生土長美國人同桌。

他們是 Harold Piemons（父親）、Peggy Piemons（母親）、Shelley Sayers（女兒）、Shelley 女友（忘其名）。Shelley 的先生和她女友的先生都沒來參加那次遊輪旅。

我們八人每晚在一起吃正式晚餐，大家談得很投機，成為很好的新交朋友。

Harold 大約七十餘歲，那時尚未退休，仍在美國西南部幾州（包括德州至加州間數州）開發和建造商業性建築物。

他如同大部分德州佬一樣在政治上是典型的共和黨保守派。

我雖一向對任何地區政治生態和政治人物（包括台灣、美國、其他國家、地區）抱著些許失望和懷疑心態，而且缺乏關心和興趣，但仍不免具有些微中間偏左所謂自由派（Liberal）傾向，因此對美國保守派「美國欲維持做世界老大、到處用其優越武器耀武揚威、向他國強售所謂美式民主」等諸多想法和做法不以為然、不存好感。

政治是高度敏感話題，因此我們餐桌上儘量避免觸及政治。Harold 偶爾提起一些保守派言論，我微笑以對，左耳入右耳出。無論如何 Harold 是友善和風趣的德州佬。

他們四位都來自德州，我最喜讀的美國作家 James A. Michener 1997 年病逝前最後幾年與他日裔髮妻在德州渡過，因此我便主動與他們談 Michener 生平和諸多著作，包括他在德州所寫《Texas》小說。如我所料，他們對 Michener 也頗為認同。

餐桌上女性中，Harold 的女兒 Shelley 和她女友講話較多，Harold 的夫人 Peggy（佩琪）則較沉默，偶爾表達些意見。Peggy 看來雍容大方，端

（從左至右）Harold Piemons, Shelley Sayers, Peggy Piemons。（攝於海洋之旅遊輪上）

（從左至右）菊齡（Daisy），我（Bill）。（攝於海洋之旅遊輪上）

（從左至右）靄理（Alice），中川（Gordon）。（攝於海洋之旅遊輪上）

（從左至右）Shelley Sayers, Peggy Piemons。（攝於感恩節在德州，數週後 Peggy 過世）

佩琪最後遊輪旅

莊坐於夫婿 Harold 身邊，留給大家很好印象。我們如此渡過八天愉快的晚餐時刻。

我們 2007 年 9 月 2 日在 Puerto Rico 與他們互道珍重、互說再見。

分別五個月後 2008 年 2 月 5 日，我突然收到 Shelley Sayers（Harold 和 Peggy 的女兒）一封電子信（譯成中文如下）：

「Bill（我的英文名）：我是 Shelley Sayers，HP（Harold Piemons）的女兒（Caribbean Cruise 遊輪上認識的），有很多事要與你、Daisy、Gordon、Alice 分享。……我們在遊輪上時，我母親 Peggy（佩琪）已被醫生症斷有胰腺癌（pancreatic cancer），她僅有 6 個月可活。我們未告訴大家此事因媽媽說要活得圓滿而不願露顯病態。

遊輪之旅後，她如更新的人一般讓你絕對看不出她有此重病。她每週日繼續去教會做禮拜，也於 12 月 4 日過世的兩天前參加一個聖誕派對。12 月 7 日是她的葬禮。

我每日和她在一起，我們有一段很好的時間整理她的照片、欣賞遊輪的視頻電影、購物、拜訪朋友及其他。上帝真正福佑了她。

我父親 HP 非常寂寞，此刻很辛苦，但正渡過此段時期。我雖痛失母親但很高興我們曾有一段品質時間在一起。

我母親常談到你們。你知道嗎此次遊輪之旅中她人生中首此吃到加州卷（California rolls，捲狀壽司）？我們回德州後也再吃了。你們在遊輪上她的最後假期中幫她渡過一段很好的時光。她極願去你們提到的另一次遊輪之旅，可惜她已無力為之。……

附上四張照片，前三張是船上照的，第四張是感恩節時拍的（她於拍此照數週後過世）。

Shelley K. Sayers

Strategic Sales Solutions」

我接讀 Shelley 信後，無比驚訝之餘，回想起我們在遊輪上共處的那些天中，我們四人中無一人曾在 Peggy 臉上或身上看出任何一絲一毫生病跡象和端倪。

Peggy 是如此堅強的女性。

人活得越久，看到的生離死別就越多。Peggy 最後一次海洋遊輪之旅便是一例。

龍的傳人中國之夢

　　我 2013 年應徵投稿至 CCTV4（央視國際電視）被接受並得禮品。我數年後重新改寫此文，原先基本內容無改變。

　　經歷數千年悲歡歲月、興衰歷史：戰亂、統一、盛世、積弱，紛爭⋯⋯
龍的傳人終於等到今日超越漢唐盛世中國再起夢想實現。
　　中國人不再被侵略、凌辱、戮殺、分割、挨凍、受餓、輕視、看低。
　　中國人終於站起、昂首、邁步、向前，開始擁有必可實現中國夢
　　（中國人涵括祖國大陸億萬同胞、散處五洲百邦炎黃子孫、涵蓋香港、澳門、臺灣所有華夏兒女。）：
　　夢中中國，普羅大眾人人豐衣足食，不再為生存活命而掙扎。
　　夢中中國，人們開始有精神上追求、文化上尋覓。
　　夢中中國，同胞們遨遊祖國江山、環遊世界諸國。
　　夢中中國，從天至地，上有航空，下有高鐵，神州大地，緊密相連。
　　夢中中國，祖國學子遊學五洲百邦，世界學子遊學中國各地。
　　夢中中國，電影及電視，央視及其他，傳布中華文化於五洲百邦、天涯海角。
　　夢中中國，官員們以高強專業能力、廉潔公僕心態，無私貢獻服務。
　　夢中中國，航天強國，神州沖天，嫦娥伴月。
　　夢中中國，造紙火藥發明者中國將再創新於世界科技領域。
　　夢中中國，解放軍逐日更強，非耀武揚威，為保疆護土，維世界和平。
　　夢中中國，泱泱大國領導人造訪五洲百邦，尋朋覓友，發揮影響，廣獲尊榮。
　　夢中中國，大陸、臺灣、香港、澳門終致統一，一中傲立全球。
　　區區我出生於抗戰時重慶長江之濱江津，
　　出生時包衣隨風俗擲入滾滾長江，
　　出生後江邊屋被日本侵略者戰機炸毀。
　　國共內戰六歲區區小我隨父母抵臺灣，
　　成長寶島，畢業臺大，留學美國，

數十年科技事業生涯後終退隱南加州海濱。
環遊世界五洲百邦，
旅遊祖國美麗江山。
僑居美國區區小我驕傲做中國人，
我有如上中國夢。

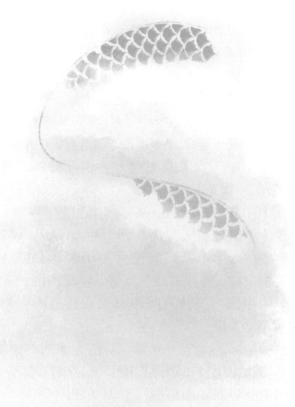

永懷菊齡

初寫於 2014 年 10 月 25 日。我數年後重新改寫此文，原先基本內容無改變。

光陰似箭，倏忽間菊齡已去世七年。

有時偶爾看到從前拍的有她在內的視頻電影時，我看著聽著她的音容笑貌，總覺得她似乎仍然活著，很難相信她已經不在人間。

2014 年 9 月 6 日（週六）那無法忘懷的傍晚，兒子凱翔（Kenneth）和媳婦 Annie 在 UCI（加州大學爾灣分校）University Club 成婚，結為連理。

歡樂婚禮中，菊齡展現笑容、顯露快樂，大家有目共睹、感同身受。菊齡見兒子娶到心愛的理想妻子，見媳婦果真是能幫兒子的賢良內助，她心安滿足溢於言表。

婚禮諸活動中，她與長得像她而她摯愛的外孫女兒宇歡（Casey）跳舞，並與所有參加婚禮的家人、親戚、朋友見面歡敘。我們當時不知，如今回想才悟，她那晚應是向大家道別。

次日 9 月 7 日（週日）中午，我們和親戚們在 Irvine Spectrum 的 Capital Dimsum Restaurant（金都餐館）小聚。當我們為某親戚唱 Happy Birthday 歌時，菊齡在靠窗座位欣喜拍手。

9 月 8 日（週一）中午，來自紐約耀宗弟和重芬弟妹請菊齡和我去 Irvine 的 Class 302 Cafe（三年乙班餐廳）午餐。餐後，我請耀弟替我和菊齡用我的相機拍照。萬沒料到那張照片竟是她此生最後一張照片。

9 月 8 日傍晚，菊齡和我坐於家庭間（family room）椅上看電視。我洗了些葡萄給她吃，也給自己吃。一段時間後我轉首看她，見她仍坐椅上，但兩眼微張，面露我此生從未見過的特異表情。

我突感不祥驚恐，急忙跑至她身邊環抱她肩不斷喊問：「Are you OK? Are you OK? Are you OK?……」對我此問她從此再也未能回答。（我後來得知，就在那刻，菊齡突然中風，左腦因血栓阻塞迅速死去。）

我極度慌亂打 911 電話，彼端女士叫我將菊齡移至地上。不知為何，她身體好像千斤般重。我費極大力氣才將她從椅上移至地上，但因她太

重幾乎被摔於地。我雖心疼但也無奈。

約 20 分鐘後，Fire Department 的 Paramedics 急馳而來。我急得像熱鍋上的螞蟻，他們卻慢條斯理十多分鐘後才帶她和我駛往附近 Newport Beach 的 Hoag 醫院。

9 月 8 日至 10 日兩天中，菊齡一直處於昏迷狀態。她的家人、親戚、朋友都先後陸續前來看她、與她講話、俯身抱她、為她哭泣、為她祈禱。

那兩個悲戚的晚上，我睡於醫院特別準備置於她病床邊的行軍床上。我無法安睡，夜裡多次至她床邊看她臉、握她手、親她頰，含淚說：「我愛你。I love you.」我不知她聽到否。

2014 年 9 月 10 日（週三）上午，醫生們相繼前來與我們談菊齡情況，提到她左腦已全死，且惡況已開始朝右腦擠壓過去。他們向我、家人、親戚們表示菊齡已不可能治癒。

前此於 2007 年 8 月，菊齡和我及律師訂好生前信托（Living Trust）中明確指出：若類此情況發生於她或我，要求醫院拔管而不救治。沒想到在那悲傷時刻，此協定真被用到。

孩子們和親戚們無異議同意下，我雖仍極不捨、不斷祈禱未放棄祈盼神蹟醫治，仍痛苦地做了那不能後悔的拔管決定。

親朋好友們陸續來醫院看她、抱她、為她哭泣、為她祈禱。來自 Anaheim 鄧光復牧師（Pastor Kurt Teng）也來病房為她祈禱。

一向內斂的耀宗弟一生中只哭過兩次，那日他在他大嫂身旁嚎啕痛哭流涕悲傷感念大嫂。

兒子凱翔（Kenneth）也特別要求與媽媽單獨相處一段時間與她私談。

拔管後不久，院方將菊齡移至另一病房，給她注射瑪啡，使她最後時刻不致痛苦。

當天傍晚 6 點 45 分，菊齡嚥下最後一口氣，享年 71 歲。那時刻，我和女兒心笛（兒子凱翔當時因有事未在身邊，此事也成為他心中之痛。）、菊齡的妹妹、妹婿、弟媳等都陪身畔。

她過世那刻，我走至她床旁身畔，俯身跪地抱她良久，對菊齡輕聲說：「我永遠愛妳。」我確知就在那刻她的靈魂就在我們上方朝下看望我們。

我要讓她知道她並非孤獨一人躺在病室裡，我們都在那裡為她加油為她祈禱。

菊齡過世那日（2014 年 9 月 10 日）恰是我和她結婚四十七週年紀念日。

我 9 月 10 日晚從醫院回家，徹夜不能安眠。

次晨，我如同往常般出去慢跑，一面跑步、一面祈禱、一面流淚、一面痛哭，想到菊齡一人孤寂停放於冰冷停屍間 ⋯⋯。

九天後，2014 年 9 月 19 日（週五），我為菊齡在 Newport Beach 的 Corona del Mar 的 Pacific View Memorial Park 舉辦隆重的追思禮拜和墳邊儀式。

教堂內前面和左右兩側擺滿了花牌，代表她的家人、親戚、朋友們對她的無限思念、緬懷、敬愛。

儀式開始前尚未蓋棺。那時除弟弟耀宗和兒子凱翔外無他人在教堂內，我走至她身畔，見她安祥睡在那裡，頭戴旅遊時戴過的遮陽帽。望著她蒼白的臉，我淚水不能控制不斷湧出，心中悲戚實已到不能忍受的程度。

那天前，我曾堅忍悲痛花數日時間製做「In Loving Memory of Daisy Lee, My Dearest Wife」DVD 光碟片，其中包括菊齡自幼、至長、至老一些照片，配上〈三百六十五里路〉優美感人歌聲做為背景音樂。

除在追思禮拜中播放此 DVD 外，我也花不少時間功夫親自製做 60 多張 DVD 片分送給家人、親友、佳賓們以為留念。

教堂追思禮拜後的墳邊儀式也是莊嚴隆重。我們等到棺入土後才依依不捨離去，心中都有太多不捨。

我當晚在爾灣一家海鮮餐廳宴請家人、親朋、好友們感謝他們遠近前來參加菊齡葬禮。

回想僅十三天前 9 月 6 日那天，我在兒子和媳婦婚禮中以父親身份當眾用英文講的一席話，其中我說：「三年後，2017 年 9 月 10 日，Daisy 和我將慶祝我倆結婚 50 週年紀念日，那將是我們的金婚日。」

我萬沒想到上帝未能多賜額外的三年時間而菊齡於 47 週年結婚紀念日當天往生。

令人格外感慨的是在我婚禮講話十三天後在追思禮拜中哽咽用英文講追思緬懷菊齡的話。

前後隔了十三天的兩次講話，之前以喜（極喜），之後以悲（極悲）。之前人生之喜，之後人生之悲。相愛者死別其悲其痛何其深何其重。

回顧往日，1964 年夏我畢業於台大電機系。其後 1965 年春，我服役空軍當預備軍官那段時期中首遇菊齡。我立刻愛上她，她也很快接受我。那是道道地地一見鍾情、兩情相悅。

最初六個月是我倆人生中最為快樂甜美的黃金歲月，永遠銘印於心。我們 1965 年 8 月 20 日在新竹非正式訂婚，我於 8 月 28 日飛往美國留學，就讀於洛杉磯 USC（南加州大學）電機系研究所。我倆因此分別整整兩年多。

充滿奮鬥、堅忍、等待的兩年。剛來美國，我一無所有。我拼命奮鬥、工作、讀書，朝再重逢日不斷努力。

終熬過當時感覺永無止境的兩年，我於 1967 年 9 月 4 日飛回台灣，9 月 10 日我們成婚於台北第一飯店，結為連理。之後我飛回美國，我們又暫別三個月。

菊齡終於在 1967 年 12 月中飛來美國相聚。我們 47 年後達至今日此刻。

菊齡過世那日一週前 9 月 4 日，我剛好完成一篇題為〈至婚之戀〉137 頁電子書，紀念我倆相識最初兩年半中最為快樂甜美的相戀時光。我把那篇長文置於我的亞太世紀網站上。萬沒想到，菊齡在那文公布一週後我倆結婚 47 週年紀念日當天離我而去、與世長辭。（此文我之後以《三載魚雁》為書名將其出版。）

我們家從 1967 年開始逐漸成長：1970 年 5 月，女兒心笛（Cynthia）誕生。1973 年 1 月，兒子凱翔（Kenneth）誕生。2003 年 9 月，女兒心笛結婚。2008 年 5 月，外孫宇歌（Connor）誕生。2011 年 3 月，外孫女宇歡（Casey）誕生。2014 年 9 月兒子凱翔（Kenneth）與媳婦 Annie 結婚。2016 年 1 月，孫子天恩（Logan）誕生。

50 年共處，菊齡是我最信任幫我最多者。她勤儉持家、堅強能幹、充滿愛心和同情心。

曾有一段時間，我隻身赴台創業奮鬥六年，她一人辛苦堅強在美國加州獨撐此家。我倆共同辛苦奮鬥努力數十年，建立堅實基礎，得以退休後過舒適的退休生活，至五洲四海環遊世界旅遊觀光。

　　我感到欣慰的是在她過世前十年中我帶她遊遍世上五大洲四大海，讓她看到、體會到世上各類人、各種風光、美景、文化等。

　　菊齡已不在此世，但我深深懷念她。她過世後一段時間中，每當我獨睡床上無她在身邊，每當我獨自開車無她在身旁，每當我回家不見她身影，每當我獨自在家未聽她甜美聲音，每當我步至後院不見她每日數次去後院看花看果，每當我打開冰箱不見她生前辛苦細心學做的蔥油大餅，……我都會深深懷念她。

　　菊齡去逝一年後，我悲痛已漸消失，體重也回復丟失的 10 磅。我的人生畢竟還得繼續。

　　2001 年中，我肉體生日那天，我在新竹市信義會勝利堂受洗成為基督徒而獲重生。菊齡辭世後，我回歸教會參與活動。

　　我對菊齡永恆懷念，每日為她的靈魂祈禱，未曾停止且將永恆持續。

　　菊齡過世後不久，我寫了一首小詩描述當時的心境：「當年我先至此，熬等兩年方得重逢結合。如今汝先抵彼，何年何歲才能靈聚天家。」

靈路歷程

初寫於 2017 年中，登載於爾灣中華福音教會感恩節見證特刊。我數年後重新改寫此文，原先基本內容無改變。

我讀新竹中學初中時，杜華神父教我英文。我受他影響，傍晚去新竹市中山路他的「天主教教義研究所」學習英文，也聽他講天主教道理。

一段時期後，我加入教會的聖母會，學習將天主教道理傳給年齡更小的孩童。

數年後，我屬世的父母親生怕我花太多時間於教會活動影響功課而阻止我續去天主教會。

但杜華神父卻已在我年少心中撒下屬靈種子，使我在之後數十年中不斷追尋神。

1960 年夏，我從新竹中學高中部保送進入台灣大學電機系。我大二上學期住於信義學舍（Lutheran Student House）與美國留學生 Don Baron 為室友。Don 的中文名字是柏大恩，筆名是狄仁華，曾寫一篇〈人情味與公德心〉文章登載於當時《中央日報》副刊，掀起當時年輕人中一陣所謂「自覺運動」。大恩後來成為 Lutheran 教會牧師，曾司牧於夏威夷（Hawaii）和紐西蘭（New Zealand）。

我住信義學舍那學期有機會緊密接觸基督教信義會（Lutheran Church），心中二度撒入屬靈種子。

之後數十年中，我雖仍不斷追尋神卻無法向他人和自己說我真正相信。

我常讀聖經（最初讀 King James Version，之後加入中英對照和合本聖經，HOLY BIBLE - New International Version），也常祈禱，且在孩子們年幼時教他們背誦主禱文（The Lord's Prayer）。但我不敢誠實向自己和他人坦承我真正相信。

對我而言有一個無法跨越的門檻：「神造萬物，祂從何來？」。此問題困擾我數十年。

2016 年某日下午三點多我開車時聽聆 K-Wave（FM 107.9）的

Pastor's Perspective 節目，聽到一位 6 歲小女孩打電話問牧師：「Where does God come from?」

我聽後心想那不就是我數十年中跳不過去的同樣問題。

1995 年某夏晨，我在 Huntington Beach 的 Adams Ave 大街旁慢跑。當我跑近 Adams Ave 和 Brookhurst Street 兩街交口時突感左大腿後方被打一槍。

原來惡作劇年輕人們用戰爭遊戲用的漆彈槍從後朝我左大腿打一槍，留下烏青和疼痛。

當年 Huntington Beach 被某雜誌列為美國最安全城市。

同年另一夏晨，我出去慢跑。當我跑至 Santa Ana River 上 Hamilton Ave 時，在路橋上向下望見河邊有條路。我突發奇想，想節省約 4 分之 1 英里跑程，便從路橋北邊一躍而下 16 英尺兩層樓高度。

我觸地時感覺強震疼痛剎那腦中閃過一切都將完結的瞬間思緒。我在極度疼痛中躺於河畔不能動彈。約一小時後我勉強起身，從那地點回家約三英里路程感同三千英里。

妻子菊齡開車帶我急診。我從醫院回家後在家養傷休息數月。此事件中，神救我保存我，因只要落地角度稍異我非死即癱。

當醫生告訴我因一節脊椎骨瞬間被壓成三角形而我身高於瞬間變矮 2 分之 1 英寸（從 5 呎 10 英寸變成 5 英尺 9 英寸半）時，我不禁在疼痛中大笑。

神在那關鍵瞬間救了我給了我回歸於祂的重生機會。我之後身體健康如昔毫無異樣。感謝讚美主。

1997 年我在台灣創業，妻子菊齡、女兒、兒子都在美國。某夏日，菊齡來電話說在 UC Riverside 就讀的兒子因那學期未讀好書覺得對不起父母親而出走，不知何往。我聽此突來消息不禁大哭。

兒子獨立生活過程中經由一些學校朋友尋到耶穌。他消失數月後決定於同年聖誕夜回家與媽媽和姐姐重聚。

他在 Riverside Freeway 高速公路開車回家時車子被醉酒者所駕車猛撞。他車子無可控制旋轉數圈後全毀，他卻絲毫無傷。那真是聖誕夜的奇跡。

神保護他、照顧他、給他回歸於祂的機會。那事件後，他尋找到適合於自己的路，成為電腦、網路等 IT（Information Technology）專家，工作於 Irvine 一家成功的科技公司，因工作能力很佳和態度良好而獲得老闆、同事、朋友敬服。感謝讚美主。

我終因多年尋求和體驗而跳越過曾使我困惑多年的「祂從何來」的門檻，了解到神非從何處來也非被造。祂原本就是永永遠遠於永恆中一直存在於無限、無窮、無邊界、無止境宇宙中那位無所不在、無所不知、無所不能的造物主、耶和華、神。除此以外別無他解，只要相信就是，相信三位一體永恆的聖父、聖子、聖靈神的原在和永在。

2000 多年前那位聖子主耶穌基督降世為人與世人同處 33 年，將唯一真神經由祂向世人顯示（此外再無他神，其他所謂「神」都是人所自造）。

主耶穌基督是神子也是人子。祂以人子肉體之身被釘於十字架忍受極度的疼痛煎熬，將從古至那刻至將來所有人類所犯的所有罪孽全部扛於一身。

祂的復活證明了祂是神子也是神。在祂升天之前一段時日中眾門徒親眼目睹祂復活後的存在並與祂同在，確知祂是神子也確信必有永生。不少門徒因親睹復活的神子耶穌而甘願犧牲殉道。眾門徒的見證為兩千多年來所有基督徒提供了堅定的信仰基礎。

2001 年中，基本上在我肉體生日那天（非身份證和護照上的生日因當初我父母親注冊了陰曆生日於我的身份證），我在清大對面信義會勝利堂受洗而成為基督徒。施洗牧師是梁啟賢主任牧師，觀禮者包括當時中華信義神學院的俞繼斌院長（他是我大學一年級台大電機系同學，後轉學心理，之後受召學神學）。我數十年追尋神後終於決志信主。

我雖受洗但並非表示我已成為完全更新改變在基督裡重生的人。之後十數年中我仍是罪孽深重的罪人。

2004 年 10 月底我從數十年電子電腦事業生涯退休，從台灣回美國。妻子菊齡（Daisy）尚未信主，我回美國後 10 年中未去教會，直到 2014 年底。那 10 年中，我雖未去教會，但自讀聖經、看靈修書、每日祈禱，當了 10 年不完整有缺陷的基督徒，屬靈生命貧乏且非神所悅。

妻子菊齡於 2014 年 9 月 8 日因左腦被血栓阻塞而中風，昏迷不醒兩日後於 9 月 10 日過世。

9 月 8 日至 10 日極度悲傷的兩天中，Daisy 一直處於昏迷狀態。

那兩晚我睡在她身旁醫院準備的行軍床上，不斷為神跡醫治祈禱，心痛她尚未決志信主，為此自責。她曾對我說：「只要你脾氣改好，我就跟你去教會。」

那段悲痛過程中，我整整瘦了 10 磅。我花了幾個星期尋找教會，最後找到 Irvine 中華福音教會（OCCEC，Orange County Christian Evangelical Church）。我如同 Prodigal Son（浪子）回頭一般終又回到主懷，重新回到教會。

我之後數年中在台灣、南加州、北加州之間飛來飛去，在各地加入不同教會（台北的基督之家、南港浸信會，北加州灣區 Mountain View 的曙光教會），每次回到 Huntington Beach 近海的家必去 Irvine 的中福教會。

中華福音教會讓我在靈修上慢慢成長，在此封毅誠（Chuck Feng）長老是我弟弟李燦宗的新竹中學老同學（封長老對我多所關心也是我初入教會時向眾弟兄姐妹介紹我的弟兄），Noah Wu（吳挪亞）長老對我多所關懷並在靈修上多所指導。

我逐漸加入教會團契活動和禱告會等。

我曾在三星期中不斷聆聽觀看曙光教會寇紹涵牧師置於網站上的三年多的 Sermons（講道），對我影響極大。靠神助而非己力，我更新改變老我，改好脾氣，改掉倔氣。我想到若能早些更新改變，Daisy 說不定就能跟我來教會決志信主。然而她已去，我能不自責？

這些年，我每晨運動近兩小時，包括 50 分鐘快走於 treadmill。我一面快走一面為很多人祈禱，也為美國、祖國中國、世界祈禱。如此每晨運動和祈禱同時進行提供了每天良好的開始。我若不做此兩事就感覺很不舒服、若有所失。

從 2017 年 9 月開始，我除了旅遊以外多半待在 Huntington Beach 我家，衷心祈盼能在靈路歷程中逐漸成長而多做榮神益人的事。感謝讚美主。

後記

經過三年斷斷續續的努力總算完成了此書。它可說是自傳，但也可說非自傳，因我表達的方式並非一般自傳的方式。能出版此書完成了一項我畢生的心願。

我從小喜歡寫點東西，記得很小時（已不記得是小學還是初中）就投稿至當時台灣的少年雜誌《東方少年》（當時還有另外一個《學友》雜誌）。

中學時我也曾從《Time Magazine》（時代雜誌）中找到一篇有用的英文文章而將其翻譯成中文寄至當時台灣的《新生報》副刊。

我就讀於台灣大學時寫了些文章投稿至《中央日報》副刊，榮幸被刊出。

到美國後我也寫了些文章投稿至《聯合報》系的美國《世界日報》副刊，也榮幸被刊出。

我畢業於新竹中學高中部時決定選擇被保送進入台灣大學工學院電機系（其實二弟耀宗也是被保送進入台大電機系的但未完成學業，其後三弟燦宗被保送進入台大機械系但一年後轉入化學系。）。其實我那時或許應該選擇進入台大文學院的。

我畢生的事業生涯都在電子電腦界，於 2004 年 10 月底退休後開始從事一些自己喜歡做的事（包括寫作、網站設計等）。我偶爾會想到若當初入大學前棄工從文今日的人生將會如何。

此刻人生旅程已接近步向永恆的黃昏時期，除了祈盼安渡晚年外，我在信仰上已有歸宿，已安然無憂面對即將到來的永恆。

在短暫的數十年人生旅途中，我有三次面臨生死的邊緣，我所深信的宇宙唯一真神（三位一體的天父、神子、聖靈）每一次都救我脫離險境，給我重生的機會。

在有限的剩餘人生旅程中，我將用神給我的恩賜將主耶穌基督介紹給其他未知祂者，使他們也獲赦罪、得救、永生。

人在世的壽命為神所定奪，我希望、祈盼神再多賜一些時日使我得以完成如下諸事：

・希望、祈盼能再完成幾本著作（包括寫出有關十數年中五洲四海的旅遊、靈命上的心思意念、長篇小說等）。

・希望、祈盼能活著見到孫兒和孫女們的下一輩。

・希望、祈盼能祛除諸病、享有健康、滿溢主內平安喜樂。

這一切都要倚靠神的福佑、保護、指引、安排。

我滿懷希望、喜樂面對將來。

感謝讚美阿爸天父、主耶穌基督、無所不在的聖靈。

後記

國家圖書館出版品預行編目資料

曾經歲月 / 李偉宗著
--初版-- 臺北市：博客思出版事業網：2022.5
ISBN：978-986-0762-20-4(平裝)

1.CST: 李偉宗 2.CST: 回憶錄
783.3886　　　　　　　　　　　　　　111001529

心靈勵志 58

曾經歲月

作　　　者：李偉宗
主　　　編：張加君
編　　　輯：塗宇樵、楊容容
校　　　稿：楊容容、古佳雯、塗宇樵
美　　　編：塗宇樵
封面設計：塗宇樵
出 版 者：博客思出版事業網
地　　　址：台北市中正區重慶南路1段121號8樓之14
電　　　話：(02)2331-1675或(02)2331-1691
傳　　　真：(02)2382-6225
E—MAIL：books5w@gmail.com或books5w@yahoo.com.tw
網路書店：http://bookstv.com.tw/
　　　　　　https://www.pcstore.com.tw/yesbooks/
　　　　　　https://shopee.tw/books5w
　　　　　　博客來網路書店、博客思網路書店
　　　　　　三民書局、金石堂書店
經　　　銷：聯合發行股份有限公司
電　　　話：(02) 2917-8022　　傳 真：(02) 2915-7212
劃撥戶名：蘭臺出版社　　　　帳 號：18995335
香港代理：香港聯合零售有限公司
電　　　話：(852)2150-2100　　傳真：(852)2356-0735
出版日期：2022年5月 初版
定　　　價：新臺幣450元整（平裝）
ISBN：978-986-0762-20-4